U0451486

中国社会科学院 学者文选

狄超白集

中国社会科学院科研局组织编选

中国社会科学出版社

图书在版编目(CIP)数据

狄超白集／中国社会科学院科研局组织编选.—北京：中国社会科学出版社，2000.12（2018.8 重印）

（中国社会科学院学者文选）

ISBN 978-7-5004-2915-9

Ⅰ.①狄… Ⅱ.①中… Ⅲ.①狄超白—文集②社会科学—文集 Ⅳ.①C53

中国版本图书馆 CIP 数据核字（2000）第 59936 号

出 版 人	赵剑英
责任编辑	冯　斌
责任校对	林福国
责任印制	张雪娇

出　　版	中国社会科学出版社
社　　址	北京鼓楼西大街甲 158 号
邮　　编	100720
网　　址	http://www.csspw.cn
发 行 部	010-84083685
门 市 部	010-84029450
经　　销	新华书店及其他书店

印刷装订	北京市十月印刷有限公司
版　　次	2000 年 12 月第 1 版
印　　次	2018 年 8 月第 3 次印刷

开　　本	880×1230　1/32
印　　张	13
字　　数	311 千字
定　　价	79.00 元

凡购买中国社会科学出版社图书，如有质量问题请与本社营销中心联系调换

电话：010-84083683

版权所有　侵权必究

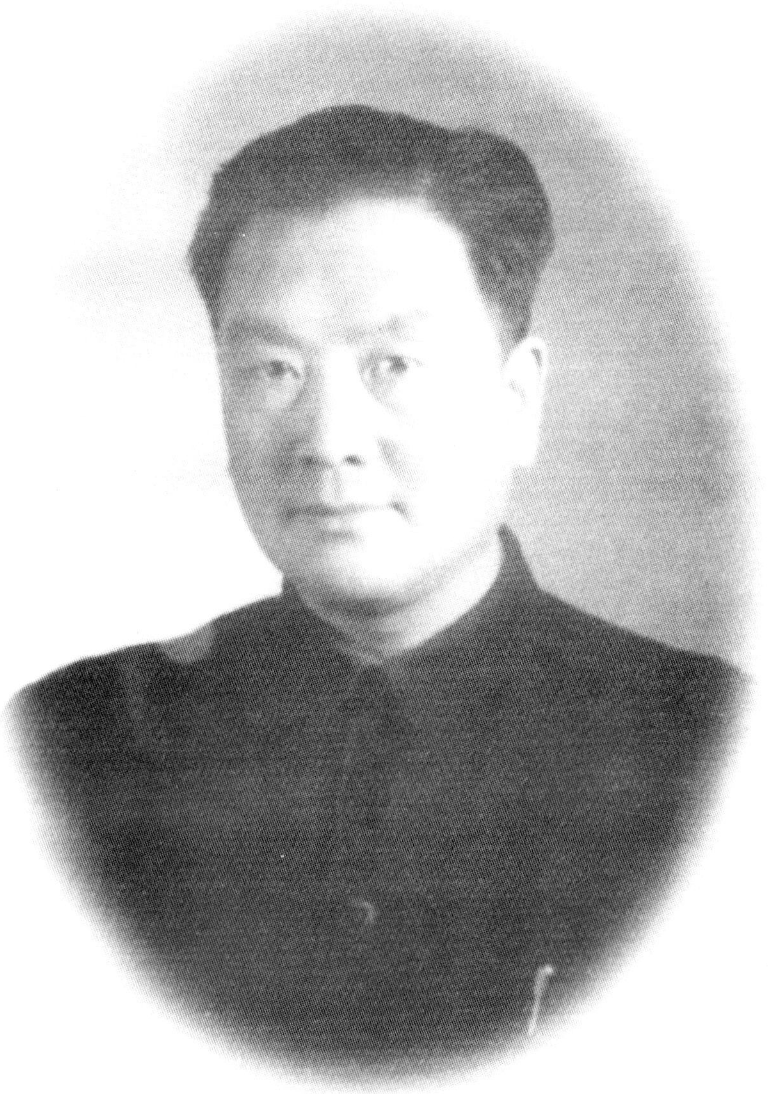

出版说明

一、《中国社会科学院学者文选》是根据李铁映院长的倡议和院务会议的决定，由科研局组织编选的大型学术性丛书。它的出版，旨在积累本院学者的重要学术成果，展示他们具有代表性的学术成就。

二、《文选》的作者都是中国社会科学院具有正高级专业技术职称的资深专家、学者。他们在长期的学术生涯中，对于人文社会科学的发展作出了贡献。

三、《文选》中所收学术论文，以作者在社科院工作期间的作品为主，同时也兼顾了作者在院外工作期间的代表作；对少数在建国前成名的学者，文章选收的时间范围更宽。

中国社会科学院

科研局

1999 年 11 月 14 日

目 录

序言 …………………………………………… (1)

中国土地问题 ………………………………… (1)
战后中国农民问题 …………………………… (52)
论城乡交换 …………………………………… (81)
一年来的中国经济情况 ……………………… (90)

中苏贷款协定的伟大意义 …………………… (101)
当前的财经政策与人民胜利公债 …………… (106)
三年来财经工作成就与国家工业化 ………… (114)
关于国民经济恢复时期的问题 ……………… (123)
论统计工作 …………………………………… (136)

列宁关于社会主义工业化理论对于我国实践的指导作用 ………
…………………………………………………… (144)
新民主主义的合作经济 ……………………… (152)
过渡时期的个体经济 ………………………… (159)

过渡期各种利润的性质及其法则 …………………… （167）
国家资本主义的性质、形式及其作用 ………………… （180）
我国过渡时期的国家资本主义 ………………………… （190）
我国过渡时期的经济结构和阶级关系的变化 ………… （197）

对于我国过渡时期经济规律问题的意见（提纲）……… （217）
我国过渡时期社会主义经济的发展和经济规律 ……… （246）
论社会主义的基本经济规律 …………………………… （263）
在社会主义价格理论问题讨论会上的发言 …………… （271）

以国际主义来反对殖民主义 …………………………… （276）
关于《略论殖民主义》中几个问题的讨论 …………… （285）

当前农业生产力性质及经济关系 ……………………… （290）
当前农业技改的方向和工农关系 ……………………… （312）
对苏联科学院政治经济学教科书的批判 ……………… （338）

作者著译书目 …………………………………………… （392）
作者年表 ………………………………………………… （394）

序　言

　　狄超白原名狄幽青，1910年生于江苏省溧阳县。1930年毕业于苏州中学，同年考入南京中央大学政治系。1931年11月加入中国共产党。1932年2月任中共溧阳县特别支部书记，创办《溧阳日报》。同年3月被溧阳县政府捕送南京警备司令部，判10年徒刑。1934年7月在党的营救下，通过国民党上层人物于右任等出面保释出狱。1925—1936年在无锡、南京等地从事救亡运动。1937年"七·七"事变、抗战爆发后，任沈钧儒创办的《抗敌周刊》主编，宣传中共抗日纲领。1938年任安徽省抗敌动员委员会宣传部长，深入安徽西部山区从事抗日救亡活动。1939年春创办《文化月报》。1940年1月转移到重庆，从事文化宣传和统一战线工作。1941年皖南事变后，被派往华南局驻桂林办事处，任中共桂林文委书记。1944年根据党的指示，到国民党粤系首领李济深处工作。1945年8月日本投降后，被派往广州。1946年转移到香港，任中共香港工作委员会学术小组组长。1947年兼任香港达德学院教授，主编《中国经济年鉴》。1948年底达德学院被港英当局查封。1949年3月根据党的决定，率领达德学院部分师生回抵北平，任中央财政经济部统计处处长。同年10月中央人民政府成立后，任中央财政经济委员会统计处处长，兼任北京大学经济系教授。1953年任国家统计局综合处处长。1954年春被任命为中国科学院经济研究所代理所长，并被选为中国科学院哲学社会科学部委员，同年被选为第一届全国人民代表大会代表。1955年负责创办了《经济研究》杂志。1956年主持制定《经济科学研究十二年（1956—1967）远景规划》（草案），并担任经济学副博士研究生导师。1958年遭受错误处分，被开除党籍。1977年重新工作后，担任许涤新主编的《政治经济学辞典》编辑部的负责人。1977年11月7日因心肌梗塞逝世。1978年8月16日中共中国社会科学院经济研究所党总支决定撤销对狄超白的处分，并恢复党籍。1986年6月，中央纪律检查委员会作出为狄超白彻底平反的结论。

狄超白是我国老一代马克思主义经济学家之一。他在30年代于狱中写成的《通俗政治经济学讲话》于1935年4月由上海新知书店出版后，受到读者的热烈欢迎。至40年代，再版达9次。新中国建立后，1951年和1952年又两次增订再版，为广泛传播马克思主义经济学理论做出了贡献。由于该书已作为专著出版，所以这里就不再收录。他在三四十年代所发表的文章和著作（包括译著），有些现在已难于查找，此次未能收录。自40年代末至50年代前期，他发表的有关经济建设和经济理论研究的文章，本集基本都收录了。1958年以后，由于受到错误处分，不能再公开发表文章。但他依然致力于社会主义政治经济学的研究和写作，曾多次到东北、浙江、江西、广西等地进行调查研究，写了大量研究报告。但这些报告在他生前未能发表，在他去世后，因无人整理，颇多遗失，现仅找到两篇关于农业问题的调查研究报告。此外，狄超白针对赫鲁晓夫时代的苏联政治经济学教科书，准备在系统批判的基础上，写一部自己的《社会主义政治经济学》，可惜只写出了全书书目及完成了第一章的初稿，就因迫于政治运动而辍笔。现将此手稿中有关部分编为《对苏联科学院政治经济学教科书的批判》，收入此文集。

根据以上所汇集的狄超白的论著，按其内容和写作时序，编为六组。

第一组三篇文章均写于40年代后期，其中关于旧中国的土地问题和农民问题各一篇，关于城乡交换问题一篇。

旧中国的土地问题和农民问题，一直是近代中国革命最重要的社会问题。中国共产党所以能够长期以农村为革命根据地，采取以农村包围城市的战略，最后夺取全国的胜利，很重要的一点，就在于党对解决农民问题和土地问题的一系列方针政策的正确性。1948年是中国革命处于战略性胜利的重要时刻，狄超白相继发表的《中国土地问题》和《战后中国农民问题》两文，以马克思主义理论密切联系中国实际，对旧中国的土地问题和农民问题进行了系统的深入的剖析和论证，在此基础上，深入浅出地阐明了党在不同历史时期，为解决土地问题和农民问题所采取的各种正确的政策方针及其依据。在《中国土地问题》一文中，作者首先描述了旧中国农业生产方式的封建性及其自然经济特点，以全国各地典型调查资料，说明土地占有的集中状况，详细分析了地租、高利贷、苛捐杂税等各种封建剥削形态及其剥削量和比重。在此基础上，分析了农村中的阶级关系，指出正是这种生产关系严重束缚了生产力，导致农业的衰退，因而革命和战争的发生是不可避免的。作者以历史上的农民战争和二三十年代的10年土地革命斗争，说明解决土地问题和农民问题的重要性。特别是抗战胜利后，农民生活更苦，土地问题更严重，已不是改良的问题，而是推翻旧制度建立新制度的问题了，从而指出必须走新民主主义的道路。进而解释了土地改革法的性质及耕者有其田的实施等，最后指出通过社会主义的农业合作化、集体化，彻底解决土地问题的前景与方向。

《战后中国农民问题》一文，首先回顾了抗战时期的农民问题，阐述了中国共产党的土地政策和对农村的阶级政策，总结了解放区农村取得的伟大成就，分析了抗战胜利以后，颁布土地法、开展清算斗争对争取解放战争胜利的重大意义和实际效果。最后着重阐发了毛泽东思想在理论和实践上对解决中国农民问题的伟大意义，包括建立农村革命根据地和根据地的民主建设思想，农民革命的军事战略战术思想以及引导农民建设新民主主义社会和走向社会主义的思想。狄超白以上关于土地问题和农民问题的两篇文章，在理论与实践的结合上，生动地正确地阐述了党对土地问题和农民问题的一系列重要方针政策，在建国前的理论宣传中是很有代表性和影响力的。

《论城乡交换》一文发表于建国前夕。当时被解放的国土已相当于整个欧洲，一大批大中城市被解放，全国工作面临着从农村转向城市，这就需要在思想观念上和实际工作上都有个重大的变化。狄超白这篇文章，正是适应这一新的形势需要而写的。他首先指出，过去我们在农村实行自给自足是被迫的，现在我们已拥有全国相当大部分的大工业基础，所以必须打破过去自给自足思想，建立整体的国民经济观点，发展城乡交换已成为发展生产、繁荣经济系列中的重要环节，必须要像重视工农业增产一样重视城乡商品交换。特别是由于战争，使城乡商业机构受到严重破坏，现在当大城市的生产已有了初步恢复，恢复和发展城乡商品交换，已成为当务之急。尤其对于那些衰弱了的或真空了的城市镇集，必须立即输入大量私人商业资本，建立和恢复各种公私商业机构，已成为重建城乡商品交换关系的首要条件。文章指出，现在我们已拥有三种新类型的商业资本和商业机构，这就是社会主义的国营商业和供销合作社以及国家资本主义的供销合作社。但是它们在全部商品流通中还不起决定作用，大部分要通过私人资本主义和前资本主义的流通轨道。因此公私商业并存是必然的。国营商业要发挥其领导作用，如果不去积极领导而是消极限制私人商业资本的活动，就会犯极大的错误，就会给农民造成更大的损失。中小商业资本的发展，当然会发展城乡资本主义的因素，但这在目前并不可怕，重要的是在于沟通城乡的商品交换，使工农业能实现扩大再生产。只有在整个国民经济恢复和繁荣的基础上，社会主义成分才能提高。文章认为在我们这个时代，自由贸易不仅仅是对资本主义有利，尤其对国家经济的发展有利，对国家经济在整个国民经济中发挥领导作用有利，社会主义的国家经济，如果没有一个广阔的完整的统一市场，通过这个市场把各部分的经济密切联系起来，它的发展是不可能的。自由贸易与政府的领导和计划配合起来，就能有效、迅速地调整国民经济的各个部分，让进步的生产方式去打击落后的生产方式，促进落后生产方式的改造。狄超白以经济学家的深远目光指出，要通过自由贸易创造统一市场，由统一市场调整国民经济的各部分，然后组织生产，组织市场，达到自由贸易的逐步否定。狄超白的这篇文章，在理论和实践上都是极有意义的。

第二组是写于新中国成立后，经济恢复时期的6篇文章。其中前3篇是关于国民经济恢复初期阶段，即1949—1950年经济情况的论述。当时面对的是由革命军事阶段转到和平建设时期的经济形势。为了完成迅速发展的全国军事胜利，需要庞大的人力物力财力的支援，而迅速发展的军事胜利，又使得我们的军政人员急剧增加，一年之内，由300万人增至900万人。同时为了维持大量接管的官僚资本主义企业和扶持众多的私人企业，需要相当的资金投入和贷款。为了平抑物价，稳定市场，打击私商投机，就需要向市场投放大量物资，尤其是粮棉等重要物资，而当时我们所有的财政收入和掌握的物资，都还不足。这就是在胜利形势下所遇到的财政经济上的困难。文章指出，为了克服这些困难，一方面大力恢复和发展工商业，国家控制了一些重要物资，发挥了调节市场、平抑物价的作用。另一方面，大力发展农业生产，在旱涝灾害频频发生的情况下，粮食产量达到战前最高产量的85%。同时采取措施，提高农产品价格，从而有效地提高了农产品商品率。在农工商各业全面恢复发展的基础上，提高了一般工人的工资，并采取"三个人饭五个人吃"的办法，使有劳动能力的人，都获得工作和生活的条件。在解放初期大变动的复杂情况下，经济形势很快就奇迹般好转。狄超白以真实生动的分析，有力地批驳了那种认为共产党没有能力管好经济，尤其是没有能力管好大城市经济的谰言。

后三篇文章着重于对国民经济恢复时期做总结性的分析，指出中共七届三次会议提出的用三年左右时间，争取财政经济状况基本好转的目标已经实现，国民经济恢复时期已经结束。文章不同于一般概述国民经济恢复工作所取得的成绩，而是在此基础上，对当时保存城乡资本主义因素的必要性，作了理论性的阐发。它说，在解放战争时期，曾征收富农多余的土地及生产资料，分配给农民。1949年以后，对富农一般地采取保护的政策。这是因为过去军事时期，富农在政治上与地主结成同盟，而贫雇农分得土地后，缺乏生产资料，所以要征收富农多余的土地和生产资料，分给农民。而在全国解放后，国家可用贷款帮助贫农解决困难。土改后，地主阶级已消灭，农村中的资本主义成分的存在是合法的，然而也是微弱的。富农在生产技术上、生产组织上是较进步的，对发展生产有一定的促进作用。所以在1950年新土改运动中，采取保存富农的政策。在我们小生产占绝对优势的国家里，不能靠堵塞和窒息小生产者走资本主义的道路，因为这样会使小生产者萎缩以致破产。我们只能积极引导他们走合作的道路，这就是根据马列主义理论结合中国具体情况，对待农村资本主义的方针。对于城市资本主义工商业，由于我们大工业薄弱，资本主义很少，所以允许大小资本主义都存在，分别采取公私合营、统购统销等形式，在经济关系上，逐步改变其资本主义性质，使之逐步符合于社会主义的要求。文章认为对资本主义要有辩证的认识。资本主义的积极性与破坏性是同时存在的。看不到它的破坏性，不加以有效的防止，就会使我们的经济建设受到腐蚀，就会犯极大的错误；反之，只看到其消极的一面，忽视资本主义对我国发展经济的积极作用，就会否定其存在的必要性，甚至会产生提早消灭资本主义的错误思想。文章认为在国家工业化完成之前，社会经济结构不会有基本的变化，五种经济成分要继续"分工合作"，共同推进国家工业化进程。因此，新民主主义阶段的特点，就是肯定资本主义的存在是长期的，不是短期的。社会主义经济的发展，基本上应依靠社会主义经济的优越性，少依靠政权的力量。狄超白的这些文章，比较全面系统地总结了恢复时期的经济成就与问题，并对国民经济的发展，作出了前瞻性的分析，这在当时经济理论界是颇具代表性的。

第三组7篇文章都是论述过渡时期经济的。1952年恢复时期结束后，中央就提出了过渡时期总路线，即要在一个相当长的时期内，实现社会主义工业化和对农业、手工业与资本主义工商业的社会主义改造。狄超白的7篇文章基本上都是从理论上对"一化三改"的阐发。对于列宁的社会主义工业化理论，狄超白不是一般地论述其指导意义，而是密切结合中国的实际，在中国现实经济中加以运用。如关于列宁的优先发展重工业的理论，狄超白认为，从马克思关于两大部类的理论来看，优先发展重工业，并不是孤立地发展重工业，而是必须在轻重工业之间、工业与农业之间，保有一定的比例关系。国家必须正确掌握这个比例关系，在集中力量发展重工业的同时，相应地培养建设人才，发展交通运输、轻工业、农业和商业。狄超白在毛泽东还没有作《论十大关系》，还没有提出农业是基础、工业是主导等思想以前，就比较明确地论述了重工业与轻工业、工业与农业、商业等之间保持相应比例关系的观点，表现了一位马克思主义经济学家所具有的理论水平。

在关于过渡时期的个体经济、合作经济和国家资本主义等一系列文章中，对这些不同经济成分在过渡时期的地位、性质、作用及其发展道路和社会主义改造的方式方法等，都作出了理论性的探讨。如对于个体经济，他指出土改后的个体经济已不同于旧社会的个体经济，它已没有了地租、高利贷、苛捐杂税的剥削，而受到国家多方面的扶持，成为独立繁荣的个体经济。它的发展道路，存在着自发两极分化的资本主义道路和在国家经济领导下，通过合作社走社会主义集体化的道路。他特别强调对个体经济要耐心引导和帮助，不能单纯靠行政命令。他说农民往往是经验主义者，他们要一而再、再而三地与资本主义企业接触，也要一而再、再而三地与国家经济接触，只有经过较长时期和丰富的经验证明，才能使个体农民相信资本主义是要剥削他们的，而国家是帮助他们的。国家经济所以必然要帮助他们，是因为国家经济是社会主义性质的。在狄超白看来，实现个体经济的集体化，生产关系的根本变革，是必须与生产的变革，即变手工操作为机械化生产相适应的。所以在他的思想里，还不存在单纯靠变革生产关系就能实现社会主义的观点。

对于国家资本主义，他指出在国民经济恢复时期，利用城乡资本主义，促进了国民经济的周转，提高了社会生产力，改善了人民生活，但同时也必然扩大了自发势力和无政府状态。因此需要尽可能地组织发展国家资本主义，使之从盲目状态走向国家计划控制。狄超白认为把私人资本主义转变为国家资本主义，不能靠政治强制的办法，强制组织起来是经不住风霜考验的。而是要通过各种具体条件的安排，如成本价格、原材料供应、市场分配、资金调济、利润、运输条件、劳动条件等等，这一切都要依据经济发展的自然规律来进行，让资本家自动积极地选择国家资本主义的道路。可以看出，狄超白无论对个体经济和资本主义经济的改造，都着重强调用经济的办法，按经济规律办事，少用行政的办法和不用政治强制的办法。但是在他论述过渡时期的阶级关系时，指出让资产阶级参加政权，是因为它还有积极的作用，发挥这种积极性，有利于社会主义改造和建设。但资产阶级接受改造则是被迫的，使强迫变成自动，说明和平改造本质也是一种革命。在这里他对改造资本主义经济，按经济规律办事，和资产阶级在政治上被迫接受改造是明确加以区分的。

第四组是对经济规律和价格问题进行理论探讨的4篇论文。在关于经济规律的两篇论文中，他提出了如下一些重要的理论观点：（1）每一种生产方式都有自己的基本经济规律，基本经济规律与生产方式是不可分离的。驾乎一种经济形态或各种经济形态之上的超然的基本经济规律是不存在的。过渡时期不是特定的社会形态，而是两种主要生产方式、多种经济成分相互斗争的时期。社会主义性质的国营经济的存在，就必然存在社会主义的基本经济规律，同时资本主义经济的存在，资本主义的基本经济规律——剩余价值规律就必然存在并起作用。他批驳了那种认为过渡时期社会主义经济还不完整、不完善，还不居支配地位，社会主义基本经济规律还不能发生重大作用，甚至还不发生作用的观点；也批驳了那种只看到社会主义基本经济规律在公私合营企业中的主导作用，就认为社会主义基本经济规律已成为支配整个国民经济的惟一规律，因而认为资本主义经济规律已不存在了，利润也不是剥削了等等否认存在价值规律和剩余价值规律的观点。指出前一种是把社会主义基本经济规律在国民经济中的作用和范围缩小了，而后一种观点则是把它夸大了。（2）不能把生产关系一定要适合生产力性质的规律等同于社会主义的基本经济规律。因为生产关系一定要适合生产力性质的规律是各种经济成分共有的规律，也是在经济发展的各个阶段上共有的规律。它既没有体现过渡时期的特质和发展前途，也不能从中看出各种经济成分最后变为社会主义经济的必然性。能体现过渡时期社会主义必然胜利前途的，只有社会主义的基本经济规律。（3）价值规律是调节小商品生产的规律，也是各种商品生产共有的规律。但价值规律不能支配自给性部分的生产，不能用作调节支配个体经济的全部生产的规律，因此价值规律不能作为小商品生产的基本经济规律。（4）社会主义基本经济规律的作用和范围，对于农业生产合作社经济来说，不仅受着集体经济所有制范围的限制，而且还受着农业生产合作社物质基础落后的限制。因此国家的社会主义工业化对农业的社会主义改造，具有决定的意义。忽视这一点，错误地认为依靠农业合作社内部的力量，也可以达到社会主义，就会掉入农业社会主义的泥坑。（5）那种认为有计划的生产，可以完全克服生产对消费的盲目性是不正确的。有计划生产只能保证主要产品符合人民的需要，而不能做到一切产品产量完全符合人民的需要。有计划发展规律只能在生产领域内发生支配作用，而在消费领域内只发生影响。消费者对消费品的需要，在一定限度内是会随时改变的。消费者的自由选择愈能发挥，就愈能指导生产进步，也就愈能使生产符合人民的需要。狄超白这种强调消费对生产具有强大反作用的观点，在当时计划经济理论占统治的经济理论界，还是少见的。

在《社会主义基本经济规律》一文中，对理论界流行的，认为在社会主义公有制和按劳分配条件下，生产与需要之间，不存在对抗性矛盾的观点，提出自己的看法。他认为，如果人们在经济工作中犯了严重的错误，矛盾也可能转化为对抗性的。他批评那种认为只要依靠生产关系一定要适合生产力性质的规律，就能完成向社会主义过渡的观点，认为这容易把革命和改造当作斗争的目的，而把改善人民生活置之不顾或置于不重要的地位，从而使社会主义生产的手段与目的相脱节，甚至对立起来。这说明他对片面强调生产，忽视改善人民生活的思想，已有敏锐的警觉性。

狄超白对价格问题的发言，用马克思主义的价值理论，批驳了要求价格与价值一致和价格绝对稳定的观点，指出国家的价格政策，正是利用了价格与价值的背离，消除这种背离，就是取消价格政策。

第五组关于殖民主义与国际主义的两篇文章，主要是揭露殖民主义与资本主义的关系，特别是美国新殖民主义的特点，以及殖民地人民的觉醒和社会主义国家的国际主义对于反对和消灭殖民主义的意义。文章指出西欧资本主义原始积累的重要来源，即是对殖民地财富的掠夺。因反抗英国殖民主义而取得独立的美国，其资产阶级统治者，也照样推行殖民主义，这是因为资本主义需要殖民主义，垄断资本需要向殖民地附属国倾销商品，并垄断原料和输出资本。在两次世界大战中壮大发展起来的美国垄断资本，采取渗入和控制不发达国家的政治、军事和经济，达到奴役殖民地附属国的目的，并在援外拨款和经济合作等掩盖下，在外贸和海外投资中，获得巨额利润，这是美国殖民主义的新特点。但是二次大战后，殖民地附属国人民出现了新的觉醒，反殖民主主义和民族独立运动，势不可当。社会主义国家对这些运动给予了无私的国际主义援助。由垄断资本产生的殖民主义和由社会主义产生的国际主义，已成为国际关系中两种对立的趋势。文章旗帜鲜明，在经济和政治上对殖民主义进行了有力的批判。

第六组的3篇文章都写成于60年代前期，其中两篇是有关我国农业生产力和技术改造方面的。另一篇是对苏联政治经济学教科书的批判。

关于农业生产力和农业技改的两篇文章，是在大跃进和三年困难时期以后，为探讨恢复农业，在进行了大量调查研究基础上写成的。文章从政治经济学的角度，对恢复和发展农业，提出了一些有战略指导意义的理论观点和思考：

（一）农业的恢复与发展，既有农业生产力的技术改造问题，也有经济关系的调整问题，两者是密切相关的。迄今为止，我国的农业劳动仍是以个体劳动、手工工具和简单协作为主，农业生产力的性质还比较落后，因此集体经济的规模不能过大。因为劳动资料的性质，决定着改造劳动对象的深度和广度，是生产规模决定劳动组织，而不是劳动组织决定生产规模。生产力的革命，固然要由劳动力的革命开始，不打破劳动者的单干形式，就不能为生产资料的革命开辟道路。但是，如果没有继之而起的生产资料的革命，则劳动力的革命，既不能彻底，也不能巩固。只要生产过程的个体性质没有得到彻底改造，单干倾向就不可能消除。

（二）农业生产资料的革命是农业技改的基本任务。在农业生产力中，人的作用比在工业中还重要。培养掌握先进知识技能的农业劳动者，是农业技改的首要任务。发展农业生产力，不但需要丰富的自然科学知识，还需要一定的社会科学知识，尤其是政治经济学知识。对于一定的劳动对象，使用什么劳动手段和劳动力，或者一定的劳动力和劳动资料，用于什么劳动对象，是一个科学技术问题，同时又是一个经济学问题。经济发展速度既决定于主观能动作用，又决定于是否掌握客观经济规律。符合客观经济规律的主观能动性，能够事半功倍，反之，则会事倍功半。

（三）现代化农业是工业装备的农业，是自然科学与政治经济学相结合的农业。农业生产力的每一个因子——劳动资料、劳动对象和劳动力，在社会总生产过程中能否或如何发挥最大的经济效果，不但取决于科学技术的指导是否正确，而且首先决定于生产关系、经济管理体制和指导思想能否保证按照经济规律进行全面的经济核算。例如，对于有限的水源，灌在什么地区、灌什么作物，才能达到最大经济效果，存在着客观经济规律。由于我们的经济管理体制不统一、不完善，在农业生产建设中，往往有平均主义的倾向。它违背了社会主义全面核算的原则，不利于农业生产的恢复和发展。如山西河津三峪灌区是老灌区，为了扩大灌溉面积，近年又辟一新灌区，但水源有限，不能同时满足两灌区的需要，采取了平均使用水量的办法。老灌区因水量减少，小麦较前减产49万斤；新区增产23.7万斤，两区增减相抵，共减产小麦25.3万斤。说明不作社会主义的全面核算，平均使用水量的结果，灌区是扩大了，粮食却减产了。这种平均主义观点，也同样存在于化肥、农机等生产资料的分配方面。它既不符合自然规律，也不符合经济规律，恰恰否定了社会主义的优越性。尤其这些年来，许多干部把对自然斗争与阶级斗争混同起来，将用于对敌斗争的经验用于对自然的斗争，结果既在自然斗争面前碰了壁，也在社会经济规律面前碰了壁。同时不适当地削弱商品关系，机械地执行"以粮为纲"政策，进一步加强了农业的自然经济倾向。此外，农业生产的地区性特点，要求因地制宜实行地区分工分业。但是由于我们的经济区域隶属于行政区域，地区的自给平衡，扼杀了地区分工的发展。凡此种种矛盾和问题，只有以恢复和发展社会主义生产力为主要指导思想，才能逐步加以克服。

（四）我国农业技改的目的，一是要把农业置于现代化物质技术基础之上；二是要使农产品总量有巨大的增长，即要增加按全国人口平均对农畜产品的占有量。为实现这个目标，就必须实行农林牧副渔全面发展的大农业。我国耕地少人口多，不能单纯依靠种植业。综合发展林牧渔业，可以为种植业的精耕细作和扩大再生产提供物质的和经济的条件。同样，种植业的发展，反过来又能以更多的劳力和饲料等去发展牧业、林业和兴建水利工程。因此社会主义农业，应以广义农业为基础。例如要在黄河流域发展农牧业，关键措施是根治黄河。因此兴修三门峡水利工程枢纽及有关各项工程的主要目的，应是防洪蓄水（附带发电），以发展流域范围内的农牧业。为此就需要在中上游植树造林，种牧草，防止水土冲刷，调节径流。这不仅为延长三门峡水库的寿命，更主要的是彻底改变黄河流域的自然面貌和农牧业的自然条件，为流域内林牧业的发展和农业的精耕细作创造前提，没有这个前提，即使有更多的电力、化肥和拖拉机，也很难改变黄河中下游的自然面貌，很难实现全流域农业的精耕细作，从而也不能给工业发展创造条件。过去我们的流域规划，一般以发电为主，以供工业用电为主。如果根据以农业为基础，以工业为主导的方针，则有些工程就需要重新研究。北方除黄河上游外，也许应以发展广义农业为主。北方多煤，可以火电为主。南方缺煤，而建设水电站的条件较好，可分别情况，采取发电灌溉并重的方针。

根据我国的自然地理条件，山区丘陵草原占全国土地面积2/3以上，因此发展广义农业，大力利用广阔宜林地，普遍植树造林，尤有重要意义。绿化山林，会极大地恢复和促进农业与工业的生产力。因为自然生产力与社会生产力是相互依存、相互转化、相互促进的。充分认识并掌握这个规律,去建立广义农业的生产结构,就能充分发挥农业的基础作用,并为工业的发展提供有利的条件。

(五)充分利用自然条件,农林牧副渔以一业为主,综合经营,应是我国社会主义生产发展的基本方针。它既与资本主义国家的生产单一化有别,也与苏联农业的生产专业化有所不同。当前大部分公社生产队都有依靠自己力量开展多种经营的能力。生产队经济的巩固与发展,也在很大程度上依靠多种经营的开展。以不同形式、不同规模,发展多种经营,有利于将各种现代科学技术应用于农业生产,促进农业的精耕细作。它将代表崭新的农业生产力,其辉煌远景,将远非资本主义和小农经济所能比拟的。

《对苏联科学院政治经济学教科书的批判》一文,是根据狄超白遗存的手稿删编成六个部分。

狄超白认为自苏共二十大以来,对政治经济学教科书作了多次修改,愈改愈坏。把赫鲁晓夫的修正主义理论,大量输入教科书,使之失去了作为马克思主义著作的地位。

在《关于各种政权性质的国家资本主义》一节中,批判了教科书关于中国对资本主义改造是"通过和平的道路消灭资本主义剥削"的提法,指出在中国并不是对任何资本主义都采取和平赎买的形式,对官僚资本主义就采取了没收的办法,既不是赎买,也不是"和平过渡"。文章对教科书中所说在资本主义国家,企业国有化,可以被工人阶级和劳动人民用作反对垄断资本的无限权力,成为通过议会道路,夺取政权的条件的观点,进行了批判,指出资本主义国家的国有企业,是资产阶级专政下垄断资本的一种形式,是为垄断资本服务的。如英国工党政府,用工人阶级纳的税，把资本家设备破旧的企业买下来，再用工人阶级的税款去更新设备，真正为垄断资产阶级作了一件大好事。在完成这个任务后，工党就被撵下台，保守党上台后，再把这些已更新设备的企业，以廉价归还给垄断资本集团。在西欧和美国，虽然形式和方法有所不同，但企业国有化为垄断资本利益服务的实质是一样的。文章还分析了二战后一批新独立国家的企业国有化政策，认为有的可能成为向社会主义前进的一个步骤，但目前还不是社会主义经济。有的政权掌握在资产阶级反动派手里，企业国有化实质是为垄断资本服务的。尼赫鲁的"社会主义"即是这样。

在《关于社会主义工业化问题》这一节中，作者指出，根据马克思的再生产理论，所谓生产资料优先增长，是从社会再生产总周期而言的，并不是每年都要优先发展生产资料。当农业遭灾或消费资料生产与生产资料生产脱节时，就要加速前者而放慢后者。苏联把优先发展生产资料与优先发展重工业等同起来，对于农业是国民经济基础的认识模糊。苏联与东欧一些国家片面强调发展重工业，造成农业落后，国民经济发生困难。文章根据中国的经验，对工业化过程中，工业与农业、重工业与轻工业的关系，特别是农业是国民经济基础的理论，作了深入的阐发。文章还批判了新版教科书在论述工业化过程中，删除了斯大林关于阶级斗争的言论。指出斯大林对阶级斗争不是讲得太多，而是太少，认为斯大林对阶级斗争贯彻始终的认识是不彻底的。在这里可以看出，狄超白受到我国60年代"以阶级斗争为纲"的政治影响是很深的。

在《国际分工》这一节中，作者指出，苏联的国际分工论离开了马列主义轨道，搬用资产阶级的分工原则，利用所谓经济效益原则来反对兄弟国家建立自己的工业体系，以便苏联继续保持经济优势，使兄弟国家在政治和经济上始终处于从属地位。作者根据中国的经验，论述了自力更生原则的重要性。

在《关于农业的社会主义改造》这一节中，作者指出，苏联现代修正主义者在"和平共处"的旗号下，不区分资产阶级左翼与右翼，不区分资产阶级专政与无产阶级专政，对一切形式的土地改革，任何种类的合作社，都叫做"社会主义"，都加以支持。他们抛开了无产阶级专政这个最根本的前提，认为只要实行工业化、优先发展重工业、农民合作化和农业机械化、文化革命等这些措施，任何阶级专政都能建成完全的社会主义，而且把这种骗子的谬论，妄称是列宁的理论。作者分析了世界上各种合作社类型和合作化道路，特别是详细分析了中国农业合作化的形式、内容和方法，论述了人民公社、国营农场各自的特点和意义、作用，强调了先合作化后机械化的必要性，认为修正主义者所说的没有机械化就不能合作化是机械唯物论，是富农代言人。文章对苏联教科书中强调物质刺激的批判和对集体经济中社员自留地、自由市场的资本主义倾向的批判，以及对农民在两条道路斗争中思想意识改造的长期性等的论述，则是反映了作者在一定程度上受到当时"左"的思想理论的影响。

在《关于社会主义经济中的矛盾》这一节中，作者着重批判了苏联教科书中片面强调社会主义社会的和谐一致，没有关于阶级矛盾和阶级斗争的分析。特别是教科书把物质刺激当作社会主义主要的分配原则和生产发展的强大动力，狄超白认为，这就与资本主义社会没有什么区别了。他认为社会发展的动力，不是什么"物质刺激"，而是在生产力与生产关系矛盾基础上产生的阶级矛盾和经济关系的矛盾。表现为集体经济与社员家庭经济的矛盾、计划生产与计划外生产的矛盾、产品分配与商品交换之间的矛盾、国营贸易与集市贸易的矛盾、各尽所能与资产阶级法权残余的矛盾等等。这些矛盾处理不当，也可能转化成对抗性矛盾。小商品经济的自发势力，形成资本主义经济的复辟，产生新一代的资产阶级分子。因此在社会主义阶段始终存在着阶级斗争和两条道路的斗争，必须进行不断革命直至实现高级的共产主义阶段。

在《关于按劳分配》这一节中，作者批评了苏联教科书中只提出一个按劳分配的规律来解答一切，而实际上除了按劳分配外，也还存在按需分配的因素，如社会公共福利设施、救灾等等。狄超白认为，按劳分配存在有资产阶级法权残余，必须辩证地对待它，限制其消极影响，否则会产生一批高薪、高奖金、高版税收入者，成为天之骄子，迷恋于资产阶级法权的巩固与扩大。但他也反对平均主义，主张随着生产的发展和思想觉悟的提高，逐步缩小差别。他严厉指责苏联社会中，在工人、农民、知识分子中存在的损公肥私的利己主义现象，指出这是在分配领域里的阶级斗争，是赫鲁晓夫集团放任政治思想教育的结果。反映出阶级斗争和两条道路斗争的尖锐激烈。

狄超白是新中国老一代著名经济学家。他没有能生活到改革开放的年代。他的全部经济思想是反映计划经济时代的传统马克思主义的经济理论。不同时代的经济思想，产生于不同时代的客观条件，并为那个时代的需要服务的。他没有也不可能有我们今天大家所熟知的市场经济的理论，这是理所当然的。在他的经济理论中，受着当时"以阶级斗争为纲"的思想影响，也是不难理解的。他一生孜孜不倦地以马克思主义理论去努力探求解答现实的经济问题，为实现其社会主义和共产主义理想而奋斗的精神，则是他留给后人的重要的精神财富。

朱家桢

2000年5月5日于北京

中国土地问题

一、中国社会的农业生产方式

我们国内的生产,主要的还是农业生产。全国约有76%的人口住在农村里,依赖农业为生;住在城市里从事于商业的,也有极大部分是做着农产品的买卖业务的。农业部门的生产能力,是目前中国最主要的生产力;农业生产过程中的人与人的关系,也就是目前中国最主要的生产关系。

在中国农村中(把已经发生根本变化的新民主地区暂置不论),封建性的农业生产方式占着支配的地位。在边疆省份,如云南、西康、青海、宁夏、新疆、绥远等省,还存在着古代的封建农奴制——土司制度,农奴蓄奴与劳役地租同时存在。现行的租佃制度和独立小生产制度仍旧是封建性的,地主与佃农的剥削关系,地主、富农与雇农的剥削关系也仍旧是封建性和半封建性的。只有极少数的邻近大城市周围的农村里有某些资本主义的生产关系存在,但它们的数量是那样微少,在整个农村经济中,尚不能占有比较重要的地位。

中国农村中的现行租佃关系，一般地都采取分益制度。在这种制度之下，土地所有权是属于私人地主的。地主把他的全部或极大部分的土地分成小块租给农民耕种，凭这租佃关系，他向佃农征收封建性的实物地租或货币地租。地主对于佃农，表面上已没有强制权力，租佃关系已采取契约形式，但佃农的身份仍旧很低贱，仍旧要受地主的各种额外剥削。同时，地主、富农又以高利贷束缚农民。

在古代封建时代的农村中，自给自足的自然经济占主要地位，农业与手工业紧相结合，现在中国的农村里，在帝国主义经济侵略下，商品经济虽已剧烈破坏了自然经济，但是严重的封建剥削使农民处于赤贫的地位，他们除缴租纳税外，往往没有什么多余的生产品可以出卖，也没有余力买入工业生产品。他们只能死死地守着一小块土地，以一个家庭的劳动力为单位，从事着简陋的农业经营，并以某些简单的手工业生产来辅助农业生产的不足。因此，一般说来，在中国广大地区内的农村中，自然经济仍占着优势。

这种情形和资本主义的农业生产方式显然是不同的。在资本主义的农业经营下，农业机器或改良了的农具代替了简陋笨拙的农具，大规模的经营代替了小块土地上的个体经营。其阶级关系是农业企业家与农业劳动者的对立，地主只租地与农业企业家，不与农业劳动者发生关系。农业劳动者与农业企业家的关系是以"劳动力商品化"为主要纽带，劳动者具有身体的自由；然而在中国的农村社会里，主要的阶级关系是地主与农民的直接对立，农民承种地主的田地，就被束缚在土地上，地主对他们享有种种的特权，这种种特权不仅是经济的，而且是政治的社会的，于是地主阶级对农民强制进行种种超经济的剥削，使得农民世世代代处于农奴或半农奴的状态之下。

由此可见，中国农业生产部门中，封建性的生产力和封建性的生产关系的主要标志就是：（一）自然经济虽被破坏，仍居优势；（二）地主与农民的对立。把握了这两点，我们才能彻底了解中国农村经济的封建性；从生产力和生产关系的性质方面把握研究，才使我们得免入歧途。

二、农村土地的分配状况

我国农村中的土地，究有多少握在地主阶级手里呢？

民国七年，北京政府农商部曾经做了两个调查。第一个调查是选择芜湖、昆山、南通、宿县、成都、平湖等 11 个地区，把各类农户作一分类统计，结果如下：

	自耕农	自耕农兼佃农	佃农
占全体	31.1%	22.1%	46.8%

该表所称"自耕农"，实还包括在乡地主在内，但纯为佃农的农户，将及总数的一半，也可见没有土地所有权的农民之多。

第二个调查，是就全国设立邮局所到达的地方，依农户耕种田地的多少，作一般的调查。获得调查结果的有东北及本部共 22 省，四川、广西、云南、贵州四省则未有结果。兹就东北、华北、华中、华南各区有代表性的省份，见表 1。

全国有调查的 22 省的统计结果，见表 2。

根据表 2，可知耕地面积不到 30 亩的农户，就占全国农户的 69.1%，而耕地面积在 50 亩以上的，只占 14.9%。但该表没有表示这 14.9% 的大农户共占多少土地。也不能表示这些大农户是否都是地主（耕地面积百亩以上的农户可以推断为地主）。

民国二十五年，中国农村经济研究会曾根据广泛的调查和统计资料，作了一份全国农户及其所占土地面积表，见表3。

表1

地方	耕地未满10亩的农户所占百分比	耕地未满10亩至30亩的农户所占百分比	耕地未满30亩至50亩的农户所占百分比	耕地未满50亩至百亩的农户所占百分比	耕地百亩以上的农户所占百分比
奉天	19.9	21.3	23.8	20.6	14.8
直隶	34.5	27.1	20.0	12.8	5.6
江苏	51.0	28.5	12.5	5.9	2.1
湖南	24.6	24.1	26.1	17.0	8.2
广东	53.1	24.5	14.1	6.2	2.1

表2

耕地面积	农户数	在全国农户中所占百分比
10亩以下	20352285	42.7
10亩至30亩	12611998	26.4
30亩至50亩	7651575	16.0
50亩至百亩	4625096	9.7
百亩以上	2467648	5.2
总计	47708662	100.0

表3

农户种类	户数（万户）	百分比	所有土地面积（百万亩）	百分比
地　　主	240	4	700	50
富　　农	360	6	252	18
中　　农	1200	20	210	15
贫农雇农	4200	70	238	17
合　　计	6000	100	1400	100

由表3所示，我国地主阶级在与耕地有直接关系的六千万户中，仅占4%，富农仅占6%，两者合计，不过占10%，然而他们所占有的土地，却占全国十四万万亩耕地的68%；占全国农户70%的贫农雇农，他们所有的耕地，不过占全国耕地的17%而已。

八年抗战的过程中，在重庆政府统治下的西南大后方，在敌伪统治下的沦陷区，地权更加向集中的道路上发展，根据农林部农产促进会在川康两省所作的调查，显示在民国二十六年，四川地主所占有的土地为全川耕地的69%，但到了民国三十年，其所占的耕地就增至70%；西康在民国二十六年，地主所占的土地为全康耕地的69%，到了民国三十年，就增至73%。我们知道：民国三十年以后，通货恶性膨胀加速发展，政府实行征实征借变本加厉，农村土地集中的趋向更形激化。据民国三十四年的调查，重庆附近各县佃农占农村人口的80%以上；成都平原一带，佃农占农村人口70%以上；由此可证明地主所占有的土地之惊人的扩大。

抗战时的川康两省是如此，西南诸省也莫不如此，在广西湖南湖北等省，因为大批的壮丁被抽，或因战争的直接破坏，许多中小农户家破人亡，田地荒芜下来，结果被地主豪强无偿地占领去了。

在曾被敌伪统治的区域，这种土地兼并的现象也很显然。战争的烽火中产生不少的暴发户，这些风云际会的新兴财主就在江南富庶之地买田买地，冀为他们的子孙留百世之业。汉奸土劣及伪军官吏，更仗势强买硬征，借端兼并，加之战争使农村经济加速破产，没落中的中小地主及中小自耕农的土地就不断并入这些伪军官吏和经营"中日经济合作"的暴发户的名下。

日本帝国主义者运用军事力量，在各处纷纷圈地，以备进行殖民地式的农业经营。满拓团在嫩江省霸占全省44.6%的土地。华北的中日实业公司在军粮城、冀东、沧州、山东、晋、豫等处，霸占土地达215万町，合3440余万亩。像这一类的大小例子，在日敌占领的区域是到处有的。但胜利以后，这些夺自民业的土地，并没有物归原主，而变成了接收财，大都并入接收大员的名下去了。

抗战的八年中，只有在敌后的人民游击战根据地，因为执行减租减息政策的结果，土地非但没有集中，而且稍有分散的趋势，例如在晋冀察的北岳区，根据35个村庄的调查，其结果见表4。

抗战胜利以后，人民军进入东北，立即在其到达地区实行减租减息运动，并将敌伪土地分配给农民，在民国三十四年至民国三十五年的一年中，农村中原来的土著地主及其所有田地，虽未见减少，但日籍地主及奸伪地主都被赶走了，土地被分了，因此富农和中农增多，佃农和无产农民减少了。自民国三十六年四月起，新民主区域为了清算敌伪财产，清算地主对农民的非法剥削，展开了广泛的清算运动。在这清算运动中，不少作为地主剥削工具的土地分配到农民手中。下面是两个例子：

陕甘宁关中中心区一乡，已有三千亩土地合理分配给贫苦农民，发了土地证。分配时，按人口与生活需要互相调剂，每人可得四亩，以好补坏，使每人均获得麻地川地与水地，一户两口者，分三口人的地；四口以上者，按人口多少，每人得分地四亩。（见民国三十七年六月一日新华社电）。

苏北叶挺县，土地改革后得田者 8578 户，计 39132 人，得地 66162 亩，平均每人 1.8 亩。每人分得租稻 80 斗。补偿中农 334 户，地 2683 亩。（见同上电讯）

表4

农户种类	在农户总数中所占百分比		在耕地面积中所占百分比	
	二十六年	三十一年	二十六年	三十一年
地主	2.42	1.91	16.43	10.17
富农	14.50	7.88	21.93	19.56
中农	35.40	44.30	41.70	49.10
贫农雇农	47.50*	40.90	19.10	20.10

* 系民国二十九年数字。

由此可知，在新民主区域内，于抗战期间，土地即有分散的现象，但那时的土地政策仅是减租减息，所以地权分散的进行很缓慢；胜利后，因清算敌伪土地及一般地主的非法剥削，一部分不法地主的土地乃得重行分配，这在土地所有权的分散运动方面，得大踏步的展开。不过在1947年底实行彻底平分土地政策以前，新民主区域内自减租减息以迄清算运动，还没有能在根本上改变地主富农所占土地的优势，也没有根本上废除封建剥削，变革农村中封建性的生产关系。

三、农村中的封建剥削种类

（一）地租

中国地主阶级既占有极大多数的土地，怎样利用他们的土地去剥削农民呢？占农村人口60%至70%的贫农雇农是依赖着地主的土地耕种的。农民承种地主的土地，就要缴纳地租，及其他种种供奉，但地租是主要的剥削项目。

中国农村里的地租，在抗战前有钱租、折租、谷租、分租四种主要形态。钱租是以货币缴纳地租。折租是以原来的谷租额为基准折合货币。谷租与分租是实物地租。谷租规定每年实缴谷物若干，年成的丰歉与地主无关，分租是每年将收得谷物依比例分摊：如三七分，四六分或对分等等。在边疆省份，最古老的力役地租，也仍然存在。

根据民国二十三年立法院统计处的调查，在8省97县中，对地租的种类作一统计，其结果如下：

实物地租	占80%
货币地租	占12%
折　　租	占8%

在上面的三种地租形态中，占全部80%的实物地租，固然是封建性的地租，就是货币地租与折租在形式上是封建地租到资本主义地租的过渡形态，但仍然是封建剥削的内容。而且自抗战开始以后，这些货币地租和折租，已全部复返于实物地租；所以对于这种过渡形态的货币地租的研究，也就失去了现实的意义了。

其次再研究地租的租额。租额的大小，是地主对佃农剥削的主要标识。

民国十九年立法院统计处，对国内23省的租额做一调查，包括黑龙江、吉林、辽宁、热河、察哈尔、绥远、陕西、山西、河北、山东、安徽、河南、湖北、四川、云南、贵州、湖南、江西、浙江、福建、广东、广西等省。结果如下（23省平均数）：

（％）

钱租占地价			谷租占产额			分租占产量		
上等田	中等田	下等田	上等田	中等田	下等田	上等田	中等田	下等田
10.3	11.3	12.0	46.3	46.1	46.2	51.5	48.2	44.9

上表关于钱租这一部分，因为现在已不存在，所以不再研究。在谷租与分租的两类中，地主所得者平均在生产物的四成半至五成之间，农民终年辛劳所得，要以将近半数的收获给地主，而农民剩余半数之中，还要包括耕种工具、种籽、房屋、肥料、劳动力、捐杂及送给地主的额外供奉等等一切费用和负担在内。

抗日战争前的地租剥削，到战时益发加重。国民政府在迁至重庆以后，对于西南封建势力之依赖更为密切，战时的财政经济政策更助长地主对佃农的剥削。下表是关于川康桂粤四省民国二十六年至民国三十年，每市亩水田的地租额变动的简单数字：

土地类别	年度	四川	西康	广西	广东
水田	民国二十六年	22.2市斗	10.6市斗	12.1市斗	14.8市斗
水田	民国二十八年	22.6市斗	13.4市斗	13.0市斗	16.0市斗
水田	民国三十年	23.8市斗	14.3市斗	14.6市斗	17.3市斗

上表已清楚说明，战时西南诸省的地租剥削，是逐年增加。民国三十年以后，因通货的恶性膨胀加速，地租剥削的增加，较前更为厉害。下表是甘英氏对于四川某县27家佃户所作调查结果：

年别（民国）	租额指数
二十七年	100.0
二十八年	106.8
二十九年	106.8
三十年	120.4
三十一年	127.3
三十二年	165.9
三十三年	181.4

抗日战争时期的西南诸省是如此，在沦陷区又何尝不如此。江南一带本是钱租和折租比较发展的地区，沦陷期间因敌伪的征粮，乃完全改成谷租，敌伪向地主增加的田赋征实负担，部分的转嫁到佃户身上，增加了谷租租额。同时因伪币的跌价，战前的押租（承租时佃户缴纳的承种费，以货币缴付，战前每亩数元或数十元不等）到战时跌至最低价值，地主乃乘机要佃户追缴押租，并且多以实物计算，这也是增加租额的变相。

抗日战争胜利后第一年，政府曾通令二五减租，但不过是一纸空令而已，各地方的地主自然置若罔闻，照旧向农民收租，甚至还有借此增加租额的。在实行分租制的地区，流弊更多，例如民国三十五年十二月十四日上海大公报一通讯说：

在崇明，政府实行二五减租，我们贫苦佃农，自忖交了好运，欣喜万分，不意县当局曲解二五减租，谓"每千步水田正产收获量谷一千斤，减去二五，再行平分"。如此则比往年恰增加了二五，倒不是减租而是加租了。

在地主阶级把握着政权，封建势力笼罩着乡村的地区，一切改良的办法只是纸上谈兵。而封建农村经济的解体，必使地主阶级不断增加对佃农的剥削，这却是历史的法则。

(二) 额外剥削

在封建性的土地剥削关系之中，地租是地主最主要的剥削收入。但地主阶级并不以此为满足。封建社会的前期，地主家里的日常用品，都是农民供给的；农民除缴谷租给地主作食粮而外，还得替地主建筑住宅，替地主打零工，当差，还要替地主织布制衣，供给地主柴油酱醋茶等等必需品；这些叫做劳役和贡赋。到商业资本兴起以后，完整的自然经济渐渐地被破坏了。地主阶级的生活水准提高，他们的日常用品要以货币到城里去购买，农民的粗劣的手工业品不再能适合他们的需要。于是地主阶级就增加对主要农产物的征收，以便向市上出卖，换得货币，购买各种物品；劳役与贡赋就逐渐以谷物折缴，譬如苏北地区的额外剥削中有所谓"酱麦""小租"等项，酱麦是原来要送酱给地主的，现在则以麦折缴；小租是一年中应送地主的节礼，现在也以谷物来折缴。

封建社会在没落的过程中，地主阶级对农民的剥削益发加紧。地租一项，往往受习惯的限制或契约的关系不能年年增加，且亦有其限度；譬如成都平原一带，农田中主要谷物的收获，佃户大都是全部缴给地主这也就无从再加了。所以封建的剥削除掉地租而外，地主阶级往往假借其他各种名义，创立了种种额外剥削的项目，用超经济的方法强制农民负担：这种强制性的剥削，发生于封建的农村社会阶级关系，而与市场的经济法则无关。

地主使用大斗大斤去收纳农民的谷物，已成为中国农村中极为普遍而习惯的事。淮安城外有个刘家地主，他的佃户们编了一首歌谣，以描写他们缴租时地主使用大斗的情景（见1947年中国经济年鉴）：

> 朝刘墟一走，腿肚子发抖；
> 上去狗咬一口，大斛又是大斗！

抗战胜利以后，苏北地区尚未实行土地改革之前，农民受地主的额外剥削，其最普遍者，竟有20种之多。其名目如下（见1947年中国经济年鉴）：

> 预备麦，小租，酱麦，看稻费，大斗大斤，修车费，修沟费，包黑坊，虚田实包，战时加租，伪费（本应由地主缴纳），写田礼，年礼，出仓费，出差费，拖打，盖仓费，种子费，欠租加息，租鸡租鸭费……

以上种种剥削的总额，往往超过正租的租额，所以农民除掉将主要的作物全部或大部送给地主而外，还得将农产副作物来补其不足。

由于这样苛刻的剥削，地主阶级就自然要依赖武力政权，才能保障他们对农民的压榨。每一座地主的住宅都就是一座堡垒，大的地主家里有机关枪小炮，小地主家里也少不了步枪盒子炮；他们收租讨债时往往携带武器，稍不顺意，农民挨打，被吊在树上，挨几下耳光，乃是司空见惯的事；至于地主恶霸强夺人妻，强奸农民闺女，也算不得稀奇。

(三) 捐杂

在封建社会的解体过程中，农民因受不住压迫剥削，因而发生反抗与暴动是势所必然的。代表地主利益的政权乃不得不加强其统治的机构，扩大军队人员；于是更要加重人民的负担，苛损杂税，五花八门，重重叠叠地堆到农民的肩上。

抗战时期的征实征购征借的负担，至民国三十六年的内战再发而增加到最高的数字。征实一项是以地主为对象，暂且不论（实际上大部分仍转嫁于农户）。征购与征借，地方政府悉采摊派的办法，结果自然由广大的中农与贫农分摊了极大部分。

在国民政府统治下，除掉中央的三征负担而外，还有省级以下地方政府的苛捐杂税，其名目之繁多，实不胜枚举。政府经过"立法手续"而订定的税项，属于省县市者有九种：营业税，土地税，遗产税，土地改良物税，屠宰税，营业牌照税，使用牌照税，筵席及娱乐税等。在这九种省级税项中，大部是直接间接要农民负担的。另外还有公用事业的独占特许税；专卖事业的专卖价格，也等于向消费者和原料生产者征税。农民担挑进城，经过公路桥梁要征收受益费，进得城后先要受警察的挑剔勒索，而后地方税务机关再要收取规费；此项规费名目繁多，有明令者计六种：教育文化事业附加，经济建设事业附加，卫生治疗事业附加，保育救济事业附加，保安防灾事业附加，保健娱乐事业附加等。

以上种种，还是被称为合法的。至于非法的，争奇斗妍，匠心特出，其种类之多，正不下于大百货公司中的货品。据民国三十六年六月南京的大道报所载，浙江绍兴县，仅仅非法摊派一项，即达276种之多。重庆曾作战时首都七年，照理应该比较干净，然而重庆附近各县的非法摊派，竟尚有月捐7种，临时捐23种。其名称如下：

月捐：专署卫队月捐，县警队月捐，区联防队月捐，指导员公差兵月捐，乡传达月捐，保夜巡队月捐，保传达月捐。

临时捐：胜利公债，公益储蓄公债，节约公债，县长及委员来乡招待费，烟叶税，航空捐，保长受训费，驻军稻草费，乡公所会议零支，修理乡公所捐，中心校捐，保国民小学校费，教师补助食米费，中心校装置费，保办公费，夜巡查费，各队丁代务费，被条费，油亮费，公学费，乡干事受训费，服装费，草鞋费等。

以上各种捐摊，我们仅仅一读其名称，就可想像到中国农民是过着何等样的生活！俗语说："大鱼吃小鱼，小鱼吃虾，虾吃泥。"他们就是这无声无响，命定着最后被吃的泥！陕西农民今天还负担着庚子赔款的地丁银，虽然朝代已经数易，庚子赔款早成历史陈迹，然而农民们仍在继续缴纳此项负担，有谁来替他们说项，有谁来替他们解脱呢？在封建剥削的土地关系之下，他们是天生被吃的。

(四) 高利贷

高利贷资本，乃是封建农村经济受商业资本侵蚀过程中必然的产物。广大农民在封建剥削的发展过程中，日趋穷困破产。但是穷困破产的农民，因无城市大规模的工业来吸收他们的劳动力，所以他们仍被一根纽带束缚在土地上。他们为了食粮不足，为了进行单纯再生产资本的缺乏，就不得不向地主富农举借粮食与现金；于是地主富农就成为高利贷者。与农业生产密切联系的商业资本家，也有兼做高利贷者的，因为中国社会既不能走上资本主义的道路，商业资本家的资本积蓄就不能转变为产业资本，他们要不是购买土地成为新的封建地主，就是将剩余资本以高利借出，成为高利贷资本家。

农村高利贷的贷放时期，大都是在春耕期间，因为封建剥削下一般农民的生产状况，非特剩余生产物完全被地主阶级剥夺了去，而且劳动力代价的生活资料这部分，以及种子肥料生产工具的消耗部分，也不能完全收回来。因此，大部分农户到了春耕期间，已家无余粮，留下的种子或被吃掉，或感不足，购买肥料、雇工、添置生产工具等等费用更无着落，于是不得不向高利贷者开口低头，而这时的高利贷者正把捉着农民的要害，利息特别高昂，春借秋还，不过是四个月上下的期间，百分之百的利息是最低的；在通货恶性膨胀显露以后，高利贷者索本计利，大都以实物计算，以免币值跌价而遭到损失。

民国三十六年广东省内，南路一带的农村高利贷，一般是年利80%至100%；粤北连县一带，春借秋还，就得借一还二，如以货币计算，则春季借款每一万元，除于秋收时照还本款外，另加谷物利息60斤至80斤。

同年广西的高利贷更为猖獗。迁江县长陈桐在广西行政会议中报告：该县上半年灾荒的时候，春季借谷一担，至秋收时要还三担至四担。桂北全县则更为厉害，夏季借谷一担，秋收时要还新谷五担。

湖南是产粮之区，但高利贷的剥削更其惊人：民国三十六年长沙一带的高利贷，春借一担，秋要还四担，邵阳一带，春季借谷每担作价2.2万元，八月归还时除照价还本外，另每万元付谷利两石。

农村高利贷最普通的一种，叫做青苗。民国三十六年四川郫县新繁一带，大部农家于青黄不接时，便靠卖高脚黄过活。卖高脚黄就是卖青苗，田中禾苗未长大，即以之卖给高利贷者，双方先行到田间估计秋收谷物的约数，照出卖时谷物的市价计算总值，但卖家所得款额仅是总值的1/3或1/4。

以上不过是任意选择几个例子，以见一斑。中国农村受高利贷的盘剥早在千余年前，以至于现在。广大农民在高利贷的盘剥之下，世世代代流着无穷尽的血和泪。饮毒解渴，不过是个人的死亡，而借高利贷度日，结果是家破人亡。1947年中国经济年鉴地方经济章载着这样一个借高利贷的例子：

淮安西南乡规张村的孙廷荣，民国十七年借高利贷者张如双50元，每年30元利息，民国十八年付了利，民国十九年因粮食歉收还不起利，民国二十年收麦时，张如双即带两根长枪一架盒子炮到孙廷荣家场上，将打下的小麦扒去两石七斗，孙的老母向他叩头哀求，留下几斗度日，反被他踢了两脚，是年秋不幸大水，淹得籽粒无收，一家8口无法生存，逃到盱眙一带逃荒，其父即因病饥交加而死，孙无法只得回家；至民国二十一年已欠张本利130元，张将孙的18.5亩地拿去抵押，仍将田包给孙种，每年背利42元，民国二十二年孙家姑娘订婚，收婆家聘礼24元，被张拿去20元抵利；民国二十三年又将孙弟叫到张家帮工，全年抵利债27元，是年秋孙并付张绿豆二石一斗抵利；民国二十四年孙弟被抵至张公望家做活，工资由张如双收抵利债，仍不足9元；民国二十五年孙兄弟二人给张家做工，忙了一年仅得28元，余均抵利，是年某日天降大雨，张强要孙外出工作，孙稍出怨言，即被张打了三板锹，并把孙绑在场上的吊人桩上给雨淋，还要用刺钉树枝来鞭打；民国二十七年又遭大水，还不起利债，民国二十八年孙弟又被抵至张公望家做活，工资 30 元抵利……十二年来，孙只借了 50 元高利贷，弄得家破人亡，年年替他做牛马，还是还不清他的债，并且一年一年的加重，永无还清的希望。

以上这个例子，是一个典型的例子，我们在中国广大农村里可以随处碰到。现在淮安的张如双已在新民主主义土地改革下被清算了，孙廷荣也已理清了他的债务；可是在没有实行土地改革的地区，无数的张如双仍在举起他的刺钉树枝，抽打着无数呻吟着的孙廷荣。

四、农村中的阶级关系

占全国农村人口半数的佃农，他们完全处在封建的剥削关系下。上述的种种剥削范畴，他们一身兼受。他们除非造反，休想变更半点他们的生活状况和社会关系。中国农村人口中 50% 的佃农和 4% 的地主的尖锐的对立，乃是非常鲜明的。但是其他还有许多并不佃种土地的各种农民是处于什么地位呢？他们是不是完全在封建剥削关系以外呢？

为了正确地说明农民中的阶级成分，我们不能把农民区分为佃农和自耕农这两类，而应按其经济地位，区分为富农、中农、贫农、雇农这些成分。

首先说到富农。富农一般都是不大的土地所有者。但也有除自己占有一部分土地外，再租入一部分田地的（这是少数），甚至也有全部都是租来的田地（这更是少数）。一般都有较好的农具，较多的耕牛，可供流动运用的货币或实物。富农自己也从事农业劳动，大都雇佣长工或短工在他的田地中劳作，这是他和地主的主要区别。对雇佣劳动的剥削是富农生活来源之一部或大部。我国富农的剥削，一般都还带前资本主义性质，他们往往出租自己的一部分土地以收取地租，放高利贷或经营小商业，就是剥削雇佣劳动（请长工短工）也用半农奴形式。

其次是中农。许多中农是小的土地所有者。但也有租入一部分租田，或全部都种的租田。所以佃农中有一部分由其经济地位上看，是属于中农。中农都有相当的农具，大致都还有耕牛。生活来源依靠自己一家的劳动，一般不剥削他人，这是中农的主要标志。有许多还要受高利贷剥削。其富裕的一部分（称为富裕中农），对他人有轻微的剥削，如请短工，放少数的债，但这种剥削并不是生活上重要的经常的来源。

再次是贫农。贫农也有是很小的土地所有者，但一般都须租种地主的土地，佃农中大部分是属于贫农成分。他们的农具是不完全的。大部分要出卖农余的劳动力。高利贷者紧紧抓住着他们。

最后是雇农，一般全无土地和农具。有些雇农是极小的土地所有者，或许有随身携带的农具。他们依靠出卖劳动力为生；在外表上看起来，和资本主义农业中的工钱劳动者颇为相像，其实二者还是有分别的（当然，中国农村中不是没有资本主义的农业经营）。他们是封建的农业生产关系的解体过程中丧失了土地的分子。他们受雇于地主与富农，不单单出卖劳动力，而且出卖他们的身体自由，他们在一季或半年或一年的受雇期间，整个的身体和劳动力都是属于雇主的。他们所得的工资并无社会的工资法则予以规定，而是由地主阶级对佃农的一般剥削率来规定；假使一个雇主因支付较多的工资而使收入减低，他就不如将土地租给佃农耕种了。

由此可见，我国农村中的阶级对立，最主要的是地主和雇农贫农的对立。自耕农的存在，并不能否定这个事实。如前文所说，我国的自耕农,极大部分是中农和贫农,他们辛勤劳动的收获,以田赋、征购、征借和各种苛捐杂税敲诈勒索的形式,缴给政府机关,往往连最低的生活也不能维持,而这些政府机关握在地主阶级手里,所以仍不外是受地主阶级的压迫。在出卖劳动生产物的时候,他们要受商业资本的剥削;大都还要借高利贷;地主和商业资本、高利贷者的三位一体,也是很明白的事。至于地主阶级的封建特权,在任何时候都会行使到他们身上来,他们虽然极不愿放弃自己的一小块土地,但被地主兼并的危险是常常存在着的。——既然这样,他们憎恨地主阶级不在佃农之下,就无足为奇的了。

富农在这个阶级对立的局面下,一般的倾向于地主,因为他们一般的兼行着和地主一样的封建性剥削。

中农在农村人口中间,如中国农村经济研究会的估计,占到20%,是个不小的阶层。他们的地位虽介乎地主、富农和雇农、贫农之间,具有两面动摇的性质,但他们只有在新民主区域,才可能上升为富农,其他地区的一般的趋向却是破产没落。下面是一个实在的例子。

民国三十六年调查了广西宜山的一家中农的收支状况,可以具体看出税捐负担在其家庭收支中所占的比率。该农家一家5口,耕田25亩,收获量得谷子六千市斤(此数与广西田地的平收获量相近),但税捐支出如下:

一、田赋军粮征借,计谷　　2100市斤
二、自治户捐　　　　　　　61市斤
三、电讯器材捐摊,计谷　　　50市斤
四、国中及卫生院　　　　　33市斤
五、壮丁义务劳动捐　　　　20市斤
六、集训米十五斤,合谷　　　22市斤
七、军粮运费,合谷　　　　　20市斤

以上合计为2306市斤，已占总收获量39.3%，其中第四项至第七项还不过是一月至七月之统计，八月至十二月的临时捐摊尚未在内。由此可见中农所受剥削之重，他们在农村的阶级斗争中倾向于雇农、贫农方面，不仅有极大的可能，而且是必然的。

五、农业生产力的衰退

在资本主义的社会里，资本家阶级将剥削所得的剩余价值，除少数部分作为自己的消费之用而外，大部分是拿来投入下次扩大生产之用的。在资本主义的自由竞争时期，每一个资本家必须不断扩大其生产规模，不断改进技术以提高其劳动生产性，而后才能与别个资本家竞争，才能立足于资本主义的社会里。所以当独占资本尚未垄断资本主义社会的生产之前，资本家阶级所得的剩余价值，主要的是用之于提高资本主义社会的生产力。

但半封建社会的地主阶级则不同。他们不担负生产过程中任何职责，农具、耕牛、种子、肥料也都是由农民负担的。所以地主取得农民的剩余生产物，不会拿来作为扩大再生产之用。个别的地主会不断以其剥削所得添购土地，但他的新得土地乃他人所失去的土地，就全社会而言，并没有增加土地；只是扩大了某个地主的剥削手段而已。所以封建社会的地主阶级，对生产事业没有丝毫的贡献；他们只能饱食终日，鼓腹遨游。至于农民阶级，他们的剩余生产物既已全部被地主阶级所剥夺，也就无法进行扩大再生产，只能勉强进行单纯再生产；因此，封建社会生产力的一般提高是不可能的。相反的，当封建社会发展到某一阶段，农业生产就开始衰退，因为地主阶级对农民的剥削，经常超过剩余生产物的限额时，终于弄到农民勉强维持单纯再生产的进行也不可能了。

1947年中国经济年鉴上载着这样一个例子，说明宝山佃农在高额地租剥削之下，其主要农作物水稻与棉花的生产几乎是亏本的。兹将水稻的生产费用及其生产物价格，分别比较如下：

一、水稻生产直接费用概数（每市亩）

项　　目	费用概数（元）	说　　明
田租	30000	以租米一百市斤折费
种子	1600	以谷八市斤计
肥料	25000	以豆饼二张人粪一担计
工资		
整地	6300	以人工二日计
播种	6000	以秧田撒播管理与插稻合二工计
中耕	12000	补植、锄、荡、摸草共计四工
灌溉牛工	27000	戽水整地牛工，以白米四斗，供饭一日计
收获	18000	刈、割、挑、打以三工计
加工	10000	晾晒辗轧等合计
合计	135600	

二、水稻生产收获量折价（每市亩）

等　级	收获谷量	每担市价	总　　值
上等田	四市石	35000	140000
中等田	二市石半	35000	87500
下等田	一市石半	35000	51500

　　根据上表，可知水稻生产，只有最好之上等田，稍有盈余，但此种田地数量甚少，其租额亦往往特高。如租额超过平均租额一市石以上，则承租上等田亦须亏本。至于中等田下等田，就莫不大亏其本。中等田亏折数约等于田租数额。下等田则必须将全部工资赔贴在内，方能缴租及收回种子肥料等费。事实上，极大多数的佃农都是耕种中下等田，种田人也只能节衣缩食，以收获

的谷物先缴付田租与抵偿种子肥料等费。但到了明春再生产的时候，生活资料既感不足，生产资料就更感不足，往往不能再有充分的肥料、种子和人力来从事耕作。于是下年度单纯再生产的规模既已缩小，农业的生产力自即萎缩。

农业生产力的萎缩，分别表现在劳动力的离村，表现在耕牛的缺乏上，表现在生产工具的陈旧与短缺上，这种种现象，在中国广大农村里已非常普遍而显著。疾病、灾荒、宰杀耕牛，生殖率的减低与死亡率的增高等等社会现象，乃产生于农业生产力的衰退，结果更影响着农业生产力的加速衰退。

中国是农业生产占绝对优势的国家，但自封建经济开始解体以来，农业生产力的停滞以至于衰退，正加速农村经济的破产与中国社会的贫困。某一种社会的生产方式，当其生产关系已束缚生产力的发展时，这一种社会就到达它的尽头；因为生产力的停滞与衰退，必使广大人民颠沛流离饥饿死亡，结果就是战争与革命。

中国农业的主要作物是稻麦，稻麦产量的递减，是反映中国农业生产力衰退的标识。兹以民国二十年至二十三年稻、小麦及高粱的产量，与抗战胜利后的第一年相较（战时无全国性统计），已可显出生产力衰退的趋势。

（单位：千担）

年　份	稻	小　麦	高　粱
民国二十年	955599	475113	162298
民国二十一年	1087315	490727	189679
民国二十二年	994175	472917	169652
民国二十三年	670620	435175	137263
民国三十五年	987874	355940	185583

在八年的抗战中，西南后方曾增辟若干耕地；民国三十五年的统计，且将新收回的台湾产量计算在内；然而那怕耕地面积有如是的扩展，稻的产量较民国二十一年及民国二十二年都少，小麦产量且较历年为少，高粱产量亦较民国二十一年及民国二十二年为少。主要农作物的产量，即使在抗战以前，也可看出其平均生产递减的趋向。

国内主要农作物的产量递减，造成主要食粮的缺乏，更可以从粮食入超的逐年递增这一点上，鲜明地看出来。以一个全国75%至80%的人口居于农村，历来以丰富的农产自豪的中国，今竟发展到每年要自外国输入大批粮食来补其不足，这就说明了农业生产力已衰退到如何的地步。兹将民国三年以来各年米麦输入净差额列表如下：

（市石）

年　份	米	小　麦
民国三年	6746327	1968050（输出）
民国五年	11261508	1095624（输出）
民国七年	6960744	1815445（输出）
民国九年	849904	8426409（输出）
民国十一年	19111065	277872（输出）
民国十二年	22371874	1955271（输入）
民国十五年	18671658	4151407（输入）
民国十六年	21005300	1194173（输入）
民国二十年	10740810	
民国二十一年	22486639	15084723（输入）
民国二十二年	21419006	17716289（输入）
民国二十三年	15421220	9298838（输入）

注：民国三年至民国九年的小麦所以大量输出，乃是因欧战的缘故，欧洲各国需要粮食救济，有利可图，故节省国内需要以之输出。

自民国以来，虽然各年米麦的输入数量参差不齐，常视秋收的丰歉而有高下，但一般的趋向，输入数之平均上升，乃是非常明显的。

抗战的八年使农作物的生产更形激减，粮食成为战时最严重的问题，以致战时除大量壮丁因作战与营养不足而死亡者外，一般的死亡率亦特别增高，战争结束后的第一年，由"联合国善后救济总署"输入中国 782113 吨食物，然仅足供同年三千万饥民的 3 个月需要而已。

不仅仅主要作物的米麦生产在逐年减少，即几种著名的农业特产的生产，也表现急剧的缩减。如茶叶是中国具有悠久历史的产物，历来是出口物的大宗，然自 19 世纪的 80 年代以来，其输出数量在逐年减少：

年份	输出数量（单位磅）
1888—1892	242213000
1893—1897	234507000
1898—1902	192427000
1903—1907	200328800
1908—1912	202130186
1926	111834400
1931	116158700
1932	87119014
1937	89634000
1946	7500000

在半个世纪中，中国茶叶的输出已缩减 2/3。特产品的输出减少，也就是再生产缩小的标识。茶叶一项是如此，其他生丝桐油棉花等等也莫不如此。兹先将生丝桐油两项列表如下：

(单位：磅)

年份	生丝	桐油
1912	16250266	——
1926	11674000	100008500
1932	10436592	107009107
1936—1937	8560000	209100000
1946	2250000	45000000

棉花的生产在抗战期中减少得最为厉害，兹将全国的产棉区域十二省，以民国二十六年及最近的三年生产额比较如下：

(单位：万担)

省份	民国二十六年产额	民国三十三年产额	民国三十四年产额	民国三十五年产额
河北	267.6	153.4	71.2	114.8
山东	163.0	79.6	47.3	62.3
河南	135.7	43.0	41.3	67.0
山西	62.9	9.4	17.6	17.6
陕西	106.7	41.6	51.8	71.1
江苏	233.1	140.2	77.5	112.9
浙江	49.5	24.1	12.9	19.0
安徽	51.4	12.8	5.1	12.1
江西	2.2	——	2.0	5.0
湖北	151.7	120.0	96.2	172.1
湖南	14.8	24.6	24.6	22.4
四川	32.1	41.2	52.7	43.7
总计	1270.7	689.9	500.3	720.0

战后第一年的产量,虽较战争的最后两年稍有增加,但仍只及民国二十六年的60%而已。

农业生产力的衰退,除因封建性土地关系直接造成的因素而外,有些人会强调天灾与战争的因素。自然天灾与战争都会更激烈地破坏农业的生产力,但是我们如科学地研究一下天灾与战争所以发生的原因,就会发现这两者也都是封建性的土地关系的产物。过分的剥削使农民无力修浚他们的沟塘水渠,封建的统治阶级也不能以剥削所得去从事水利的修建,于是旱灾水灾虫灾便交替而来。农村经济的破产使大批农业劳动者游离出来,被地主军阀利用去当兵当丁,造成半封建的军事独裁政权,进行反人民的内战和军阀之间的混战。这一切,推本及源,仍然是在封建性的土地关系的基础之上,造成了种种的天灾人祸,加速破坏着农业的生产力!

六、为土地的斗争

中国农村社会里的生产关系和生产力的矛盾,已如上述。一个社会,发展到大多数人与少数人之间不能和平相处,只有极少数人能丰衣足食,而绝大多数人终年不能温饱的时候,这个社会就要骚动了。长期的骚动,使社会的生产力遭受更大的破坏,地主阶级更加凶狠的压迫和剥削手段,这就引起农村里广泛的阶级斗争。农民斗争的对象,是霸占着土地世世代代剥削他们的地主;农民斗争的目的,是在取得他们世世代代劳动耕种着的土地。

中国土地问题并不是新的问题,而是一个具有悠久斗争历史的问题。自西汉以后,历代王朝的衰亡,都是因为土地集中招致广大农民叛乱的结果。西汉末年的"赤眉""绿林",东汉末年的"黄巾",都是大规模的农民起义运动。唐的黄巢,宋的方腊,明末的李自成、张献忠,都是农民战争的领袖。在封建时代,零碎的个别地区的农民"叛乱"几乎从来不曾断过,而且农民叛乱甚至发展为大规模的战争,几十万农民投身入斗争中,给专制王朝以致命的威胁——斗争的激烈正反映着土地问题的严重。

为了缓和农民的土地斗争,古代的封建地主统治者也曾想在土地关系上实行一些改良主义性质的政策,以限制大地主的兼并土地,或减轻田赋来表示加惠农民。但是这些做法都无非是发自代表封建地主利益的帝王,交给封建贵族地主去执行,从来不能对于农民真有一丝一毫的好处。无论是西晋的所谓"占田制",隋唐的所谓"均田制",都并没有真能减弱土地集中的趋势。至于所谓"减轻田赋",至多不过是地主受惠,而佃户则照旧受着重重剥削。

中国历史上,在从封建时代进入半封建半殖民地时代的中间,又爆发了一次"太平天国"农民战争。这次农民战争不但规模空前,而且是明确地提出了"为土地而斗争"的目标。太平天国颁布有"天朝田亩制度",主张"凡天下田男女同耕,……务使有田同耕,有饭同食,有衣同穿,有钱同使。"并且提出了一种分田办法,按照田地产量的多少,分田为九等,以平均分配于农民。然而太平天国的制度是凭空虚拟的,是离开了现实的社会条件而制定的,而农民军打进了城市以后,商人地主势力也大量渗入领导集团,把土地改革搁在一边,结果使太平天国的农民运动变成单纯的军事投机,逐渐离开了民众基础,招致了最后的失败。

太平天国及以前的历代农民暴动,其所以不能解决土地问题的客观原因,是因为分散的手工业还没有脱离农村,还没有发展为集中的工厂制度，产生资本主义的条件还不存在或还不成熟。农民战争虽能使封建的生产方式受到巨大震动或甚至一时地破坏，但从单纯的农民战争中产生不出来新的生产方式，所以这种单纯的农民战争最后只能一时地破坏封建的生产方式，而在农民战争的废墟上重建起来的仍旧是地主阶级的统治秩序。拿1789年的法国大革命的情形来看就不同。那时法国的资本主义生产的因素已经成熟了，但被束缚在旧的封建生产方式下不能自由发展。在大革命期间，与城市中资产阶级行动相配合，全国农村掀起了广泛的农民暴动，烧毁地主贵族僧侣的堡垒寺院，瓜分了他们的田地，这种行动，正是彻底破坏封建的农业生产方式，为法国资本主义的发展供给了充分有利的条件。法国资产阶级就利用这种条件而建立起来资本主义的统治秩序，以代替旧的封建统治秩序。

但在中国资本主义的产生条件还没有成熟的时候，世界资本主义已经发展到了帝国主义的阶段，他们用枪炮打开了闭关自守的中国大门，长期盘踞在中国国内，这就使得中国不可能再有独立的、循序渐进的资本主义的历史前途。这也就是说，像法国的情形那样，资产阶级领导和利用农民斗争建立统治权，这种情形在中国是不可能出现的了。到了现在，我们环顾世界的局势，各帝国主义国家内部的经济斗争，帝国主义经济与殖民地经济的斗争，帝国主义经济与社会主义新民主主义经济的斗争，错综复杂地、息息相关地，把全世界每一个角落的人民生活都交织起来。中国广大农民就处在这种旧的历史传统和新的现实环境之下，决定他们的奋斗目标。旧的历史传统就是农民大众必须从封建土地制度的剥削束缚下解放出来；新的现实环境就是农民要得到解放，得到土地，就必须和一个真正能建立新的生产方式以代替封建生产方式的力量结合起来，才能创造他们的历史前途。

1927年中国大革命失败以后，十年内战就是以土地革命为中心。全国农民蜂起云涌此起彼伏地起来斗争，几乎是赤手空拳地抵抗飞机大炮，这种现象，除承认广大农民有田则生无田则死的事实而外，不能用任何别的理由去解释。抗日战争期间，在新民主区域内以减租减息的政策来调节农村内部的阶级矛盾，俾能一致对外。这是照顾农民而又照顾到地主的政策，但这样的政策只有在对外的抗日民族战争存在着的时候才是行得通的，在抗战后期，解放区农民已开始对这政策表示不满，希望更进一步地满足自己的土地要求。而在抗战期中所谓"大后方"地区内，强迫的军事征役，使农村的有生力量消耗于征途和战场，虽则似乎削弱了农村内部的阶级斗争，但是在这八年抗战的期间，大后方和沦陷区的土地更趋向于集中，最后的数年且以惊人的速度发展着，广大农民已到了不是打死也要饿死的地步。所以在抗战时期，农村骚动已经在"大后方"各地发生，农民斗争到处酝酿着。到了抗战胜利结束，民族的敌人倒下去了，地主资产阶级都大发其财。但八年来将近五千万壮丁的死亡，造成了数倍于此的孤儿寡妇，他们所获的代价是什么呢？他们的现实生活是比前更残酷的封建剥削与封建压迫，他们的大多数家无隔宿之粮，贫无立锥之地，一切离开了他们现实生活的宣传与欺骗不能对于他们的生活有丝毫的改进。这就使得广大农民再一次起来迫切地要求自己解决这个问题了。

抗战后的第一年（1936），在长江以南就有三千余万的饥民，全国在困顿、负债、半饥饿状态中的农民不计其数。他们在农村和小城市里流动着，男的做乞丐，做难民，做一切不是人们应做的事情；女的做佣工，做娼妓，把自己的小孩丢掉做奶妈。倘使这一切都不可能做且没有机会做的时候，他们就只剩下两条路：不是准备活活的饿死，就要铤而走险，逐步走上革命斗争的道路。

今天，在土地问题没有得着解决的地区，农民自无组织的而到有组织的动乱，已成为全国性的情势。变本加厉的横征暴敛，恶性通货膨胀的无情发展，正在使半封建的社会建筑如飓风中的危楼似的崩塌下去。现在的问题，已不是改进与刷新的问题，而是推翻与建立的问题了。历史不会有不变的循环，全国将近三万万五千万的中农贫农雇农，今天已不能再受地主阶级的欺骗羁绊，辗转在封建土地制度的桎梏之下。他们一旦觉悟，他们的力量是不可克服的。谁要去反对他们，谁就要被历史的飞轮扬弃。

那么，我们要怎样来解决农民所亟须解决的土地问题呢？我们又要如何来建立一个进步的新的社会制度呢？

七、土地问题解决的道路

（一）自由资本主义的道路走不通

国内还有极少一部分人，他们是有意无意地期望中国走欧美式的资本主义的旧道路的。自然，依照历史的一般发展法则，封建社会的下一阶段，是资本主义社会，这是欧美各国自中世纪以来所走的道路。国内许多农业学家，许多自欧美回来的留学生或考察家，他们慨叹着中国农业经济的落后，他们憧憬着欧美资本主义经营的、大规模的、机械化、科学化的农业生产。"外国的萝卜多么大啊！中国的萝卜只是像三岁小孩的拳头一样。"这个原因，他们归之于中国没有欧美式的资本主义。

这些崇拜欧美资本主义的农业专家，回到国内却大部分在大学里教书，在教室里挂起欧美大萝卜的图形。也有少数人还立志要实践，于是在都市的郊外，以很高的地价收购了土地，或用政府的力量强制圈定了土地，建筑起美丽的洋房，牲畜房，精致的鸡埘，办起农场来。农场里的牛从荷兰运来，鸡从美国、澳洲运来，麦种萝卜种都是经过世界农业专家最新选择过的。于是在那花园宫殿似的农场里面，鸡啼鸟唱起来，专家们戴着眼镜穿着西装，在里面做着验种和推广的工作。数十年来，我们所见到的这类农场太多了，他们不知耗费了国家好多金钱，浪费了多少外汇，这些金钱直接间接都是从赤膊跣脚的广大农民身上取来的，然而这许多漂亮的农场，对于它周围像奴隶似俯伏着的农村，曾经发生过什么影响了呢？大萝卜大鸡蛋繁殖到农场的门外去了没有呢？我们却没有见到。当然，哪个农民不艳羡着这皇宫般的建筑，哪个农民不艳羡这肥大的萝卜和鸡蛋，可是他们罄其所有也造不起一座水泥的鸡埘，他们没有那么多科学知识来关心到麦种稻种的温度与湿度，他们也买不起化学肥料，更买不起新式耕具。所以，新式农场还是新式农场，中国农村还是中国农村；农场每年亏本，每年消耗着大量公帑，中国农村也年年衰落，萝卜的体积且愈来愈小。

远在二十年前，南通的张謇曾大刀阔斧地使南通一带的农业资本主义化。他以政治的权力强收民田和垦地，使一部分中农与贫农无产阶级化；他以他的资力购买新式耕具，广植棉花，使农业生产专业化、商品化，棉花生产以后卖给他自己的纱厂，纺起纱来，然后又卖给他自己的织厂织起布来。他是中国资产阶级最具魄力的实践家，可是曾几何时，他的影响非但没有能推广遐迩，民国十五年他几至全部破产，现在他的子孙仅能勉强维持着他遗留下的一部分事业。

当世界资本主义发展到帝国主义的阶段，中国自由资本主义的发展条件，早已给帝国主义者摧残和窒息掉了。中国民族资本家不可能发展到那种程度：一方面能推翻封建统治；另方面又能赶走帝国主义。相反的，帝国主义与封建统治构成了联合战线，使中国民族资本遭受不断的致命的打击。抗战八年的期间，应该是中国民族资本发展的最后良机，然而战时发展的大后方民族工业竟被反动的措施摧毁无遗。在农业方面，封建的剥削在战时益发加强，连原有的一些点缀式的官办农场都因"节省开支"而停办了，农业专家们所憧憬着的自由资本主义的农业经营的道路，前途非但益形渺茫，干脆已经绝望了。

但是帝国主义者把中国农业殖民地化的企图，却比中国民族资产阶级的幻想现实得多。日本帝国主义占领东北华北时，曾强夺大批农田为帝国生产原料。1946年美国政府也曾派遣了一个农业考察团来到中国，在各省作了六个月的调查考察，研究如何使中国落后的小生产的农业经营，能适合于美国工业生产的需要。

现在中国几种农业特产的价格，都被纽约的市场控制着，农民生产桐油、生丝、茶、羊毛等等商品，其利润如何，其再生产的规模如何，都要由纽约市场来决定。纽约市场的价格要是抬高，生产这些商品的农民就稍稍有利，再生产可以继续；反之，纽约的市场价格要是被压低，生产这些商品的农民就得亏本，再生产规模就要缩小；不论扩大与缩小，这些农村特产品的命运已控制在纽约资本家的手里了。

假使中国的农业经营还有资本主义道路的可能，那就不是独立的自由资本主义的道路，而是殖民地式的资本主义的道路，作为一个中华民族的纯正公民，他是不应该企求这一道路的。事实上，中国人民大众也决不容许走上这一道路！

(二) 企望着社会主义之路

中国土地问题的解决，既不能走自由资本主义的道路，那么能不能跨越一个阶段，直接走入社会主义的道路呢？不能的，一个半封建半殖民地的社会，它不能直接进入社会主义的社会。社会主义的实现，必须具备实现的物质条件和意识条件；这些物质和意识的条件，过去的历史是由资本主义的社会阶段准备的。假使我们认为能跨越这一准备阶段而进入社会主义，那我们就不是一个历史唯物论者，而成为注定要在现实前碰壁的空想家了。

虽然土地国有不就是社会主义，但在社会主义的社会，作为主要的生产手段的土地，当然要收归国有的，而今天中国极大部分的农民，对土地的爱好超过其自己的生命，他们从来没有遇到过一个政府，能够无条件地把他们日夕抚摩的土地交给他们，使他们的生活获得安全与富裕。所以今天中国的广大农民，即使是佃农以至于雇农，他们的惟一要求就是土地，除此而外，就没有别的更可以使他们信赖的东西。

在另一方面，今天即使国家占有了土地，事实上也不能使农业经营社会主义化。中国社会还没有足够的工业生产力，可以供给全国农业生产以足够的机械设备，也还没有使用机器的技术条件，和集体生产的组织训练，来建立社会主义的生产方式。当然，部分的示范的国营农场是可能的，并且也是需要的，可是一个政策如果超过了现实的一般的可能，就是主观主义的，理想主义的，结果非但不能领导革命前进，且足以混淆革命的步骤。

土地国有，自然要禁止土地的自由买卖。但在今日的条件下，如果禁止土地自由买卖，其结果，一方面使农村的劳动力不易自由向工业部门转移，一方面使小块的耕地不易为农民所放弃，阻碍着农业扩大经营的自然进程。

(三) 其他的改革道路

除掉上述解决土地问题的两种历史的道路而外，还有几种不彻底的改良的办法，也为目前谈土地改革者所乐道而足以迷惑一部分社会人士的。

第一种是土地有偿的收归耕者所有，即长期偿付土地代价的办法。这种办法正是旧俄农奴解放时代所用的办法，表面上看来，好像地主的利益和农民的利益可以双方兼顾，而实际上仍是片面的保持着地主的利益，而给农民吃了一个空心汤团。因为在今天的农业生产水准之下，农民即使辛劳终年，耕种所得，至多亦不过免于饥寒。倘使要叫他年年负担一笔地价费，则事实上又与纳租何异！而且既要支出一笔地价费，又要负担一笔田赋，其实际负担，或者超过未改革之前。长期的偿付地价，将使农民长期的负累沉重的债务。结果农民仍然会失去他的土地，而将土地卖给原来的地主或富农高利贷者。十九世纪六十年代旧俄所实行的这种土地改革，结果只是更改了封建的土地制度的形式，而没有更改到封建的土地制度的剥削实质。

第二种是土地有偿的收归国有，而有代价的给农民以耕种权的办法。这一办法不过是前一办法的变相，基本上与前一种办法一样。今天中国政府不论在何种情形之下，都无这么大的财力来购买全国土地。假如以土地债券来收购，则债券的还本付息仍旧落在农民的肩上。农民要每年以其所得缴给国家，国家再以之缴给地主，基本上仍然是地主对农民的长期剥削，没有改变这剥削关系的本质。相反地，政府且合法地把这种剥削关系长期保留起来，使农民长期的处于债务重压之下。

这种办法的土地国有，对农民既无实际上的利益，对地主所欲维持的旧秩序也是一种不平常的改观。所以这样的办法，在代表地主利益的反动政府决不愿意实行，而代表农民利益的民主政府却又不需这样实行。

第三种是四大家族最反动的"改革"办法。他们整天在想把全国土地掌握在四大家族的手里,所以他们打算成立土地银行,由土地银行发行债券,将一些小地主小自耕农的土地收购过来,而后进行殖民地式的农业经营。他们这样做就叫做"土地改革"。他们想在"平均地权"的美名下实行十七世纪和十八世纪英国的圈地运动,实行日本帝国主义者在华的圈占运动。他们这样做既符合四大家族把持的国家垄断资本的利益,更符合于美国帝国主义者的利益。美国农业调查团在中国调查以后,曾强调中国农业经营技术改良的重要,曾强调土地银行有设立的必要,这正是与四大家族的想法完全合拍的。他们抹杀土地的分配不均,他们抹杀地主对农民和反动政府对农民的剥削关系。他们只要求把土地收购过来,把小生产变成大生产,把自然经济变成殖民地的商品经济,然后,美国资本主义的农业技术,就可以套在中国农民的脖子上了。

此外还有少数进步的人士所乐道的所谓"耕者有其田",也不主张无条件的没收地主土地,而主张付给地主相当的代价,要农民分年偿还,即使偿还的期间延至数十年也好,具有这种想法的人士,或则是地主利益的漂亮的代言人,或则是好心肠的无原则的人道主义者。

社会改造的合理的原则,应该是求最大多数人的最大利益,然而主张有偿地征收地主土地的人士们,他们是要占全国农民70%的贫农雇农,担负全国70%至80%的土地地价,长期的偿付给仅占全国农业人口4%的地主及6%的富农。他们的社会改造原则是牺牲最大多数人的利益,而维护最少数人的最大利益。这样的主张除掉再教广大的农民继续供养他们的地主老爷以坐食之费达数十年之久而外,有什么社会的意义和经济的意义呢?

八、新民主主义的改革道路

中国土地问题的解决，既不能走欧美各国所走的自由资本主义的道路，又不能立即如苏联那样走入社会主义的道路，而上述其他的改革办法又一无是处，那么，我们的土地改革，就只能走彻底的"耕者有其田"的新式的资产阶级民主主义的改革道路。

（一）什么是新民主主义

上面说过，假使我们解决中国土地问题，忽视了现实的社会基础，主张超越民主主义性的发展阶段，直接进入社会主义社会，那我们就不是一个历史唯物论者了。然而，假使我们同时认定：一切社会，必须依照欧美各资本主义国家所走的同样的发展道路，必须任由中国资产阶级来领导民主革命，必须先经过自由资本主义的时代，进而到独占资本主义的时代，而后再实行社会主义性的革命……那么，我们就成为一个机械的唯物论者了。

一个封建和半封建社会的生产方式，当其发展到了尽头的时候，就会发生否定这个生产方式的民主主义的革命，而从这革命中出现新的生产方式。在1917年的俄国大革命以前的历史时代里，西方各国中都是由资产阶级领导民主主义革命而建立资本主义的生产方式，并以这种生产方式为基础建立资产阶级专政的国家制度。但是到了1917年的俄国革命以后，世界上出现了社会主义的生产方式，与已经进入帝国主义阶段的资本主义生产方式相对抗，世界形势发生了巨大变化。以全世界范围来说，资产阶级代表进步的生产方式而与封建生产方式敌对的时代已经一去而不可复返了。凡是尚未经过民主革命，而封建半封建生产方式尚占优势的国家，已或多或少地受到先进的资本主义国家的支配。

资本主义势力跑到这些后进的国家中不是去消灭封建半封建生产方式，恰恰相反，为了达到帝国主义侵略的目的，倒是去有意地扶植封建半封建的生产方式。在这些后进国家中"土生"的资产阶级既受制于帝国主义，又和本国封建半封建势力相勾结，而且害怕着无产阶级的革命，也就绝对没有能力来完成反封建的民主革命任务。——因此，在这些后进国家中完成资产阶级性民主革命的任务便不能不落到无产阶级的身上了。

新民主主义社会，是在无产阶级领导下完成资产阶级性的民主革命而发展起来的社会。在旧式的资产阶级民主革命中，农民斗争是被资产阶级利用来建立资本主义社会，在新式的资产阶级性质的民主革命中，斗争着的农民则与无产阶级结成联盟以建立一个有利于人民大众的新民主主义社会。新民主主义社会在历史任务上，虽与资本主义社会同样是一方面肃清封建，一方面又创造社会主义社会的前提，但新民主主义社会在工农大众的掌握下将有意识地领导着客观的现实去完成这个历史任务，而资本主义的社会在资产阶级掌握下却是竭力妨碍客观的现实向前发展，拒绝完成这个历史任务。这些便是新民主主义与资本主义的主要不同之点。

欧美各国的资产阶级民主主义革命，是由自由资产阶级领导的；他们利用了广大的工人与农民，推翻了中世纪的封建统治，建立了资产阶级的统治。但在中国，民族资产阶级虽然存在，他们的力量太微小了，他们面对着帝国主义和封建的独裁统治的压迫，很少有斗争的勇气，不少资产阶级分子与帝国主义者妥协，与压迫他们的封建独裁统治妥协，以兼做买办为荣，以分沾官僚资本的独占利益为得计。因此，虽然中国民族资产阶级在反封建上是个进步的力量，是改造中国旧社会的主观力量中的一种构成因素，但他们决不能领导完成这一历史任务。以他们的动摇的意识形态和薄弱的社会基础，来领导对抗今天的帝国主义和封建势力，真似以卵击石，太不够了。

中国已经存在着无产阶级的力量，而且无产阶级能够正确领导着农民大众，已经经历20余年血的奋斗，从这种奋斗中已经形成了庞大的，自觉的，正确把握着历史发展法则的，不可克服的革命力量。以无产阶级与农民的同盟为主体再团结了革命的小资产阶级，团结了纯正的民族资产阶级，团结了这些阶级内觉悟而愿为人民服务的分子，就足以担负领导中国的新式资产阶级民主主义性质的革命任务。

在这样一个强大工农被压迫阶级领导之下的革命，其所以不主张直接进入社会主义的革命，正是说明这个阶级丝毫不带有主观主义和理想主义的色彩，而切切实实的，根据着中国的社会条件和历史条件，领导着中国人民大众经过其历史必经的道路。这就是因为"只有经过民主主义，才能到达社会主义，这是马克思主义的天经地义。而在中国，为民主主义而奋斗的时间还是长期的，没有一个新民主主义的联合统一的国家，没有新民主主义的国家经济的发展，没有广大的私人资本主义经济与合作社经济的发展，没有民族的科学的文化即新民主主义文化的发展，没有几万万人民的个性的解放与个性发展，一句话，没有一个新式资产阶级性质的彻底的民主革命，要想在殖民地半殖民地、半封建的废墟上建立起社会主义来，那只是完全的空想。"这一段话，乃是解释现阶段中国革命性质问题的最正确的昭示。

（二）耕者有其田的政策

在土地改革的问题上，耕者有其田的政策，就是资产阶级民主主义性的革命政策。这个政策要让广大的农民自己起来，用自己的力量打破一切封建的束缚和压迫，这个政策要使所有的农民都取得必要的土地和生产资料,并予以合法的保护。这个政策要使封建的半封建的土地私有制度彻底消灭,而在合理与公平的基础之上,在一切农业劳动者都占有其耕种土地的基础之上,建立新民主主义的土地制度。

使一切无地和少地的农民公平取得土地,乃是消灭封建的和半封建的剥削的土地制度的现阶段最有效的办法。封建的和半封建的统治阶级之所以存在,基本上就是因为地主和富农霸占了大部分的土地所有权。由于他们霸占了极大部分的土地,他们才能奴役广大农民,才能任意剥削广大农民,才能建立起军事独裁的封建统治,才能与帝国主义者无耻地勾结起来出卖民族利益鱼肉中国人民。

在另一方面,只有使一切无地和少地的农民取得其最最需要的土地,然后才能使广大农民亲密地团结起来,才能使广大农民英勇地与地主阶级和帝国主义者斗争,才能有充分的把握取得最后的胜利。在广大的中国土地上,有三万万五千万的农民能亲密地团结起来,衷心地为其自身的解放而奋斗到底,这就是任何种类的反动势力所不能战胜的力量!中国革命势力之所以具有大无畏的精神,所以不再有丝毫怀疑能战胜反动的地主、官僚、买办资产阶级及凶恶的美帝国主义,其现实的根据就在此。

耕者有其田的政策,在完成推翻封建的统治和消灭封建的剥削的任务时,对中国具有侵略行为和企图的帝国主义者,是会同时被广大人民驱逐出去的。那时中国就不再是一个半殖民地半封建的社会,中国社会即开始进入新式资产阶级民主主义的社会(简称新民主主义社会)。

在开始进入新民主主义社会以后,"耕者有其田"的积极作用就会更充分地显出来了。其积极作用就是农业生产力的提高,于是一方面就能对城市的工业提供足够的原料,一方面又能使广大农民具有较高度的购买力，消纳城市的工业产品。并且因农业生产力的提高，又使农业劳动的生产性提高，就能不断的有剩余的农业劳动力解放出来，进入城市，为工业部门的扩大再生产而工作。

（三）合作化、集体化的方向

但是，耕者有其田的政策，只是新中国建设的起点，当这一政策普遍实现以后，农业的土地经营会向着两条道路发展。一条道路是农业经营的资本主义化。由于工业发展的结果，农业生产会趋向专业化和商品化，同时因劳动的生产性提高的结果，这些小生产者可能耕种较多的土地。土地的准许自由买卖，也使土地的扩展经营成为可能，新富农与大农业都会在农村中部分地出现。农村中的工钱劳动者也会出现，被雇于拥有较多土地的富农。等到这些富农拥有更多的土地，雇佣更多的劳动者工作，而他自己只能从事管理指挥工作的时候，这就成为资本主义式的农业经营。循着这样一条从独立的小生产到富农再到大企业的发展道路，不论我们的主观愿望如何，在新民主主义建设的期间，它必须是存在的。它的产生和相当程度的发展，对于农业生产力的提高有其贡献。然而在新民主主义社会里，循着这一道路的农业经营的发展方向，并不是主导的方向。

主导的方向，乃是小生产者的合作经营的发展道路。新民主主义社会的领导力量，必然会有意识地计划地领导着广大的农业小生产者，逐步走向合作化、集体化的道路。政府将对合作农场给予优惠的贷款，政府将对合作农场优先借给各种工具和原料，政府将优先向合作农场订购农产品……，这将使合作农场对新富农及大农场的竞争上，处于比较优势的地位。独立的小生产者为了要取得政府优惠的帮助，为了要避免在竞争中被新富农和大农场所吞并,他们就只有一条路——加入合作农场。

合作农场发展的速度,是与新民主主义经济建设的一般进展息息相关的。它与工业部门制造新式农具的扩大有关,它与国内各种工业的发展和供应有关,它与社会流通资金和信用的扩大有关,它也与科学和技术的训练,文化与教育的普及,人民思想意识的提高与群众的组织有关。

新民主主义社会中有着国营工业,同样的,也会有国营农场,不过国营农场在整个农业中的作用将只是示范的(国营工业则非特是示范的,而且是领导的决定的)。国营农场是合作农场向前发展的借鉴,是新民主主义社会里社会主义的因素。只有等新民主主义的建设在各方面有极大成就的时候,当工业部门和农业部门中,国营的和合作的生产方式已处于统治地位的时候,当其实行社会主义的物质的和精神的条件都已准备好了的时候,然后一切资本主义的因素才会被淘汰消灭,一切生产手段才会收归国有。

九、耕者有其田的实施

"耕者有其田"的原则应该怎样去实施呢?这已经不是个理论问题而是个实践问题了。"土地法大纲"的颁布是中国历史上的一件大事,也是改造中国,消灭封建的和半封建剥削的土地制度的惟一正确的实施。它的影响不仅关及全国农村中 90% 的雇农贫农和中农的生活改善,而且关及到全国各阶级的发展前途。中国如要发展农业生产,如要工业化,如要由一个半殖民地半封建的社会转而为一个现代化的新民主主义社会,都将以这个土地法的实行为其始点。

(一) 土地改革法的性质

关于中国土地法的实质，在该法第一条上已清楚言明："废除封建性及半封建性剥削的土地制度，实行耕者有其田的土地制度。"耕者有其田，是以保留一般劳动人民的土地私有权为前提，故该法第六条说"……使全乡村人民均获得同等的土地，并归各人所有之。"

根据这个土地法所实行的土地改革，是资产阶级民主主义性的改革。现在世界资本主义国家，他们在历史上打倒封建的统治阶级期间，都有过类似性质的土地改革。法国大革命中农民把贵族僧侣的堡垒寺院烧掉，把他们的浮财和土地完全分掉。美国在十九世纪中叶，工商业资本家为了要解放束缚在旧的土地制度上的劳动力（黑奴），为了要使资本主义的自由经营推广到农业部门，他们乃发动有名的南北战争；结果在林肯领导下把南方的地主阶级打败了，黑奴解放了，许多南方的地主土地被没收和分掉，大部分的地主将其土地廉价卖掉，或廉价租给新兴的农业企业家。封建的地主阶级，当封建社会发展到必须变革的阶段，他们就不能再继续其残酷的剥削，他们的被消灭命运一般的便成为不可避免的。

我们在前面说过：中国已不可能再走自由资产阶级民主主义的革命道路，中国只能走而且应当走新式资产阶级民主主义的革命道路，因此，中国土地法大纲的性质，不是旧民主主义的办法，不是由中国民族资产阶级所提出，也不是由资产阶级来领导。这是中国的民族资产阶级软弱的表现，表明资产阶级不能担负这民主革命中的基本任务。但当这个土地法既经颁布而实行的时候，中国民族资产阶级和中小资产阶级，应该予以衷心的拥护，假使有人会疑虑土地改革就是实行社会主义，那不是故意歪曲,就是他完全缺乏历史的和社会科学的常识。

(二) 民主的方法

这一土地法,自其产生一直到实行,充分发挥了民主主义的性质和方法。一切由农民来商讨,一切由农民来决定,一切由农民来亲手实行。

这样一个改造社会制度的变革,决非自上而下的政令所能彻底完成的。它应该自下而上的,由广大的农民自己动手,因为他们是创造历史的主角。告农民书中说:"农民爱怎样斗,就怎样斗!"这在对于民主的真义没有充分的理解和自信的领导者,是决不敢如此放手和如此干脆彻底的。

在这一斗争中,贫雇农是骨干,因为他们和地主阶级尖锐地对立着,是反对封建和半封建剥削的最坚决者。但是,这一斗争,并不是只要贫雇农行动起来就能胜利的。如果不团结全体中农,如果在斗争中侵犯中农的利益,一切都归贫雇农包办而不要中农参加,那么,贫雇农就会陷于孤立,这一斗争就不能成为一个真正广大的农民翻身运动,土地改革的伟大事业就不能完成。

封建的地主阶级,自然是这一斗争的对象。在这一斗争中,农民对地主没有容情和妥协的余地。不但土地是斗争的目标,由封建的剥削而积聚的浮财,也是斗争的目标。但是向地主斗争,是要消灭封建剥削的地主阶级,不是肉体上消灭地主;没收地主的土地与财产,并不是要地主饿死,所以土地法规定:地主与其家庭分给与农民同样的土地与财产。

对地主阶级的个人及其家庭承认其有生存的权利,激烈的阶级斗争仍是无法避免的。农民为了翻身,不经过斗争,就不能达到目的。在土地改革的过程中,地主阶级会挣扎,会屠杀农民,会秘密进行其分化软化和投机的种种阴谋,不经过血的斗争就不能克服这一切反抗和阻挠。有些人以不能对地主阶级再事宽容为"惋惜",但他们应该知道,地主阶级对农民的压迫已有二三千年的历史,中国近代的一个个反动势力也无不以地主阶级为社会根源。今天要是宽容了地主阶级,就是保留了反动势力的社会根源,一有机会他们就要以更凶狠毒辣的手段来对付人民。

对于工商业家的乡村家庭的土地,对于海外华侨的国内家族的土地,对于一般自由职业者家庭的土地,一般的应用土地法第十条乙项及第十二条的规定。第十条乙项的规定是:"一般乡村工人,自由职业者及其家庭,分给与农民同样的土地。但其职业足以经常维持生活费用之全部或大部者,不分土地或分给部分土地。……"第十二条规定:"保护工商业财产及其合法的营业,不受侵犯。"这已鲜明的指出这个土地法不是无条件地没收一切资产。惟一的对象只是封建地主及其剥削的手段。其积极的意义是解放数千年来处于封建剥削下的农民,改善其生活,由此而发展社会的生产力。

对于浮财的处理办法,有些人会表示怀疑,认为既然分了土地,再分浮财又有何必要呢?是不是太过分了呢?这些表示怀疑的人们,他们没有了解到中国广大农民的生活状况,是处在怎样穷苦的境地。在西南诸省,10岁左右的男女儿童终年衣不蔽体,甚至裤子也没有得穿。全家住在蜗牛壳似的茅棚里,祖孙三代同睡在丈余的地铺上;在北方,冬季来临时,全家数口往往只有一件棉袄,出门时要轮流替换穿着。这些人们,他们在春秋两季是替地主富农耕种来生活,冬夏两季则要打零工借贷和挨饿才能挣扎过去。现在地主的土地被分掉去了,他们得着了一份土地,然而他们现在就没有吃的,没有必须蔽体的衣服,更没有耕种的种籽和工具。假使一方面地主富农仍得保持他们剥削积蓄的一切浮财,另一方面有很多的农民没有必须的生活资料和生产资料,结果农民分得的土地，仍旧会抵押或出卖给地主富农，否则他们就只能对着干硬的土地饿死或听任它荒芜掉。所以为了要确保农民能在其分得的土地上进行生产，为了要确保被消灭的封建地主富农不再死灰复燃，浮财的分配是必要的。第八条上规定，对于富农只征收其所有的牲畜、农具、房屋、粮食及其他物资的多余部分，而地主的全部财物和富农的多余的部分的财物是拿来分配给那些缺少这些财物的农民，并且也分给地主同样的一份，其目的就在使全农村的人民都有适当的生产资料和生活资料。

土地法中又有废除土地改革前的债务的规定，这是因为农村中的贷款绝大部分是高利贷性质，是地主富农对于贫农中农的封建性的剥削，所以废除债务的重要性不下于平分土地。但不属于封建剥削性质的债务自不在一律废除之列。所以晋冀鲁豫区的补充办法中指明废债的规定"不包括商业买卖的债务关系"。东北的补充办法也有"贫农雇农中农间的债务应由农民自己解决"的规定。

在这样一个激烈的阶级斗争过程中，是否会发生单纯破坏行为呢？农民在数千年的封建桎梏之下，与地主阶级结下了世代的仇恨，他们一旦翻身，虽可能有复仇性的破坏，然而在有组织的群众掌握下，破坏的行为却一定能减少到最低程度。土地法中特别有关于保持土地改革秩序及保护人民财产的规定，就是因为有秩序的群众行动能够保障改革进行得彻底有效。而可以作为生活资料和生产资料的东西，如果被破坏掉，那是广大人民自己的损失，也就是全社会的损失。

中国土地法大纲的民主精神，贯穿着全文。土地改革是有关全体农民的生存大事，故必由农民自己起来斗争，由农民自己起来决定办法，负责进行。这一改革是社会改革，不是行政改革，故任何行政机构，任何党派团体，只能处于启发设计扶助和被遣使的地位。绝大多数人民的利益是最高的利益，绝大多数人民的意志是最高的意志，假使任何行政人员和团体人员违反了这个利益和意志，就要受人民法庭的审判和处分。新民主主义社会的民主性，较旧资本主义社会更为真实而彻底的民主性，就要在土地改革运动中切实培养和发挥起来。

（三）土地改革对各阶级的影响

废除封建和半封建剥削的土地制度，首先是对全农村90%的雇农贫农和中农有利。这是毋须解释的。他们占农村人口的绝大多数，也是占全中国人口的绝大多数，所以他们的利益，也就是全中国全社会的利益。解除他们的束缚负担，改善他们的生活状况，乃是全中国社会转弱为强转贫为富的前提条件。

对于工人，土地改革是绝对有利的。无产阶级要领导中国社会向前发展，由摆脱封建半封建的压迫一直向前发展到将来的社会主义；今天越是彻底地消灭封建半封建的土地制度，明天就越能顺利地前进到社会主义。就过去情形看，中国工人不但受着资本主义的剥削，也间接受着封建、半封建的压迫。封建半封建的土地制度的存在，使得中国工业不能发展，使得城市中经常拥集着大批的破产农民徘徊在工厂外，愿意在最低的工资下获取工作机会，在这样情形下，中国工人的生活水平永不能提高。因此彻底进行土地改革，正是合于工人无产阶级的利益的事。

其次，土地改革对于全国工商业家是有利的。一国民族工业的发展，必须有两个前提条件：一是社会的购买力不断的增高，另一是农业生产能提供足够的原料；前一条件更以后一条件为基础。在中国目前的状况下，全农村90%的农民不能维持其最低度的生活，农业生产力日趋低落，民族工业即使不受帝国主义的压制，也不能有多大的发展前途。工业与农业不能发展，商业自然无发展的余地。在土地改革以后，一方面广大农民的购买力将能提高，另一方面，农业生产力也会因农民多费成本和多费劳力而提高，这就为全国工业的扩展与繁荣建下了现实条件。有些工商业家，也许他们多多少少在乡村里保有一些土地，因而害怕土地改革中所受到的损失，但是他们的主要财产所寄的工商事业，在今后可以自由经营，蓬勃发展，将与今日的困厄情况有天渊之别。前后得失相较，土地改革对于他们是非常有利的。

对于全农村人口4%的地主，和6%的富农及高利贷者，当然是不利的。但有什么办法呢？他们的人数是那样少，而控制了绝大多数人民的生存条件；假如要照顾到这极少数人的利益，就照顾不到极多数人民的利益。他们悠游坐食已数千年，他们的子孙在以剥削为业的生活中，大多养成贪婪庸愚而残暴的个性。现在已到了清除他们这种罪恶的生活方式的时候了，中间已无半点调和的余地，对于他们只能留给一份生存的权利，分给他们与众人一样多的一份土地和财产，让他们及其子孙在与众平等的基础上重新做人，重新建立他们合理公平的新生活。

土地改革对于美帝国主义也是不利的。因为美帝国主义要奴役全中国，所以他必须要保持中国的反动封建势力，通过他们去管教和剥削中国广大人民。在农村里，从封建地主中产生土豪劣绅，产生乡保区县的军政负责人员，他们是反动政治势力的基层，间接就是美帝国主义的猫脚爪；所以消灭了封建地主，就是消灭了反动势力的社会基础，也就是砍断了美帝国主义者的猫脚爪。

在土地改革以后，新民主主义社会是个独立富强自由的社会，帝国主义者对中国的侵略剥削，将从此结束。

十、新民主主义社会的农业发展

当中国土地法大纲所规定的土地改革彻底完成以后,中国的农业经营,在新民主主义的政权之下,它采取何种经营方式,向着怎样的道路发展,在第八章中已经提到,在这里且再加以研究。

(一) 小农经济、新富农、私营大农场

在土地改革以后,全国农村里主要的农业生产方式,自然是独立小农的生产方式。每一个农家占有一块独立的耕地,他们用自己的资本,自己的劳动力,耕种着自己的田地。因为农业生产的发展,更因为他们不再需要以多量的农产物贡献给封建的剥削者,所以他们的生产物商品化的过程加速了,他们将进行扩大再生产,虽然是缓慢地,但将受着市场法则的支配。在某些地区,他们的农产品会向着专业化的方向发展。他们的广大存在,代表着新民主主义社会农业生产方式的第一阶段。就这一阶段的农业经营的性质而言,他与资本主义社会的小农经济并没有多大差别;但就其发展前途而言,由于市场法则将逐渐受社会的控制,大部分的小农经济不可能再走旧资本主义的发展道路。而会如前所说的,走向合作化集体化的方向。但这也不是说,从广大存在的独立的小农经济中完全不会产生资本主义性的新富农。

土地既然自由经营与自由买卖,也就不可避免地会局部地产生土地集中的现象。很多的农家,会因其家庭劳动者流入工业部门,争取较高的工资待遇,而出卖他们的土地;也有许多农家会因收支不符,或因经营不得法,而出卖他们的土地。节俭而勤劳的小农会逐渐购进这些土地,有意经营农业生产的资本家也会购

进这些土地。当这些土地的大部分仍由他们自己的劳动耕种，仅部分的雇佣农业工人协助时，这样的经营就是资本主义的富农经营。他们的生产大部分为商品生产，受着市场法则的支配，他们雇佣工钱劳动者，市场的工资法则决定着工资的大小。它不同于土地改革前的旧富农，因为旧富农一般地都带着封建性质。

新富农再前一步的发展，可能采取私营的大农场的经营方式。农业经营中的固定资本一般地必较工业部门为小，私营大农场的发展并非困难。在某些生产农业特产品的区域里，如茶、棉、丝、桐油、大豆以及畜牧等等，资本主义经营的大农场是极易产生的。他们完全以工钱劳动者来担负生产，剥削剩余价值。然而这一类型的农业生产，不可能成为领导和决定的生产方式，相反的，它在新民主主义社会里，要受集体农业生产方式的竞争和限制；同时，其对劳动者的榨取率，将不完全决定于市场的工资法则，而要受社会的立法所限制。

（二）农业合作的两个阶段

土地改革后普遍存在的小农经济，在新民主国家中的主要发展方向就是合作化。合作农场，将紧接着土地改革的彻底完成，而逐渐发展起来。新民主主义的政府，将以消费合作信用合作运销合作和劳力合作为第一步骤，建立合作运动的技术和信誉，进而组织第二步骤的农业生产合作，使各个小农经济的个体合作起来，土地、耕具、耕畜、流动资本和劳动力等等，都以合作的方法组织起来，使分散的小农经济成为一个大的集体的生产单位。他们在这种合作农场里，可以节省费用，节省劳动力，提高劳动的生产性；对于这样的合作农场，政府通过合作社给以低利的贷款或种子和肥料，他们并得利用运销合作社，使合作农场的农产品免除中间商人的剥削，直接运销到消费者手里。这就是第一阶段的农业合作。

第一阶段的各种合作经营和合作农场，是农村里富农经营的竞争者，是能压制富农的对立物。但是第一阶段中的合作农场，就其私有土地和私有生产手段的性质而言，还不是社会主义性的生产方式。

合作农场的发展，有赖于全社会生产力的发展，有赖于国营金融机构和国营工业的发展。当社会的生产足以使农业部门利用新的工具和新的技术的时候，当国家能贷给或卖给合作农场这些新的生产手段的时候，合作农场就踏入走向社会主义的准备阶段。在这一准备阶段中，劳动者的个别合作劳动将成为有机的集体的劳动，个别私有的生产手段将被扬弃，新的生产手段是集体的，使用机械耕具的，使每一个社员在劳动和生产的过程中成为不可分离的。这样的合作农场，将在农业部门的物质基础上和意识形态上，准备了实现社会主义的前提条件。这就是高级的合作农场。

合作农场同时也是私营大农场的竞争者，是战胜私营大农场的对立物。新民主主义社会在农业部门的主要任务，就要以合作农场来变革小农经济，战胜富农经济，并战胜大农场经营。合作农场胜利之所以成为可能，是依赖于三个条件：（一）无产阶级的领导，（二）国家经济的发展，（三）政府掌握信用调节市场以资助合作社。这三个条件的存在，正就是新民主主义社会的特点。

（三）示范的国营农场

在新民主主义社会里，也可能存在着国营农场，以国有的土地和国有的生产手段，雇佣农业工钱劳动者。这样的国营农场，其新创价值大致可被分成三部分：一部分是国家收入，另一部分用之于国营农场的扩大再生产,又一部分用之于员工福利。(在国家尚未能控制农产品市场时,可能有一部分落到投机商人的手里。)故它是新民主主义社会里社会主义的因素,是合作农场发展的领导者。

国营农场的发展,在每一合作阶段上都会走在合作农场的前面。它以新式的技术和新式的生产工具向合作农场示范,它以劳动的集体性和高度的劳动生产性向合作农场示范,它并以劳动者的优良待遇向一切农业经营示范,最后,它将领导着一切农业经营方式,走向社会主义化。

在新民主主义社会里,资本主义生产方式的主要历史任务,是发展社会的生产力。一个半殖民地半封建的社会,不经这样一个阶段,不在这样一个阶段里准备下物质的高度生产水平,不在这样一个阶段里创造千千万万的农业劳动者,不在这样一个阶段里组织小生产者使其集体化,不在这样一个阶段里普遍展开文化教育工作,则我们就不能迅速进入社会主义之门。

在新民主主义社会农业部门里,国营农场的示范和合作农场的主导发展,是发展新民主主义农业生产,逐步否定和代替资本主义性农业经营的决定力量。

(原载《青年自学丛书·中国土地问题讲话》,
1948 年生活书店出版)

战后中国农民问题

一、抗战期间的农民问题

抗战期间的中共土地政策

中国共产党,经过十年的土地革命斗争,到了1937年抗日民族战争爆发以后,就暂时的停止了没收土地的政策,改为减租减息的政策。这并不是政治主张的放弃,并不是认为中国农民问题在基本上可以用其他不同的办法来解决,而是为了要团结一切抗日阶层去共同打倒日本帝国主义的侵略。在日本帝国主义侵略下,一部分地主阶级由于本身遭受到压迫,也有参加抗日斗争的可能,为了加强抗日民族统一战线,争取地主阶级的参加这一斗争,所以有这个改变。根据革命形势与战略的要求,这是完全正确的。

然而就在抗日民族统一战线的政策之下,农民仍然是中国民族解放运动中的主力,如不能动员全国人口80%的农民参加抗战,抗日战争的胜利是不可能的。所以在抗日民族统一战线的时代,农民问题仍然是一个首要的问题,必须合理的、尽其可能的、对农民的要求予以适当的解决,而后抗战才能坚持继续,并取得最后的胜利。

假如在抗日民族统一战线的时代，忽视了农民的一切要求，忽视了农民在抗日战争中的主力的地位，不能够把农民问题在正确的政策指导之下，使广大农民自动自发的参加抗战，那就要走上投降主义和法西斯主义（如蒋××政府在战时对农民问题的政策）的道路上去。另一方面，假如在抗日民族统一战线的时代，仍旧执持着土地革命的口号，而否定"减租减息和交租交息"的改良政策，也就要犯革命策略上的极大错误，因为他们不知道："革命策略下的改良，在资产阶级政权存在的条件下，自然要变为……巩固革命的手段，向前发展革命的支撑点。"[①]

1932年，中共中央对于抗战期间的土地政策，有下列三点基本决定：

（一）承认农民（雇农包括在内）是抗战与生产的基本力量，故党的政策是扶助农民减轻地主的封建剥削，实行减租减息，保证农民的人权、政权、地权、财权，借以改善农民的生活，提高农民抗日的与生产的积极性。

（二）承认地主的大多数是有抗日要求的，一部分开明绅士也是赞成民主改革的，故党的政策仅是扶助农民减轻封建剥削，而不是消灭封建剥削，更不是打击赞成民主改革的开明绅士。在地主实行减租减息之后，保证交租交息，并保障地主的人权、政权、地权、财权，借以联合地主阶级一致抗日，只是对于坚决不愿改悔的汉奸分子，才采取消灭其封建剥削的政策。

（三）承认资本主义生产方式为中国现时比较进步的生产方式，而资产阶级是中国现时比较进步的成分与政治力量，富农的生产方式是带有资本主义性质的，富农是农村中的资产阶级，故

---

① 见《列宁主义问题》。

党的政策不是削弱富农阶级与富农生产，而是在适当的改善工人生活条件下，同时奖励资本主义生产与联合资产阶级，奖励富农生产与联合富农阶级，但富农有一部分封建性质的剥削，为中农所不满，故在农村中，实行减租减息时，对富农的封建剥削部分，亦应照减。在富农实行减租减息之后，保证交租交息，并保障富农的人权、政权、地权、财权。一部分用资本主义方式经营土地的地主（所谓经营地主），其待遇与富农同。

以上三项基本决定，乃是中共贯彻于八年抗战期间的，对农民问题的全部政策。这政策的基本要求在：

（一）改善农民生活，提高农民抗日的与生产的积极性。

（二）联合地主阶级一致抗日。

（三）实行减租减息，保证交租交息，奖励资本主义性的农业生产。

抗战期间解放区农民的伟绩

在中共土地政策的正确领导之下，边区与解放区的农民，在抗日战争的军事战线上和生产战线上，都创立了对战争的胜利有决定意义的伟绩。八路军与新四军在战争的初期不过将近十万人数的战士，但是在不断地战争和不断的发展过程中，大量消灭敌人的主要战斗力量，牵制了敌人在中国战场七十几个师团的半数以上，使整个华北与大部分华中的地区的敌人只能维持其主要点线的守卫。这样长期的辉煌的战绩，没有广大农民的积极参加和积极支持，乃是不可能的。

广大农民的积极参加抗战和积极支持抗战，是缘何而来的呢？这决不可能是自上而下的动员和法西斯的强迫服役而来的，乃是普遍实行减租减息，改善了农民的生活而来的。例如晋察冀边区，在"1939年和1940年上半年普遍地实行减租减息以后，当时敌人正进行春季扫荡，群众就以无比的英勇配合主力作战。据边区农会的统计，当时 17 个县农会会员参战达两万人，配合作战 32 次，扰袭敌人 284 次，破坏敌人交通四千里以上；其后群众地雷战的广泛开展，冀中地道战的创造及数达 63 万民兵的发展，对根据地的坚持起了异常广大的作用。仅据 1938 年至 1942 年中的统计，北岳民兵参战次数达 10615 次，毙伤敌人 1517 人，俘虏敌伪 368 人，除奸 1658 人，缴获武器军用品无算……"（见 1947 年中国经济年鉴）。仅仅凭这一部分的材料，我们可以知道减租减息政策，在边区和解放区如何地激起农民的无比英勇与热情，成为抗战的主力，终使在物质上和军力上占绝对优势的日本帝国主义，碰到了八路军和新四军就不得不遭受失败的命运。

但是减租减息政策，不单单在政治上团结了全体农民，团结了农村各阶级，使他们积极的参加抗战和支持抗战；而且在经济上，缓和了封建的剥削关系，改善了极大多数农民的生活状况，从而提高了农业生产力，成为边区和解放区长期抗战的物质基础。

据晋察冀北岳区 35 个村庄的调查：自 1937 年到 1942 年，因实行减租减息的结果，农村各阶级发生了如下的变化：

年份 百分比 阶级	1937		1942	
	户数	土地	户数	土地
地　主	2.42	16.43	1.91	10.17
富　农	4.50	21.93	7.88	19.56
中　农	35.42	41.69	44.31	49.14
贫雇农	47.53	19.10	40.95	20.12

从上表中可以看出：地主阶级无论从户数上和土地上讲，是缓慢地下降的。这种缓慢地下降，使一部分地主降为富农，开始用他们自己的劳力参加生产，富农的户数有较大的增加，其来源是一部分自地主阶级中下降而成的富农，一部分则来自中农阶层，富农所占土地数最初虽稍有下降，但自1942年以后则又上升，这表示农业生产力的提高，有更多的中农上升为富农。中农的户数则历年增加，其所占土地亦比例的增加。贫雇农在户数上则有大量的减少，而土地反稍有增加。

在封建的和半封建的土地制度的基础之上，阶级关系的两极化，和土地占有的集中，原来是非常剧烈地发展着的。由于减租减息的普遍实行，乃能扳回了这种发展趋向，并且使地主和贫雇农这两个对立的阶级缓缓地向中间阶层靠拢，使极大多数的农民生活改善，并缓和了农村的阶级斗争。自然，减租减息政策并不能在基本上改革封建的和半封建的土地制度，不能彻底消灭农村的剥削关系，也不能迅速而彻底改善农民的生活状况。可是，在民族解放战争期间，这种农村阶级斗争的缓和与农民生活的相当改善，仍具有异常重大的意义，因为它符合着广大农民的基本利益，团结了最广泛的各个阶层，中立了不革命的阶级，使敌人完全陷于孤立，而达到民族解放战争胜利的最终目的。

战争是具有极大的破坏性的，尤其是以劣势对抗优势的民族解放战争，并在自己的领土上以游击战配合运动战的战略战争，其在经济上所将遭受的破坏是不可想象的。所以抗战期间一方面要动员农民参加抗战，一方面还要保卫生产发展生产，生产战线的重要性并不次于军事战线。

战时边区和解放区的生产运动，对于战时农民运动的发展有头等重要的意义。通过生产运动,把农村一切劳动力组织起来。妇女在生产战线上处于非常重要的地位。农民在劳动中改变自己、发展自己,由于变工劳动的扩展,劳动力的合作运动首次在落后的个体劳动中发展起来,劳动英雄在农民群众中茁长辈出,成为生产战线上的领导者。

劳动力的合作运动,使个体的家庭劳动倾向集体的互助劳动,这在生产力的发展上具有极大的意义。毛泽东在中共七大的政治报告中说:"这种农业生产合作社,现时还只能是建立在农民个体经济基础上的(农民私有财产基础上的)集体的互助的劳动组织,例如变工队、互助组、换工班之类,但是生产力的发展与生产量的增加,已属惊人。这种制度,已成为中国解放区的普遍的制度,今后应当尽量发展。"在苏北地区,因实行劳动力合作互助的结果,生产力较前约增加50%。

抗战发动以后,当中共中央提出在边区实行休养生息的税收政策,并号召公私全体动员发展农业以后,陕甘宁边区的农业便急剧向上发展。下面是自1939年起四年中边区开荒植棉与牲畜发展的统计:

年 份	开荒亩数	植棉亩数	牲 畜		
			牛	驴	羊
1939	1002774	3767	150892	124935	1171366
1940	698899	15177	193238	135054	1723037
1941	390087	39087	202914	137001	1724203
1942	281413	94405			
合计	2353263				

注:开荒系逐年所开辟的亩数,植棉和牲畜是全边区逐年统计之所有数。

到 1945 年底止，陕甘宁边区农业耕地面积较之 1935 年，增加了 79.4%，植棉亩数较革命前最盛期增加了 6%，而主要的牲畜则较之 1935 年增加了 300%。

就粮食的产量而言，土地的开辟增多和劳动生产性的提高，自然使边区粮食的产量逐年提高。下面是 1942 年至 1944 年的边区粮食收获量统计：

年 份	粮食收获量（石）
1942	1680000
1943	1840000
1944	2000000

所有经八路军新四军解放的区域，在战争不辍的年代，广大农民一方面踊跃参战，一方面更投身于生产运动的狂潮。武装部队则在作战中一有空隙的时间，就帮助农民耕种收获。这就是历史上从未曾有的奇迹。这奇迹说明了为什么少量的八路军新四军能对抗日本帝国主义数倍于此的优势武力，说明了为什么经济落后的解放区边区能对抗经济优势的日本及其占领区，更说明了为什么千千万万的农民群众能衷心地热烈拥护八路军新四军，接受中共的领导。

农民与民主运动

民族解放斗争，与政治的民主运动是不可分离的。农民的自觉，农民政治觉悟的一般提高，惟有在政治的民主运动中才能收得更大的效果。有些人认为农民知识低下，不够参加政治的民主运动，这是彻头彻尾的资产阶级的理论。民主政治的意义是根据人民的利益来管理政事，这是非常平凡而简易的道理，每一个人每一个阶级有他切身的利益,只有人民大众自己才能具体了解他们的切身利益,才能切实维护他们的切身利益。资产阶级专政的资本主义社会,故意把民主政治渲染造作变为知识阶级的专利品,结果知识阶级就是资产阶级的化身,民主政治就成为资产阶级压迫广大人民的武器,而政权就成为资产阶级垄断的有力压迫工具。

中国的民族解放运动要走向新民主主义的道路。新民主主义的民主政治乃是彻底的民主政治,要求广大人民直接来参加政治的民主政治。中国农民是中国社会里占有压倒优势的阶级,所以在民族解放过程中,首先要使农民来参加政治。下面是晋察冀边区在抗战时关于民主运动的一部分材料:

"1938年1月间,各界代表大会筹备边区行政委员会,随之进行村筹,1939年春改造村政,但当时由于压在广大群众身上的封建剥削尚未普遍减轻,群众没有把政权看成与自己有什么切身关系,所以收到的成果不很大。直到减租减息与抽地换约的普遍展开以后,1940年7月的民主选举运动才真正普及到农村每个角落。北岳区19个县的统计,平均80%的边区公民参加了选举,最高的'平山'达99%。冀中7个县各阶层参加选举的情形和结果如下:

雇贫中农参加村选者占其公民全体87%;当选为村各委员会主任者,占总数87.9%;当选为村主席者,占90.9%;参加县级选举者,占其公民全体52.6%;当选为县议员者,占其全数83.1%。

但同时地主和富农参加新政权的积极性也不落人后。他们参加县级选举人数,占其公民总数72.4%;参加村级选举人数,占其公民总数87.2%;当选村各委员会主任者,占6.8%;村主席7.6%;当选为县议员者17.7%。"

在彻底的自由民主的选举运动中,雇、贫、中三个阶层是农村中最主要的阶层,他们的人数达全农村人口90%左右,所以当选的各级负责人员,他们也就占有90%左右;这与资产阶级专政的资本主义社会对比起来,就有显明的不同,资本主义社会虽然也是贫苦阶级及小资产阶级占极大多数,但选举的结果总是资产阶级及其代言人当选,平民当选者真如凤毛麟角,原因是资本主义制度下的选举是商品化的选举,资产阶级占有一切物质的条件,并且用法律行政财产来限制贫苦阶级的选举权和被选举权,结果自由民主成为骗人的空言,占全社会极大多数的贫苦阶级不能选出其自己阶级的代表,而政权就被少数的资产阶级独占了去。

在抗战期间,对于地主富农也给予人权、地权和财权的应得保障,所以地主富农也可以根据其自己的利益选出他们的代表,参加政府机构,以保障他们的利益。自然,因为他们人数在全社会是少数,所以他们只能占有相当比率的代表,不能利用他们的财产来操纵选举,这也是新民主和旧民主显然不同的地方。

二、划时代的土地改革

抗战的胜利结束

在八年抗战的过程中,由于中共的正确领导,由于中共的坚持团结抗战,反对分裂妥协,使国民党反动派的历次分裂投降的阴谋归于失败,终使日本帝国主义的泥足陷于中国战场而不能自拔,结果放下武器无条件投降的不是中华民族,而是日本帝国主义。

八年抗战的结果,一方面是日本帝国主义倒下去了,中国沦为日本帝国主义的殖民地的威胁解除了。另一方面,中国共产党的政治影响发展到前所未见的高峰。当抗战结束之时,解放军在敌后解放国土三十余万平方英里,这些国土都是国民党军队在战争前后放弃掉的。中共并在解放的国土上建立了十八个解放区,解放了9950多万人民，由人民民主选举建立的有104个专员公署和678个县政府。八路军新四军由抗战开始时的八万武装扩展到抗战结束时的百万强大武装，这些武装都是从敌伪手里夺取过来的。

这些光辉的成绩从哪里来的呢？主要的是中共正确地处理了农民问题，动员了广大农民，改善了农民生活，激发了农民的自动的爱国心而来的。

但是随着民族解放运动的完成，抗日民族统一战线的最高战略，自必有所变更。在抗战的期间，是以团结国内一切抗日力量共同抗战，除汉奸卖国贼以外，其他各个阶级都可能团结而且应该团结的。但是在民主革命的人民解放战争的阶段中，国内各阶级对于民主革命的态度，对于新民主主义的态度，必须予以新的估量和新的考验。

政治协商会议的失败，鲜明地证明了代表地主买办大资产阶级的蒋××国民党，是彻头彻尾的反民主的，他们不要民主主义，他们坚持反动独裁，并决心把八年抗战的胜利果实送给美帝国主义者，使美帝国主义者代替日本帝国主义的地位来奴役中国人民。

当蒋××国民党及美帝国主义者的阴谋逐渐暴露以后，中国共产党坚决领导中国人民来进行反美帝反封建的斗争，这个斗争是非常艰巨的。因为中国人民在八年艰苦抗战之后，仅仅获得1946年上半年几个月的喘息时间，而美帝国主义者又以庞大的物资和军事装备送给国民党反动派，再加之由美帝国主义者保镖接收了百余万日军的物资和武器，在1946年蒋××国民党反动集团的物力和军力真是不可一世，他们竟以为已具有充分的把握来虐杀中国人民，把中国人民的力量消灭干净，然后由美帝国主义者来安稳霸占中国的领土主权。

1946年在中国革命史上是革命转折的一年。中国共产党毅然决然担负起这个新革命任务,而且对于这个革命具有坚决的胜利信心,这个信心根据于两点:第一点是二次大战以后全世界人民力量的强大对美帝国主义力量的优势;第二点是基本的一点,乃是中共在八年抗战过程中组织了一万万左右的广大农民,在这广大农民群众中间产生了近百万的正规武力和千万的民兵,人民的力量是不可克服的,这么庞大的人民力量更是不可克服的!

民主革命以武装斗争的形式来开始和发展,虽不是必然的(例如东欧就是以联合政府的形式来开始发展),在中国却成为是不可避免的。但中国新民主革命虽不免要武装斗争,而且在反美帝反封建的初期阶段上主要的还是武装斗争,可是它决不能局限于武装斗争。以蒋介石为首的大地主大买办大资产阶级,在中国有其久远的社会的根源,民主革命就必须彻底铲除其根源。所以在中国人民解放战争的过程中,对于中国社会穷困落后和反动根源的封建的和半封建剥削的土地制度,必须彻底的予以消灭,而后使中国新民主革命才有迅速而彻底完成的可能。于是抗战期间的减租减息政策,至此告一段落,土地改革即成为中国人民解放战争形式中的主要的内容。

中国土地问题的实质

中国农村中的土地制度,是封建的和半封建剥削的土地制度。在中国古代封建制度下,土地都是属于封建地主的。封建地主将其土地承租给佃户,由佃户耕种,每年将生产物的大部贡献给地主,这就是中国封建社会所盛行的土地分益制。在这种分益制之下,佃户除缴纳谷物外,还要给地主做义务的各种劳役,要将一切农业副产品和手工业品缴纳一部分给地主,以供地主日用所需。地主对佃户有生杀予夺之权。除非地主将佃户驱逐,佃户是不能自动离开土地的。所以佃户世世代代被束缚在土地上,终年辛勤,除勉强维持其一家最低限度的生活外,其余的劳动所得都被地主剥削了去。地主对佃农这种残酷的剥削,不是由于经济的法则,而是由于封建地主阶级独占了土地所有权,并在这种土地制度上建立起政治军事法律等种种的权力,以保障其对佃农的剥削。这种超出经济法则以外的剥削,谓之超经济剥削。

当商业资本在封建社会里产生以后,商业资本对于封建的土地关系发生解体的作用。地主们受商业资本家的剥削,转而更残酷地剥削农民,但是农民被剥削的可能是有限度的。超过了这个限度,农民的生产成本就感不足,就要缩减生产,同时因生活资料的不足,影响到了农民劳动力的衰退,结果土地上的农业生产能力就要递减了。于是地主虽然加强剥削,而其收入总额就不得不逐渐递减;收支不敷的地主,就不得不渐渐出卖其土地给商业资本家或其他社会成员。于是城市地主和自有土地自己耕种的富农中农乃相继产生。富农与中农在两个对立的阶级(地主与佃农)之间产生出来,成为半封建性质的农村社会阶层。富农以半封建的剥削方式剥削贫农雇农,而中农则往往被地主阶级的半封建性质的捐税所剥削。因此,富农是靠近地主阶级的,而中农则往往同情于贫农和雇农的。

在土地改革之前的中国社会里,主要的生产关系是地主与佃农的封建的剥削关系。是高利贷者(地主富农)对一部分中农和广大贫农的封建剥削关系。其次是富农对雇农的半封建的剥削关系,是地主阶级对中农的半封建性质的捐税的剥削关系。

中国地主阶级,在农村人口总数中,他们只占4%;富农阶层的人口也只占6%弱,所以地主富农加起来还不到全农村人口10%。但是他们所占有的土地竟达全国土地面积的70%—80%,而占全农村人口90%的贫农雇农中农,却仅占有全国土地面积的20%—30%。

在极大部分土地集中在地主阶级的情况下，其剥削的情形如何呢？地主对佃农所收的正租，一般的达谷物收获量70%左右；除正租以外，农民在农隙时的副作物，也要缴一部分给地主，一年四季并须向地主送礼，地主家里有事更得义务帮工；这样繁重琐碎的剥削，不单单把农民的剩余劳动生产物统统剥削了去，而且把佃农生产成本的一部分（如肥料种籽耕畜工具等）代价，劳动力所必需的一部分生活资料，也一并剥削了去。因此，长年历代以来，农民的生产规模不得不年趋缩小，农民的劳动力也不得不日趋衰弱，饥饿与死亡成为数千年来中国广大农民被注定的命运。

一般的中农，在帝国主义和封建地主阶级双重的压迫剥削之下，也遭受苛捐杂税的超经济剥削，和帝国主义商品的不等价交换的剥削，日趋没落破产。

富农们雇佣了一部分雇农，用半封建的剥削方式，以仅够其一己的生产代价，剥削了他全年全部时间的劳动。雇农终年不能有其自己的剩余时间，不能养活一个最简单的家庭。

土地不足的小自耕农，他们大部分兼为佃农，二重身份的命运相同，所以把小自耕农和佃农合称为贫农。贫农与雇农同为农村里的被剥削阶级，是中国农村中的生产阶级；而地主富农则为剥削阶级，不单单剥削贫农与雇农，并且以高利贷的方式剥削一部分中农。

高利贷是中国农村经济解体，加速中农和小自耕农破产的一个重要因素。其剥削率是非常可怕。自战时开始的通货恶性膨胀以来，农村高利贷大半采取实物形式，春借秋还，利息最低达100%，高者达400%。

在抗战期间的中共解放区，这种剥削率自然是大大减少了。由于减租减息，贫农与雇农可以不受饥寒压迫，中农因政府税率的轻简和高利贷的取缔，非特不至于破产没落，且有上升为富农之势。这种成就在民族统一战线的时代是一种非常的成就，然而这种成就并没有彻底消灭中国农村中的封建的和半封建的剥削，并没有彻底消灭农村中贫雇农和地主富农的两大阶级对立。当战争结束以后，当民主革命的目标代替团结国内各阶层，一致抗日的目标出现的时候，即使在中共解放区内，也就必须以新民主主义的耕者有其田的政策，来代替抗战时期的减租减息政策。

为了大踏步改进广大农民生活状况（经济的和社会的），为了提高社会的生产力，更为了要解放蒋管区内仍处于非常残酷的封建剥削之下被奴役着的更广大人民，提出耕者有其田的目标来作为现阶段民主革命斗争的主要内容，乃是百分之百的真理。

清算运动

"耕者有其田"政策的实行，乃是对中国农村中封建的生产关系的彻底变革。这是数千年来中国封建社会的彻底改造。这个牵涉到3.5亿农民的生活关系和全中国社会性质的变革，要是没有广大农民群众自动来参与这种改造的工作，则"耕者有其田"政策的实行就是不可能的。

除此以外，这样一个全国性的改造工作，要是广大农民没有严密的组织，没有丰富的斗争经验，这个政策的完满实行也是不可能的。

为了具备上述两个条件，所以当"耕者有其田"的政策还未具体实施之先，在中共解放区内，首先展开一个清算运动。这个清算运动一方面是根据抗战结束后的特殊情况决定的，另一方面则是实行全面的"耕者有其田"政策的准备阶段。

清算运动的内容及其斗争的对象，有下述三种情况：

（一）在日寇投降前后新收复的解放区里，有很多汉奸都拥有大量的土地。对于这批汉奸的土地，当然是无条件的没收，分配给无地或地少的贫苦农民。除此以外，许多地主恶霸，在沦陷时期将许多非法的负担转嫁给一般农民，甚或借敌伪的势力来鱼肉乡民，对于这些地主恶霸，解放后的农民就要求向他们清算，清算后的地主恶霸应当吐出他们的赃物，倘使不能以动产来偿还时，就以土地来抵偿。

（二）在抗战后期建立人民政权稍迟或不甚巩固的地区里，政府已经颁布减租减息的法令，但一部分地主利用一切方法来避免实行这个法令，或阳奉阴违，实际上仍旧照样的剥削农民，当时因抗战第一，军事第一，无暇来对这种情形予以彻底的纠正。当战争结束以后，农民就要求地主历年违法剥削部分予以清算，清算后不以动产偿还就以土地来偿还。

（三）在老解放区里，减租减息已实行了五六年，地主们政治觉悟程度也较高，有些开明地主自动不愿再居剥削者的地位，乃把一部分土地分给农民，而收回一部分自己耕种。还有一些富农，其田多人少，也将一部分土地给予其亲戚或有交情的贫农，以求他们今后在劳动方面的良好合作。这种情况非特为民主政府所同意，而且予以鼓励。

清算运动激发了华北东北解放区的农民为土地而斗争。虽然在民主政府的统治之下，一般地主恶霸，如不经过农民的斗争，他们是不可能自动的吐出赃物的。这是一个阶级斗争，是反封建斗争，在这个斗争里农民获得了一部分土地，并获得了丰富的反封建的斗争经验。

当清算运动于1946年5月开始在解放区进行的时候，蒋管区内的封建势力及帝国主义的代言人叫嚣起来了。蒋管区内的地主阶级与解放区内的地主恶霸有血缘的关系，而帝国主义者百余年来就是与中国封建势力表里勾结的。他们叫喊着"中共已开始共产主义的阶级斗争",而一般不明真相的人士也怀疑中共是否"斗争过火"。这一切歪曲的反响,乃是必然要产生的。反动势力深怕民众团结起来具有斗争的力量。虽然清算运动当时还只限于解放区内,虽然清算运动只是限于清算地主恶霸的非法剥削。然而这个运动,对于当时蒋××的内战布置和美帝国主义者的阴谋奴役中国人民的计划是非常不利的。所以他们要大叫大闹反对"斗争",而事实上,他们所希望的是要广大农民在抗战胜利后自动放下武器,解散一切民主的组织,变得像一群绵羊一样,让他们动员数百万握有美械装备的军队去作集体的屠杀!

然而这个阴谋诡计,在具有丰富政治经验的解放区人民是看得雪亮的。他们坚决的执行这个斗争,不单单是为了实现耕者有其田,而且为了要应付美蒋的大规模军事进攻,得先行在人民已控制的区域内进行反美蒋社会根源斗争。

清算运动与抵抗美蒋的军事进攻,几乎是同时进行的。当人民解放军在1946年中从事激烈的内线作战时期内,清算运动亦完成极大的成就。晋冀鲁豫全区至该年十月间已有三千万农民获得土地,每人所有土地可达三至六亩的标准。苏皖区于该年十二月初已有1500万农民获得土地。山东全区一年来也有1500万农民获得土地。晋绥新区13个县内,共有756村51400余户获得土地。晋察冀全区于该年十月间初步完成,怀来等25县869村45万农民获得土地。热河于该年八月间农民即获得土地48万亩。东北解放区至该年十月底止,农民得地2600万亩。

清算运动改变了解放区农村的社会关系。地主阶级大大削弱了。很多地主转向自己劳动耕种或经营工商业,中农大量增加,贫农减少,赤贫绝迹。

清算运动,表现了中国土地改革的良好的开始。为中国土地法的产生,和彻底实现"耕者有其田"的分地运动,奠下了组织的和斗争经验的各种基础，并予反美蒋战争的胜利建立了主要的条件。

中国土地法的颁布和实行

当清算运动在内战的火焰中进行了一年多的时日以后，中国共产党于1947年9月召开全国土地会议，征求全国农民的意见，商讨如何更进一步地推行耕者有其田的政策，给全国农民彻底解决土地问题。

当全国土地会议考虑这个问题时，其范围不能再局限于解放区之内，而应该把全国作为考虑的对象。经过一年多的清算运动，解放区的农民大都获得或多或少的土地了，但是在蒋管区之内，封建势力的剥削与压迫仍在日日加强，广大的农民仍在饥饿死亡线上挣扎，他们坚决反对地主富农的封建压迫与封建剥削，他们要求获得他们耕种的土地。除此之外，就全国范围而言，则不论解放区或非解放区，当人民解放的战争将近胜利的时候，"彻底消灭封建"的革命任务已不能再事延缓了。于是全国土地会议通过"中国土地法大纲"彻底废除封建性及半封建性剥削的土地制度，实行耕者有其田的土地制度。

中国土地法大纲的政治意义，是要在农村里彻底消灭封建的剥削阶级，把广大农民在封建的桎梏下彻底解放出来。这是一个社会改造，是与全国人民有切身关系的社会改造。这一改造将结束数千年来的中国封建制度，而领导中国社会进入新民主主义的社会阶段。

中国共产党领导中国广大人民经过十年内战的牺牲流血的奋斗，又经过八年的抗战的委曲求全出力又出血的艰苦奋斗，其目的是在对外求民族的解放，对内求人民的解放。代表中国地主封建势力的国民党反动派，他们拒绝民主改革，拒绝放弃地主买办资产阶级的特权和利益，并且勾结美帝国主义大举向中国人民作军事进攻，那么，中国人民提出彻底消灭封建势力的要求，乃是非常自然而合理的。

土地改革在农村中的斗争策略，是以贫雇农为主体，中立中农，彻底消灭地主富农。地主富农是封建的剥削者和统治者，占有全国土地70%至80%，所以只有消灭这仅占农村人口9%至10%的地主富农，才能彻底推翻封建势力，才能使占全农村人口70%的贫农与雇农分得其应得的土地。中农不是剥削者，且被封建的统治者所剥削，所以对占全农村人口20%的中农积极的应争取其同情于土地的改革。

列宁在1918年11月关于对农村中各阶级的态度写道：

"我们在农村里的任务，就是消灭地主，打破剥削者和富农投机分子的反抗，为要做到这一点，我们只能稳稳地依靠半无产者，即依靠贫农。但中农并不是我们的敌人。他过去动摇过，现在动摇着，而且将来还会动摇的，但感化动摇分子的任务，是与推倒剥削者以及战胜积极敌人的任务不同的。要善于与中农达成协定，一分钟也不放弃反富农斗争，而只是稳稳的依靠着贫农，——这就是现时的任务，因为正是在现时，由于上述种种原因，中农转向我们这方面来是必不可免的。"

列宁当时这一正确的战略的决定，当然也可以应用到中国新民主主义革命的土地改革上来。而且不仅仅是现在——在新民主主义革命开始的阶段内要把握这一策略，就是在未来中国新民主主义社会的发展阶段内，这一策略仍有其长期的正确性。

所以在中国土地改革运动中，贫雇农是农村的主干，他们是土地改革最坚决的执行者，在农村里应组织包括雇农的贫农团，成为土地改革的执行主脑。然而同时为了要照顾中农，为了要使贫农团的决定获得更广泛的拥护，在农村里要组织包括中农以至于新富农的农会，贫农团的决定通过农会或照顾农会的意见而实行。用这样的民主方式来争取中农和团结中农，然后孤立地主旧富农，平分他们的土地，废除他们的债权。并把他们多余的浮财分配给缺乏这些东西的农民。

中国土地法大纲的规定，在民主革命的意义上，有其彻底性，也有其宽容性。在彻底性上，是把一切土地按照人口作公平的分配，废除一切债务，使封建的地主富农不再保有丝毫的经济的优势，而达到"彻底消灭封建"的历史任务，使农村生产关系和农业生产力有彻底的改造和发展。但同时，仍然分配给地主富农一份应得的土地，使他们仍能凭自己的劳动开始新的生活，在这个宽容的规定之下，中国封建地主和富农的命运，较之法国大革命时代的法国地主贵族的命运，已经好的多了。这一点，正是证明无产阶级领导的民主革命，较之资产阶级领导的民主革命，更为有计划，更为合理。

解放区政府及中国共产党在此次土地改革运动中，高度发展了民主主义的原则，各地土地改革的实行，应完全以农民为主体，由农民亲自发动，亲自斗争，亲自决定一切具体的办法监督执行。各级政府及各级党部不过立于协助地位。因为这样一个翻天覆地的反封建斗争，不充分发挥农民的自觉，不充分发挥农民的民主权利，就不可能迅速而彻底的进行。

但是正因为高度的发挥农民的民主权利，正因为土地改革是彻底的消灭封建，当反动派在人民重击之下噤若寒蝉的时候，却引起了一部分拖着封建尾巴的中间派人士，以及不明真相的民主派人士，提出了"斗争过火"的抗议。他们有的是恶意的攻击，有的是残余封建意识没落的反抗，有的只愿意把"民主"范围在极小的圈子之内，而恐惧工农大众的民主。有的则是无原则地希望绥靖革命的对象。这些反抗的或感受苦痛的叫喊，在革命迅速进展的过程中是必然会产生的,然而是有气无力的。当反抗者遭遇了沉重的打击的时候,当感受苦痛者历久病除的时候,当不明真相者逐渐认识革命的实际进程的时候,这些叫喊就会随着时代的余烬而息灭下去。

土地改革在解放区和人民解放军所到之处,正如火如荼地进行着。农民的革命情绪在土地改革运动中空前高涨,他们一面在火线上歼蒋军,一面在后方掘蒋根,二者互为激发,因此造成1947年到1948年的军事大反攻,造成军事情势的基本转变。在蒋管区,广大农民受蒋政府的三征政策的残酷压迫,数千万灾民的流离死亡,他们由于解放区人民的号召,纷纷起来斗争,起来反抗了。各地的星星之火,在土地改革的狂风吹拂之下,瞬息间即成为燎原的野火,他们必将在1948年会与解放区的主力会合起来,而将全国的封建反动势力烧毁尽净。

土地改革后的中国农村,将是一崭新面目的新农村。封建性的地主富农消灭了,他们与广大农民同样的成为新民主主义农村里的自耕小农。贫农与雇农也不再存在了,他们都分得一份土地和生产资料,成为新民主主义农村里最富活力的自耕小农。中农的地位虽不致有多大变更,但土地改革后的中农社会关系也变更了,旧时代的中农要受封建势力的剥削,并有日趋没落为贫农之势。而新时代的他们,不再介乎旧地主旧富农和贫农之间,不再受封建势力的剥削,故实际上已成为新式的中农,而与广大农民的地位非常接近,只有少数的新中农会发展为新富农,大多数的新中农将与个体小农一起走向集体经营。

平分土地,使一切农民立于平等的经济基础之上。每一个农民保有其人权、政权、地权和财权。这就是旧封建社会的消灭和新民主主义社会的开始。在这一伟大的历史转变的新民主革命的过程中,农民在与无产阶级结成同盟之下,成为历史舞台上的主角。

三、毛泽东思想与农民问题

中国革命特点与中国农民

"毛泽东思想，就是马克思主义在目前时代的殖民地、半殖民地、半封建国家民族民主革命之继续发展，就是马克思主义民族化的优秀典型。""他将人类这一最高思想——马克思主义的普遍真理，与中国革命的具体实践相结合。"

毛泽东思想的其他部分，不在本文的讨论之列。就农民问题而论，假如说：列宁在领导苏联革命中主要的发展了马克思主义关于农民问题的部分，毛泽东思想，则是在殖民地、半殖民地、半封建的社会里，继续发展了关于农民问题的马列主义理论，并与之密切配合中国革命的实践。

中国共产党，是中国工人阶级组织的最高形式，是中国无产阶级先锋队的党。但是由于中国是一个半殖民地半封建的社会，全国80%的人口居于农村，而封建的生产关系尚优势地统治着中国农村社会，所以中国现阶段的革命性质，是新式资产阶级民主革命的性质。在这性质的革命阶段里，"由于中国工人阶级在城市中受压迫，长时期内无法进行革命活动，乃派遣自己的先锋队到农村去，组织自己广大的农村同盟军，以便在适当时机配合这个同盟军解放城市。"所以"最广大的农民作为目前革命中的主力军"。

新式资产阶级民主主义的革命，以广大农民作为革命的主力军。这是毛泽东思想对于马列主义的新的发展。这个新的发展，是根据于中国的历史条件和社会条件而产生的。

中国广大农民，在帝国主义和封建势力的双重压迫和剥削之下，已充分具备了革命的各种客观条件，假如能发动全国三万万六千万农民的力量，就足以推翻一个封建统治并击退任何帝国主义者的进攻。所以"中国现在的革命，实质上就是农民革命。目前中国工人阶级的任务，基本上就是解放中国的农民。伟大的中国农民战争，如果在无产阶级政党领导之下，就与历史上一切农民战争不同，是完全能够胜利的。"

毛泽东思想，在其已经经历过的各个革命阶段上，一贯地把农民当做革命的主力，把党的领导工作主要地集中于农民问题上。当1927年大革命的时期，他在湖南农民运动考查报告上写道：

"目前农运兴起是一个极大的问题。很短的时间内，将有几万万农民从中国中部南部及北部各省起来，其势力如暴风骤雨，迅猛异常，无论什么大的力量压抑不住。他们将冲决一切束缚他们的罗网，朝着解放的路上迅跑。一切帝国主义军阀贪官污吏土豪劣绅，都将被他们最后葬入坟墓。一切革命的党，革命的同志，都将在他们面前受他们的检验而决定取舍。"这一天才的先见，以目前的事实发展引证起来，证明其每一句话都是非常正确的。

他在抗日战争的时期，他在向七全大会的政治报告中说道：

"农民——这是中国工人的前身，将来还要有几千万农民进入城市，进入工厂。如果中国需要建设强大的民族工业，建设很多的近代化的大城市，就要有一个变农村人口为城市人口的长过程。"

"农民——这是中国工业的市场，只有他们能够供给最丰富的粮食原料与吸收最广大的工业品。"

"农民——这是军队的来源，士兵就是穿起军服的农民，他们是日本侵略者的死敌。"

"农民——这是现阶段中国民主政治的主要基础。中国的民主主义者如不依靠三万万六千万农民群众的援助，他们就将一事无成。"

"农民——这是现阶段中国文化运动的主要基础。所谓扫除文盲，所谓普及教育，所谓大众文艺，所谓国民卫生，离开了三万万六千万农民，岂非大半成了空话。"

他对于中国农民这一范畴的五点说明，不单是在抗日战争期间完全适用，就是目前反蒋反美帝的战争期间，以及将来新民主主义社会和平建设期间，也将百分之百的适用。

农村革命根据地与民主建设的思想

中国共产党在毛泽东思想的指引之下，"是在建设伟大革命根据地，特别是农村革命根据地，并在这些根据地上进行新民主主义政治、军事、经济、文化各种改革和建设的过程中，发展起来的。"中国共产党认识广大农民是革命的主力，所以党的重心长时间置于农村里。一方面使党的主干能在现实的农村环境里领导农民，同时亦使党的主干能向广大的农民学习。

在中国广大的农村社会里，革命的发展是不平衡的。由于中国农村社会的封建性，由于革命发展在农村社会里的长期性，更由于革命的主观力量集中使用，所以造成中国革命发展的不平衡性。因为中国革命的长期性和不平衡性，所以革命的主力要在农村里创立革命根据地，以革命的根据地作为革命力量的中心，一面加强和巩固这个中心，一面和优势的反革命势力作长期的斗争。

中国革命的历史，"乃是中国近代革命根据地，特别是农村革命根据地的历史。"十年内战的斗争史，是全国苏维埃边区的斗争史；八年抗战的光辉成就，也就是边区与解放区的斗争史。假使除掉这些革命根据地的奋斗与成就，中国革命史上或将抹去极大部分的光辉。

在革命势力所控制的根据地里，不单单是要使它成为领导全国斗争的大本营和指挥所,而且要在军事政治经济文化的各方面,开始新民主主义的建设。建设事业不能等待全国革命完成以后再来进行,而要在革命的进程中,一面对民族解放的敌人现在则是民主革命的敌人作艰苦的斗争,一面就要在根据地里开始各方面的建设事业,从建设中巩固根据地,从建设中争取农民的忠诚坚强的拥护,从建设中扩大解放区对未解放区域的政治影响,然后以这一切成就集中于对敌的军事斗争,使敌人愈战愈弱而我愈战愈强。

这是中国革命发展过程中一个特点。这个特点是以往的革命史上所没有的。苏联革命是全国革命斗争胜利以后,在内战军事斗争胜利以后,才开始各方面的社会主义建设。但中国社会封建性的特点,中国民主革命的长期性的特点,发展而为毛泽东思想建设革命根据地的理论与实践。在八年抗战的过程中,边区与解放区一面与敌伪做惨烈的军事斗争,一面却轰轰烈烈进行新民主主义的政治建设经济建设和文化建设。在政治方面,农民直接参加自由的民主活动,掌握政治机构;在经济方面,生产运动在所有的农村机关学校部队里热烈展开,使边区解放区的人民达到丰衣足食的地步;在文化方面,努力消灭文盲,普遍展开学习工作,整顿文风学风,使新民主主义文化灿烂地发展起来。

在半殖民地半封建的中国旧社会里,农村是半封建性经济的根据地,城市则是半殖民地性经济的根据地。半殖民地性的城市以其优势的帝国主义经济,一面破坏着封建的农村,一面又领导着农村走向殖民地化。在这种旧的经济关系上,农村是不能和城市对抗的。但是在革命力量解放了的农村里,封建势力被大大削弱以至于被消灭,与帝国主义勾结的纽带被割断了,在新民主主义的建设之下,旧的农村已被扬弃而成为一新的农村——新民主主义的农村,新农村具有充沛的生命力,具有新的发展中的经济基础和新的社会关系,这样的农村非但不会被半殖民地的城市所破坏所克服,而且相反的,由于新农村在本质上较半殖民地的城市远为进步,能够独立发展,反要使依靠对农村的榨取为生的半殖民地城市,日渐枯萎下去,日渐失去其奴隶主人的威风,而终被新民主主义的农村所克服。

革命的重心在发展农民运动,并在建设农村,其理论的根据就在此。这一理论根据不单单成为中国革命的指导方针,且成为对于所有殖民地半殖民地社会革命的一般指导方针。

农民革命的军事战略和战术的思想

在半封建半殖民地的社会里要在农村里建立革命根据地,则建立人民武力成为头等重要的事情。在资本主义社会里,武装斗争是革命的最高的发展形式和最后的发展形式。但在半封建半殖民地的中国社会里,武装斗争在自始至终的各个发展阶段上都成为主要的斗争形式。所以不建立人民的武力,就不可能抵抗地主买办大资产阶级的武力镇压;不建立人民的武力,就不可能安全保障革命的主力,并发展革命的主力;不建立人民的武力,革命的司令部就不可能长期的驻在农村中工作,并建立巩固的革命根据地。

毛泽东思想在中国革命武力问题上关于战略和战术的创造,是马列主义在中国的一部分光辉的创造。这一创造不仅仅在中国建立起空前强大的人民武力,在各个革命阶段上打击了异常强大的反革命军事进攻,并取得胜利;而且这种战略战术已为全世界各革命的阶级所采用,欧洲各国人民在反德意法西斯的战争中,南太平洋各殖民地在从事民族解放运动的战争中,都采用了这种战略战术,他们同样的已取得胜利或不久将一定取得胜利。

毛泽东思想关于军事方面的创造,综合了下列三种因素:

(一）马列主义在民主革命中的政略指导；（二）中国革命的长期性和发展不平衡性，在军事斗争上所形成的战略特质；（三）中国历代农民战争与苏联革命内战的战术经验和教训。

毛泽东思想的战略战术，是与传统的资产阶级的战略战术思想完全不同的，与中国封建时代孙子兵法的战略战术思想更是完全不同的。它是中国无产阶级领导下的人民战争的战略战术思想，它只是适用于无产阶级领导下的革命队伍的战略战术思想，在其本质上，它较历史上任何传统的战略战术思想为进步。军事上的技术和思想，历来都是由统治阶级把持着，成为统治阶级屠杀人民掠夺异民族异国家财富的重要思想的和技术的武器。但是毛泽东思想的战略战术，毛泽东思想的革命武器，恰恰相反，它成为解放广大人民，解放被压迫民族的思想的和技术的武器。它不是少数人去征服多数人的战略战术思想，它是集多数人的力量去推翻少数人的剥削统治的战略战术思想。

由于这种本质上的区别，所以它成为革命部队所独有的战略战术，为一切反革命部队所不能学得的战略战术，因此，反革命的军事指导者往往在遭受严重的失败以后抱怨解放军，说解放军不依照规矩打仗！

毛泽东思想的战略战术，在大革命失败以后的十年内战中，即累积孕育而成为一种独立的军事思想体系。这一思想体系是长年累月千万次大大小小的作战实践中，用马列主义的理论指导和辩证唯物论的方法指导之下，逐步发展完成的。

在每一个革命阶段上，在正确的政略指导之下，正确估计了敌我的力量，作成了正确的战略指导。在内战时期，政略指导是推翻地主资产阶级的统治，创立人民的苏维埃区域，解决土地问题，所以战略的指导是武装工农大众，保卫苏维埃政权，并在全国范围内扩大苏维埃区域。在抗日战争时期，政略指导是动员全国人民坚持统一战线坚持抗战，以求中华民族的彻底解放。所以战略的指导是持久战：是具有敌进我退，敌我相持，敌退我进的三阶段的持久战，是化劣势为优势，化被动为主动的持久战。在反美帝反蒋的人民解放战争中，政略的指导是肃清封建与驱除美帝国主义在华势力，在政治上经济上文化上完成新民主主义的改革，实现民族统一与独立，由农业国变成工业国。所以战略的指导是保全解放区的基本区域，由内线的歼灭敌人转为外线的歼灭敌人，由防御转而为进攻，彻底消灭蒋××反革命军队。在这一正确的战略方针指导之下，在1947年底发表的目前形势和我们的任务上，并具体地规定了十项战略的军事原则。

在战术领域里，主要的是发展了游击战和运动战的一般原理和原则，使游击战成为发展自己力量，消耗敌人力量的重要战术。运动战是游击战的高度发展，在防御与相持的阶段上是消耗敌人歼灭敌人的主要战术。在农民战争初期的阶段，游击战是主要的，运动战是辅助的；当革命的武力已正规化，敌人的力量只占相对优势的时候，运动战是主要的，游击战是辅助的；当革命的武力已发展到足以压倒敌人的阶段，则阵地战就与运动战游击战配合起来，运动战与游击战将在决战的最后阶段上，发挥其战略的任务。

毛泽东思想关于许多重要的军事原理原则，关于战略与战术的辩证关系都有科学的说明。如关于防御中的进攻，持久中的速决，内线中的外线的战略原理；如关于主动性，灵活性，计划性在运动战中的战略指导；如关于游击战，运动战和阵地战的辩证的发展和配合；如关于消耗战与歼灭战的对立和统一等等问题，成为军事科学发展上的光辉的成就。

这些光辉的战略与战术，只有人民的军队可以使用。然而人民的军队，是在中国共产党的领导下，团结了广大农民而组织的。这样一支以农民为主体的军队的组织和发展，与革命的战略战术的产生和发展是不可分离的。那么，这样的一支军队，是具有何种物质的军队呢？毛泽东在其论联合政府一书中，说明它具有下列的几种特质：

（一）具有自觉的纪律，为人民服务。
（二）具有艰苦奋斗不屈不挠的精神，能够独立作战。
（三）具有很好的内部团结与外部团结。
（四）具有正确的争取敌军反正和处理俘虏的政策。
（五）具有一系列的战略战术，随机应变，灵活运用。
（六）具有自力更生及协助人民从事生产的能力。
（七）具有人民自卫军及民兵的广大群众武装组织，配合作战。

具有这一切条件和特质的军队，就是在毛泽东思想指引下，由中国共产党在中国农村里组成的不可克服的革命武力。有了这样一支革命武力，乃能保证中国革命在各个阶段上的胜利，克服帝国主义及国内反动势力的优势军力。

新民主主义社会建设中的农民

由毛泽东思想所规定的未来中国新民主主义的建设阶段里，农民问题仍然是一个具有决定性的问题。当人民解放战争胜利结束以后，革命的任务就在努力建设。

新民主主义的建设有两方面：一方面是经济的物质的方面，一方面是文化和教育的方面。但无论是经济方面抑或文化教育方面，农村经济的发展和农民文化教育的提高，乃是非常重要的任务。

土地改革后的农民，是个体经济的独立小生产者。这许许多多的独立小生产者，在新民主主义开始的阶段里，仍占有全国80％的人口，并且在国民经济的总生产额中占有极大部分的比率。所以为了要发展社会的生产，为了要替工业建设提供原料和市场，首先就要发展农业生产，提高农业劳动的生产率。

但是个体经济的小农，其劳动生产率的提高是有限度的，假如我们不能使个体经营逐步走向集体经营，则农业劳动的生产率就不可能有巨大的不断的提高。另一方面个体经济的小农，经常有向资本主义道路上发展的趋向，所以假使不能使个体经营的小农尽速合作化，则许许多多的小农将被新富农和资本主义的大农场吞并掉，使新民主主义的农业部门走向盲目的不合理的发展。

所以当人民解放战争胜利以后，我们一时一刻也不能对农民问题有少许的懈怠。我们要立即组织个体经济的小农，要教育个体经济的小农，要成立各种各样的合作社，要使农民对集体经营有明确的认识，并要使农民对集体经营具备技术上和知识上的一切条件。

把新民主主义逐步导向社会主义，在农村中将是较为长期的同样是艰苦的斗争，集体经济在生长发展的过程中，它要与资本主义的因素斗争，它要与个体经营的小资产阶级因素斗争，它也要与残存的封建思想意识斗争，这种种性质的斗争，一面是力量的竞赛与克制的过程，一面也是文化教育与组织领导的发展过程。

（原载《社会科学小丛书·战后中国农民问题》第一辑第三册，1948年南海出版社）

论城乡交换

一、沟通城乡商品交换是发展生产的重要环节

城乡交换是我们发展生产繁荣经济系列中的重要环节,战争不单单把原有的生产机构破坏了,同时也把商品的流通机构和交换关系破坏了。社会经济的衰退包括着生产和流通的两面,今天我们既还不能废除商品交换,则对于城乡交换的重视,就得与重视农工业增产一样。

一般轻视商业的观点,应该有所改变了。在解放区之内,当土地改革和建立了国家经济的体系之后,新的城乡关系已不同于旧的城乡关系,城市对乡村的超经济的剥削关系基本已经改变,或正在改变着。因此,沟通城乡商品交换恢复和建立公私商业,已成为我们发展国民经济的重要环节,而且是当前迫切重要的环节。

我们在战争期间所创造的地区的自给自足经济,乃是在战争和敌人优势兵力包围下被迫而施的。今天,条件完全不同了,已被解放的地区面积几乎有整个欧洲那么大,我们已拥有全国极大部分的大工业基础,这些工业和城市是与广大农村不可分割的,

所以必须立即打破过去地区的自给自足观点，建立整体的国民经济观点，把各个地区打成一片，把全国城市和全国农村有机地联系起来。

自党中央号召发展生产以来，我们的工业和农业，已逐步的在现有生产设备的基础上恢复起来了，仅仅半年的时间，许多城市的工业生产已经超过了国民党反动派统治的时代，刚接收的工业城市如上海、汉口、太原等地，虽遭遇着许多困难，恢复工作还是令人满意的。在农业方面，特种作物的播种面积大大增加了，粮食生产的面积也不少于去年，东北还超过去年。春旱虫灾虽给华北农产一些打击，但迄目前为止还不是很重大的打击，我们以正确的指导和群众力量抵消了一部分天时所给予我们的损害。

道理非常明白：我们在城市和乡村的生产方面作了这些努力，是不是就是我们发展生产繁荣经济的全部工作呢？不是的，仅仅是一部分。假使我们不能把生产出来的商品，投入流通市场并取得交换，或者通过国家经济轨道取得交换，那我们的各种生产就不能继续（妄说扩大），就不能达到繁荣经济的目的。

在长期的对外战争和对内战争的过程中，城乡交换的商业机构遭到严重的破坏，一般的是由于农村经济的衰落，中小城市的商业资本首遭打击，有一部分资本转移集中到大都市里去。尤其在解放军与敌伪蒋匪交战的区域，我们曾对城市实行长期的孤立和包围政策，而这些城市大部位于交通要道，对城乡物资的交换是负担着重要任务的。

旧的城市的破坏和旧式的商业资本及其机构的没落是必然的，不可避免的，但是一旦我们把这些残破了的城市置于我们新的国民经济的体系和范围之内的时候，当大城市的工业生产已有初步恢复的时候，对于这些衰弱了的或真空了的城市镇集，必须立即输入大量公私商业资本和建立或恢复各种公私商业机构，这是使城乡重建交换关系，使工业品与农业品相互流通的首要条件。

二、三种新型类的商业资本及商业机构

在华北东北西北华东中原五大解放区里，我们已经具有一些新的，与旧时性质完全不同的商业机构和商业资本：那就是国营商业机构及其资本，和供销合作社的机构及其资本。前者是社会主义性的，后者是半社会主义性的，那些仍保留着按股分红制的供销合作社，是国家资本主义性的。

上述三种机构和资本，是我们国民经济流通过程中新的因素。他们与残存的前资本主义的和资本主义的商业机构商业资本比较，性质上是不相同的。因为，国家资本主义性的，半社会主义性的，和社会主义性的各种贸易形式，都属于国家经济的体系，他们在不同的程度和不同的阶段上扬弃着私人资本主义的性质。

但在今天国家经济体系中的这些商业机构和商业资本，在社会全部商品流通过程里面，还不能发生决定的作用。即是说，我们只有一小部分的商品是通过国家经济的轨道，其余大部分的商品，还要通过私人资本主义的和残存的前资本主义的流通轨道。

就华北范围而言，大约有50%的粮食是通过国家经济的轨道的。几种输出特产品，国家经济仅控制其流通过程的一半，即大部分由私人商业机构从农村里搜购而运销到城市里，再由国家贸易机构统购统销到国外去。至于农村所需要的工业消费资料的供销任务，极大部分是依赖着私人资本主义及前资本主义的商业机构的。

为了要克服市场的无政府状态，为了要逐步消灭工业品与农产品交换的中间剥削，国家经济在社会商品流通过程中的比重及其作用，应该大大的发展。我们的国营贸易机构要扩大它的经营范围，要大力发展供销合作社及生产推进社等类的组织，即使是国家资本主义性的农村合作社，在农民自动自愿的原则下，也不应立即反对其成立和发展。

三、公营商业与私人商业的关系

国家经济与私人经济在商品流通过程中的关系，虽然二者性质上是对立的，今天还是要同时并存。国家的商业资本应该发挥其领导的任务，使私人资本主义的和前资本主义的商业资本，在有益于商品流通和市场调剂的原则下活动。后者的活动虽不免随带着种种剥削和不利之处，但为着使农村千百万小生产者的商品能与城市工业品尽量扩展其交换范围，国家贸易机构和合作社还不能完全负担这个任务，则私人商业资本的活动也就是必需的。今天我们要是不在积极方面领导私人商业资本的活动，而主观地要在消极方面限制私人商业资本的活动，那就会犯极大的错误。有些局部地区的工作同志，他们对旧时的资本主义的商业资本的仇视观念还没有改变，他们宁可使农民手中的商品积滞不卖，而不愿给商人剥削，这种行动，其动机是保护农民的利益，结果却给予农民更大的损失。

我们当然不能无视资本主义的大商业在市场上与国家贸易机关的矛盾。这种矛盾需要用大力来作适度的斗争，给敢于在市场上投机垄断或竞买竞卖的商人以无情的打击，要他老老实实安守本分的在国家指导下做正当买卖。只要他做正当买卖，我们还是保护的。至于中小商人和肩挑负贩，情形更不一样。他们一般的依赖着小商品的快卖快买为有利，同时国家贸易机构的大规模活动还不能直接与小商品生产者和消费者发生关系，需要有千百万的供销合作社作为组织基础，然后才能与国家贸易机构联系起来。但是当供销合作社在质与量都还不能全部担当这一任务的时候，我们就得容许中小商人以至肩挑负贩有充分活动的自由，使它成为国家贸易机构的辅助力量。当旧日的官僚垄断资本主义已被消灭，和前资本主义的商业行帮已不能垄断市场的新情况下，中小商人既有国家经济的保护，不至再受大商人的无理剥削，也就不会转过头去过分的剥削小生产者。过去因中小商人和中小城市迅速没落，私人的和官僚的商业资本极大部分集中于少数大都市。以致大都市资金过剩；而内地则资金不足。这种头脑的充血症和四肢的贫血症到现在还没有加以克服。以全社会商业资本的构成来说，国际贸易的资本占有最大的百分比，在都市活动的商业资本居其次，而中小城市的商业资本则最为微弱（这种情形，我们也可以从外汇买卖数额，票据交换数额，都市汇划数额，和对内地汇款的数额等等的对比上，可以看得出来）。这是显明的一幅半殖民地经济的图画，今天我们已把对外贸易在数量上限制了，这是改变这种倒立情势的第一步，继接着的工作，是要把拥塞于都市的资金动员到中小城市里去，动员到农村里去，提高农产品的价格，并使每一角落的小生产者的微小商品都能搜罗到市场里面来。

中小商业资本的发展，也发展了城乡资本主义的因素，但这在目前并不可怕，重要的问题是在使城乡的生产品能完成其交换的任务，使农工业可能进行扩大再生产，国家经济的扩大，社会主义经济成分的提高，必须在整个国民经济的恢复和繁荣中才能逐步求得。在千百万小生产者的基础之上是建立不起社会主义来的，相当程度之内，我们不能阻止农村中资本主义因素的发展，只要我们同时不忘记使个体经济集体化，一刻也不松懈对合作运动的努力，以合作的生产方式来与自发的资本主义生产方式竞赛。我们惟有给农民以比资本主义更进步更有利的生产方式，才能有效阻遏资本主义的发展。至于整个方向的扭转，则有待于工业的强大和国家经济大大的扩展。

四、自由贸易的意义及其效果

7月5日华北人民政府所颁发发展国内自由贸易的几项规定，是目前促进城乡交换扩大贸易范围的有效措施。军事迅将在全国范围内完全胜利，经济方面的迫切任务，是在如何迅速完成我们统一的国民经济。

历史上，自区域经济过渡到国民经济，曾是以自由贸易和单一税为其中心政策。但今天我们的自由贸易，在意义上多少不同于资本主义初期的自由贸易。在资本主义初期，自由贸易只发展了资本主义，只对资产阶级有利，在我们这个时代，自由贸易不仅仅是对资本主义有利，尤其重要的是对国家经济的发展有利，对国家经济在整个国民经济中所发挥的领导作用有利。社会主义性的国家经济，如没有一个广阔完整的统一市场，通过这个市场把各部分的经济密切联系起来，它的发展是不可能的。

自由贸易在打破与改造自游击战争中发展起来的区域经济的作用上，意义特别重要。今天一切生产资料与消费资料的生产与分配，必须从全国着眼，不再从局部的地区打算。国内市场统一过程中，某些地区某些生产的调整是势所必然的。例如华北农村的手摇纺织工业，因受天津现代化纺织工厂恢复的影响而趋没落，这是不能挽救的。假如要在地方上限制洋纱而保护土纱，那我们就阻碍了社会的进步，对国民经济所发生的作用不是前进而是倒退的，其他各解放区类似的情形曾经不少，我们实行自由贸易，目的是要撤除这些范围小天地的风吹即倒的竹篱笆，让进步的生产方式去打击落后生产方式，并促起落后生产方式的自动改造，促成全国各地区的生产根据其有利条件而专业化，假如上海生产的火柴比山东便宜，那我们就让上海的火柴工业发展，山东的火柴工业改业。相反的，将来山东的卷烟工业会比上海更具有利的条件，那时我们就让上海的卷烟工业改业或迁移。这种例子应用到农业生产方面也是一样。各地工农业生产的改组，虽然并不专赖国内市场的自由贸易为武器，但显然的，自由贸易将是一项推动改组的有力武器。他与政府的领导与计划配合起来，就能最有效迅速的调整国民经济的各个部分。

由于国民经济的市场统一而引起农工业生产的调整，必然会引起一些小的损失和痛苦，这是不可避免的。这些小的损失会使我们在全国范围内产生大的收获，一时的痛苦会换得长期的稳定。没有这一点忍性，我们就不可能迅速地建立和发展国民经济。

我们的道路是通过自由贸易创造统一市场，由统一市场调整国民经济的各部分，然后组织生产组织市场，达到自由贸易的逐步否定。

五、城乡商品交换的比价问题

促进城乡交换的另一个重要问题，是工业品与农产品的交换比价问题。二者的比价如不得合理的解决，也足以阻碍城乡交换关系的发展。如农产品价格过高，会促使城市生活费用的高涨，增加工业品的生产成本；如农产品价格过低，又会削弱农民的购买力，限制了工业生产的发展。在旧中国社会里，农产品的价格经常低于他应得的价格水平。虽然因长期的战争，农产品感到异常缺乏，但目前农产品与工业品的交换比价，不仅没有提高，而且还远低于战前。

现在我们拿天津来做例子，以两种农产品（棉花小米）和四种工业品（纱、煤、煤油、火柴）的比价来研究，且看下表。

在下列表格中，四种工业品与两种主要农产品交换的比价，四种工业品没有一种不较战前高出很多，举例来说：战前 3501 斤小米可以换一件纱，而本年六月则要 6940 斤小米才能换一件纱，几乎高出一倍。煤及火柴则达一倍以上。煤油上涨虽没有这样悬殊，较之战前也使农民吃亏不少。其中值得注意的是：煤、煤油及火柴三样物品，自天津解放以来（二月至六月），其对农产品的比价已逐渐下跌，这是好的现象。惟有纱的比价，却仍然继续上扬。

工业品 \ 农产品		西河花（斤）	元小米（斤）
廿支纱（件）	1935 年平均	583	3501
	1949 年 2 月	600	6880
	1949 年 6 月	696	6940
煤（吨）	1935 年平均	24	148
	1949 年 2 月	54	621
	1949 年 6 月	55	482
煤油（五加仑）	1935 年平均	24	146
	1949 年 2 月	34	197
	1949 年 6 月	17.9	179
火柴（箱）	1935 年平均	156	935
	1949 年 2 月	210	2389
	1949 年 6 月	219	2181

要降低工业品对农产品的比价，主要的要靠增加工业品的生产。这在本国所能生产的工业品，是不难逐步做到的。至于外来的工业品如煤油等类，在相当长时期内，可能继续保持高额的比价。在农村普遍需要的各种工业品中，纱布是大宗，纱价的过高，对于整个城乡交换关系会发生极大的不利影响。所以纱价的调整，应为国营中纺公司的重要任务。今天纱价高的原因，一部分是由于市场投机家将纱布作为主要的投机对象，城市的需要量超过乡村的需要量。但这并不能作为我们长期使纱价高涨的理由，市场的重要物资如何不流入投机者之手，基本上还得依靠市场组织，而不能依靠价格（这是自由市场的法则），我们今天虽还不能否定自由市场，或者多多少少的还要依靠自由市场，然而国家经济却不能放弃领导和调节的任务，更不能用国家经济的力量去跟从自由市场。

国家经济的资本积累，应视各种商品的性质而运用不同的方法。像烟酒这类的消耗品或奢侈品，应该以超额利润来积累财富，并以之补贴其他无利小利的国营部门。至于一般生活资料的部门，应该以平均利润率为满足，生活资料价格的高涨，会提高一般生活费用，对农工业生产都不利，就国家经济的本身来说，也会得不偿失。

（原载《人民日报》1949年7月28日）

一年来的中国经济情况

1949年我们在财政经济方面做了些什么

一年来我们的财经工作，大致可分为四个主要的部分：

（一）为了人民解放战争所做的工作：1949年是革命形势变化最大的一年，在年初的时候，人民解放军和国民党军事势力还是处在对等的情况，经过了一年的时间，中国大陆上几已完全肃清了反动派的武装，年初时，国民党军队还有三百多万，现在余下至多不过十来万，一年中我们取得了全盘的军事胜利！这是个具有重大历史意义的一年，我们讨论到苏联革命时常常提到1917年，以后论及我国革命时就会常常提到1949年。本年度我们革命的最中心任务就是要打倒敌人，彻底消灭反动武装，这一工作愈做得彻底迅速，我们就愈能及早进入和平建设。因此本年度财经工作首先就是要配合军事需要。人民解放军在解放平津之后即整编南下，五、六月解放宁、沪、杭、汉等地，接着又进军两广及整个西南，这三个规模庞大的战役，使得军事支出就占了全年支出的60%左右，年初我们只有300多万部队，加上脱离生产的文教人员也不过四百万左右，而现在，连部队，连脱离生产需要政府供养的文教人员,到年底将达到900万人。人民解放军作战不能像军阀时代的军队那样,去到哪里吃哪里,所有吃的穿的,一草一木都要自己带去,连喂马的马料都不能例外,在新解放的大城市里还可以发行人民币供流通使用,在华中两广西南西北的部分地区,因为那里人民早就不用国民党的纸币,通行的是银元,暂时我们还得想办法找银元带去使用,因为我们不能专赖军事力量或政治力量去强迫人民接受人民币,故此整个战争的负担是很重的,幸而有老解放区这个大后方,大部分的军事供给都是从这里支出的,如果没有这个大后方的供应,今年这样大的军事行动就不可能,我们从报纸上也可以知道,今年每一个战役都是在集中的地区内,在最短时间内,大量的歼灭了敌人,这样的军事成功在事前需要长期的准备和后方充分的供应。我们还没有足够的现代化交通工具,对前方供应主要的还要靠人力畜力,一点一滴的输送累积起来。这一项工作就占据了一年来中央地方财经工作人力物力的最大部分,为了要达到这一任务,就可能妨碍到其他工作,或者是可以做好的工作也可能做不好,今年的公粮收入,主要部分就供应了前方部队,余下来留在城市里调节民食的数量就减少了。几次物价波动,政府未能及时平抑,原因就是因为政府掌握的物资力量不够。所以在物价波动中人民所受的损失,实际上也就是为支援解放战争所贡献的一部分力量。今年在城市调节方面所能做到的,只是对几个主要的城市,尤其是新解放的城市,经常使食粮和生产原料不至于太感缺乏。例如上海,解放后立即遭帝国主义的封锁,而这个地方更因国民党长期有意识的造成它的殖民地性,主要物资供应都要仰赖海外,遇到封锁就会发生许多困难,要克服这个困难就是一个很艰巨的斗争。550万人口的工商业都市,如果没有粮,没有煤,没有棉花,情况是不堪设想的,上海据估计每天要12万吨煤,最高可能到 18 万吨，（这是六月以后所需的数字，解放前因一部分动力用柴油故不到此数。）230 万个纱锭，假使每天每锭要一磅棉花就要 230 万磅；每人每天要一斤粮食就要 550 万斤；除了粮食能在附近供给 60%—70% 而外，其余都要靠外地供给，煤靠华北，棉花靠华北及华中，在以前大部分靠帝国主义者供给，现在则完全要由自己想办法，我们在这方面工作虽说做得还不够，但总算勉强渡过困难了，在最困难的时期，也没有造成工厂买不到煤，市民买不到粮食。南北主要交通仅靠津浦铁路，长江航运则经常遭敌机的袭击。在这种恶劣的情况下我们供应了民食，维持了生产，使得新解放的大城市的主要生活资料与生产资料不缺乏。当然，本年我们的供应和调剂工作是做得很不够的，本年只是一个开始。

（二）恢复工商业的工作：全国财政支出 60% 以上供军事之用，在其余的部分中，拿来恢复生产用的数目也很大。在解放区日渐增大的同时，接管了许多官僚资本主义的企业，目前还没有完全的统计，关内各大城市中（小城市及矿山等不计）大约接管了两千左右的企业单位，从接管的第一天起，就要想法使它们能继续工作，就要投下一笔资本，这些企业单位不要说现款不会留下来，就是能搬的能拿的，国民党反动派都搬跑了，拿走了，留下来的人员首先要给他们饭吃，对企业投资不仅要维持原状，而且还要恢复调整甚至扩大，仅仅维持原来的样子就会变成与国民党官僚主义的经营那样，人多事少，没有生产效率。所以必须在生产设备流动资金等方面加以补充、修理以至添置，才能开始生产，才能像个企业，如不投资这笔资本下去，两千个企业单位就要等于两千个大包袱背在人民的身上。例如石景山钢铁厂，过去国民党时代始终没有能好好生产，不仅把 250 吨的炉子恢复生产，而且把 380 吨炉子中冻结着的凝铁挖了出来，现在该厂产量已远超过国民党时代的最高产量；又如鞍山钢铁厂，国民党在1947年预计年产15万吨，但始终未达到，今年我们仅在六个月之内就把他的目标超过了，明年可以增加到今年产量的三倍至四倍。重工业投资是长期的投资，不能在短期内周转，而且由于中国工业的殖民地性质，使得各工业部门不能有机的配合起来，例如，日本人把钢铁工业建设在东北，机器工业却设在日本，我们自己能出钢块铁块，但没有足够的轧钢设备，现在我们就要迅速建设这些工厂，而设置一个大的工厂，至少也要一两年的时间，这说明了我们在这方面的投资是长期的，不能短期收回的。煤的周转比较短，今年的生产量不但足够，而且还有剩余，2600万吨的产煤量中，今年可余下200万吨，但是仍要大量投资，因为要补救日本人遗留下一些不良情况使得我们不能不立即投资，日本人掠夺性的开矿，为了节省投资，在大多数矿山里只开斜井，不开直井，哪里有煤就挖哪里，不从全盘久远考虑，以致不能尽量利用矿源；许多矿坑在短期内就要废弃了。为了改造煤矿，今年已经开始投资，明年还要大量投资。由这几个例子，可见旧中国的遗产是有一些的，但留下的问题也很大，这方面的钱非花不可。轻工业方面，国营机构掌握最大的部分是纺织业，全国现有450万个纱锭，国家掌握180万锭，照理说应该是赚钱的，但目前赚得很少，因原料不足，不能充分开工，通常情形应该把从轻工业里赚得钱投资到重工业里去，目前还很有限，明年棉花仍然还不充裕。

对于中外私人企业，政府也尽可能的扶持，像久大精盐厂，永利化工厂都曾给予相当数量的贷款；开滦煤矿是外国资本家的企业，政府也贷款给它，为的是要使它继续生产，并维持20万的工人和眷属的生活，上海电力公司也是帝国主义者企业，政府也贷款给它，因为电力在上海是必需的。在全国人民银行放款总额中，私营企业（包括外人企业）占了 20%，但私营企业的存款在全国人民银行的总存款中，还不到总额的 10%。目前政府虽然还没有充分的财力，仍选择重要的私营企业给以帮助。一年来不但国营工商业恢复得很快，发展得很快，私营工商业也恢复得很快，发展得很快，以北京及天津作例：从一月到十月，北京新开工厂有 2238 个，歇业的仅有 236 个，新开业商店有 4029 户，歇业的仅 1401 户。从三月到十月，天津新开工厂有 2545 个，歇业仅有 171 个，商店新开业有 5254 户，歇业仅有 904 户。由此可见一般的恢复和发展速度，虽然经过几次激烈的物价波动，使得正常的工商业遭受一些困难，但就一般来说仍是向上发展的。

关于国内贸易和国外贸易：在国内贸易方面，国家贸易机构集中力量经营几种主要的物资，在目前情况下，食盐 90% 以上可以由政府控制，煤可以控制到 70% 到 80%，棉纱可以控制 30%，布匹可以控制 40%，面粉可以控制 20%，大米可以控制 30%。一年来在每次物价波动中，凡政府掌握着较大力量的物品，其涨价的程度就会始终落后于一般物价，在物资掌握不足的部门，如大米、棉纱等，在市场的斗争中政府不能起决定的作用，只能尽力调节，相机出击，例如北京在十一月的物价波动中，投机者曾把棉纱价格最高抬到 520 万，国家贸易机构于十一月底开始出击，数日内曾把纱价压低到 380 万，使投机者得到教训，因有国家贸易的存在，今后投机不一定能赚钱了，过去国民党官僚机构与他们声息相通，大家发财，现在国家贸易机构则专门与他们作对，尽可能地要使投机者亏本，今后投机者亏本的机会还要与日俱增的。在短时期内，国家贸易机关还没有力量绝对控制市场，在我们的生产中是小生产占优势，在流通过程中是自由市场占优势，国家暂时就只能够相对的调节市场。在国内贸易方面，今年的成就仅仅如此。

国外贸易：本年从国际贸易的数字上看，要比国民党时代少了很多，这现象在今年是必然的，如果今年的国际贸易数字超过了国民党时代，那就等于说我们经济上的半殖民地性要超过国民党时代了。因为改造国际贸易是我们改造半殖民地性经济的首要工作，从表面上看现在我们还没有对帝国主义的在华经济权益采取积极步骤，事实上我们已在最主要的环节上打击了帝国主义，消灭了帝国主义在华的最主要的不法权益。凡解放军到达的地方，帝国主义商品便不能大摇大摆地任意入口，不经人民海关的检定和核准就不能进来，帝国主义者需要的商品，在我们看来是不应该输出的，就不卖给他们。这是很大很大的变化，自五四运动以来，三十年来无数次的斗争中，我们曾经发动无数次的罢课、示威、抵制日货提倡国货等等的群众运动，目的就是为了这个，但始终没有达到，现在随着人民解放战争的胜利，我们第一次真正收回了海关主权，控制了进口出口，打碎了帝国主义侵华的重要环节。本年度以东北、天津、上海数字来作统计，除了政府经过协定的进出口不算外，今年已算是出超的一年，虽然出超数目很小。这说明了我们已有力量在国际贸易上采取了主动，控制了我们最重要的国际收支，至于国际贸易中公营私营所占的百分比，关外公营约占80%，私营约占20%；关内公营约占30%，私营约占70%。

交通方面：这是与军事运输和物资供应紧紧接合着的，今年帝国主义给我们交通的困难特别大，封锁了海口，使得一切运输都要从陆地上想办法，而陆地运输成本比海上运输成本高得多，另一方面，船只大部分由国民党拉到台湾香港等地去了，使得船只很缺乏，招商局原有船只达40万吨，现只余下7万余吨，全国共有80万吨，现在只余下20万吨。故今年我们集中力量来恢复铁路，今年修复铁道达 2397 公里，桥梁 1600 座，这是一项很吃力的工作。全国原有铁路 26857 公里，现在已通车 19300 公里，年底以前京汉、粤汉、同蒲南段可以全线通车，明年上半年就可以 26857 公里全部通车。铁路运输在今年尽了很大的力量，例如津浦路，她独立负担了南北交通的运输任务，在国民党时代，这是最坏的一条铁路，但今年的津浦路发挥了最大的效用，论功行赏的话，津浦路应该是铁路中的劳动英雄。在以前，津浦路每天最多能够通过十四班列车，现在我们做到每天通过十八班列车，以目前的设备来说这已经是最大的效能了，除非我们扩大车站和添增设备。

（三）发展农业的工作：本年内主要的做了两件工作，一是鼓励农民扩大粮食生产，一是提倡种植特种作物，并提高了它的价格。

本年初的时候，对粮食增产提出两个目标，在东北增产 40 万吨，在华北增产 25 万吨，但一般的没有达到这个任务，原因是今年自然条件特别不好，全国大部地区遭受春旱秋涝，东北华北华东华中都有水灾，现在我们还没有足够的力量来克服自然的不正常性，这种损失，不是我们带来的，是旧中国遗留下来的，在长期的国民经济破产和战争中，使整个水利系统遭受了很大的破坏，破坏后的水利系必然会造成水旱灾荒，除非自然能按照我们的愿望来调节雨量，但这是不可能的，今年如果没有我们增产的努力，没有我们动员农民积极的与自然斗争，情形更加要坏得多，即使今年各地遭灾，全国粮食总产量仍达战前最高产量的 75%，明年在水利方面会有大量的投资，即使自然情况还和今年一样，明年粮食产量也增加 10000 万担，使达到战前最高产量的 85%。假如天时好，不难恢复到战前水准。我们主要的特种作物是棉花、桐油、茶等。棉花问题最严重，战前最高产量曾到每年

1500万市担,经过长期战争,许多棉田都变成了粮田,像冀南、冀中、河南、陕西等主要产棉区,都因为在战争期中对外交通特别困难的原故,使棉田大量减少了。今年的棉田已大力扩展,而且对保障棉农利益方面用了大力,使棉田继续扩展。过去工业品和农业品都受不等价交换法则的支配,农民损失很大。以华北而论,生产一斤皮棉的所得要等于生产7至8斤小米,棉农才不吃亏。今年新花上市时,商人抢先收购,只出5斤小米的价钱收购1斤皮棉,使棉农遭受损失,因此国家贸易机构立即用平均9斤小米的价格来大量收购,这使得私商的收购价格也跟着提高了,政府在这方面的资金支出,数目是不小的,但为了有计划发展特种作物,为了保障农民利益,应该这样做,现在估计要在两年之后才能恢复到每年1500万市担的产量,那时就能供给450万个纱锭每周开六日六夜的工作。至于茶叶,今年东南解放时,政府已来不及照顾,商人收购,出价甚低,以至茶农损失很大,战前最高曾达每年出口80万担,今年仅有5万担可供出口,以至苏联与我们订立的贸易协定所要求我们输出的数目必须大量增产才能应付。计划明年茶叶出口增加到30万担,三年内恢复到战前最高水平这是有把握的。

各地解放后,农产品与工业品交换的价格都有显著的提高,天津增加了30%,济南增加了45%,上海增加了20%,武汉还没有什么改变,这些事实说明了两点:一,解放区是相对的提高农产品的价格。二,愈是老解放区农产品对工业品的交换价格就提得愈高。

(四)为了一般劳动人民生活所做的工作:解放后的许多城市,对于广大的劳动人民,首先要做到使他们有饭吃,第二步是选择必要提高工资的部分给以提高,对于旧社会中少数不合理的过高的待遇予以适当的降低,我们把政府中高级官职的待遇较战前降低很多了，供给制的更不用说，中下级职员，一般的都相对的提高了，工厂中工人工资也一般的提高了，有些提高得太多不合理的则说服降低，一般的总比解放前要高些。东北今年比去年提高了70%。对于大批被接收下来的文教人员，首先就要解决他们的生活问题，然后才能谈改造、学习、工作等问题，在400万增加到900万这个数目中，部队增加的比例没有公教人员增加的比例大，而这些人因过去生活环境不同，不能像老解放区的干部一样采用供给制，都得按薪给制待遇，目前政府财政虽然困难，仍然要照顾他们，使社会有用的能劳动的人都能活下去。毛主席告诉我们：要"三个人饭五个人吃"。不能让三个人养得好而两个人饿着肚子。这是人民的政府，对全体劳动人民负责的态度。

人民生活水平的提高，有赖于劳动效率的提高和社会生产水平的提高，以现在的生产水平来说，一般的生活水平已经不算低了。明年度国家的财政收支仍有赤字，根本的办法只有发展整个社会的生产力，然后才能增加政府的收入，才能一般的提高人民的生活水准。

我们现在财政经济方面有些什么困难

总的来说，就全国范围来说，目前的困难是由革命的军事阶段转到和平建设时期的困难。革命的主要力量是从农村里发展起来的，工作带有地区性，经济也带有地区性，这不是共产党所造成的，是中国社会的性质和发展造成的。我们不是工业国，而是处在小农经济的半自给自足的经济状态之中，所以革命由一个地区发展到个别地区，最后发展到全国范围；经济也是由地方经济，发展到区域经济，发展到国民经济。以前，在个别地区存在的经济问题还少，随着各解放区的扩大，连接，而并成一体，问题就渐渐多起来，全国性的经济机构需要了，全国性的经济规划需要了，但怎样使全国性的经济规划和各地的经济基础很好的适应呢？怎样使五种经济成分适当的配合，适当的发展起来呢？这就是我们要做的工作，相当长期的工作。

其次，现存的国家企业机构，大都是旧社会遗留下来的。接收之后，不会立即就变成新的健全的经济机构，就其基本性质而言，是改变了，但还留有许多缺点，需要我们克服。譬如各企业本身组织，许多是不合理的，旧人员的工作态度作风，也有许多是不健康的，技术配备也是不健全的，我们派到各企业单位的干部，很多来自农村，不懂怎样搞企业，知识分子出身的干部也不能一下子就熟悉企业，新入门的干部需要一个时期来认识，来学习；然后才能进行改造旧企业。要使国家经济发生有效的领导作用，还得有一个时期来恢复整编和改造现存的各种国营企业。几次物价波动，基本上的原因，应当承认是通货膨胀，但货价波动如是之大，不完全由于通货膨胀，由于自由市场的存在，投机者的活动，物资被囤积起来，大大影响着市场价格。我们要控制自由市场，就得要增加国家经济的力量，但这是长期的工作，目前还是自由市场占优势，社会的游资还没有适当的处理，也就是说，对于安定物价的困难目前仍存在着，需要我们来克服。

每个国家的财政，在战争时期总是入不敷出的，资本主义国家是如此，社会主义国家也不例外。我们也没有例外，今年（1949）的赤字，大约占总支出的40%，在大规模战争的情况下，要弥补40%的赤字是不可能的事情，税收在今年的情况下不可能大量增加，因新解放区需要有一个时期才能使工商业恢复，所以有些应该增加的税收税率也还没有增加，明年开始要加以整理，使税收增加，使财政收支逐步正常化。今年七月里，曾经建议发行公债来弥补财政赤字，但因当时工商界反映的意见认为时机尚未成熟，所以把建议打消了。如果在九、十月能够发行一次公债的话，十月十一月份的物价波动就可能避免了。这次决议发行人民胜利折实公债，因条件已完全成熟，中央人民政府成立了，大陆上除西藏外也完全解放了，同时在这次物价波动中，工商界也认识了通货膨胀是对他们不利的，所以一致通过了这个公债方案。

如果这次公债发得好，不仅解决了明年度政府财政的极大困难，而且对于市场调节也很有帮助，现社会里存在着大量游资，每到物价波动时就来推波助澜，我们如能使游资变为公债，则对三方面都有利，对政府有利，对市场有利即对一般人民有利，对购买公债人本身也有利。拥有游资的人，总希望财富不受损失，但在今天，囤积已不能保证财富不受损失，而且会有很大的可能受损失，要囤货，不如囤公债，游击商转为公债的购买者，成了政府的债权人，这对他个人也是人格的改造，提高了他的社会地位，明年赤字主要的一部分用公债来弥补，但发公债要发得好，要工商界多多负责，要城乡的富有者多多负责，让公债合理地发到应该购买的人那里去，这是一个社会群众运动，也是一个市场的改革运动，东北有过经验是可以做得好的，只要我们努力。1950年的情况一定要比今年好，无论财政、金融、工业、农业、对内贸易、对外贸易都会比今年进步得多，明年如能够按照规定计划实现的话，1951年就可以开始更大规模的经济建设。

（原载《新建设》1950年第1卷第10期）

中苏贷款协定的伟大意义

一、我国国际经济关系的转折点

当中苏友好同盟互助条约,中苏关于中长路旅顺及大连协定,中苏贷款协定公布以后,帝国主义阵营惊慌失措了,他们无法消灭这几个光明正大的条约在全世界人民之间所引起的深刻印象,并无法挽救他们在中苏谈判期间所作的种种无耻的谣言的破产,于是他们的代言人如艾奇逊之流,只能不知所云地以什么"秘密协定"来中伤中苏两大民族的外交胜利。

但是以艾奇逊杜鲁门为样相的神经质的武断,正是他们在外交上惨败的表现。华盛顿邮报怒气冲冲地说:"企图掩没毛泽东和斯大林最近在莫斯科获得惊人的外交胜利这一事实是无效的,国务院方面伤心地承认了这是一个事实。"而联合国方面也不得不宣布:"莫斯科条约与人民中国的政府无可置喙的声望。"

面对着中苏贷款协定的全文,帝国主义者也是愧恧无地的。自十九世纪末叶以来,各帝国主义开始对中国进行资本输出。他们最初借款给中国,是为了要中国人民铺设帝国主义者控制中国所必需的铁路。他们通过这些铁路借款，取得铁路沿线的矿产开发权，为了保证这些借款本息的偿还又取得铁路的监督权和管理权，又取得中国政府重要税收的管理和保管权，又取得铁路器材的永久承包权。除此以外，中国人民要负担年息六厘（最高的有达月息一分二。）左右的利息，每笔借款实收时还要付给对方等于借款5%—15%的手续费或叫做经理费。

到第一次世界大战前后，帝国主义者转而以政治借款来维持袁世凯及北洋军阀的封建统治，换取种种统治特权。等到北洋军阀崩溃以后，他们又以各种借款来支持蒋介石反动政权，通过这些借款来加强他们对中国人民的剥削和统治，镇压屠杀中国的革命群众，大量武装反动派向中国人民军队进攻。美帝国主义者自抗战以来对蒋介石反动政府所作空前未有的军事投资和政治投资，即是企图继日本帝国主义之后，一举而使中国全殖民地化。

中国自与帝国主义者交往以来，帝国主义者从来没有真心为中国的国民经济建设而借过一个铜元。虽然有些借款是以物资的形式运来中国，但这些物资运来的目的不是建设中国的生产事业，相反地是为了推销帝国主义的过剩商品和打击中国的民族工业。

这次中苏贷款协定，是中国有史以来第一次得到国际友人的建设资金的协助。这次借款和即将缔结的中苏贸易协定，将标志着中国国际经济关系的转折点：我们从此脱离在帝国主义魔掌下的半殖民地地位，我们转而与社会主义国家进行经济合作，在他们友谊的协助下来进行我们新民主主义的经济建设。在全世界人民面前，建立国际间真正平等的互惠的经济关系，并以此来昭示国内外。

二、中苏贷款对苏联是一种牺牲

一切资本主义的国家,由于其资本主义的发展法则,到后必然要作资本输出。但在一个社会主义的国家如苏联,社会主义经济的发展过程中永远不会有资本过剩而需要资本输出的。社会主义社会生产力的提高永远配合着各种消费的提高和人民生活水准的提高,永不会产生生产过剩和资本过剩。苏联现正为完成其战后第一次五年计划而奋斗,本年是这一计划的最后一年。所以这次苏联对我贷款,她必须要在其预定的经济建设计划中,使苏联人民以超定额的生产来支付给我们贷款的部分。在相对的意义上,苏联多给我们一部分生产器材,就要减削一部分发展中的生产能力,减低其社会主义经济增长的速度。否则就要求苏联人民用更大的努力来补偿这部分的损失;苏联人民是牺牲其自己的一部分幸福来给中国人民帮助的。

在中苏贷款协定的条文中间,充分表露了苏联国际主义的自我牺牲精神。苏联收取1%的利息不是为了使其贷款增值;而是用来嘲笑帝国主义者的穷算恶取的。不错,美帝国主义者也会假仁假义地通过租借法案、救济物质和马歇尔计划表面无偿地资助过和资助着某些国家,但他的目的是什么呢?在大战期间她的目的是以她的物资来装备别国的生命,来击败她的劲敌——另一批帝国主义国家;在大战结束以后,她因恐惧中国及西欧各国人民的革命力量,才以其过剩的武器和卖不掉的物资来支持各国的反动派,巩固各国的反动统治,镇压各国人民的革命运动,并摧毁各国的国内生产,然后达到美帝国主义独占世界市场,并组织另一次的侵略战争的目的。

苏联以借款形式供给我们的不是过剩的武器,不是与中国民族工业争夺市场的过剩商品,而是我们正感缺乏,为我生产所必需的机器设备与器材——包括在世界市场最难购得的电力站、金属与机器制造工场等设备,采煤、采矿等矿坑设备,铁道及其他运输设备,钢轨及其他器材等等。这些东西的到来可以大大提高我国的社会生产能力。

三、贷款对中国经济恢复和改造的巨大作用

五年之内共计三亿美元的贷款,对我国经济所能起的巨大作用,将非帝国主义者所能想像得到的。我国工农业生产遭受长期战争的破坏,必须于最短的期间内先使其恢复到原有的生产水平。同时更由于我国旧有工业的半殖民地性,单纯的恢复显然是不够的,我们必须在恢复中,将工业的地区配备和内部结构加以适当的调整和改造;然后使我国经济恢复到原有生产水平时,不再带有旧时的不健康的痕迹。

对于国民经济恢复和改造的工作,我们依靠什么力量来进行呢?第一,我们依靠旧存的生产资料和我国取之不竭的劳动力来进行这项工作,尤其是依靠工人阶级的高度劳动热忱来发挥其工作效能,使国营经济和国家正确政策领导下的私人经济一致迅速上升。第二,我们依靠农民的勤耕及彻底推行土地改革,来迅速提高农业生产,供给城市以足够粮食原料和特种产品,并以其多余的部分去等价换取我们所需要的生产资料,我们依靠苏联供给我们的优惠贷款,以添补新的器材和设备。把上述三项力量结合起来,我们的经济恢复必然是顺利而迅速的。

只有对中国工人阶级领导下的中国经济潜力茫无所知的人,才会蔑视这每年 6000 万美元的器材和设备在中国经济中所能发生的巨大作用。6000 万美元的器材设备和 6000 万美元的罐头香

水的意义是完全不同的；同样，在一个腐败的反动政府手中使用的6000万美元，和在一个中国共产党领导下的人民民主政府手中使用的6000万美元，其效果将有如把电流输入电动机里和放入江水里那样的差别。

四、帝国主义者抱怨数目太少

帝国主义者在无可奈何之余，就抱怨贷款数目太少，纽约时报论道："中国看来似乎将完全依赖苏联来工业化，那么三亿借款似乎太少。"其他几个帝国主义者的言论机关也有同样的论调，这些代言人的历史常识是非常缺乏的，他们不记得他们并没有借过一个铜子给苏联，但是苏联已经工业化了。他们甚至健忘到那样程度：美帝国主义者曾经以五六十亿美元半借半送地给予蒋介石政府，他们并没有使蒋介石统治区工业化，相反地倒把蒋区的工业消化干净了。马歇尔计划在西欧所引起的结果，也并没有例外。

中国人民并不如帝国主义者那样健忘，在对日战争结束后美帝国主义者给蒋介石四十余亿美元的援助，其目的完全是用来摧毁我们的国家生命，我们倘使从这一方面来作一比较，就会发觉苏联对我三亿美元经济贷款，对于我国人民从美帝国主义和蒋介石匪帮的摧残与奴役下解放出来之后，在国民经济的恢复过程中，将会发生何等巨大的实际效用。

中苏之间的经济关系，目前还只是一个开始，两国贸易协定的缔结即将完成。苏联的建设正在飞跃地发展之中，中国经济的恢复也在顺利进行中，帝国主义者的悲哀会与日俱增的，因为社会主义和新民主主义经济体系内的国际经济关系的展开，正方兴未艾哩！

（原载《人民日报》1950年3月2日）

当前的财经政策与人民胜利公债

一、胜利中的困难

1949年,是革命军事在大陆上取得全盘胜利的一年。这不仅仅在中国革命的意义上来说,即就世界范围而言,本年也没有其他的事能比这件事意义更为重大和影响更为深远的了。因为有这样规模的军事的彻底的胜利,使中国革命的完成要比预计提早数年,使我们能在1949年之内即建立了全国的人民民主的中央政府,使我们能在1949年之内即着手恢复国内重要的工业,使帝国主义的势力狼狈退出中国大陆,这不仅仅使整个亚洲的情势改观了,而且使全世界人民民主的和平力量与帝国主义力量的对比,也大大的改变了。所以,我们回溯1949年的整个情势的发展,不难了解,我们用全付力量去支持军事,去消灭反革命武装,在最短期间内完成胜利,结束大陆军事,乃是正确的方针,符合于中国人民利益的方针。

1949年的财政经济政策,无疑的,支援前线是其最主要的部分,为了要取得军事的迅速的彻底胜利,理应不惜以一切堪资调用的物质力量投向前线。事实上,我们的军事进行得非常顺利,并没有使我们要动员一切物质力量和采取紧急办法去应付前方的需要。虽然我们在一年之内进行了五次大规模的战役,即解放平津之战,强渡长江之战,解放西北之战,解放华南之战和最后一次的解放西南之战。尽速恢复解放地区的工商事业和沟通城乡交换调节物资供应,也是与支援前线的工作分不开的。工商事业是城市生产的基础,是支援前线不可缺少的力量,也是城市广大劳动人民赖以生活的基础。同时,为了恢复工商事业更为了建立城乡的互助的关系,由国家主动的沟通工农业交换,调节市场,是我们整个财政经济政策中非常重要的一个环节。

在1949年中我们所解放的地区是那么大而我们必须做的事又那么多,困难自然要发生。但所有的困难不是从失败中产生的,而是从胜利中产生的。我们战胜了数百万国民党反动军队,接收了数百万旧时的军政人员,这方面需要大量的开支;我们恢复了二万公里的铁路,修复了一千数百座桥梁,这方面需要大量的支出;我们接收了将近二千单位官僚资本主义的各种企业,恢复了他们的营业和生产,也需要大量的投资;我们以信贷帮助了各种重要的私人企业,这部分成为信用形式的支出;我们收购了大量工业原料,供给了工厂,提高了农民的购买力,这部分也需要巨额的国家投资和信用贷放;这些,在一年来的工作过程中,虽然也还包含着一些个别的缺陷,但从总的方面来说,我们这些工作是胜利的,是成功的,在这些胜利和成功中产生了无法避免的各种困难,需要我们来克服,其中最大的困难就是财政困难。

二、通货政策与物价政策

我们在革命的军事时期应付紧迫的财政需要,除增发通货以弥补赤字而外,其他的办法比较少。因为我们既没有接受外国的财政援助,也不能在国内实行战时无限止的征发,清算了封建地主的财物是由农民自己分配掉,不是缴给政府充战费,进入城市以后,为了执行保护工商业的正确政策,除官僚资本主义的财产而外,对于私人资本主义则秋毫无犯。没收来的官僚资本主义企业非但不能帮助解决财政困难,而且要增加财政的支出。那么,全部的财政开支主要靠什么呢?本年度(1949)主要仍靠农业税,城市税所占的比重今年也还是较小的,收支不足的部分,必须支出而且急需支出的部分,我们就只有靠增发人民币来解决,其他办法是没有的。

社会流通中所需要的货币数额,被决定于社会流通中的商品数额及货币的流通速度。社会流通中的商品数额是决定流通中所需货币数额的主动因素。要是社会流通中的商品数额未增加,货币的流通速度未减低,只是因为财政的需要而增发货币,就形成通货膨胀。通货膨胀的结果是要降低货币每一单位的代表值,反映为商品价格的上涨。

在1949年内,物价上涨的程度在解放区内是空前的,其基本原因,就是我们因财政的原因而增发了人民币。

既然是通货的增发是不可避免的,物价的上涨也是不可避免的,那么,财经工作者的任务,就只能在发行的技术方面,在调节市场方面,尽可能做到不使发行过分集中,不使物资感到过分缺乏,不使物价的上涨率超过货币的增发率。

这一年来,虽然政府所掌握着的物资是那么少,调节市场的工作仍然收到相当成效。在最困难的六、七、八月间,我们没有使主要城市里感到粮食缺乏,感到燃料缺乏,感到主要工业原料的缺乏,在大革命的战争时期能做到这样,不能认为是轻而易举的事。

但是在掌握物价方面，我们的工作就没有那么可以自慰了，一年内三次的物价波动，虽然每一次的波动都由政府的力量而平伏下去，但这三次波动，非特一次比一次厉害，而且都是在几天之内表现了飞涨的现象，自由市场的绝对优势和社会游资的庞大存在，是使我们不能控制物价上涨速度的主要原因。这是旧社会遗留下来的亟待改革的经济特质，迄目前为止，在这方面我们还没有能用国家的力量去加以监督和改造。

三、1950年的财经任务

在1949年底，大陆战争基本上已经结束。1950年我们的任务，虽然彻底解放海南岛台湾西藏仍然是主要任务之一，军事的开支仍然会占国家支出的第一位，但同时，1950年将是从战争阶段过渡到和平恢复阶段中去的一年。那么，1950年的财政经济政策，除掉继续供应军事需要以便解放全部中国领土而外，我们就必须使国内财政经济的情况，逐步的由非常状态转入正常状态，由被动的应付转入主动的计划，为国民经济的全部恢复和发展准备基本的条件。

所谓基本的条件是什么呢？是国家财政收支的平衡与物价的稳定。只有使财政的收支平衡，才能够终止人民币的继续膨胀，只有终止人民币的财政膨胀，才能有效控制物价的波动，只有使物价相当的稳定，才能使正当工商业易于经营，才能使公私企业实行成本核算，才能使政府的收支能执行正确的预决算，然后整个国民经济才能踏上恢复和繁荣的平坦大道。

所以，坚决执行1950年的收支概算，乃是1950年财经工作的首要任务，完成这个任务需要在各方面从事巨大的努力和艰苦的斗争，例如：必须从上至下进行严格的预决算制度，消灭财政上的自流状态；必须厉行节约，以省下不必要的和次要的钱来满足最必需的开支；必须重新厘订税则税率来实现城乡的合理负担，并增加财政上的收入；必须在公营企业内厉行经济核算制，以逐步增加公营企业的收入；最后，为了要克服尚存在于1950年收支概算上的赤字，以保证军事的政教的和经济的各项支出，我们还必须在年初就用大力来推销人民胜利折实公债。

四、公债的意义和任务

当政府财政收支不足的时候，发行公债是正当的解决办法之一。我们在1949年内以增发人民币来弥补财政的赤字，乃是军事时期不得已的应急办法。1949年内在新解放区要发行公债，有许多条件尚未具备。这些条件是：工商业尚未完全恢复，一般富有阶级对人民政府的信心还不够坚定，全国性的中央人民政府迄十月方才成立，这些原因使我们不能及早发行公债，只能增发人民币，使战费支出的大部分仍由广大劳动人民来负担。然而这些前所未备条件，现在已经完全具备了。经过半年多的时间，工商业已经有很好的恢复了，大陆上国民党反动军队已被肃清，由四个阶级联盟的中央政府已经成立，人民政府的威信达到前所未有的高度，更有一点，即正当的工商业家经过七月和十一月两次的物价波动，认识到以发行公债来代替增发通货，对他们是有利的。

这次公债的募集，应该以工商业界及殷实富户为主要对象。因为公债就是政府向有钱的阶级借钱。在此次解放战争中，农民是人力物力的主要负担者，直到现在，农民的负担仍然很重，他们没有力量再销纳公债。至于工人、公教人员及自由职业者，他们既没有资产，也少有积蓄，一般的收入仅足以维持其简单的生活，所以不应成为政府借债的对象，如勉强要他们来负担，就会影响到他们的生活，既不利于生产，又减低了他们的购买力，反转来对工商业家也不利。

城市的工商业家及城乡的殷实富户，有没有力量来负担这笔公债呢？他们有的，他们有足够的力量来负担这笔公债，由于国民党及敌伪时代长期的不良统治，市场里造成庞大的游资，这些游资的形态是很复杂的，有实物形态，有金银外币形态，一般的工商业家，非但争相积储原料器材和产品，而且对几种主要的生活资料（如粮食纱布之类），也成为财富的储藏手段，就全社会而言，这笔实物形式的积存是非常巨大的。

这种种游资和剩余购买力，应成为公债的主要购买对象。他们之所以要以实物来保存他们的财富，是深怕人民币跌价，但是他们这样做却抬高了物价，形成了市场投机，使广大人民和政府都遭受了不应有的损失。现在我们以折实公债来代替他们的实物囤积，要工商业家少囤些原料器材和产品，要殷实富户少囤些重要生活资料，要他们向市场抛出这些实物，换回人民币来购买公债。他们能这样做就是以合法的债权来代替非法的囤积，既保证了他们的财富和利息，又提高了他们的法律地位，对政府有利，对人民有利，对他们自己有利。

以公债吸收了社会游资，就发生了对社会游资的改造作用，不生产的游资经过政府之手，可以投到生产事业里去。另一方面，一项重要的后果，是明年度保证市场和物价可以相当平稳，因为既已抽去了投机市场的游资，又使囤积者抛出了物资。

所以，发行公债是从弥补财政赤字出发，而达到平抑物价繁荣经济的结果。

五、几个有关的问题

第一个问题，是工商界深恐购买了公债，会冻结他们的流动资金。这种恐惧出自两种错误观点，一是由习惯，把原料和器材的囤积当做流动资金了；在正常的情况下，工商业家是以少囤原料器材为有利，今后一般物价将逐步趋稳，工商业家抛出物资换购公债更较有利，并不会影响到必需的流动资金。另一错误观点是认为政府要采取强迫摊派的办法。现在政务院已公布发行公债的指示，对于工商业者殷实富户及退职的文武官吏，说明"必须审慎地区分其大、中、小等具体情况，合理分配推销数字"，并"必须贯彻民主精神，做到公平合理，反对强迫摊派。"

第二个问题，是金银外币的问题，许多金银外币的持有人希望政府能提高金银外币的收购牌价，然后他们兑换来购买公债，这一要求不能符合目前政府的目标。因为这次公债的发行，第一要弥补财政赤字，第二要使市场通货回笼，第三要改造游资。金银外币虽然也是游资的一种重要形态，但正是因为政府的收购牌价低，把他们冻结了，使他们不能扰乱市场；一旦提高牌价，就造成政府一面以公债收回人民币，一面又放出人民币收兑金银，非特不能达到通货回笼的目的，而且会大大增加市场游资的力量；所以这次公债的主要部分不能用以收兑金银外币，但政府为了照顾私人的困难，规定依照其认购数额的30％，可用金银外币按牌价搭购公债。

第三个问题，是政府今后将用什么办法彻底消灭财政上赤字的问题。当然，我们不能专赖发行公债来弥补财政上的赤字。在1950年内，我们要整理财政收入，使社会各阶层负担趋于合理；同时对某几种应该增税的税项（如烟酒之类）也应提高其税率；

各种直接税应该有计划有步骤地举办起来，对于国营企业，要贯彻经济核算制使从需要补贴而到能够自立，再进而有盈余以增加国库的收入。我们从这些方面努力，就可以逐年的增加政府的收入，不仅消灭赤字，而且要逐年的扩大对经济建设的投资。

(原载《学习》1950 年第 1 卷第 5 期)

三年来财经工作成就与国家工业化

一、恢复阶段的完成

毛主席在1950年6月6日中国共产党第七届第三次中央全体会议上,号召全党及全国人民,以三年左右的时间为争取国家财政经济状况的基本好转而斗争。

这一号召是三年来全国财经工作的奋斗目标。经过全党和全国人民的共同努力,现在已可以说全国财政经济状况已经有了基本的好转。当时毛主席所指的根本好转的三个条件:(一)土地改革的完成;(二)现有工商业的合理调整;(三)国家机构所需经费的大量节减;已经基本上达到了。以下,我们分别来谈谈。

第一,土地改革到今年冬季除少数民族地区外,将在全国范围内全部完成。这一历史上空前巨大的土地改革工作的完成,说明封建和半封建的土地制度永远在我国农村中绝迹了,新的自由的农民个体经济已经在全国农村中建立起来。三年来土地改革的逐步完成,即表现为农业生产力的逐年上涨。粮食生产如以1949年的总产量为1007,今年预期可达到1377,将要恢复到或者能超过抗日战争前的平均年产量。棉花、烟叶、黄麻等主要工业原料作物的生产已完全能够自给,并有部分的农产品可供出口。这一事实说明了什么呢?说明我们国民经济的独立自主已经首先在农业部门里做到了。过去每年要依赖洋米洋面洋麻进口的时代已结束了。新的农村从此将逐年供给我们更多更丰富的粮食,供给我们工业化所需的足够的植物原料,并且供给我们一个逐年增长的消纳工业品的广大市场。

第二,现有工商业的合理调整。旧社会所遗留下来的城市工商业,本身带有许多弱点和缺点,假如不加以改造和调整,它们是不能很好地为新民主主义社会的生产和交换服务的。当解放之初,投机活动普遍活跃于城市的工商业中,一般的私营工厂老板都不愿踏踏实实地经营与生产,而以投机为他们的主要业务。对于工人的剥削很残酷,工人没有基本的民主权利。工业生产不是面向广大人民的需要,而是当做投机对象和供少数剥削阶级消费。不正当的商业畸形发展,跑街捐客满街飞是空头生意,买来卖去,每经一道就要加一次佣金和加一道投机利润。于是商品价格抬得很高,非法剥削了广大消费者而缩小了工业品的市场。三年来,经过了两次大的工商业调整,才基本上改变了这种情况。1950年进行了第一次调整,在物价稳定过程中取缔了投机,消灭了市场的虚假繁荣,对于不正当的和不合新社会要求的工商行业指导其转业,对于正当的有利于国计民生的工商业给予加工订货、贷款等种种协助,从积极方面使他们的生产和经营逐步地符合于新的社会经济的要求。1950年的工商业调整是1951年城市工商业繁荣的出发点,然而由于资本主义本身所包含的破坏性,在私营工商业发展的同时,也逐步地滋长,以致酿成严重的盗窃国家财富和腐蚀革命干部。因此本年初全国展开了一个"三反"和"五反"运动,这次空前广泛和深入的运动是对城市工商业的第二次调整，经过这次运动，存在于私营工商业中的污毒才比较彻底地洗刷了。此外，三年来也逐步地调整了国营工商业和私营工商业的关系。一方面做到公私企业的"分工合作"和"各得其所"，同时逐步建立国营经济的领导关系、领导范围和合理的领导方法。

经过了以上调整的私营工商业，才是大体符合于新社会要求的私营工商业，才能在国营经济的领导之下，与新的农村相适应，成为新民主主义阶段国民经济中的一个构成部分。

第三，关于国家机构所需经费的大量节减，也已经获得相当的成就。虽然我们还要继续抗美援朝，需要大力巩固国防，但由于社会经济情况的好转，本年国家财政已做到收支平衡。国家机关的支出在整个支出中所占比例已经缩减了。

国家财政经济的基本好转，也表现在我们国家经济的巩固与发展上。国营工矿企业自接管以后即经过一系列的民主改革运动、生产竞赛运动、合理化建议、推广新工作法及今年的增产节约运动，大大地鼓励了工人的积极性和提高了劳动生产效率，使我们国家的工矿生产恢复和提高到前所未有的生产水平，为国家的工业化打下了基础。国家贸易在调剂市场、稳定物价、促进城乡交换和内外交流各方面起了巨大的作用，没有国家贸易的强大力量，国内市场的长期稳定和工农业品交换的圆滑进行是不可能的。国家银行在稳定币值、扩展信用、扶助生产和建立健全的金融系统各方面也获有显著的成就，旧中国的银行是剥削和垄断工商业的，今天的国家银行真正是服务工商业的。全国铁道的迅速修复、新建路线的逐年增长及运输效率的迅速提高，对于国内市场的统一、扩大商品的流通范围和加速商品的周转都有其一定的贡献。三年来巨大的水利工程建设和防汛工作的成就是农业生产发展的主要因素之一。我们的财政部门统一了全国的税制税率，贯彻了合理负担和发展相结合的原则，因此随着国民经济的发展而增加了国家税收，使我们的财政力量可以开始大规模的经济建设。以上简略地回顾一下三年来国营经济各主要部门的工作概况，就会了解到没有国营经济的有力领导，私人经济的迅速恢复和合理调整是不可能的。没有国营经济本身的巩固和发展，我们国民经济各部门急剧地同时平稳地上升，也是不可能的。三年来的初步成就已说明了我们新民主主义经济制度的优越性和方针政策的正确性。

二、现阶段的城乡资本主义

三年来全国财政经济状况的好转，仅仅是我们新民主主义阶段大规模经济建设和社会经济发展的开始，而不是结束。我们现在还只恢复到过去最高的生产水平。旧中国的生产水平，是一个落后的生产水平，不是足够建设社会主义的生产水平。因此，我们现时的任务，就是要在新的生产关系和新的社会经济结构的基础之上来大大地发展和提高这个生产水平；也就是说：我们要发挥全体人民和各个阶级的积极性来发展社会的生产力。

目前在整个国民经济构成中，个体经营的农业生产还占绝对的优势。极大部分的人民还是依靠分散的小商品生产的生产方式来工作和生活。因此，如不能用一切方法来促进商品交换，尤其是促进城乡交换，作为目前我国经济基础的农业生产的发展就要受到阻碍。

最近两年来农村的供销合作社已经有飞跃的发展。全国已约有9500万农民参加了供销合作社，这是一个巨大的数目。通过这类合作社，我们就能把一部分农户的主要的商品交换经由合作社来进行，而不需再依靠资本主义的私商来进行。可是我们能不能采取简单而迅速的行动使全体农民都参加供销合作社呢？不可能的。因为参加合作社是改变农民生产方式和生活方式的大事，没有农民的自愿和自觉的条件，合作社是办不好的。再就是我们国营企业的生产，目前还不能供给农民全部的需要，个体农民所需要的生产资料和生活资料的多样性和简单加工的特点，也就不可能全部要求由国营企业来生产和供给。此外，我们要培养千百万个合作社的干部，使他们能够依照合作的原则办好交换和生产，也需要好几年的时间。

我们必须尽我们最大的可能来加速个体经济的合作化。农业合作化的程度和国家工业化的程度乃是我们走向社会主义的纪程碑。然而当我们还未能把农业全体合作化以前，当我们工业的生产能力还未能全部改造小生产的经济基础以前，资本主义就有其生长发展的社会基础，并具有一定的积极作用。

列宁在"论粮食税"一文里说道："资本主义，若与社会主义比较，确是祸害。但与中世纪制，与小生产，与联系着小生产者散漫性的官僚主义比较，资本主义便是福利。既然我们还无力实现由小生产直接过渡到社会主义，所以资本主义——它是小生产与交换底自发产物，——在某种范围内便不可避免，所以我们也就应当把资本主义作为小生产与社会主义间的中间环节，作为提高生产力的手段，途径，方法和方式来利用（特别是要把它引导到国家资本主义的轨道上去）。"①

今天我国的城乡资本主义，与我们现时的个体经济的发展，在一定的范围内存在着内部的联系。这种联系我们现在还没有足够的条件来以"社会主义的工商业和集体农场"的联系来代替

---

① 《列宁文选》两卷集第二卷，莫斯科外国文书籍出版局1950年版，第866页。

它。譬如我们现时的农民还买不起拖拉机,国家也没有足够的生产能力和财政能力普遍供给农民以农业机器,那么,我们就只能让农民以其自己的小额资金去向市场上购买锄、犁、铧这类简单的生产工具,在他们现有的基础之上去进行再生产和扩大再生产。农民也还需要从市场上买进一部分生活所必需的工业品。但能不能要求国家来生产这些简单的生产资料和零散的工业制品去满足农民生产和生活的全部或大部分的需要呢?虽然国营工矿企业也应面向农村而在一定程度上满足农民的一部分需要,然而这还不是国营工矿企业目前的主要任务,它的主要任务是在按最新式的技术装备建设重工业,生产轻重工业所需要的现代化的生产工具,使我们的农业能够集体化,使农民能够逐步享用高级而廉价的轻工业品。因此,现时我们既不能够也不应该要求把国营工矿企业的生产与个体农民的需要全面地结合起来;这一客观条件也就相应地节制着农村供销合作社的发展速度和经营范围。因此,在这过渡时期的空隙中,只有在一定范围内容许资本主义去满足城乡小生产者的一部分需要,帮助活跃小商品经济,帮助国民经济的全面发展。

三、辩证地解决新的问题

然而资本主义的积极性,与资本主义的破坏性是同时存在的。鼓励资本主义的积极性既是繁荣社会经济所需要,那么,防止其破坏性也是有效地发挥其积极性所需要的。

"三反"和"五反"运动中,我们总结了三年来城市资本主义的破坏性,使我们全国人民认识到:资本主义的破坏性如不及时地有效地加以防止,它就会腐蚀和消耗我们经济建设各方面的成就。因此,对资本主义破坏性的麻痹疏忽和放弃领导,将会使我们犯不可容许的错误。另一方面，我们只看到其消极的一面而忽视了资本主义在现时我国社会经济中的积极作用，正如列宁所说："只局限于资本主义与社会主义间抽象的对立，而不去洞悉此刻我国这种过渡的具体形式和阶段。"就会笼统否定资本主义经济存在的必要以至产生提早消灭资本主义的错误思想。

"三反"和"五反"运动后，在公私关系和劳资关系上产生了一些新的问题。这些问题的解决，应该一方面要继续发挥资本主义在我国经济中的积极作用，同时也要吸取过去的经验来预防资本主义的成分继续腐蚀我们国家经济。

为了继续发挥资本主义的积极作用，所以在加工订货的合理利润问题上、加工订货的规格问题上、城乡商品交流的价格问题上、银行利息问题上、劳资关系问题上等等，需要给资本家一定的利润、一定的发言权和继续经营其企业的信心。应该消除私营工商业家在"三反"和"五反"运动中所产生的一些没有根据的顾虑，明确告诉他们，资本主义的经济成分将要在我国新民主主义阶段继续存在下去，并通过以上这些关键性问题的具体解决来根除他们的顾虑。

一切公私关系与劳资关系的问题，都围绕着一个利润问题。对于利润的保障就是对于资本家积极性的保障。常年利润率规定为10%—30%，这在今天资本主义国家中也是比较优厚的利润率。在美英等主要资本主义国家，除少数独占集团而外，一般公司的企业利润很难超过年率15%，一般的股息只能派到4%—6%。

私人企业在我们国家经济的强力领导之下，可以减少生产的盲目性，可以逐步地削弱盲目的价值法则的支配，这样就会大大节约生产中和市场竞争中的浪费。同时，在我国经济中不存在独占资本主义集团夺取中小资本主义企业利润的情形，这就是现时我国私人企业可以取得较高利润率的根据。实践将会使工商业家认识到：愈是靠拢国家经济，愈是遵守国家政策法令和忠实履行与国家签订的合约，愈是能够接受国家的计划控制，他们的利润将愈有可靠的保证。

在"三反"和"五反"运动的基础之上，通过各种具体的方法以防止资本主义破坏性的再度滋长和发展，是今后公私关系和劳资关系中应逐步具体解决的问题。陈云主任在其报告中除对当前一些问题予以较具体的解决外，并对今后这些问题的解决有原则的说明。公私兼顾与劳资两利的政策仍然是基本的政策，但今后为了预防"三害"和"五毒"的再度发生，应该引起全体人民对"三害"和"五毒"的警惕和经常的关心。应该要求私营工商业家更忠实遵守国家的政策法令和国家经济的领导。

四、迎接大规模经济建设的高潮

继续鼓励资本主义经济成分协助发展城乡交换和发展工业生产，这与我们即将进行大规模的有计划的经济建设，使我们的国家迅速工业化，是相互联系的。只有国家的大规模经济建设，才能逐步加强国家经济对私人资本主义经济的领导，才能对双方有利的把大型的资本主义主要生产组织在国家计划控制之内，并把各种过渡的方法和形式向前推进。

我们国家的工业建设的成功，主要依靠工人阶级的努力，要依靠国家经济本身的资金积累，要依靠我们与苏联及新民主主义各国的互助合作。然而，当我们的国家工业化计划没有完成之前，我们的社会经济结构虽然会有一定程度的变化，但不会有基本的变化。五种经济成分只有继续"分工合作"，在国民经济的继续上涨中来加速国家工业化的进程。

我们国家的大规模经济建设即将开始，今后的阶段是全国劳动人民进入紧张的经济建设的阶段。我们要在这一阶段中提高工业在国民经济中的比重，提高国家经济在国民经济中的比重，使我们的工业能够达到一定的水准；能够保证我们国民经济的独立，能够开始大规模的改造小生产的社会经济基础，把我们的国家推向社会主义的前途。

(原载《中国青年》，1952年第14期)

关于国民经济恢复时期的问题

一、三年来国民经济恢复阶段的任务

到 1952 年底国民经济的恢复阶段已经结束了。在这三年中,我们得到了很大的成就。所以能得到这样伟大的成就,是由于我们的党在毛主席的正确领导之下,发挥了全国人民的力量,并吸取了苏联经验,根据中国具体情况创造性的应用于中国。我今天就几个问题提出一些不成熟的意见,供大家作学习联共党史第九章的参考。

我国人民解放战争的全国胜利是在 1949 年获得的。当军事在大陆上结束以后,首先一个问题就是国民经济恢复问题,在中共中央二中全会上毛主席提出恢复国民经济与进行建设的伟大任务。号召在三年左右的时间争取财政经济状况的根本好转,完成国民经济恢复阶段,这一阶段的任务,不仅是要把在战争过程中(抗日战争,人民解放战争)原有的而被破坏的生产力重新恢复起来,更重要的是要创造我们国家有计划的进行经济建设的条件。要争取这些条件的实现,毛主席把国民经济恢复总的任务称为"争取财政经济情况的根本好转"。毛主席指示我们,要争取财政经济的根本好转需要有三个条件：

（1）全国土地改革的完成；

（2）现有工商业的合理调整；

（3）国家机构所需经费的大量节减。

中国革命的特点，是革命的发展从根据地逐步的取得全国的胜利，因此，全国的经济情况和我们工作的发展阶段，即客观条件是不平衡的，在1949年底，土地改革在老解放区已经完成，新的解放区还没有开始，1951年新解放区才开始进行土地改革，争取在国民经济恢复阶段完成全国土地改革，彻底消灭封建的土地关系，解放全国农业生产力，是极其重要的任务。

现时在我国国民经济中小生产仍占绝对优势，工业落后，是过去和现在我国经济的特点。虽然列宁在1918年亦提出在苏联也是小生产占优势，但只是相对的优势，旧俄在1913年现代工业占全部国民经济总产值的42%。而我国现代工业在革命胜利前只占全部国民经济总产值的10%左右，因此小农生产占绝对优势。由于俄国资本主义经济相当的强大和集中，现代工业占42%，这就决定了俄国革命的社会主义性质。毛主席在论联合政府中说："我们的资本主义是太少……一定要让私人资本主义经济在不能操纵国民生计的范围内获得发展的便利。"在苏联新经济政策时期，所以允许中小私人资本主义复活，是在恢复阶段对私人资本主义的让步，是："在相当的自由贸易基础上，复兴小资产阶级和资本主义。"其作用在刺激小商品生产，沟通城乡，沟通社会主义大工业产品和小农产品的交换，从而使全部经济活跃起来。在我国新民主主义革命过程中，自始至终允许资本主义存在和合理的发展，其目的不仅是在刺激小商品生产，沟通商品交换，并且要在恢复国民经济的过程中，合理的发挥资本主义经济成分的积极性。但是要达到这一目的，首先要把在帝国主义，官僚资本主义和封建主义侵蚀和压迫下的资本主义，调整为在国营经济领导下适合于新的社会发展阶段的资本主义。

在恢复时期需要把国家财政建立于巩固的国民经济基础之上，并且要把国家机构所需经费在预算中加以大量缩减，以便有巨额的资金投于经济建设。当1949年解放全国的时候，我们接受了国民党部队、公教人员约900万人，这个决定是正确的。减少了社会上的失业而使社会治安可以早日恢复，因此，革命后的社会秩序很快就恢复了，革命的政权也迅速的获得巩固，但这笔经费在1949年和1950年对国家财政支出是一很重的负担，1950年行政费支出占国家总预算19％，而文教经费虽然远超过国民党时代，但在预算中只占4％。所以相对的减少行政开支，增加国家建设投资，是我们进入建设阶段的另一前提条件。

在军事斗争时期，一切措施应服从于军事的需要。在国民经济恢复阶段，一切措施应服从于生产力的迅速恢复和建立国营经济的领导。

关于土改问题：我们在解放战争时期，曾征收富农的多余土地及多余的生产资料，把它分配给贫雇农。1949年以后，对富农一般的是采取保存的政策。这说明两个阶段，战时与恢复国民经济阶段的目的有所不同。军事斗争时，富农在政治上同地主是结成联盟的，当时我们的经济条件也很困难，贫雇农分配了土地，没有生产资料不能生产，所以要征收富农的多余土地与生产资料分配给农民。在全国解放后，国家可以用贷款帮助贫农解决困难，由于地主阶级的消灭，富农在农村中的地位已孤立，农村中资本主义成分的存在是合法的，然而是微弱的，并由于富农在生产技术上与生产组织上是较进步的，对发展生产会起一定的促进作用。所以在1950年新土改运动中采取保存富农政策。

恢复阶段基本任务就是恢复生产，哪种生产关系能促进生产力的发展，就能够存在。地主的生产关系阻碍生产力的发展，所以要消灭它；官僚资本主义生产关系阻碍生产力的发展，所以要消灭它。城市工商业中也要消灭其投机活动和残余的封建把头制度，才能促进生产。土改是使农民小生产者在封建的生产关系下解放其生产力，使农业能向前发展的决定性的步骤，但土改只是建立自由独立的个体经济，使农业生产力有向前发展一步的可能，小农经济是小商品经济，小商品生产的发展则有其运动的规律和条件。小商品经济进行再生产或扩大再生产，需要商品交换，没有交换，就不能有资金的周转和积累，也就不能进行再生产，在这里就关联到城市与农村的经济联系的问题，就必须注意工商业的调整，发展城市工业品与乡村农产品的交换。不断扩大商品交换，是扩大城乡工农业商品生产的必须条件。苏联当时把余粮收集制改为粮食税，不仅是税收政策的改变，而是恢复国民经济的一个重要步骤。主要目的在恢复小农经济的商品生产与交换，战时共产主义时期采取余粮收集制是革命战争时期条件下被迫的，而不是经济改革过程中所必需的，所以在新经济政策开始时把余粮收集制改为粮食税，使农民可以把余粮作为商品出卖，与工业品交换，鼓励小农生产的积极性，为城市工业的恢复和发展提供条件。中国革命过程中没有采取余粮收集制，在国内战争和抗日战争最困难的时期，也是尽量的减轻农民负担，采取减租减息，合理负担的政策。毛主席创造了在根据地"组织起来，军民一起动手"发展生产的政策来克服经济的困难，这就使我们避免采取类似战时共产主义的政策，因此，农业的商品生产始终没有中断，但农业商品生产是因战争破坏而缩小的，由于农业生产力下降，1949年粮食生产只占战前最高年产量75%左右，粮食生产缩小了1/4，这就大大缩小了农民生产的商品部分；同时在国民党时代，由于国民经济有半殖民地的性质，帝国主义经济的腐朽性，寄生性，侵蚀到中国民族资本主义中来，因此，中国资本主义工业，大商业，不是在自己本国经济基础上进行生产与交换，工业的原料不是依靠本国农业生产的原料来供给，不能刺激农业生产，商品生产不是为了广大的劳动人民，而主要为了满足中国的寄生阶级及一部分输出国外。因此，纺织业的棉花是依靠美国、印度、埃及输出的，不需要中国棉花，生产出的纱布主要是作为投机对象及部分输出南洋，其他方面，主要工业生产如面粉卷烟等也是这样。因此中国民族资本主义的经济一方面是中国经济有机构成的一部分，为中国当前经济所需要，另一方面它又带有腐朽性和寄生性，具有破坏市场，破坏城乡和工农业生产的联系的倾向。恢复阶段开始前摆在我们面前的就是这样一种情况，并要解决这一系列的问题。作为我们的特点，作为国民经济恢复的第一重大步骤的，就是在1950年开始的全国财经统一，稳定币制，稳定物价，和争取财政收支的平衡，当时中共中央和政务院都作出决定，在全国范围内要集中一切力量保证完成这一任务。财政经济统一，根据当时情况，首先要求我们稳定物价和稳定币值，这一工作由于党的强大力量，各级工作同志的努力和全国人民的拥护，很快就实现了财政收支统一，物价和币值的稳定。就其意义来说与苏联当时由余粮收集制改为粮食税有相同的意义和效果。市场的混乱和物价的激烈波动，不仅造成人民生活的不稳定，尤其重要的是破坏社会的再生产与扩大再生产，物价不稳定对小生产的破坏特别厉害，使广大小商品生产者破产，对投机商人是有利的，他们破坏了社会生产和人民生活，积累了并继续扩大了具有严重破坏性的投机资本。1950年在稳定物价工作中打击了投机商人，使他们遭受损失，这是必要的，这就使消费者与小生产者获得了利益，把投机者的非法剥削还给了消费者与小生产者，使他们能够安定下来恢复生产。我们可以看出，我们为了争取财经情况的好转而稳定物价的效果,不仅在土改后农业生产得到迅速恢复和发展,而且对私人资本主义进行初步调整,打击了投机者,从1950年4月至现在,保障了市场上不再有大投机活动,促进商品交换,扩大市场,保证工商业的正常发展,虽然1950年6月抗美援朝开始,国内物价还是正常的,没有大的波动。1950年6月毛主席在三中全会上要我们巩固财经统一,巩固领导统一,巩固我们已得的成果。少奇同志讲这个成就就是我们在全国军事胜利以后的最大胜利。

二、工农业生产的恢复

过去三年是争取国民经济恢复时期,重点应当是先工业呢?还是先农业呢?我们说应该先以恢复农业为主。因为农业经济在我国国民经济中占有绝大的比重,绝大多数的人民依靠农业生产,农业恢复是工业恢复和发展的前提,要恢复工业就需要农业供给必需的食粮与工业原料。1950年上半年因上年粮食歉收,粮食市场很紧张,第一季度粮价波动得很厉害,由于粮价不稳定,工人的实际工资也就不稳定,不相信人民币,不论国家企业与私营企业都不能计算成本,商品价格也不能固定,原料也不能计算生产成本。1950年农业生产还不能供给城市和工业所必需的原料与粮食,工业生产受到影响,成本高,工业与农业生产还不能完全结合,但结合的方向和前提条件已经出现了。土地改革后,农民获得了土地与必需的生产资料,农民有高度的生产积极性,但这种积极性如没有新的市场,新的条件尤其是国营经济的支持与结合也就不能使其持久与提高。土地改革给农业生产造成了有可能恢复与发展的条件,但是要把可能性变为现实性,需要我们充分认识到价值法则对商品生产的作用。工农业商品生产,只有在合理的价格基础之上，才能获得充分的交换，只有这样条件才能使工农业商品生产能够继续不断的进行。三年来棉花的产量增加很快，1949年为900万担，1952年就发展到2500万担，主要依靠什么发展呢？应该说国家主要依靠应用了价格政策，把收购棉花的价格加以人为的提高，使农民认识到种棉花合算，就多种棉花。麻、烟叶亦是这样，到1952年麻、烟叶及其他主要原料作物的生产已有了富余，这充分说明价值法则对小商品生产的决定作用和调节作用。

粮食的合理价格与城市的工业品下乡，对保证农业生产继续扩大与发展有决定的作用。三年来国家计划，对农业生产的发展有很大的影响，如组织生产，兴修水利，合作贷款，供给农民新式农具及肥料，改良品种，介绍农业新技术等，都起到了一定的作用，国家的帮助加速了生产的恢复与发展。然而，使农业生产能够始终在农民高度的生产积极性的支配下前进，并比较合理的保持各种作物产量的比例，则是由于国家掌握运用了价值法则，因之农业商品生产逐年增多，交换逐年扩大，农民收入一年年增加，生活逐渐改善。三年来国营农场的组织和经营还不健全，对个体农民的教育还没有发生应有作用。三年来供销合作社的主要任务是代国家收购农民产品，并供给农民一部分生产资料和消费资料，这方面有一定的成就，国家依靠合作社来保证工农业商品获得充分的交换。合理的价格政策，成为现阶段工农联盟的新的基础。在抗日战争和解放战争时期，工农联盟的内容是减租减息，土地改革，现在土改已完成了，农民得到了土地，工农联盟应有新的内容，基于目前分散的小商品生产的特点，尽可能的扩大交换和保证工农业品的合理价格是新的内容和新的基础，在这基础之上，农业的逐步合作化才能有可靠的保证。

三年来农业生产的情况：1949年粮食生产仅2100万万斤，

1952年粮食生产已达3270万万斤,而战前粮食最高年产量是2800万万斤。三年中恢复与发展所以能这样的快,正是恢复阶段的特点。在经济建设时期速度就要缓慢。三年来国民经济的全面恢复,也是建筑在农业迅速恢复和发展的基础上的,农业的迅速恢复给工业的恢复与发展提供了条件。

关于工业化问题:目前我国存在着两种主要的但是性质不同的工业,国家工业与私人资本主义工业。国家工业主要部分是重工业,是我们国家工业化的物质基础。三年来我们已经在生产及经营管理方面取得了相当成就,1953年主要工业生产品都恢复和超过了战前最高的年产量,这个收获,首先是学习了苏联先进经验,在三年中证明了社会主义性质国家工业的恢复和发展速度超过了私人资本主义工业,证明了国家工业是有计划按比例发展的,从而证实了社会主义性质工业的优越性。

在国民经济的恢复速度上看,我们比苏联快。苏联从1922年至1928年共经过了七年的恢复时期,我们在三年中就大部分超过了战前的最高生产水平,原因是我们学习了苏联恢复时期的经验,学习了苏联30余年建国过程中经济建设计划的各种制度,组织和生产技术方面的先进经验。这就大大的节省我们的人力物力,发挥了效率,缩短了恢复阶段的时期。三年来经济工作中最重大的收获是东北工业的发展对国家工业化起了很重大的作用。东北首先学习了苏联的建设经验,初步学得了管理工业的本领,能够管理社会主义的工业,亦能够进行社会主义工业的生产和扩大再生产,这是国家工业化一个很重要的准备工作。现在就要开始大规模国家工业化建设了,我们还要继续取得苏联的经验与帮助,继续加强我们的学习。我们曾长期在农村工作,面对小生产,在这方面我们积累了很多经验,我们能领导小生产向前发展;但对现代化大工业,在全国范围内如何管理我们的国家工业，过去没有这方面的经验，甚至说缺乏这方面的知识，由于中国资本主义成分少，大部分干部不是从产业中锻炼出来的，这是我们的弱点，在这一方面我们只有向苏联学习，依靠苏联的经验与帮助来克服我们的弱点。

在工业化问题上，苏联在恢复阶段和建设阶段的过程中有过很多原则性的争论，如先发展重工业还是先发展轻工业？工业发展的资金积累依靠自己还是依赖外援？工农业品的剪刀差价应当扩大还是缩小？列宁与斯大林在理论与实践中解决了这些问题，因此我们的建设过程中再不必重复这些问题，如果这些问题还弄不清楚，在我们的同志中还有争论，那是由于我们学习不够，苏联不仅在物质上技术上工作经验上给予我们很大的帮助，对于理论的一些原则问题也对我们有很大的帮助。

在私营工业方面，三年来我们调整了私营工商业，用不同的方式与方法在不同的程度上帮助他们走上国家资本主义的道路，有一部分重要的私人工业已和国家公私合营了，一部分采取统购统销，加工定货，供给原材料等主要的且行之有效的办法，这就把私营工业在不同程度上组织在国家计划范围之内进行生产与销售，减少了它的盲目性，并拨正了它的生产方向，使它们面向农村，面向广大人民生产和消费的需要。此外有一小部分私人工商业被淘汰了，因为它的生产和经营是在旧社会不正常的经济条件下产生的，主要以投机活动和迎合剥削阶级的特殊需要为目的，这一部分只能转业但为数极少，凡是能调整改造的，都加以帮助而调整改造了，因此现在的私营工业就在其性质、面貌及其在国民经济中的关系来看，大部分已经不同于国民党时代了，国民党时期绝大部分私营工业是在帝国主义和官僚资本主义领导和控制之下的，逐渐腐蚀而失去其积极作用。今天私营工业在国营经济的领导下，一般的已作到了有利于国计民生，并逐渐的走上了国家资本主义的道路。

三年来恢复速度较慢的是手工业,手工业生产在长期的战争中,尤其是在国民党通货膨胀时期几乎被彻底破坏了,我国极大部分的手工业是依靠农业的,因此在农业经济破产中首先受到影响的是手工业,手工业的销货道路,供销关系长期被破坏了,恢复起来很困难,有些手工业者及贩运者转业了,一时不易在产、供、销的各个环节间重建联系。但由于最近两年来的促进城乡交换,一般估计手工业生产也已接近战前水平。一部分没有发展前途的手工业如迷信品生产等已不能恢复以前生产水平,其他则有农民用的生产资料和消费资料如铁器、木器、竹器、陶器等以及特种手工业品,还要继续用力使其恢复和发展。在我们工业化的道路中不仅不消灭手工业生产,有一部分要继续发展,以辅助现代工业并补现代工业之不足。目前在我们工业的领域里五种经济性质的工业都有,三年来都得到了恢复与发展,但发展的速度各种经济成分有所不同,今后将以更快的速度发展我们的国营工业即社会主义性质的工业,其中尤其是重工业。资本主义工业应该继续引导它走向国家资本主义道路,国家资本主义的优点就是他能遵循经济的规律逐步组织在国家计划之内,因此就减少与限制了它在生产和销售方面的盲目性,也就是削弱与限制了资本主义的破坏性,根据不同的国家资本主义形式,在不同的程度上滋长着社会主义的因素,发展的过程会说明内在的对立因素的演变过程。关于这一点我们比苏联创造了更多的新的经验,列宁同志在粮食税中曾提出过把资本主义引导到国家资本主义的道路上去。当时苏联主要的还只有中小资本主义,大资本主义并没有允许复活。而我们由于大工业的薄弱,资本主义很少,允许大小资本主义都存在。对于大资本主义我们一般的采取了公私合营和统购统销的形式,在经济关系上部分的改变了资本主义的性质,在生产资料的占有关系，交换关系和分配关系中滋长着社会主义的性质。社会主义性质的经济与私人资本主义的经济，在这里表现为同居的各种形式。使得私人资本主义经济逐步的符合于工人阶级从最低纲领到最高纲领的过渡，符合于我们虽然一刻也不能放弃斗争但是和平的逐步的实现社会主义的要求。

关于我国私人资本主义及合作化问题：毛主席在《新民主主义论》、《论联合政府》，以及1947年的《目前形势和我们的任务》及《论人民民主专政》中都一再提到过我国新民主主义阶段的特点就是肯定资本主义的存在，是长期的不是短期的。列宁同志曾引证马克思所说过的话，在19世纪末，根据英国当时的主客观条件有使工人阶级和平取得胜利的可能，使资本主义逐步转入社会主义，当然这只是有可能而不是必然，第二国际的错误是把他当做必然的，并一般的运用起来了。根据中国具体的经济情况，是小生产占绝对优势，但另一方面却有强大的工人阶级政党，以及逐渐强大的社会主义经济。列宁在实行新经济政策时提出，当无产阶级取得政权以后，无产阶级在各方面取得了优势，在这样情况下，资本主义成分在社会主义经济领导之下，和平的逐步的使其符合建设社会主义的要求，是应该的而且可能的。重要的问题是引导它们走向国家资本主义的道路，这点在我们小生产占绝对优势的国家更为重要，凡有小生产者存在的地方，就有资本主义发展的有利条件。小生产不能直接走向社会主义，毛主席在《论联合政府》中说："我们所以采取这样政策，因为我们共产党人掌握社会发展的规律"。按经济规律，不能依靠堵塞和窒息小生产者走资本主义的道路，因为这样会使小生产者萎缩以致破产，所以我们只能积极的引导小生产者走合作的道路。这就是根据马列主义的理论并结合中国具体情况所决定的对待资本主义的方针，但肯定资本主义的存在是必须充分认识资本主义的两重性，从积极方面肯定它的存在，发挥其生产和流通中的积极作用，并逐渐组织为国家资本主义。在另一方面还要警惕它的破坏性，资本主义破坏性的基本一条就是盲目生产，盲目生产的目的是无厌的追求剩余价值，其剥削方式，在资本主义前期（如19世纪上半世纪的英法等国），资本家主要是在生产过程里剥削剩余价值，转化为利润，因此在这一阶段，资本家的利益可以和社会发展生产的利益相结合。在我国目前的资本主义一般的还没有发展到垄断资本主义，还是前期资本主义，只有官僚资本主义是垄断性质的已经被消灭了，因此在此时期我们国家与私人资本主义有共同利益，但这个共同利益必须在时刻防范其破坏作用，防范其自发盲动的经济行为，防范其窃取国家财富和违犯国家法令等等，才能限制和削弱其消极作用而避免泛滥。然而尤其重要的是：我们要以国家资本主义来改变资本主义，从经济关系上限制和逐渐削弱资本主义的破坏性，是更积极而有效的措施。

在我们经济恢复阶段与工业化阶段，必须保持社会主义发展速度要大于资本主义发展速度，在一定程度上限制资本主义发展，以保证社会主义经济成分更快的发展。只有这样在五种经济成分中，国营经济的比重才能逐渐扩大，资本主义经济在比重上逐渐缩小。农村合作社运动，不仅是使小农经济过渡到社会主义集体农业的必经途径，并且是限制和战胜农村资本主义因素发展及其活动的积极办法，三年来合作社工作有很大成就，现在有34000个供销合作社，140000000名社员，大约相当于全部农业人口1/3，其他高级农业生产合作社和手工业合作社也有发展。社会主义经济的发展，基本上应依靠社会主义经济的优越性，要用事实证明合作社的道路比资本主义道路对农民更为有利，使农民自愿的走社会主义的道路；要尽可能多依靠经济组织的力量，少依靠政权的力量，经济战线上与政治战线上的斗争不同，必须用事实说服教育农民走我们的道路,这样亦提高了我们干部的政策水平,学习文明经商,用现代商人的办法取得胜利,不要用旧商人的办法来取得胜利。

我们合作社是根据列宁同志关于建立合作社原则及毛泽东同志关于合作社的正确指示发展起来的,根据我国农村的具体情况,由变工互助开始,逐步到常年互助,到农业生产合作社,以至将来的集体农庄,将会有很丰富的具体内容,进一步发展列宁同志关于合作社的理论。我们合作社的发展及其具体内容与苏联有原则上的一致,也会有方法上的新的创造和发展。这是小生产占绝对优势国家如何走向社会主义的实践中具有创造性的一个主要方面。

三年来全国人民实现了毛主席交给我们的三大任务,土地改革基本完成,工商业进行了调整,国营工业已开始走上了计划生产的道路,我们初步的学会掌握与管理市场。继续要扩展城乡交换,巩固工农联盟。今年开始进入国家工业化的阶段,国家工业化的过程就是社会主义经济发展的过程,也就是社会主义经济成分在国民经济中逐渐扩大的过程,我们要学习苏联工业化阶段的一切经验,由于我国是从一个半封建半殖民地小生产占绝对优势的经济状况逐步走向社会主义。毛主席的正确领导将会对世界落后国家的解放和建设事业提供更丰富更生动的榜样。

(原载《学习资料》1953年6月3日)

论统计工作

一、统计与计划的关系

　　毛主席告诉我们，做任何工作，必须调查研究，了解情况；没有调查研究，就没有发言权。调查是很广泛的，所以做调查研究之先，必须要先制定工作计划，要了解什么、掌握什么情况。过去在战争时期，各种工作刚开始，一切都在摸索阶段，在农村中虽曾经做了许多调查工作，但由于环境的关系，调查统计的范围比较小，目标比较近，大部分资料只能适用于某一时期、某一范围，比较可以使用于全国或长期使用的调查研究，做得很少。革命在全国范围内胜利以后，我们在全国范围内进行调查统计，每张表格发下去影响都是很大的，它对全国范围的工作会起指导作用，所以今天的调查统计目标比过去要大，方法上就需要提高。我们各部门、各级工作同志都要做调查统计。毛主席指示我们，做革命工作必须从实际出发，要做调查研究；不但对自己要进行的工作要有正确的认识，而且还要对全面的情况有正确的认识。统计就是掌握情况的一种工具。今天来谈计划统计，并不是以前没有计划统计，而是今天要特别强调这个工作，并把苏联的先进经验吸取过来,在新的条件下来认识和掌握统计工作。

现阶段所办的合作社,主要是供销合作社。供销合作社主要的任务,是把农村的个体农民,在商品供销的环节上组织起来。合作社经济是国营经济领导个体经济的桥梁。一方面要正确计算国家有多少商品推销给社员,另一方面又必须知道农民需要什么,能够供给什么,这就必须经常做调查统计。基层合作社做统计计划是有困难的,但若不先从基层合作社了解情况,而仅由上而下的布置计划,这样的计划是主观的,容易落空的。

调查统计工作虽然需要有专职人员负担,但单靠少数统计人员,还不能保证把统计工作做好。统计既然是我们做好工作的一项工具,就必须使得人人学会掌握这一工具,要动员全体合作社同志关心这项工作和帮助这项工作。既然合作社的业务是根据调查统计来决定的,则调查统计与群众的利益是密切结合着的。"计划"这名词虽然是新的,但实际上过去也有过。每一个基层合作社的负责同志都得心里有数,社员需要什么,需要多少,可以供给什么,供给多少,这就是最原始的计划。过去合作社业务只靠负责人的经验。他们虽然有经验、知识,能力强,但也可能有偏见,有局限性,并且容易主观,尤其在情况发生变化时个人就很难掌握。因此,我们必须将客观的调查统计代替主观的判断和估计。基层合作社必须作广泛的调查,发动社员来做统计。当然农村的条件比城市差,调查统计的方法也不能完全一样。基本的统计数字要从社员中来,使社员心中有数,可以用开会方式把数字记下来,这就是调查统计,不一定要用表格叫每个社员填写很多项目。关于业务的数字,也应该用很简便的方法记录下来。

统计的任务是将基本情况和业务情况记录下来,作制定计划和检查计划的根据。基层合作社是计划的单位,也是统计的单位。计划的制定可以先由基层做起，然后再制定县的、省的、市的、大行政区的，到全国总社加以修改，再逐级下达。所以，计划的进程是自下而上，再自上而下。在计划执行过程中，每日、每月或每季、每年要以文字和数字来记录工作和报告工作。我们的报告一定要很简单，要用数字来说明问题，用统计数字来检查工作。所以，统计数字在工作未进行之先是制定计划的根据，在计划实行之时就是检查计划的工具。这次会议中要求大家讨论的，不仅是统计数字，而且有一套简单的表格。为什么要用统一的表格？过去总结工作完全由自己做，对业务上的名词、概念等等，用字上虽然相同，内容却很不相同，如每年收购粮食、棉花多少担，但各地的"担"有各种各样的不同。销售对象过去也没有统一的规定。规定统一的表格，就是要使最基本的项目、要求和统计方法能够全体一致，这样才能使我们在工作中认识一致和步骤一致，并且能够掌握规律。

统计与计划的要求是一致的，计划上有一项目，统计上也要有。例如在商品购销统计表上，至少要包括计划上所有的商品，可能还要比计划上所有的更多些。

填表的作用是在检查我们的计划。计划制定后，这计划的正确性如何，太高还是太低？要掌握这点是不容易的。尤以在初创的阶段，了解不够，情况变动得也快；情况一变化，业务与计划就脱节。这样的脱节从哪里去看？从数字上去看，从统计数字上明确反映出来。我们发现后就要修改计划。所以统计的作用可以分为三个阶段：第一个阶段是把统计资料作制定计划的根据；第二阶段是用统计反映执行计划的情况；第三阶段就是根据反映的情况，随时对计划作必要的检查和修改。

在这里附带的谈一谈统计对计划服务的问题。统计有它自己的工作范围，有它自己的独立工作责任。计划与统计工作是有区别的，各有其范围。就统计说，是为计划服务。调查统计是有目的的，我们要调查统计的数字是根据计划的目的。比如：每年要知道社员在一年中需要多少布、肥料、农具、铁器等等，每年又能出卖多少粮食、棉花等等。为什么我们要调查这些？这是有目的的，是为了制定业务计划。

在执行工作过程中，统计反映计划与检查是否切合实际，因为统计是根据一定方法反映实际情况。统计人员要坚持真实，不能随便更改数字，也不能接受任何人员的不合理要求来更改数字，掩饰真实情况。但另一方面，要明确统计为计划服务，不能与之对立。统计应该检查计划，发现缺点，但这是为了工作，为了改进工作，而不是对计划挑眼。

统计有其一定职责和工作范围。统计工作在其职责之内有其独立性。指出这种独立性，不是要把统计工作孤立起来，相反的，是要与计划、会计、业务等部门有明确的分工。有明确的分工，才能有良好的合作。

二、统计与业务的关系

做业务工作的同志往往不惯于使用统计数字，他们忙于奔波，忙于日常事务，很少能静下心来研究全部情况，研究数字，因此往往对统计不感兴趣，甚至感觉统计没用。这种情况，需要统计工作同志以工作来争取改变。统计要为业务服务，要使得业务工作有计划、有方向、有规律。假如统计脱离了业务，是要失败的。业务是计划的实现，统计为计划服务，也就是为业务服务。所以统计项目等等的确定，都要考虑到业务计划的需要，不然就要犯主观主义的错误。假使统计不深入业务，只是在屋里乱做表格，那是错误的。然而另一方面，也要防止单纯的业务观点，防止以手工业方式来削弱统计和计划工作。无远见、无全局观点，单纯强调业务需要，而不帮助统计工作，不注意统计资料，这种经验主义的作风也应适当的与之斗争。

业务工作同志往往好做估计，也善于做估计，因为业务工作同志对情况比较熟悉。在没有完善的统计数字时，由熟悉业务的同志根据部分的统计数字对一般情况加以推算，加以估计，是应该的。但要防止无根据的估计，自以为是的估计，更不能满足于估计。估计与事实总是有距离的，不科学的。基本的方向应发展统计，以客观的统计来代替主观的估计。

要把统计报表全面正确及时的做好，需要一个过程，需要上下一致的努力。但在上述的目标还未达到之前，是不是统计报表就没有用呢？不是的，我们应以"有什么用什么，有多少用多少"的态度来利用统计数字。容易的可以先报，困难的后报，收表机关控制一定的时间，到时来多少表就整理多少表，未到部分可按计划数字的附注，到齐后再行补报补填。合作社在农村中的任务是极大的，新民主主义社会的发展要由城市工业化的程度和农业集体化的程度来决定。现阶段的合作社虽然只是做生意，但仍负有很重大的政治任务。每一位同志掌握业务，学习业务，学习现代化的商业技术是很重要的，否则就无法与私商作斗争。统计工作同志特别要具有政策观点和政治观点，同时也要有一般的业务知识，这样才能知道选择什么、要统计什么，不选择什么、不要统计什么。

统计数字在短期间看来，是检查计划完成的情况，但是从长期间来看，就可以看出工作发展的规律，比如一年中什么时候收购，收购什么东西、收多少，什么东西要增加、什么东西要减少，开展合作社业务的旺季和淡季等规律。过去我们也知道一些农村经济的规律，但了解得很粗浅，不具体，不能精确的指导业务。现在我们统计工作的任务就是要用详细的记录，发现客观的规律，并把这种规律具体地应用到业务上去，体现政策，逐步实现理想。

统计报表的数字，是根据原始记录计算出来的。统计与业务的结合关系，表现于原始记录上。城市合作社做批发零售交易都有原始记录，如发票存根、收付传票等等，这些记录是会计根据，也是统计的根据。在农村里，使用城市的复杂原始记录是比较困难的。将来基层合作社如设在集镇上，扩大基层合作社单位，则条件会比较好些。但一般的说来，合作社应有一套比较简单易行的原始记录。如何用简单方法把每天的买卖记下，作为结算和统计根据，这需要我们合作社的会计统计工作同志运用智慧来设计创造。合作社的会计制度和记账方法要靠同志们来创造，资本主义的记账方法是不适合的，旧的上收下付的流水账也已不能满足我们的要求，需要改造，否则是很困难的。所以应该在合作社研究一套新的会计，使统计的项目可以在会计上找到，使会计、统计结合一致。

三、统计报表制度的作用

报表的种类项目，要根据一般的填报能力与基本需要，使切合实际。全国合作总社曾在几个村社做过试验，证明可以填报。试填的单位愈多愈好，这样才适合一般水平。为什么要采用统一的表式，而不让各社自己根据实际情况来填报呢？因为根据各社自己设计的报表，就不能做综合，即不能使各社根据一定的项目和一定的方法来检查计划，也不能使领导上根据基本要求贯彻方针政策。许多合作社可能觉得表多一些，也有些合作社可能嫌表太少太简单。作为一种制度要贯彻下去，就要适合一般情况，但是这套表是否适合一般情况，还要大家讨论研究。有的合作社要求增加几种表，或在表中增加几项。这是可以的，但以不修改基本表的内容为原则。假使各级联合社因有特殊要求，要另外加一些表布置下去，则需要全国总社批准。这是为了照顾下级的负担，同时也为了不混乱报表制度。在条件比较差的基层社，一下子不能完全填好，可以经过一个学习和试填时期，逐渐来填，作为努力的方向，不强迫，也不能因为不能填而乱填、造数字，这是不好的。上级社应根据具体情况帮助下级社逐步把表填对，填得及时。统计与计划是掌握基本要求和基本方向的工作，所以它必须以统一的要求和统一的方法贯彻下去。计划与统计的规定不能随便修改，不能根据个别的情况即行修改，要是根据个别情况任意修改，统一的制度就不存在了。假如有不切合一般的实际状况的地方，修改自然是必须的，但要经过一定的程序，由制表机关统一修改。对于表式及项目的解释，也需要制表机关作统一的解释。

统计要求正确、全面、及时，我们的统计与资本主义社会统计的不同点就在这里。我们的统计是全面的，资本主义社会是不可能做到全面的。资本家的私有制和经营的自由竞争，不可能用统一的报表制度去了解全面。但我们的企业是在国家的统一领导、统一计划之下进行生产，所以可以进行全面统计。统计资料的及时性，是非常重要的。我国地大，交通困难，各地方条件不平衡，要做到及时是有困难的。但是要使得数字有用，非及时不可，所以上级社要求下级社在可能情况下一定要做到及时。在过渡时期，各级综合机构可以考虑在一定时限内把已收到的资料先行总结，及时上报。未收到的部分则在一定时期内补报。这样的数字，虽不全面，但能及时，未报的部分，可按计划数字推算，也能概略的知道全面情况。

这次会议中所提出的统计报表，要大家来讨论研究。经讨论决定，颁发下去后，要经过一个学习阶段，所有的工作人员都应参加，使这些表格成为全体合作社同志都了解的东西。统计、会计、计划的同志则特别要熟悉这些表格。只有使大家都了解统计的作用和内容，才能发挥群众监督的作用，才能使统计工作得到全体的帮助而把工作做好。

学习的方法可以分别阅读和集体讨论，有不能解决的问题可提给上级统一解答。并且要结合具体业务进行试填，发现问题，研究解决困难的办法，这才能算懂得这些表格。有条件时，还可由联合社办短期训练班或开学习会或巡回指导，打通工作同志的思想，把这套工作完全学会。搞业务工作的同志则应把统计工作作为自己工作的一部分，不能认为这只是会计统计人员的工作，因为统计工作做不好，全部工作都受影响，全体工作同志也有责任的。

四、合作社系统的统计

合作社有系统的统计，在苏联有中央、省、县的合作统计系统，有垂直的领导关系，但同时合作社统计受各级的国家统计系统的业务指导。我国现在还没有统计系统，在技术需要时，各级财经统计部门有义务帮助合作社的统计工作，但目前基本上还是靠合作社自己的统计部门领导进行。

(原载《中央合作通讯》1951年第3期)

列宁关于社会主义工业化理论对于我国实践的指导作用

我国正在逐步实现国家的社会主义工业化。在第一个五年计划期间，我们必须为国家的社会主义工业化建立初步基础。1955年是我国第一个五年计划建设具有决定意义的一年。在这时候，我们纪念列宁，应该特别要学习列宁关于社会主义工业化的理论，应该进一步了解列宁这一理论对于我国社会主义建设的指导意义。

一、大工业对于社会主义建设的意义

社会主义工业化的基本方针，是列宁添加到马克思主义宝库里的新贡献。

列宁是马克思主义的科学大师。他依据马克思所发现的生产关系一定要适合生产力性质的规律，研究现代社会的情况，得到这样的结论：在资本主义大工业尚未充分发展的经济落后的国家里，无产阶级不应放过夺取政权的有利条件。无产阶级在夺取政权之后，应该用一切方法发展大工业，以便改造小农经济，战胜资本主义，使社会主义获得最后胜利。列宁曾这样指出大工业对于社会主义建设的重大意义："巩固资源、建立社会主义社会的真正的和惟一的基础，只有一个，这就是大工业。"

"无产阶级的基本的与最重要的利益，是建立大工业和在大工业里面创造巩固的经济基础；那时，无产阶级才能巩固自己的专政。"

自中华人民共和国成立起，我们即已进入从新民主主义到社会主义的过渡时期。遵循着列宁的教导，中国共产党把社会主义工业化当做我国社会主义建设的基本道路。远在抗日战争时期，毛主席就在《论联合政府》一书中指出社会主义革命阶段中实行国家工业化的必要。他说：

"在新民主主义的政治条件获得之后，中国人民及其政府必须采取切实的步骤，在若干年内逐步地建立重工业和轻工业，使中国由农业国变为工业国。新民主主义的国家，如无巩固的经济做它的基础，如无进步的比较现时发达得多的农业，如无大规模的在全国经济比重上占极大优势的工业以及与此相适应的交通、贸易、金融等事业做它的基础，是不能巩固的。"在新中国成立前夕，毛泽东同志在《论人民民主专政》一文中又指出："人民民主专政的国家，必须有步骤地解决这个国家工业化的问题。"

在新中国成立之后，毛泽东同志多次强调发展工业对我国社会主义建设的重要意义。1952年，以毛泽东同志为首的中国共产党中央委员会指出，逐步实现国家的社会主义工业化，逐步实现对农业、手工业和资本主义工商业的社会主义改造是党在过渡时期的总路线。目前，我国人民正在中国共产党的领导下，为逐步实现国家的社会主义工业化而奋斗。预计经过三个五年计划，我国就可以基本上实现国家的社会主义工业化。

二、优先发展重工业

列宁在建设大工业的指示中，特别指出建设重工业的优先地位。他认为，社会主义的主要基础，就是重工业。列宁关于优先发展重工业的理论，主要有下列几个基本内容：第一，无产阶级掌握了政权，有可能按照社会主义经济的发展规律有计划地建设工业。第二，按照马克思扩大再生产的学说，要进行社会的扩大再生产，必须先有可供扩大生产的生产资料，其中最重要的是生产工具。因此，只有优先发展重工业才能使社会主义国家有预见地进行社会扩大再生产。第三，要彻底改变小生产占优势的情况，必须要建立雄厚的重工业基础，其中尤其是机器制造业，这是消灭社会主义大生产与小农经济之间的矛盾的基本环节。第四，为要在世界资本主义的包围中巩固无产阶级国家的独立，必须迅速建立现代化的国防，而国防建设与重工业建设是不可分的。

自然，优先发展重工业并不是孤立发展重工业，按照马克思关于第一部类和第二部类必须有机联系的论点，国民经济各个发展阶段上轻重工业之间是必须有一定的比例关系，在过渡时期，无产阶级国家必须正确地掌握这个比例。按劳取酬的规律也使得轻工业必须有一定程度的发展以适应重工业的迅速扩大。在迅速发展重工业的情况下，还必须相应的发展农业，建立工业和农业之间正确的比例关系。因此，孤立发展重工业，是和列宁的原则相违背的。

列宁的优先发展重工业的理论，对于我国社会主义建设起着指导作用。我国第一个五年计划的基本任务规定要集中主要力量发展重工业，建立国家工业化和国防现代化的基础；同时相应地培养建设人才，发展交通运输业、轻工业、农业和商业。这就是列宁的优先发展重工业的学说在我国的具体运用，它保证了我国第一个五年计划能够在正确的轨道上前进。

我们是一个重工业基础非常薄弱的国家，我们首先要建设一些最基本的重工业，才能全面地建立起强大的重工业。只有建立起强大的重工业，社会主义才能在我国取得完全胜利。

集中主要力量发展重工业，也和我们的国际环境有密切关系。帝国主义正在觊觎我们。美帝国主义和蒋介石卖国集团目前还占领我们的台湾和一些沿海岛屿，我们必须加紧建设重工业来增强我们的国防力量。

在第一个五年计划建设期间，国民经济各部门保持必要的比例关系，工农业之间的联系逐步密切，是有利于重工业的顺利发展的。但为了集中更多资金投放在重工业，交通运输业，轻工业及其他部门的发展应更多地依靠发掘潜在能力，改进生产技术，厉行经济核算制和提高劳动生产率。

我国的社会主义工业化取得苏联的伟大的物质技术援助，这就使得我们较之当年的苏联困难要少，使得我国工业化速度大大提高起来。列宁当时曾一再提到假如无产阶级革命能在工业先进国家获得胜利，苏联过渡到社会主义的期限就可以缩短。对于各人民民主国家来说，发展社会主义工业的有利国际环境，今天由于苏联的伟大成就，基本上已经获得了。

三、资金积累

发展重工业需要大量资金。这些资金从何而来呢？列宁指出了如下几个主要来源：

第一，商业中的利润积累："虽然这样，我们已见到有显著的改善,并且我们看见我国的商业活动,已替我们弄来了部分资本。这数目虽还很小,略略超过 2000 万金卢布。但无论如何,始基是已经奠定了:我们从我国商业中已能弄到资财,我们能够利用这种资财来改善重工业。"

第二,是实行严格的精简节约:列宁在 1922—1923 年的许多文章和信件中一再提到要严格的节省,把任何一点储蓄都保存起来,借以发展重工业,并且要缩减国家机关人员,尽量节省。

第三,提高劳动生产率,这是保证社会主义经济成分增长的最基本的条件。列宁指出:"劳动生产率,归根到底是保证新社会制度胜利的最重要最主要的条件。资本主义造成了在农奴制度下所没有过的劳动生产率。资本主义可以被彻底战胜,而且一定会被彻底战胜,是因为社会主义能造成新的更高得多的劳动生产率。"关于提高劳动生产率的方法,除掉依靠劳动者的革命热忱,依靠加强劳动纪律而外,还要依靠按劳取酬的规律。列宁在《十月革命四周年》一文中写道:"不是直接依据热忱,而是借助于伟大革命所产生的热忱,依据个人利益,依据个人兴趣,依据经济核算,来在这小农国家内,首先努力建成些经过国家资本主义通到社会主义去的坚固小桥;否则,你们就达不到共产主义,否则,你们就不能把千百万人引导到共产主义。实际生活曾是这样告诉我们的。革命发展的客观进程曾是这样告诉我们的。"列宁主张实行计件工资、奖励和奖金制度。同时认为管理国家企业的主要形式是经济核算,"把国家企业转到所谓经济核算制上,这一转化必然与新经济政策发生不可分离的联系,而在最近的将来,这种形式定会成为若非惟一的,也是最主要的形式。"

资金依靠内部积累,是和社会主义生产关系的性质有密切关系的。工人阶级必须依靠而且只有依靠自己的劳动才能建设起社会主义并把它推向共产主义。我国在恢复时期和已经开始的社会主义建设时期已经得到而且将会继续得到苏联伟大的援助,这种援助大大加速我国社会主义建设的进度。然而决定胜利完成建设计划的因素仍然是我国工人阶级的忘我的劳动。重工业建设的特点是每一企业单位投资量很大,建设时期较长,资金周转较慢。因此我们必须在基本建设中进行严格的节约,争取提前完成计划,提早投入生产。

企业生产中的增产节约,是资金积累的无穷泉源,是基本建设得以开展的基础。在过去五年中,我国工人阶级学习苏联先进经验,在生产战线上发挥自己的劳动热忱,已经在国营企业的精简节约、降低成本、提高劳动生产率等方面取得不少成绩,这些成绩证明社会主义企业远较私人资本主义企业为优越。自然,我们在这方面还有很大缺点:企业机构一般地还臃肿,非生产费用的比例过大,原材料还有不少浪费和积压,许多企业的设备利用率不高,甚至有些新机器闲置不用,流动资金周转很慢,劳动纪律不够好,生产有忽冷忽热的现象……等等,这些缺点使得我们的产品成本仍然很高;通过经济核算和改进工作方法而提高劳动生产率,还不是普遍的、持续发展的现象;职工群众对于"依靠内部积累"这一具有关键性的社会主义自觉还不够明确,对于完成计划的了解是片面的,实际上只注意产量计划的完成而不顾其他。结果是产品的价格降低很少,或者没有降低,企业利润一般地还是踏步不前,远远落后于企业的潜力和国家的需要。

为要纠正这些缺点,就必须改进劳动组织,改进工作方法,在物力、财力方面厉行节约,在企业中全面地推行经济核算,广泛开展社会主义的劳动竞赛,加强政治工作,提高职工群众的社会主义觉悟,只有这样,才能为国家积累更多资金,保证社会主义工业化计划顺利实现。

四、干部问题

发展工业必须有大量熟练的科学技术人才。在十月社会主义革命后的若干时期，列宁强调利用资产阶级专家。但社会主义工业建设的规模是极其宏大的。基本的问题还在培养更多的新的科学技术人才。列宁说："我们尚嫌不够的主要东西，就是文化程度和管理上的技能……在经济和政治方面，新经济政策完全保证我们能建成社会主义经济的基础。问题'只'在于无产阶级及其先锋队的文化人才。"

重视和帮助专家参加社会主义建设以及加速培养千万新的科学技术人才，二者是不可分离的，忽视任何一方都会在社会主义建设中造成极大的损害。在这一方面，我们也是遵循着列宁的指示的。我国的第一个五年计划，在集中主要力量发展重工业的前提下，相应地培养建设人才。我们知道，先进的科学技术同社会主义工业化是有密切关系的；重工业建设是需要高度的技术和日新月异的科学研究的。某一重工业企业在技术设备方面有缺点或者落后，就会使其他企业和其他部门受到严重影响。

我们现在具备了一个较苏联社会主义建设时期优越的条件，那就是在政治上和科学技术上完全可以信任的苏联专家的帮助，因为他们已成为我国基本建设和各科学技术部门的主要支柱和教师，他们不仅以高度的技术来帮助我们建设规模宏大的工业，并且在科学研究和培养人才等各方面也都有了卓越的贡献。当然，要发挥和培养我国自己的科学技术力量是最重要的事情。一方面要充分发挥旧社会培养出来的专家的作用；另一方面我们大批工作人员也正开始钻研技术，以求精通业务；而大量培养新的工业技术人才和工业管理人才,更是重要。

这几年来,我国的高等教育和中等教育培养出来的建设人才已大大增加,从实际工作中提高职工的科学技术水平,也已经获得很大成绩,对于原有科学技术人才的团结和改造,也有许多成就。但我们在向苏联专家学习方面,在团结国内科学家方面,以及学习科学技术和培养干部方面,都还存在着不少缺点。目前科学技术仍为我们工作中的最薄弱的环节,并且进步较慢,这和我国工业建设的需要和发展速度是不相适应的。因此,改进这种工作是当前的重要任务。

列宁关于社会主义工业化的理论,对于我国的实践,已经起了极大的指导作用,这几年来,我国社会主义工业蓬勃地发展,就是列宁思想获得伟大胜利的明证。今后只要不断地遵循列宁的教导,学习苏联的先进经验,我们就可以把自己的国家建成一个伟大的、高度工业化的、社会主义的国家。

(原载《人民日报》1955年4月23日)

新民主主义的合作经济

在封建制度崩溃过程中分泌出来的独立的小生产者,他们在过去历史中的命运是非常悲惨的。在封建制度下,他们受封建统治者的剥削,要受商业资本家和高利贷者的剥削。资本主义社会初期大批流浪在街头的劳动后备军,就是由于小生产者的破产没落而造成的。

到了资本主义社会里,幸存的小生产者并没有能改变他们的命运。资本主义的发展史,就是小生产者的没落破产史,小生产者的尸骨成为资本主义生长发育的肥料,资本主义社会的发展法则对小生产者是残酷的。

许多伟大的空想社会主义者,曾企图用合作制来挽救小生产者的命运。但是欧文和傅立叶等的努力都失败了,他们的理想的小舟终被资本主义经济的巨浪所倾覆。拉萨尔比较透彻地批判了那时的合作制,他说道:"资本主义社会里的生产合作社,不过是延长小生产者必然没落的痛苦过程而已"。至于劳动者的消费合作社,虽然可以一时的改进劳动者的生活状况,但等到消费合作社普遍发展之后,资本主义的工资法则就会发生作用,资本家就会抑低工资的水平。

不仅如此，往后在西欧资本主义诸国所发展的合作社，已变成资本主义性的合作社，它充任了资本主义大企业剥削小生产者和劳动者的基层组织。合作社把千百万的小商人排除了，但是供销系统被大企业垄断了，小生产者和消费者在供销合作社中得到的价格是垄断价格，在信用合作社里须把高昂的利息付给金融资本家。

但是合作制行之于社会主义社会里，或行之于走向社会主义的新民主主义社会里，就具备了完全不同于在资本主义社会中的性质和作用。合作社是一种经济形式，它的性质和作用，不能决定于本身，而要由这一社会领导的经济诸条件来决定。并随着领导的经济诸条件的变化而变化。在土地国有或主要生产资料已收归国有的条件下，在工业已使农业集体化的条件下，合作社是低级的社会主义经济形态。列宁说："合作制往往是与社会主义完全相符合的。"但在新经济政策时代，在自由贸易和允许私有制发展的条件下，小生产者的各种合作社，接受社会主义经济的领导与监督，就是国家资本主义的一种变形。那么，在中国新民主主义社会里，合作社又具有何种性质呢？要回答这个问题，须从各种经济成分的相互关系和发展过程中去研究。

在我国现时所有的五种经济成分中，国家经济、私人资本主义经济与个体经济，是基本形态的经济成分。国家资本主义经济是资本主义经济与国家经济之间的过渡形态。合作经济是个体经济走向社会主义经济的过渡形态。但并不会是所有的个体农民和城市小生产者都纳入到合作经济的轨道中去，部分的个体农民和城市小生产者可能走资本主义的道路，他们或者被资本主义所吞并，或者部分的上升为资本主义性的富农和小资本家（这只是很少的一部分）。

目前这五种经济成分中，哪一种成分在数量上占优势呢？是小生产的个体经济占优势。我们的农业和小手工业的生产价值约占全部生产价值的 90% 左右，这就表明个体经济在数量上占绝对的优势。所以，个体经济的合作化，将是国民经济结构中社会主义成分扩展的一个主要指标。私有制的个体经济，基于其散漫的小商品生产，是资本主义发展的温床。将小商品生产者用合作制组织起来，就成为私有制的集体经济。这种私有制的集体经济，与公有制的集体经济（集体农场）比较起来，显然有本质上的区别，公有制消灭了资本剥削，而私有制则还不能根除资本剥削。

各种合作社的性质，及其所包含着的社会主义成分或资本主义成分的多寡，将视这一合作社的生产关系和生产诸关系（生产关系、交换关系、分配关系和消费关系）来决定。就是说：它将由合作社的内部经济关系和对外经济关系来决定。

私有制的生产合作社，或则由社员拿出生产资料来作为股金，或则由社员拿出股金来购备生产资料，这样的生产合作社，在初期阶段必然要实行资金分红，资本必然要对社员的劳动价值行使某种程度的剥削。故就其内部的经济关系而言，是资本主义性的合作社。假如这样的合作社更受自由市场支配，向自由市场买进原料并出售其成品，与资本主义的成分发生联系，它就会助长社会中资本主义成分的发展。

按股金分红的消费合作社、供销合作社如受自由市场的法则所支配，信用合作社如受私人金融资本所支配，也属于资本主义性的合作社。

上述的资本主义性合作社，在抗日战争时期曾相当普遍地存在于解放区，现在还局部地存在着。但显然的在因解放大城市而使国家经济大为增强以后，资本主义性的合作社就不会居于重要的地位，在国家经济的领导下，就要使它逐步的转变为国家资本主义性合作社，再进而为半社会主义性的合作社。

国家经济领导下的合作社，即是国家通过订货合同、贷款、供给生产资料和消费资料等等方式，密切与之联系的各种合作社。这有两种类型：一种类型是合作社内部仍包含着资本的分红制，这就是国家资本主义性的合作社。另一种类型是已经消灭了资本分红制，但仍保留社员的股金和生产手段的私有权，这就是半社会主义性的合作社。

国家经济为了要领导小生产者走向集体化，必须通过合作社的组织形式。同时为了使小生产者的各种合作社能够迅速发展，并使其能对抗私人资本主义成分，国家的财政援助是必要的。列宁在论合作社中说道："每个社会制度之产生，都需要有相当阶级的财政帮助。不待说，自由资本主义之产生，是花费过许多万万卢布的代价的。现时我们所应当特别帮助的社会制度，就是合作社制度，对于这一点，我们现在应当认识和具体实行。""用经济上、财政上及银行方面的种种特权来支援合作社，这就是我们社会主义国家对组织居民的新原则所应当有的赞助办法。"所以，在国家用订货合同，贷款，收购合作社成品及供给生产资料来与合作社发生经济联系的时候，其意义与私人资本主义对合作社发生经济联系是完全不同的。私人资本主义只是为了营利的目的，才与合作社发生经济行为。而国家经济，是为了帮助合作社的建立和发展，为了使小生产者能够根据其自己的需要而迅速集体化，才给予这些经济的援助和财政的援助，至于合作社本身必须具备群众基础和良好工作，才能接受国家的援助，乃是不消说的。

当国家经济一与合作社发生经济联系的时候，就在各种程度上改变了资本主义性合作社的对外经济关系，并在各种程度上改变了合作社本身的性质。一个存在着资本剥削的合作社，不论是生产合作社、供销合作社或其他合作社，在国家经济的领导下，它已成为国家经济与小生产者之间的桥梁，成为国家经济与私有制的小生产者相结合的一种形式，它既对国家经济的发展有利，也对合作社的小资本所有者有利。所以它已由资本主义性的合作社提高为国家资本主义性的合作社。国家资本主义性的合作社，是私人资本主义合作社过渡到半社会主义性合作社的过渡形式。在新民主主义社会里，它是合作运动在初期阶段必然产生的一种形式。但并不是所有资本主义性的合作社，都需要经过国家资本主义性合作社的过渡形式，才能转化为半社会主义性的合作社。当社员的觉悟程度比较高的条件下，当合作社的业务不需要大量资本的条件下，或虽需要资本而有国家的足够的援助条件下，就可以将资本主义性的合作社直接转变为半社会主义性的合作社——即没有资本分红的合作社。如具有同样的上述条件，新创的合作社一开始就可能建立成半社会主义性的合作社。然而，要是没有上述这些条件，国家资本主义性的合作社，就应该使其存在和发展。

半社会主义性的合作社，是指这种合作社，一方面已消灭内部的资本剥削（股金不分红），但同时它还建立在私有制的个体经济基础之上，对私有经济有发展的作用，并多少还不能摆脱私人资本主义和自由市场的关系和影响。以下我们分述各种半社会主义性的合作社。

现时城乡的工厂学校机关以及居民的消费合作社，大部分已规定股金不分红，由国营贸易公司及私人企业批进商品，廉价售给社员。这样的消费合作社，基本上已经废除了中间剥削和资本剥削，但同时多少还不能摆脱其与私人经济的关系（勉强的摆脱，结果会驱使社员走向自由市场，这是无益的），所以不能算是社会主义性的消费合作社，而是半社会主义性的消费合作社。

农村和城市小生产者的供销合作社，在国家经济的支助之下，不需吸收大量私人资金，因此容易成为没有资本剥削的不分红的供销合作社。但是这样的供销合作社，也是建立在私有制的小生产者的基础之上的，它是小生产者与国家经济商品交流的桥梁。它一方面发展了国家经济，并消灭了中间剥削，但同时也发展了小生产者的私有经济。所以它还不能算是社会主义性的供销合作社，而只是半社会主义的供销合作社。

信用合作社除成为国家银行的基层机构，成为国家信贷的细胞组织而外，同时它也需要吸收私人存款，利用小生产者的存余资金，贷给合作社社员。信用合作社代理国家信用的业务，除手续费或其他必要的费用而外，不会包括有剥削的成分。但是当它吸收私人存款或利用私人银行的信贷的时候，就必然发生资本剥削。除此而外，信用合作社的社员和贷款对象，也仍然是小生产者。所以这样的信用合作社，也是半社会主义性的信用合作社。目前老解放区农村里除劳动互助而外，还没有任何形式的农业生产合作社，仅有手工业生产合作社和农村副业生产合作社，这些生产合作社，有些仍然是资本分红并与自由市场来往的资本主义性合作社，有些则是已消灭资本剥削，但还不能摆脱自由市场支配的半社会主义性合作社。这些手工业合作社，如不能逐步的使用机械，并成为国家企业的加工配件等配属部分，它的发展和社会主义成分的提高是困难的。

未来的农业生产合作社，必须通过各种组织形式和多种步骤，才能走向社会主义性的集体农场。在保留着土地私有制的基础之上，农民的集体化以合作使用新式生产工具和水利灌溉较为简捷。但在相当期间之内，土地私有制的共耕合作社，土地将是资本化的剥削因素，其社会主义成分的多寡，也将视其集体化的程度和资本剥削被消灭的程度而定。

从新民主主义社会的初创时期,直到进入社会主义的时期,合作社的发展过程,一般说来将经过资本主义性的,国家资本主义性的,半社会主义性的和社会主义性的四个小阶段,当然,并不是每一个合作社都要经过这四个小阶段。在新民主主义社会经济发展的不同阶段里,资本主义因素和社会主义因素的力量对比,大体上规定了合作社发展的各个阶段的内容和形式。目前在老解放区里,正是国家资本主义性合作社和半社会主义性合作社并存的时期。至于新解放区,资本主义性合作社也还有存在的余地。但是在整个新民主主义的社会阶段里,半社会主义性的合作社,是居有领导地位的合作社。资本主义性合作社必须迅速转变为国家资本主义性的合作社,并根据自愿的原则,根据发展生产的原则,逐步扬弃国家资本主义性合作社内的资本主义成分。

在小农经济的基地之上,既存在着资本主义的发展道路,也存在着通过合作经济到达社会主义的发展道路——后者是主导的发展道路。所以合作经济的发展,以个体经济的集体化来与国家经济密切结合,避免小农民沦为资本主义的俘虏,乃是发展新民主主义经济,加速走向社会主义这一工作中的重要环节。

(原载《学习》1949 年第 1 卷第 3 期)

过渡时期的个体经济

一、个体经济在国民经济中的地位

在封建制度破坏过程中产生出来的独立小生产者,当我们实行土地改革以后,不仅仅在数量上空前增多了,而且在性质方面,也多少不同于旧时代的小生产者。因为,在封建的地主阶级和帝国主义统治之下的小生产者,是帝国主义和地主官僚资产阶级俎坛上的羔羊,他们的极大部分要失去小块的土地和生产资料,沦为农村和城市里的无产者。

新民主主义的革命,把小生产者的经济关系改变了,在他们的周围不再有地主和高利贷者,繁重的捐税变为合理的负担,不等价交换消灭了,国家经济在各方面扶持他们,这就使得他们有一般向上发展的可能,成为新社会里自由独立繁荣的个体经济。

从旧社会的封建分益制的个体经营,转变为新社会耕者有其田的个体经营,就生产技术方面而言,并未引起革命。土改后的个体农民仍然使用着只适合于个体劳动的生产工具和生产设备,所不同的,乃是由于整个国民经济结构的变化,使他们从被支配和被宰割的地位，一跃而为无所羁绊的自由发展的地位。

在我们新民主主义社会的初期，五种经济成分中，哪一种占优势呢？无疑的是个体经济占优势。不仅仅因为个体经营的农民和小手工业者的人数占有全国人口70%至80%，就是他们的生产价值，在全国生产总值中，目前也居于压倒优势的地位。但是就生产效率而言，在五种经济成分中，哪一种最低呢？无疑的，是个体经济最低。他固然不能与国家经济相比，就比起资本主义经济来，除开剥削关系这一点不论而外，资本主义的生产效率也远超过小商品生产，关于这一点，《资本论》中引证得很详细。

我国革命的经济发展规律是这样：为要使社会的生产力获得解放，必须首先解放农民，改革农业生产，但土改后的农业经营，由于我们工业基础的薄弱，不得不仍然保留落后的个体经营的生产方法，并在这个生产力低微的基础之上，逐步的来发展工业，繁荣国民经济，然后再回转来改造个体经济，改造整个的农业生产方法。

国民经济的发展，既然要先从发展个体经济开始，所以今天在农村中所提的中心口号是："生产发家"。以这个口号来鼓励农民的劳动热情，勤耕细作，使农业生产能在短期间恢复到战前的水平。

二、个体经济的过渡性质

但是我们不能在个体经济的基础之上，无限制地提高农业生产力。当封建社会崩溃的时候，个体的劳力结合个体劳动所使用的生产工具，其生产效率往往已被使用至极限，在我们新民主主义社会的初期，除恢复因战争而造成的生产力低落的部分而外，固然也还可以在肥料种子水利种种方面作新的改进使生产再有相当的增长，可是这些技术的改进和使用，将受个体经济的生产方法及其运动法则所限制，不可能普遍地大规模地和无止境地利用着科学技术来发展生产力。

个体经济不可能构成某一社会阶段里居于统治地位的特定的生产方式，它只能是阶级社会转变过程中，一种过渡型的生产方式。当奴隶社会崩溃的时候，曾经出现了千百万的独立小农，但终不免陆续被封建的领主所吞并，变为封建的农奴经济。当封建社会崩溃的时候，又出现了大批独立的个体农民和独立小手工业者，资本主义的生产发生以后，这些个体农民和小手工业者又成为资本主义的营养物，使他们没落破产而成为产业后备军，在我们新民主主义社会里，个体农民及小手工业者将获得远较以前各时代为优的命运，他们一般的不再有破产没落的危险，他们一般的将随着新民主主义社会的发展，而逐步改进其生活，但这是以个体经济的逐步集体化，个体经济在国家经济的领导下逐步否定其个体的生产方法为条件的。

只有当做过渡型的生产方式来理解个体经济的时候，我们才能正确理解耕者有其田的土地改革的意义，才能正确理解个体经济在新民主主义社会里的历史任务。过渡型的个体经济，必须不断改变其自身以至否定其自身，这种改变和否定的动力，在旧民主主义社会里是来自资本主义经济的残酷法则，在新民主主义社会里则来自国家经济的领导。

三、个体经济的发展道路

新民主主义的个体经济，初期存在着两条不同的发展道路：一条道路是循着旧的历史的轨迹，少数的农民会上升为资本主义性的新富农，而使其他一部分农民没落破产。在城市里，少数的手工业者也可能上升为小资本家,开始其资本主义的剥削经营。个体经济的另一条道路,是无产阶级领导的新民主主义的道路,即个体经济在国家经济的领导下,通过供销的集体化,劳动的集体化而到达生产的集体化,并使以小生产者为基础的各种合作社,经过国家资本主义的性质,半社会主义的性质而达到社会主义的性质。

在我国新民主主义的初期阶段里,由于工业基础的薄弱,由于国家经济力量的不足,个体经济在某种程度内的自由发展是不可避免的;因此,资本主义因素的滋长发展也是不可避免的。"小生产是经常地,每日每时地,自发地大批产生着资本主义和资产阶级的。"(列宁)但是,要是把资本主义在个体经济中的发展趋向认为今后个体经济发展的主要趋向,或主要的道路,那就大错而特错了。相反的,我国个体经济的主要发展道路,是在集体化和合作化的一方面。

领导个体经济集体化,根据恩格斯的昭示,必须出之于自动自愿。但自动自愿并不等于自流放任,我们不能等到个体农民备受资本主义的剥削和威胁之后,然后再领导小生产者转向于集体化和合作社。无产阶级自进入农村之日起,一刻也不能放松自各方面使农民走向集体化的努力。只是这种努力不应该包括强迫命令,应该是"逐渐地,用经济的,财政的,文化的和政治的方面来实现的"。(斯大林)这里所说"政治的",主要的意义应是政治的领导,而不是行政的命令。

最重要的努力,应该集中于经济方面。我们新民主主义社会所以能保证整个国民经济逐步地走向社会主义,就是因为有国家经济的存在。国家经济以其社会主义性的特质,领导着各种经济成分(资本主义的,个体经济的,国家资本主义的和合作社的)不断的发展和提高。在发展和提高中改变各种经济成分的落后性和剥削性。国家经济特别重视其在农村里与个体经济的联系，这种经济上的联系是政治上工农联盟的现实基础。大体上说来，国家经济与农村个体经济的联系可以分成两个发展阶段：第一阶段是国家经济在供销关系上包罗个体经济，使它逐步摆脱资本主义的压迫和剥削；第二阶段是国家经济以其巨大的工业力量，将机器及其他生产资料输入农村，使个体农民走生产的集体化。

国家经济对个体经济的联系和领导，应解释为对个体经济的帮助。小生产者在国家经济与资本主义经济之间，是有充分的选择自由的，农民往往是经验主义者，他们要一而再再而三地与资本主义企业接触，也要一而再再而三地与国家企业接触。只有经过较长的时期和丰富的经验证明，才能使个体农民相信资本主义总是要剥削他们的，而国家经济是帮助他们的，国家经济之所以必须和必然的帮助个体经济（经济的财政的），正是因为国家经济是社会主义性的。社会主义的实现，必须以工农结合，消灭工业与农业之间的对立和差距为前提。

所以，国家经济的存在和发展，乃是我们个体经济一般的不至于成为资本主义俘虏的主要保证。

四、个体经济的发展阶段

广大的、散漫的个体经济的存在，是我国现时自由市场的坚实基础。我们现时不能消灭自由市场，而且在某种限度内要维护自由市场，调节自由市场，因为我们现时还未能普遍的组织个体经济，将普遍的供销合作机构来代替自由市场。既有自由市场的存在，那么，个体经济之流向资本主义的道路——或者说个体经济在商品交换中被剥削和被吞蚀的道路，乃是畅通无阻的。因此，国家经济要帮助个体经济的存在和发展，得先从组织个体经济的供销关系开始。

以供销合作社信用合作社和运输合作社等等的形式，将小生产者纳入集体化的轨道里去，是容易为小生产者所了解和接受的。因为在这些方面的集体化，既没有变更个体经济基本的生产关系（生产资料的私有制和独立生产制），同时小生产者在这些合作社中所能得到的国家经济给予的利益，也是显而易见的。

国家经济通过供销合作社以工业品供给个体农民，并通过供销合作社将个体农民的农产品流入国家企业里去，乃是个体经济改造的开始，小生产者在这里一方面认识到国家经济对他们的真实帮助，同时使小生产者认识到集体化的必要和利益。国家经济也凭借着小生产者合作社的组织，才能对小生产者发生正常的经济关系，才能与个体农民结成经济的联盟，才能把千千万万的分散的小商品生产者组织在国家经济的领导和监督之下。

新民主主义阶段中的合作社的性质和组织，将随着社会经济条件的演变——主要的是国家经济的发展及其与私人资本主义经济力量对比的演变，而变更其内容和形式，一般说来，与自由市场来往且保留资本分红制的合作社，是资本主义性的合作社。与国家经济联系而保留资本分红制的合作社，是国家资本主义性的合作社。与国家经济联系已消灭资本分红，但仍以个体经济的私有制为基础的合作社，是半社会主义性的合作社，只有将主要生产资料的私有制转变为集体所有制的时候，才能称之为社会主义性的合作社。

个体经济通过这些不同的发展阶段，逐步的改革其生产诸关系。当国家经济还没有力量或有力量而尚不能照顾他们的时候，小商品生产者就只能与自由市场来往，这时所能组织的合作社就只能是资本主义性的合作社，而这种资本主义性的合作社，因为他部分的排除了私人商业，暂时保留了小生产者的一部分利益，并且为将来与国家经济联合准备组织基础,从这许多方面说来,也有其一时存在的必要。

从资本主义性的合作社,提高而为国家资本主义性的合作社,无疑的,这是个体经济生产诸关系上的一种重要变革。它自从属于资本主义和滋养资本主义的地位,一变而为与国家经济结成联盟即使个体经济在交换过程中,摆脱资本主义的剥削,同时它也有利于国家经济的发展,大大影响着国内公私经济力量的对比。虽然国家资本主义性的合作社仍保留着资本剥削,仍会在个体经济内部滋长资本家而引起阶级分化,但当国家经济还没有那么大的力量来压倒和代替农村中的私人资本的时候,"事情也就只能是这样。"(列宁)

个体经济的分化,会在合作运动的过程中引起阶级斗争。一般农民要战胜新的资本主义分子,要将资本剥削清除出合作社,必须要国家经济足够的帮助才能成功。所以,只有当国家经济有足够的力量的时候,才能使资本主义性的合作社或国家资本主义性的合作社,转变为半社会主义性的合作社。小生产者只有在国家经济那里获得经常的和足够的需要的情况下,才会与资本主义绝缘,才会决心走上社会主义的集体道路。

五、劳动互助及集体农场

劳动互助是个体农民生产集体化的开始。它的意义是:第一,超出个体经济劳动质量上的狭隘的范围,产生集体的劳动力量,提高了劳动的生产效率(这正如家庭手工业的劳动生产效率,提高到手工业工场的劳动生产效率一样)。第二,将雇佣劳动转变为互助劳动,劳动力的商品性质被扬弃了,同时也就削弱以致消灭劳动力的自由市场和不等价交换的法则,给资本主义在农村中的发展以一定的阻力。第三，改变了个体经济的独立劳动形式，在生产方面建立起初步的集体制度，并滋长着互助合作的新的思想意识。

但劳动互助不能在基本上改变个体经济的生产方法，即是说不能基本上变革生产资料的个体占有制。这种巨大的变革必须有赖于国家的工业化，有赖于机器去代替简陋的个体劳动工具，只有具备了这一巨大的物质基础，才能使个体经济变革为集体经济，才能使合作工厂和合作农场广泛的建立起来。

因为土地的私有制，将使我们农业生产的合作化经过较多的步骤和较复杂的组织形式。在工业有足够力量改造农业生产的时候，在个体农民一般的具有集体经验和要求的时候，土地私有制向土地国有制的转变，将标志着农业生产方法的全部社会主义化。

（原载《学习》1949年第1卷第4期）

过渡期各种利润的性质及其法则

一、现阶段各种利润的性质

在资本主义社会里，利润是剩余价值的变形。劳动者在生产过程中所创造的新的价值，被资本家划分为两部分。一部分由资本家当做工资付给劳动者，作为劳动者最低限度的生活资料。另一部分给资本家占有了，这就是剩余价值。劳动者全体所创造的剩余价值，被资本家阶级的四个集团瓜分着：产业资本家拿去的叫做产业利润，商业资本家拿去的叫做商业利润，高利贷资本家拿去的叫做利息，地主拿去的叫做地租。

各种资本家之所以能够占取剩余价值，是因为资本家占有了生产资料的缘故。所以剩余价值是一定的历史条件和社会条件所形成的，利润也是一定的历史条件和社会条件所形成的。当生产资料不是采取私有制，而是采取社会所有制或劳动者集体所有制的时候，剩余价值这个范畴就消灭了，利润这个范畴也就具有完全不同的意义。

在社会主义性质的国家企业里面，剩余价值消灭了，企业是属于国家的，劳动者阶级是这个国家的主人翁，劳动者在生产过程中所创造的价值，一部分直接归于劳动者个人所有（工资），一部分归于国家归于劳动者阶级所有，国家用之于保卫劳动者阶级所领导的政权并用之于建设劳动者阶级的生产和福利事业，结果仍属于劳动者并造福于劳动者；所以在国家企业的生产关系中，已经消灭了剥削和剥削关系，利润不再是剩余价值的变形，而是国家（劳动者阶级所领导的国家）将劳动者所创造的价值除直接付给劳动者个人部分而外，必须留有一部分作为国家企业扩大再生产之用的资本积累，这一部分就叫做社会主义性的企业利润。

新民主主义的各种国家资本主义企业，其生产方式基本上还是资本主义的，因为生产资料属于资本家，国家只是立于监督和调节的地位，国家虽能在某种程度上对其剥削率和利润率加以监督和调节，但国家并不能改变其资本主义剥削的本质。公私合营的企业，是一种比较高级的国家资本主义企业，其中已包含了社会主义的成分，劳动者的新创价值除开工资所得而外，一部分成为资本主义性的利润，归资本家私人占有；一部分成为国家的利润，复归于劳动阶级所有。

合作社的生产资料，是参加合作社的劳动者集体所有的。但这种集体所有制，需要经过各个发展阶段和过渡阶段，才能成为完整的集体所有制。初期依赖小生产者自己的力量组织起来的合作社，为要吸收股金不得不按股分红，这是在小生产者的基础之上一种自发的资本主义成分侵入合作社的标志，这类合作社的利润具有资本剥削的性质。但另一方面，合作社同时有按劳分红的规定，公积金也是属于社员全体的，这是低级的社会主义性的集体所有制的因素。合作社由于这种从资本所有制到集体所有制的特点，利润也被划分成为两部分：一部分利润归之于资本所有者的社员（按股分红），这时资本所有者的身份掩盖了劳动力所有者的身份；另一部分利润则复归于劳动者的社员（按劳分红），这时劳动者的身份又掩盖了资本所有者的身份。这两种不同性质的利润对立发展的结果，主要的不决定于合作社本身，而要被决定于领导着合作社发展的外在的经济成分：是资本主义的经济成分领导着合作社呢？还是社会主义的经济成分领导着合作社呢？如属前者，利润的资本占有制会逐渐战胜利润的集体占有制，合作社成为资本主义吞没小生产者的一种组织形式。如属后者，则利润的集体所有制会逐渐战胜利润的资本占有制，合作社就成为小生产者走向社会主义的过渡形式。新民主主义的合作社，是属于后者。

个体经济的小商品生产者，对于利润的概念是模糊的。他们是生产资料的所有者同时是劳动力的所有者。他们还不能剥削他人，生产资料还没有转化为资本，因此也不能产生利润的概念，他们对于商品的出售所得，除一切开支费用而有剩余的时候，就认为是自己省吃俭用而来的，这个认识是正确的，一切价值是由他们自己创造出来的，只有他们把新创的价值不全部消费的时候，才会有财富积累，小生产者只有在经常的节约状态下，才有进行有限度的扩大再生产的可能，个体农民及手工业者要发展到新富农及手工业作坊的阶段，资本及利润的概念才会从他们剥削的基础上滋长和明确起来。

二、利润率及平均利润率

利润率等于不变资本加可变资本除利润总额。各生产部门间利润率的高低，往往是资本主义社会资本移动的标志，利润率较低部门的资本，会移向利润率较高部门；因此，社会各部门的利润率有平均的趋向。在一般情况下，资本家按平均利润率来计算平均利润，商品的生产价格等于生产费加平均利润。

利润率的大小，被决定于三种因素：剩余价值量的大小、资本有机构成的高低和资本回转速度的快慢。由于资本家不断以技术改进来追求超额利润的缘故，固定资本在总资本中的比率不断增大，资本的有机构成不断提高，使得社会的平均利润率有下跌的趋势；虽然另一方面由于劳动榨取程度的增进，工资的相对低落及不变资本要素的低廉等等原因，对社会平均利润率的下落发生抵消的作用，但不能改变资本主义社会平均利润率下落的一般趋势。以上是资本主义制度下利润率及平均利润率的性质及其运动法则。

在我们新民主主义阶段的初期，独立的小生产者占优势，因此自由市场占优势。资本主义的因素会相当的增长，资本的移动也是比较自由的。资本主义的利润法则会在国家经济还不能到达的范围内起主要的支配作用。

刚从旧社会蜕变过来的新的国民经济体系，是残缺不全的，是不平衡的。资本随着各部门各地区利润率的高低而作自由移动，对我们国民经济的恢复和完整会发生一定的积极作用。更为了鼓励资本家阶级以其死的财富变成活的资本，必须保障资本家的利润所得。由国家的金融机构根据国民经济各部门的需要来指导私人资本的移动，尽可能减低资本移动的盲目性，是新民主主义经济的特点。

把不变资本的因素抛开不论，利润率的大小直接被决定于剩余价值率的大小。剩余价值率与可变资本成反比例，与剩余价值额成正比例。这就是说：当私人资本主义的企业其工资不变，而劳动生产率已增加了的时候，剩余价值率就增大，资本家的利润率就增大。反之，当劳动生产率不变，而工资增大的时候，剩余价值率就减小，资本家的利润率就减小。所以，要照顾到资本家能维护其平均利润，私人企业中劳动者所要求的不是工资水平的孤立的提高，而是在一定合理的工资水平之上的计件累进工资制度。

所谓工资水平是由什么来决定的呢？在资本主义社会里是由工资法则来决定的。资本家付给劳动者的工资，一般的不超过劳动者最低限度的生活资料，且有逐渐低于这个水平的趋势。在我们新民主主义的制度下，工资水平不能由资本主义的工资法则来决定，而是应该由国家企业的计划工资水平来确定的。国家各部门企业的工资标准定额，应适当的高于劳动者最低限度的生活资料，使这样的工资水平既适应于国民经济发展一般状况，并不致损及国家企业资金积累的必需速度。

资本家阶级所取得的利润，在我们国民经济发展的过程中，会构成社会资金积累的一部分，不仅利润的追求和竞争会推动资本家进行扩大再生产，且由于国家企业的新建设及劳动生产效率的不断提高，致使商品的价格不断低廉，而有不断抑低私人企业利润率的倾向，这就使得资本家要不断扩大生产规模，并不断更新其技术装备，并照顾劳动者的生活状况，追赶国家企业的劳动生产效率。

三、国家企业计划利润的作用

国家企业对于利润的核算，一般的不采取平均利润的计算方法。资本主义的企业是以获取平均利润为目的的，社会主义性的国家企业，则是以发展国民经济提高劳动人民的生活水平为目的的，所以国家企业不应一般地计算平均利润，而应根据各部门各企业生产成本的精确核算，根据市场的情况，确定每一种主要商品的计划价格。商品的计划价格应该是：

商品的生产成本＋计划利润＝商品的计划价格

某一种商品在国家各个企业里的生产成本，由于设备的不同和劳动生产率的不同，显然是各不相同的。决定商品计划价格的生产成本，应该是某一商品在国家企业里的平均生产成本。这与资本主义制度下通过市场法则来表现平均生产费的不同之处，这是一个是盲目的，一个是经过全面的核算而能预见的。

某一商品在各个国家企业里的个别生产成本，有的会高于平均生产成本，有的会低于平均生产成本。前一种企业，他们在按计划价格出售的时候，只能取得较计划利润更低的利润。后一种企业，他们在按计划价格出售的时候，就能取得较计划利润更多的利润，所以平均生产成本是量度某一个企业的设备优劣，经营管理及劳动效率是否够得上水平的标尺。各个企业应为追求低于平均生产成本的成本而斗争。各个企业制定目标来实现一定的低成本，就是企业的计划成本，企业的计划成本是国家制定某一种生产品全面的计划成本的根据，国家制定某一种生产品的计划成本的目的，是在根据各种条件和可能性，来有计划的减低生产品的平均生产成本，从而减低商品的出售价格。

在资本主义社会里，某一商品的价格，是通过市场交换而测知的。在我们新民主主义的阶段里，虽然国家企业可以进行平均成本的核算，然而自由市场仍旧存在，必须参照自由市场的价格，当我们国家企业的产品还不能直接进行分配，而必须有一部分或大部分要通过市场来进行分配的时候，国家企业的商品价格仍须以市场价格为准绳，一般的不能脱离市场价格。而且在这个时候也只有通过市场价格，才能测知某一商品社会必需劳动量（因货币的紧缩或膨胀及垄断等等非本质的因素不在考虑之内）。只有因为政策的需要，某些商品需要以廉价出售，另有一些商品又需要以较高的价格出售，这时才会有部分的国家商品价格与市场价格相背离。

国家企业首先以市场价格为准绳而定出各种商品的出售价格，然后才能定出各种生产部门及各企业的计划利润。计划利润是计划成本与出售价格之间的差额。初期的计划利润是不能完全正确的，因为，计划成本既不能完全正确执行（它多少受市场价格的支配，如最近粮价的下跌，进口工业原料的高涨等等）；同时商品的出售价格要受市场价格的制约，计划利润最初只能是国家和企业的一种斗争目标和概略的预算。只有在国家经济的发展过程中，某一部门的产品已能支配市场，也就是说国家生产的某种商品所需的平均劳动量已能代表社会的平均劳动量的时候，国家才能在该种商品的价格决定上摆脱市场的约束，计划利润才能有比较多的正确性。可是，只要有某些必需的生产资料和生活资料仍然被决定于市场价格的时候，它就多多少少会影响计划成本的执行，并从而影响到计划价格和计划利润。

资本主义的平均利润率，到了社会主义的计划经济之下，被否定了。因为，在计划经济之下资本的投放不是自由选择的，并不是为了追求利润，而是为了有计划的发展国民经济的各部门。愈是需要发展的部门，往往就要采取低利润的政策。所以国家经济各部门的企业利润是不一致的，而且是不需要一致的，社会主义的经济正是因为不需要考虑这一点，所以它能比资本主义制度更迅速更合理地发展着国民经济各个部门。

在私人资本主义经济中，资本支配着人的活动；在我们国家经济中，人支配着资本的活动。

资本主义的制度下，虽然资产阶级所取得的利润总额是逐步增加着，但由于平均利润率低落的倾向，每一资本单位所取得的平均利润在逐渐减少下去，这刺激资本家阶级内部的竞争，加速提高资本的有机构成，加速资本的集积和集中，终于进入独占资本主义的阶段，由此产生独占价格和独占利润，从其自身的发展否定着各企业各部门之间的平均利润率和平均利润。

在新民主主义的经济制度下，国家经济领导着私人资本主义的发展，适当地调节着私人资本向各个国民经济部门的合理投放，其结果正是协助私人资本不需经过盲目移动即能取得平均利润率和平均利润，并尽量减少社会的利润率在各部门各企业之间的差距。至于由于个别企业因技术改进而取得超额利润的时候，国家不仅不予抑制，而且是予以鼓励的。

由于国家经济的调节作用，会使得我国的私人资本主义不可能发生独占资本和进入独占资本主义的阶段。私人资本主义在新民主主义阶段中的历史任务，是使能充分发挥资本主义前期阶段的进步性。因此，国家经济要保障资本主义法则在前期关系中的进步性，并防范其内在矛盾发展的破坏性。

四、产业利润与商业利润

商品经济社会里，商品生产被划分成两个阶段：商品的生产过程和商品的流通过程。从事生产过程的资本家叫做产业资本家，从事流通过程的资本家叫做商业资本家。产业资本家所得的利润叫做产业利润，商业资本家所得的利润叫做商业利润。商品的价值是劳动者在生产过程中创造的，所以商业资本家所得的商业利润，基本上是劳动者在生产过程中被剥削去的剩余价值的一部分。

在资本主义社会里，产业利润率与商业利润率有平均的趋向。商品的价值法则调节着资本在工商业部门里的一定的有机的比率。

由于旧中国社会的半殖民地性和半封建性，商品的流通过程控制着商品的生产过程，前资本主义的和殖民地的不等价交换法则使得商业利润率超过工业利润率。因此，流通过程中的资本总额远超过生产过程中的资本总额，这一资本结构的跛形现象至国民党反动政权崩溃之前发展到最高点。伟大的解放战争在全国范围内的胜利，不仅在政治军事上彻底摧毁了旧的统治集团，且在社会的经济结构上掀起了巨大的改造。我们完全控制了进出口贸易，改变了百年来帝国主义对中国进行商品侵略的情势。更由于财经统一和稳定币值的结果，使投机资本受到应有的打击。这两件事，使得畸形的商业资本瘫痪下来，商业利润一般的降低了，曾有一个短时期内显得商业的空前萧条，这是把畸形的商业资本改造为正常的商业资本的转折点，只有把商业利润率大为压低之后，流通中的商业资本才会逐步的转移到生产过程中去。

在过去，商业利润率就高于工业利润率，大都市的商业利润率又高于中小城市的商业利润率，平均利润率的法则由于帝国主义和官僚资本主义的垄断以及战争等等情势，在旧中国社会里不能发挥其普遍的作用。现在，帝国主义和官僚资本主义在国内消灭了，国内的统一市场扩大到前所未有的程度，资本的自由转移不会再受到不合理的阻碍，社会的资本已开始自流通过程中转移到生产过程中去，自拥塞的大都市里流向枯竭的中小城市里去，发展生产的一般的有利条件已经具备，然而，这并不是说我们就可以放任自流，相反的，国家政策的指导仍然具有决定性的作用。

目前某些消费性的商业由于经济状况的好转仍然获得较优厚的利润，残余的游离资本仍然在徘徊观望伺机而动，工业投资还需加以组织，资金内流的趋向仅缓缓地开始。这一切，没有国家经济各部门的强力领导，国民经济的合理发展就不可能达到其应有的速度，社会的资金也不可能迅速在生产各部门及流通各部门达到合理的分配。

五、利润与社会的资本积累

资本主义社会里，资本家为了追求超额利润，必须继续不断采用新的技术新的劳动组织并扩大其生产规模，因此，资本家必须将其所得的利润除自己生活耗费而外都用作资本积累，资本积累的竞赛，成为资本家相互之间优胜劣败的决定因素。资本主义的前期，当自由市场还普遍存在的时候，积极的资本家往往省吃俭用，把更多部分的利润投向扩大再生产，加速了资本主义的发展速度；当然，资本家个人省吃俭用的目的并不是为了发展社会的生产力，只是为了更多的剥削剩余价值，以便在资本家的竞争场中占取优势。

独占资本主义的产生，破坏了资本主义的向上发展的法则，资本积累的竞赛成为少数独占寡头之间的事，且由于市场瓜分和垄断、中小资产阶级的破产和劳动者阶级的更趋贫困，社会的生产力已不能再向前发展，由独占价格提供的独占利润，资本家虽穷奢极侈，仍有大量的资本过剩，出路惟有掀动战争，重行瓜分殖民地，并把劣势的资本主义国家做为大独占资本主义国家的附庸。

我们的国家企业里发展生产的动力，不是企业领导者对利润的追求，而是劳动者的社会主义性的竞赛，这种竞赛与经济核算制结合起来，就会使国家企业的生产力无止境地发展，刚刚与资本主义制度相反，这种生产力的发展不是基于对劳动者的更多的剥削，而是基于对劳动人民生活福利的相应提高，使劳动者能以其自动自发的积极性来进行更多的生产。国家经济所要求的，不是企业利润率的增大，而是社会国民经济各部门生产的增大，因为只有各部门完成更多的生产，才能进行社会的扩大再生产。某一企业可能因劳动组织及生产技术有特出的改进，使其利润率超过一般的利润率以上，因而其利润总额会超过计划利润总额，这样的企业无疑的是要受奖励的，然而与资本主义制度不同的是：资本家要努力秘密保守这种先进的组织和先进的技术，资本家的政府也用立法来保障他的秘密，帮助他长期的能获得超额利润。国家经济则与之相反，我们是要努力迅速公开和推广这种先进的组织和先进的技术，使全部企业都能迅速普遍采用。这样做就能迅速减低某一产品的社会平均劳动量，降低其成本价格，因而使受奖企业的利润率迅速降低下去，使与一般企业接近，在国家看来个别企业利润的降低是无足轻重的，但全企业部门的生产能力提高了，全部的利益就是个别的利益，这就是社会主义扩大再生产所以较资本主义更为迅速的原因之一。

我们新民主主义阶段的国家经济要以其优越性来领导着私人资本主义经济作利润率的降低，利润率的降低不等于利润总额的减少，利润率的降低假如是建立在社会生产力发展基础之上，则利润的总额是会增加的。从全社会看来，资金的总的积累更较迅速，并加速社会扩大再生产的进程。

资本主义制度下平均利润率的降低，会引起社会资本有机构成的提高，扩大资本主义的内在矛盾，爆发经济危机。在社会主义的制度下，国家计划使得社会生产资料的生产和消费资料的生产保持着一定的比率，使劳动者个人所得与资金积累保持着一定的比率，因此，由于国家的降低价格而引起的某一部门利润率的下降，以及社会生产技术的改进，不会在社会的生产与分配之间发生矛盾。

在我们国家经济领导下发展着的私人资本主义经济，虽然国家能在价格政策、工资政策、金融政策、税收政策等各方面，对资本家的利润率发生一定的制约和调节的作用，可是并不能基本上克服资本主义内在矛盾的发展，在资本主义企业内部的资本的有机构成的提高是无法阻止的，由此而使得生产与分配之间的差距不断扩大，破坏国民经济的全面发展。因此，只有使国家经济在国民经济中所占的比重不断加大的进程中，才能不断缩小私人资本主义经济这种破坏性。

六、价格政策与国家企业利润

资本主义的商品价格，是商品价值的货币形态，通过市场的供求律，价格在不断的偏差中符合于价值。

社会主义国家企业所生产的商品，其价格对价值的偏差不是由市场的供求律来决定，而是由国家的计划来决定的。计划价格虽然以商品的价值为基础，同时在不同的程度上受市场价格的制约（视自由市场力量的大小而定），但国家企业的商品计划价格在国家政策指导之下有其独特的作用。国家为了发展生产，可以将某些锁钥工业的产品价格经常低于其价值，如煤、电、铁路运输等等，这样做虽然经常失去一部分价值，降低了这一商品的利润率，但帮助减低了一般商品的成本价格。在另一方面，国家对某些商品需要限制其消费和生产的时候，可能将该种商品的价格定在其价值以上，使能在流通中经常取得超额利润。

同一种商品，由于销售对象的不同，可能定出各种不同的价格。电力对于商业用户和工业用户有不同的销售价格，铁路运价对于各种不同性质的商品也采取了各种不同性质的运率等等，从一种商品的出售总值和生产总成本之间，可以得出一定量的计划利润，这种一定量的计划利润，是通过该种商品不同的价格和不同的利润率来实现的。

国家企业的商品价格对于各种经济成分，也应该有各种不同的价格政策。国家贸易公司是经常以优待的价格照顾合作社的，国家经常供给农民以廉价的生产资料和消费资料，成为工农联盟的重要经济内容，对于参加半社会主义性合作社的农民应该更优于"单干"的农民。对国家企业内部的供给应该优于对自由市场的供给。至于对其他经济成分，将视发展阶段的不同和条件的不同，分别决定用平等价格或者用高价格。

价格政策的充分运用需要对各阶层加以组织，并对自由市场的供销加以计划地调节，我们对某种商品和供销体系具有某种程度的组织，就能施行某种程度的价格政策。

价格政策的充分运用对全社会劳动人民创造价值的再分配有巨大的作用。对国民经济各部门的合理投资也有巨大的作用。惟有通过价格的调剂，国家才能以高补低，以肥补瘦，才能使国家的资金积累和扩大再生产的进程，超脱国家企业生产中的计划利润的范围。

(原载《学习》1950年第3卷第2—3期)

国家资本主义的性质、形式及其作用

一

我们的国家，是无产阶级领导的以工农联盟为基础的人民民主专政的国家。在我们的国民经济结构中，存在着社会主义性质的国家经济，私人资本主义经济和小商品经济。其中，小商品经济占有绝对的优势。

"在一个小农国家，不言而喻，是小农'结构'，即一部分是宗法的，一部分是小资产阶级的结构占着优势。既有交换，则小经济的发展，就是小资产者的发展，也就是资本主义的发展……"（列宁）

我们通过合作的方式，组织小生产者，把小生产者在各种不同的形式和程度上提高到可以与国家经济直接联系起来，这是使小生产者避免成为资本主义俘虏的惟一道路。

然而在我们国民经济的恢复阶段，资本主义因素在小生产基础之上的增长，较之合作经济的增长可能更为迅速些，城市资本主义的恢复和扩张也是迅速的，因此，随着我们国民经济的恢复和发展，小生产者的自发势力和资本主义生产的无政府状态在相当限度内难免要扩大,我们国家经济的重要任务,就是要在各种经济关系上,去组织、督导和调节资本主义,在各种不同的程度上削弱资本主义生产与销售的盲目性,减低全部国民经济中的浪费现象,并巩固国家经济在全部国民经济中的领导力量。

国家资本主义,就是在我们无产阶级领导的国家的组织、督导和调节之下的资本主义。是我们国家经济与之结成联盟的一种资本主义,是节制资本主义成分的无政府状态,在部分的生产诸关系上(主要的是交换关系及消费关系)改变资本主义发展法则的一种经济形式。

在资本主义的国家里面,也存在着或多或少的国家资本主义。譬如银行、铁道以及一部分锁钥性的工业。在英国比较多一些,在美国则比较少一些。这些国家,是资产阶级利用政党政治的形式而实行专政的国家。因此他们的国有企业,是专门替资产阶级服务的,是为节省资产阶级的投资,利于资本主义的发展才由资产阶级的国家来经管的,这也是一种国家资本主义(英国工党则厚脸地称之为社会主义),这种国家资本主义,是独占资本主义的一种形式,是反动的束缚社会生产力发展的一种经济形式。

资产阶级专政之下的国家资本主义,与我国新民主主义阶段中的国家资本主义,性质上是有很大的区别的。我们的国家资本主义,是在无产阶级领导着的国家督导和调节之下的资本主义,是为了以全体利益为前提而发展国民经济,使资本主义更符合于国家的计划领导的一种组织形式。我们的国家资本主义,较之于私人资本主义和小商品经济,具有极大的进步性,在目前它非但不会束缚社会生产力的发展,相反的将有助于国民经济的合理发展。

然而，新民主主义阶段中的国家资本主义，在本质上仍然是资本主义，它仍然是以资本剥削剩余价值为其基本特征的，它仅仅在商品经济运动的规律上，在某种程度的扩大再生产的规律上，受社会主义性国家经济计划的制约；较之一般自由资本主义，成为更高一步地接近国家经济的阶梯。

在国家资本主义的企业里面，劳资关系基本上仍然是两个阶级的对立关系，企业的资金或生产资料可能有部分的属于国家所有，也就是说属于劳动者阶级所有，然而并没有因此而扬弃以至削弱资本家阶级对劳动者阶级的剥削关系。在公私合营的企业里，固然有一部分价值以利润的形态复返于国家，但这部分价值是由于国家的投资而扩大了生产或流通总量，由此而多创造了一部分价值。至于资本家所投的资本，在任何情况之下仍须取得平均利润，甚至因公私合营的有利条件而会取得较平均利润更高的利润。所以阶级关系并不因公私合营而有所改变。

国家资本主义经济，是国家经济与资本主义经济的一种联盟，一种过渡的阶梯，正如合作经济是国家经济与个体经济的一种联盟和一种阶梯一样。

二

国家资本主义既然是国家经济与资本主义经济的一种联盟，则这种联盟的形式，可能是广泛的，多种多样的。

列宁把国家资本主义的形式，概括为四类：（一）租让制的，这是指把苏维埃国家的矿山或生产设备，与外国资本家订立合同，由外国资本家投资经营。（二）是委托代理制的，是指由国家委托私人资本家搜购原料和代售产品，付给一定的代买代卖的手续费。这种形式在新经济政策时期比较普遍。（三）对国内租让制，即是把国有的厂矿、林地、土地租给国内企业资本家，订立合同，这种合同与第一种租让制相似。（四）小业主的合作制，这是指资本主义性的合作社而置于国家的统计监督之下；这种形式列宁说近似于国家资本主义，也可以说是一种低级的国家资本主义。

在我国新民主主义阶段中，由于我国经济形态的复杂性，国家资本主义会采取更复杂的更多种多样的形式。

第一种国家资本主义的形式，是国家与私人资本家合办的企业——公私合营的企业。对于这类企业，当私股大过公股的时候，经营管理的权往往操之于私人资本家手里，国家处于监督的地位。当公股大过于私股的时候，国家就会有较大的经营管理之权。但不管国有成分在这些企业里处于何等的地位，这类企业的性质必然掺杂着资本主义的剥削关系。因此，它是国家经济与私人资本相互掺和的一种国家资本主义形式。私人资本家之所以愿意公私合营，是在他能依赖国家经济的各种有利条件，如供给原料，推销产品，银行借贷，劳资协调等等，这些有利条件，归根结底，会提供资本家更多的利润。由于国家在公私合营的企业里能发挥较大的监督和调节的作用，所以能更多的免除资本主义所包含的无政府状态，较之一般的私人企业能够减少浪费，因此其利润率较之一般私人企业的利润率为高是很自然的。公私合营企业是国家资本主义企业最成熟的一种形式。

第二种国家资本主义的形式，是委托加工和订货。对于某些主要的私营企业，国家与它签订合同对它订货。在合同上规定产品名称、规格、数量、品质、价格、交货日期及交货办法等等。这种订货是资本家所愿意的，因为他可以预知产品的销售量及销售价格，因而也能预知他所能获得的实际利润。但资本家对资本家订货与国家对资本家订货有显著的区别，前者是资本主义的关系，基本上保留着资本主义生产与销售无政府状态；后者则是国家资本主义的关系，由国家掌握着生产与销售的环节，就由国家掌握着商品的交换和消费，使国家对这些企业的生产发生监督与调节的作用，在各种不同的程度上减低了资本主义的无政府状态；这种订货合同如能长期继续，就可以把这一企业的生产与销售包括在国家的计划之内。委托加工具有同样的意义和作用，国家如能掌握足够的原料，就可以把订货转变为加工，加工较之订货更能控制产品的质、量和价格，更能减弱自由市场的影响，并能更确切地置于国家的计划之内。订货加工合同的签订，是国家经济与资本主义经济团结与斗争的一种形式。国家要熟悉对方生产的条件与生产的情况，要善于把握各个生产环节的进行并通过合同来监督其执行，并要善于核算其各种费用。对订货加工的工厂企业须给予一定的利润，其利润率应不低于该部门的平均利润，且容许资本家在执行合同的过程中因改进技术设备及生产组织而获得超额利润，这种超额利润是资本家发挥其积极性的原动力，对于社会的生产发展有利。国家资本主义企业里的劳动者，在合理工资待遇的基础上应发挥其积极作用，使国家资本主义企业较之私人资本主义企业显示其优越性。

第三种国家资本主义是代理收购原料和推销成品。由国家企业委托私人商店收购原料和推销国家的产品，这种商店有其自己的资本和独立的经营管理，但因其与国家签订合同，完成国家企业的供销业务，并置于国家的监督和调节之下，这一种形式目前还不很发展。

第四种国家资本主义是在国家监督或参加之下的私人厂商的购销联营。有联购、联销、联购联销等种。购销联营是卡特尔的一种形式。这种卡特尔置于国家的监督和调节之下，或者为便于监督调节而有国家企业参加领导的条件之下，就是一种具有巨大作用的国家资本主义形式,这种联营的扩大,可以把同类的私人企业团结于国家企业的周围,或直接置于国家托拉斯的领导之下。由采购原材料和销售产品的联合进而至于生产的联合,是资本主义发展而产生独占的一般进程。而在我们社会主义性国家经济领导的前提下,则可以作为组织资本主义,使其联合集中,通过国家资本主义走向社会主义的一种进程和方式。

手工业作坊的联营,在我国经济中会具有特别重要的意义,某些有广大国内外市场的手工业生产,在国民经济恢复过程中的发展是必然的。手工业作坊的发展就将成为资本主义的手工业工场。对于手工业作坊在运销购料的环节上使其联营,由国家来给予组织指导,可以减弱其发展的无政府状态,且可以通过购销的联营而达到生产的组织与指导。这一工作是相当繁琐而复杂的工作,但如有国家贸易与信贷的相当帮助,困难也就比较容易克服。它特有的优点是当这些生产还在资本主义胚胎状态的时候,国家即着手加以组织和指导。至于独立的手工业者,则可以用半社会主义的合作形式来组织他们。

最后,苏联新经济政策初期还有对外国资本家租让的国家资本主义形式。不过由于帝国主义者对苏联进行封锁,这种形式的国家资本主义经济并没有能发生实际的作用。而在今天我们中国,这样一种形式就更没有使其存在和发展的可能和必要了。我们与苏联之间则已进行经济合作,合资开发新疆的石油及有色金属和合组航空公司,但这不是国家资本主义的形式,而是社会主义体系内的国际经济合作的一种形式,是社会主义性质的经济形式,因为苏联是社会主义的经济,而我国的国营经济也是社会主义的性质,同属于一个阶级即无产阶级所掌握的财产,是扩大了的"社会的占有"和"社会的生产"的生产方式。

在我们新民主主义的阶段,国家经济与私人资本主义的发展不可能是并行不悖的，他们会构成某种程度的交织状态，这就是国家资本主义发展的基础。在相当时期之内，我们会有广泛的各种不同程度和不同形式的城乡资本主义，我们不能堵塞资本主义的发展，但我们必须用各种不同程度和不同形式的国家资本主义来组织和领导资本主义。国家资本主义的发展在过渡阶段具有非常重要的意义，问题在于国家的经济工作者如何能善于组织并善于创造组织的各种形式，通过这种形式就能把资本主义的经济适当地置于国家的领导和监督之下。

三

在广大的小生产基础之上，时时刻刻在生产着资本主义。农业生产的发展及购买力的提高，是城市资本主义发展的条件；在国家扶持和调节之下的国内自由贸易，也发展着商业的资本主义。一年来全国国民经济的恢复繁荣，无疑的恢复与发展了城乡资本主义。从其有利的一方面来说，它促进了全部国民经济的周转，发挥了各个阶级在生产中的积极性，提高了社会的生产力，并使人民的生活很快的得到改善。但从另一方面来说，发展了城乡资本主义，就是扩大了国民经济中的自发势力，扩大了生产与销售中的无政府状态，这种情况如不适时的加以组织和领导，它会增加国民经济中的浪费，侵蚀国家经济的计划性，从而迷乱我们的发展方向。所以，要使得城乡资本主义发展的结果尽可能多的符合于全社会的利益，重要的问题就在尽可能多的组织和发展国家资本主义。

企业的联合与集中，一般的通过这几种组织形式：第一，最简单而容易组织的，是使同种商品的生产业主联合起来，统一采购原料，统一规定产品规格，并以协议的价格出售，这叫做卡特尔。第二，是同部门的各企业在生产量、销售市场和价格等方面取得协议，这就是新迪加。第三，同一部门的各企业合并而为一大企业，成为该部门最大的或惟一的独占生产组织，这就是托拉斯。第四，互助关联的各种生产作横的联合，这叫做康并纳。以上这四种独占组织的形式，其发展的进程是由销售而到生产，由协议而到合并，由一种生产部门的联合与集中而到多种生产部门的联合与集中。这些规律，可以作为我们国家经济领导私人资本主义走向国家资本主义的参考。

资本主义组织卡特尔，可以使参加的各企业避免在价格竞争中遭受损失，从而产生独占价格。现在我们的国家企业如能将同部门的私人企业加以组织，并在产品的规格和价格上取得协议，目的不在取得独占利润而在取得合理利润，并可以控制该种产品市场价格的波动，也有利于该种产品的扩大再生产；国家企业的生产价格将是一般私人企业生产价格的杠杆，国家企业以合理价格出售，可以促使私人企业改进生产和减低成本，这种杠杆作用，现在我们往往由国家贸易公司对私人企业的生产品加以收购，然后在市场以划一价格出售；这种办法虽然简捷有效，但产品的种类与数量要受国家贸易基金的限制；上述公私卡特尔的办法不受这种限制，他需要具备的条件是：国家须在该部门的生产能力和生产成本方面占取相对的优势，这样它就可以比较容易的组织同部门的私人企业，在销售市场和价格上使私人同意国家的合理规定。

国家企业在同部门的私人企业中能发生多大作用，协议的范围达到何种地步，是卡特尔式的？抑或是托拉斯式的？或者是复合的？需要看国家企业本身的力量而定。在1950年的各种专业会议中，曾达到某些生产部门的原料供给和生产数量的协议，但这些协议还未曾以专业的组织机构来监督其实行，使能提高到国家资本主义的一种固定的经济形式。这种同部门的公私结合的专业会议，可以使公私双方得出很多经验，证明这样的协议对双方有利，因此今后就需要扩充协议的范围，规定各种细节，组织一个固定的专业机构来监督其执行，并随时予以必需的补充和调整。

国家资本主义的形式在各部门间的发展，必然是不平衡的，而且需要经过长期的过程。国家经济本身的发展，是发展国家资本主义经济的基础。

四

把私人资本主义经济提高为国家资本主义经济，是组织与团结的过程，也是斗争的过程。主要的斗争范围包括：成本价格，原材料供给，市场分配，资金调剂，利润，运输条件，劳动条件等等。这种种斗争需要依据于经济发展的自然规律来进行，因此，不能用政治的强制来组成国家资本主义，这样的组织不能经受风霜的考验，我们要用事实来说明，或者安排着各种具体的条件，让私人资本家自动地积极地选择国家资本主义的道路。

保证国家资本主义企业一定的利润，甚至能给予较自由经营更多的利润，是与资本家取得协议的主要环节。然而我们决不能以提高价格来保证国家资本主义企业的高额利润，应该在国家经济的监督领导之下进行成本核算和节约浪费，保持产销平衡，原材料的及时供应，劳资关系的协调，以及国家领导的预见性等等，使资本家可能取得较高的利润率。

国家资本主义的经济形式不仅是私人资本主义在国家经济领导下的一种过渡形式，而且是生产力提高和生产关系改进的过程。只有这样，国家资本主义的发展才有其本质的意义。但同时也不能忘记：国家资本主义仍然是一种资本主义，其与国家经济有本质上的不同，从国家资本主义跃进到社会主义的过程，是质的转变过程，要经过一定的斗争，然而是和平变革的过程，长期的实践会指示出具体的步骤和方式。

（原载《学习》1951年第4卷第4期）

我国过渡时期的国家资本主义

一

在资本主义社会里，国家资本主义是垄断资本主义的一种形式。因为政权既操纵在垄断集团之手，则生产资料名义上的国家所有，实质上也就是垄断资本集团所有，为垄断资本集团的利益服务。

在无产阶级专政或人民民主专政的国家里，国家资本主义是在过渡时期资本主义经济成分过渡到社会主义的具有过渡性生产关系的经济形式，它是工人阶级领导的国家对于私人资本主义实行领导和监督的经济形式。

无产阶级专政下的国家资本主义和人民民主专政下的国家资本主义，实质上没有区别，虽然由于不同国家历史的、经济的和政治的条件的差别，它们的地位、作用、形式等等会有若干差异，但总的说来同样是为了在容许资本主义存在的条件下，使其利于社会主义的建设并为社会主义的转变提供条件。一般地说，在现代工业发展水平比较低的国家，国家资本主义经济的发展在过渡阶段中具有更为重要的意义。因为在现代工业水平发展比较低的国家,当无产阶级取得政权后,需要一个较长的时期去发展生产,尤其是发展现代工业生产,因此落后的小商品经济及中小资本主义经济,需要经过一系列的过渡性的生产关系和过渡性的经济形式,为社会主义经济成分的不断增长以至生产资料私有制的最后转变为生产资料的社会所有制提供条件。在工业发达的国家就不这样。

在我国,由于经济的落后,在社会主义经济还不能充分代替现有的资本主义经济之前,现有的资本主义企业还带有一定程度的有利于国计民生的积极作用这样一个方面,但同时也有不利于国计民生的消极作用这样一个方面,因此我们既要利用资本主义的积极性,也要限制它的破坏性,并且要循着社会主义的方向和要求对资本主义逐步进行改造。在利用、限制和改造资本主义中,运用国家资本主义这种形式是十分重要的。国家资本主义是我国人民民主专政的国家政权利用、限制和改造资本主义的经济形式。

二

工人阶级领导的国家,在过渡阶段所以要利用资本主义,就是因为:第一,小生产还占优势,广大的小生产经济不能直接过渡到社会主义,在还没有足够的其他更进步的经济形式(例如合作社)来代替它以前,需要利用资本主义作为小生产与社会主义间的中间环节;第二,资本主义的大生产较之小商品生产更接近于社会主义,并较之小生产具有远为巨大的生产力,因此,正如列宁所说,要利用它"作为提高生产力的手段、途径、方法和方式"[①]。

---

① 列宁:《论粮食税》,人民出版社1953年版,第33页。

中国工人阶级取得政权以后，实践证明：国家资本主义是有效地利用资本主义的经济形式。在公私合营的企业里，我们已把全部企业的生产、销售、劳动、工资、利润等等纳入国家计划之内，调节资本主义生产的价值法则基本上已让位给有计划按比例发展的法则，虽然剩余价值法则尚未完全失去作用，但已受到很大的限制，具体表现在国家对于资本家所得利润的限制上。对于统购包销的企业，产品的生产与销售也已纳入国家计划之内，与前者不同的是国家还未参加管理生产过程，因而也就不能严格遵守产品的生产计划和价值的分配计划，剩余价值法则虽受到限制但在生产过程中还起着主导作用；这种形式的国家资本主义的主要优点是在最大限度内限制了产品的生产与销售的盲目性，有利于社会主义经济成分的发展，在加工订货的国家资本主义经济形式中，国家部分地控制了私人企业产品的生产与销售，也有助于国家的计划生产的进行和对市场的调节。在收购与代售的低级形式中，国家作为生产与销售的调节者，部分利用私人企业生产和销售的机能，并受国家购销计划的调节。

　　实践证明：经国家资本主义的各种形式所组织起来的资本主义企业，在生产与销售方面已逐步从盲目状态转而受国家计划的控制，因此生产效率有显著的改进，并成为社会主义经济领导下的有组织的经济成分，促进了社会主义经济成分的发展。

　　列宁在《论粮食税》中写道："既然我们还无力实现由小生产直接过渡到社会主义，所以资本主义——它是小生产与交换的自发产物，——在某种范围内便不可避免，所以我们也就应当把资本主义作为小生产与社会主义间的中间环节，作为提高生产力的手段、途径、方法和方式来利用（特别是要把它引导到国家资本主义的轨道上去)。"①

三

在过渡时期,我们既然利用资本主义的积极作用,以发展生产,为国民经济的恢复和社会主义经济成分的增长和扩大提供条件,也为了同样的理由,同时必须限制资本主义的破坏性。资本主义生产的无政府状态是尽人皆知的,由于生产的各自为政而经常造成生产部门与生产部门之间的浪费和脱节,造成生产与流通之间的浪费和脱节,此外,资本主义的发展,也就是小商品生产者在商品交换中不断被剥削以及生产资料不断被剥夺的过程,也就是牺牲小商品生产来滋养和发展资本主义的大生产的过程。

工人阶级领导的国家可以"在经营范围、原料供给、销售市场、劳动条件、技术设备、财政政策、金融政策等方面"② 对资本主义经济及其破坏性加以限制。限制的动力一则来自国家政权及工人阶级的力量,二则来自社会主义性质的国营经济的力量。政治力量的限制必要的时候必须采取,但要使限制成为国民经济活动的斗争形式,要使千百万人在日常的经济活动中自然地遵循这种限制,没有国营经济的力量是不可能的。

国营经济对资本主义经济的限制,一般的方法可以通过市场来进行,例如限制原料的市场供给、逐步降低商品的市场价格、依靠国营商业及合作社商业的发展来排挤自由市场,以及控制贷款和运输条件等等。而这些方法中的基本环节是掌握市场价格,国营经济应发挥自己的优越性,使在市场价格的斗争上逐步占取

---

① 列宁:《论粮食税》,人民出版社1953年版,第33页。
② 《中国人民政治协商会议共同纲领》,人民出版社1952年版,第17—18页。

优势，然后才能达到有效限制的目的。

总的说来，凡是有国营经济和合作社经济活动的地方，就会给予私人资本主义经济活动以不同程度的限制。通过市场斗争来达到限制的目的，是国民经济恢复阶段的主要方式。然而，这种方式并没有改变私人资本主义无政府状态的特质，也并没有使私人资本主义与国营经济发生较固定的经济结合关系，因此，这种限制的活动还不属于国家资本主义经济的范畴。

国家资本主义的低级形式是委托代理和产品收购，被委托代理的企业和商店与国家有合同关系，这就表明有一定的经济联系，这种联系限制私人企业和商店的经营品种、数量、价格及利润。在产品收购的形式中，国家与私人企业或业主有合同关系，这也表明有一定的经济联系，这种联系可能是持续的，也可能一时中断，无论继续或一时中断，都是通过经济的结合关系而对私人企业或作坊的产品品种、数量、价格及利润发生一定限度的限制作用。

国家资本主义的中级形式是订货加工。无论订货或加工，国家与私人企业有了较复杂的合同关系，这种关系已伸入到生产过程（低级形式的代理、收购只表现于商品流通过程），从而控制了商品的流通过程；因此，这种经济联系不仅较严格地限制了私人企业本次生产过程的产品生产的品种、规格、数量、利润等等方面，在一定范围内也限制了再生产过程，并且截取了资本主义商品的流通过程，扩大了社会主义经济的产品交换（虽然是不完全的）和商品流通范围，限制了自由市场的商品流通量和流通范围。

公私合营的企业，其生产与分配一般的已包括在国家计划之内，因此生产已受有计划（按比例）发展法则的支配。资本主义经济诸法则的作用已被限制在极狭小的范围之内；产品的分配已脱离市场法则的支配而受计划分配和计划销售的控制；生产和交换的盲目性逐步消失了，价值的分配受到较严格的监督；社会主义经济成分对资本主义经济成分的限制作用在公私合营企业中发展到最完善的程度。

四

我国过渡时期国家资本主义经济的作用，不仅在利用和限制资本主义，还在循着社会主义的方向改造资本主义的企业。资本主义自动的组织化和有意识地来促进社会主义经济的发展是不可能的，只有在国营经济的领导下，通过国家资本主义的阶梯，才可以使资本主义的企业充分发挥其生产力并在不同程度上逐步改变其生产诸关系，以促进社会主义经济的发展，并逐步接近社会主义的门阶。

把资本主义企业产品的生产和分配组织在国家计划之内，乃是对资本主义企业的极重要改造。因为产品的生产和分配既受国家计划支配，也就在极大的范围内使其与社会生产各部门之间，与各企业之间，生产与消费之间，建立了经常的较固定的经济联系，这正是为社会主义的生产组织提供条件。

在公私合营的企业里，劳动者与生产资料的关系也开始有了改变，在资本主义企业里生产资料是资本家完全占有的，现在这种资本主义所有制已经与全民所有制结合在一起，劳动者是全民所有制的主人，两种所有制的结合和发展会使社会主义的成分逐步占取优势，改变了阶级关系，因而使社会主义的经济法则能逐步施展作用，这就是对资本主义企业最基本的改造——生产关系的改变。而生产关系的改变就必然引起劳动效率、生产组织和生产技术等一系列的改进。

对于统购包销、加工订货的企业，重要的是产品的交换关系改变了，原来是私营企业主向其他私营企业主购进原料并推销产品，它是整个资本主义经济体系中的一个有机的单位，现在则脱离了资本主义的商品流通体系，而加入（或部分加入）社会主义经济的商品流通或产品交换体系，因此，其再生产规模在不同程度上要受国家计划的规定，剩余价值的分配也发生变化——剥削性的商业利润消灭了。

代理推销是商业机构和商品流通的组织化，它脱离了自由市场转而为国营商业的计划销售服务，为国营企业产品的销售服务。

生产关系及交换关系在不同程度上的改变，是资本主义企业在国家资本主义经济形式中获得改造的主要方面。由于这些改变，资本主义的无政府状态被削弱了，相应的也就是在不同程度上发挥和提高了这些企业的生产效果和生产效率，促进了生产力的发展，这就是国家资本主义较之私人资本主义所具有的极大优越性。

高级形式的国家资本主义较之低级形式的国家资本主义更接近于社会主义，因此，高级形式的国家资本主义也就优越于低级形式的国家资本主义。低级形式的国家资本主义有向高级形式的国家资本主义发展的趋势，但并不是一切低级形式的国家资本主义都会向最高级形式发展，各种国家资本主义经济将经过不同的道路，转变为社会主义经济，或为社会主义经济所代替。

（原载《学习》1954年第2期）

我国过渡时期的经济结构和阶级关系的变化

一

毛主席说：中国的新民主主义革命，从1949年10月1日中央人民政府成立，就胜利的完成了。因为革命的主要目的是取得政权，推翻旧的统治阶级，所以在全国范围内建立了政权，新民主主义革命就完成了。我们的革命分为两个阶段：第一阶段，是新民主主义革命；第二阶段，是社会主义革命。当第一阶段完成以后，第二阶段就开始了。在这4年的时间——3年恢复，1年建设——我们已进入了第二阶段，即过渡到社会主义的阶段；直到社会主义建设基本完成，都是过渡阶段。在过渡阶段中，政治的和社会经济的改造是结合在一起的。过渡阶段完成，革命第二阶段的任务，也就完成了。

二

现在把过渡时期的经济结构说明一下。

我们把帝国主义经济、封建主义经济和官僚资本主义经济完全肃清，这是第一阶段的任务；但有一部分工作到第二阶段才能完成。1949年10月以前，反对帝国主义、封建主义和官僚资本主义，进行土地改革，没收所有的官僚资本主义经济和帝国主义经济；但还留下一部分残余，消灭这部分反动经济残余是在1949年10月以后完成的。这并不影响以1949年10月1日为第一阶段革命任务的完成的界限。苏联十月革命是社会主义性质的革命，但土地革命的完成却在1921年；当时我们民主革命的任务还没有彻底完成，到第二阶段才完成。

我国过渡时期有五种经济成分。国营经济是大工业、矿山、银行、铁路、交通企业，这部分是国家的经济命脉。主要是没收自官僚资本主义和帝国主义的大企业，而这些企业原来已发展到垄断资本主义的阶段，很集中，能使用现代化技术，生产带有垄断性。从垄断资本主义跨进社会主义，中间是不需要过渡的，所以我们就把这一部分经济变成社会主义的国营经济。这就是工人阶级掌握政权的经济基础。但是它的数量很少，从1949年全国总产量的情况看，现代工业才占10%多一些——不到20%，在国民经济中所占比重很小，说明旧社会资本主义很少，经济落后。我们学习"联共（布）党史"第九章，以此与苏联的过渡时期相比较，这是我们的特点。因为我们资本主义发展的落后，所以资本主义经济只有一部分发展到垄断阶段，相当的大部分是中小资本主义。中小资本主义不能立即转变为社会主义。社会主义经济需要资本主义高度发展，有最新的科学技术，这才是社会主义经济的物质基础和条件；比较分散，小规模，技术落后的企业，没有立即成为社会主义经济的条件。为什么？因为社会主义经济是生产资料社会主义所有制，它需要各个生产部门有严密的分工，同时生产技术上要密切配合，把社会生产各个部门变成一个大的生产机构。中小规模的资本主义则不然，生产品种多，而且产品都是中小型的。像我们的机器厂，生产的机器都是小机器，不能满足社会主义经济发展的需要。像重工业上应用的重型机器、大的发电机，中小资本主义的工厂都不能生产。制造汽车的机器，制造拖拉机的机器也不能做。这就是说它还没有为社会主义经济准备物质条件。另外我们也有少数大的私人资本主义经济，规模很大，目前已发展到垄断资本主义阶段。像申新纱厂拥有60万纱锭，这样的企业就是搬到美国去也是大企业；比它小的永安纱厂，拥有30万纱锭。现在有1000工人以上的私营工厂，全国有50—60个。这些工厂我们也没有没收，这并不是因为它本身的资本主义发展条件不够，而是由于这些资本家，在我们民主革命阶段中没有与反动统治阶级站在一起，特别是中小资本家在旧社会中受官僚资本主义的压迫，所以在他们之间大部分能保守中立，而其中有一部分还倾向于革命。由于我们新民主主义革命性质的缘故，所以我们把这部分资产阶级当做朋友而没有当做敌人。有人说，苏联十月革命时没收工厂很多，差不多十人以上的工厂都没收了。这是不是连小规模的工厂都没收了？本来民主革命所提出的要求，是没收属于国家经济命脉的托拉斯组织，它不是一般地没收资本主义。但是克伦斯基政府并没有完成民主革命，反而与沙皇、地主勾结在一起，越来越反动；不推翻反革命政权，民主革命就完成不了，所以爆发了十月革命。十月革命是面对着整个资产阶级，当时俄国资产阶级力量相当强大，而且有外国帝国主义援助它，因此当时要求彻底打击资产阶级，要把它打倒地上爬不起来，在经济上还要挖它的根；但到了新经济政策时期又恢复了一些资本主义，由此可见政治和经济的要求是不完全一致的。有时经济的要求低一点，政治的要求高一点；有时政治的要求低一点，经济的要求高一点，十月革命把十人以上的中小企业没收，是为了政治的目的；我们把一部分大资本家保留也是为了政治的目的。这是由于两个国家的情况、条件不同的缘故。

为什么说十月革命是社会主义革命？因为它是推翻资产阶级政权建立无产阶级专政。所以是社会主义性质的革命。我们是推翻帝国主义、封建主义和官僚资本主义，建立以工人阶级为领导的、工农联盟为基础的人民民主专政，所以我们革命的性质是新民主主义革命。在苏联，社会主义革命以后同样需要过渡。十月革命以后到社会主义建设基本完成，这个阶段叫从资本主义到社会主义的过渡。苏联社会主义建设基本完成是在1932年，全部完成是在1936年，颁布宪法以后才彻底消灭生产资料的私有制；1932年是基本上完成社会主义生产资料所有制，但还有私有制的残余，直到1936年私有制残余才彻底肃清。

中小资本主义既然不能在旧的条件上立即转变为社会主义，因此要允许它存在。不仅允许它存在，而且要使它逐步地能变成社会主义，就是说对它要加以领导。对中小资本主义如何领导，如何监督，如何使它能促进社会主义建设，如何使它能逐步地准备条件转变为社会主义。在这方面，列宁曾提出国家资本主义的办法。实行国家资本主义就是把原来没收的资本主义现在让它复活，当时很多人思想上搞不通，害怕资本主义。所以列宁在《论粮食税》中曾三番五次地说，不要害怕资本主义。如果在一个国家的经济结构中只要小生产占优势，资本主义在一定条件下的增长是不可避免的。因为小商品经济每时每刻都分泌滋长资本主义，用堵的办法不能解决问题，而且会影响小商品经济的生产积极性。因此小商品经济占优势的国家，资本主义必然存在，这是一个法则。问题在于我们不允许资本主义自由发展和泛滥，是在于我们把它引导到国家资本主义的轨道上去。苏联在新经济政策时期虽然复活了一部分资本主义，但就总的来说，资本主义在城市占的比重很小，农村富农发展的比重较大。因此小的多，中等的少。在那样的条件下，国家资本主义因受到资本主义本身的限制，发展就不多了。所以斯大林说，国家资本主义在苏联没有多大发展。租让制后来因为帝国主义在经济上封锁苏联而未能实现。但是我国的情况就不同了，我们有不少中等和大型的资本主义企业，因此国家资本主义在我们的过渡阶段就特别重要。

共同纲领规定："国家资本主义经济是国家资本与私人资本合作的经济。"合作的范围很广，有各种形式的合作，有各种不同程度的合作。加工、订货、代购、代销、统购、统销、公私合营都是合作。这个合作不能单纯地把公私合营理解为合资经营，统购为产销合作；加工订货为原料我负责，生产你负责。合作的意义很广泛，还可以有更多的形式来合作。但必须明确合作不是平等关系，而是领导与被领导的关系，监督与被监督的关系。我们依靠国家资本主义的经济形式来对私人资本主义产品的生产与分配进行计划监督，毛主席讲，依靠国家资本主义的经济形式来利用、限制和改造私人资本主义。这就比列宁的国家资本主义的提法更为发展了。列宁的提法，只是提到国家资本主义是把资本主义组织起来，对它的生产、分配加以监督，使它合乎国家计划的要求。利用与限制的意义是包括在监督之内的，但是改造这一点，由于苏联当时大资本主义企业很少，很难实行改造；而我们有很多大规模的资本主义企业。因此对它不仅是利用、限制，而且还必须加以改造。过去4年中，实行国家资本主义，基本上可以说是创造经验的过程。我们现在有相当数量的国家资本主义，譬如公私合营，大区以上的公私合营企业约有600多个，数量虽不多，但都是大型的；加工订货数量也不少，像上海的某些主要产品中加工订货的就在70%以上。从私人资本主义中我们逐步的把其中一部分转变为国家资本主义。从总的方面来看，社会主义经济在国民经济中占的比重不大，到现在为止，国民经济中主要的部分还是小生产，个体农业和手工业占优势。个体农业、手工业生产是落后的、分散的，把这些小生产变成社会主义经济，中间要经过许多过渡步骤。小生产不能直接变成社会主义经济。列宁曾说过，要小生产能很快变成社会主义经济，除非有个条件，就是全国电气化，有高度科学技术，充分的机器，小生产就可以直接到社会主义。全国电气化就是全国高度的工业化，到全国电气化，小生产就很少了，到那时小生产就无需过渡了。当时苏联没有这个条件，我们更没有这个条件。因此要使这些超过半数以上的落后的个体经济变成社会主义经济，中间要经过许多过渡步骤，采取许多过渡形式，这就是合作化的道路。我们看，社会主义的经济已经有了，它掌握着国家经济命脉，加上工人阶级所领导的政权，两者结合起来成为一个领导的成分，领导个体经济，资本主义经济，发展和建设社会主义经济。但是中小资本主义加上绝大部分个体经济，它们不能立即变成社会主义经济，而需要采取各种不同的过渡步骤逐步地发展，准备转变为社会主义经济。这就是在国民经济中，绝大部分需要过渡，它们本身没有具备实现社会主义的物质基础。而国营经济也没有充分的力量把它直接变成社会主义经济。所以需要逐步过渡。这个逐步过渡的过程是各种经济成分向着社会主义逐步过渡；逐步增长社会主义经济的过程，这也就是我们必须要过渡阶段的理由。

过去有些看法，认为我们由新民主主义社会变成社会主义有个很清楚的界限，多少年以前是新民主主义阶段，到那一年以后就是社会主义阶段。由社会主义社会的性质上看，社会主义建设基本完成以前叫新民主主义阶段，到社会主义建设完成以后叫社会主义阶段，这是对的。但是有种想法，认为从新民主主义到社会主义的变更，这是一个突变，某一天宣布生产资料公有，以后就是社会主义，以前就是新民主主义，因此在以前这个阶段单纯是为社会主义创造条件，把条件搞好就宣布是社会主义。这就把革命的形式一般化了。我们看到苏联的十月革命，把十人以上的工厂都宣布国有，苏联是创造了革命的一种形式，但并不是革命的形式都像苏联这样。往往是当旧的统治阶级力量强大，革命的力量趋于劣势，那时的革命要流血的，不流血不能取得政权。但在另一种情况下，革命的力量占绝对优势、旧的统治阶级趋于绝对劣势，这样就不一定采取流血革命的形式。马克思讲19世纪的英国，工人阶级很强大，社会经济是高度发展的资本主义，英国的资产阶级善于妥协，这几个条件有可能使英国的革命采取和平转变的形式。这句话也产生了副作用，第二国际社会民主党把它当做公式看待。列宁在《论粮食税》中讲国家资本主义时附带提到，说资本家只要守规矩能符合我们的要求经营他的事业，我们给他一些钱也是值得的，这些人我们要支持他，使他在将来能接受和平转变。有条件能和平转变的时候，我们应该采取和平转变的道路。我国在过渡阶段，社会主义经济已经有了，并且它掌握了国家经济命脉，我们要集中一切力量发挥五种经济成分的积极性。过去恢复阶段，我们提出要使全部国民经济都能发展，五种经济成分分工合作，各得其所。虽然在生产上五种经济都要发展提高，但总的目标还是为了发展社会主义经济。当然国营经济发展是主要的，而且其他四种经济成分发展也是为了发展社会主义经济。因此我们的社会主义经济，要在过渡阶段中不断扩大，用一切力量使这部分经济扩大，我们国民经济全部地恢复就是为此。现在我们开始要工业化，工业化为什么？工业化是为了建设，扩大社会主义经济。社会主义经济是高度的工业化，没有高度工业化的基础，社会主义就不能建立。因此过渡阶段是社会主义经济逐步建设、扩大的过程。对私人资本主义经济、个体经济进行社会主义改造，使它们逐步变成社会主义经济；私人资本主义通过国家资本主义过渡到社会主义，个体经济通过合作经济过渡到社会主义。所以在过渡阶段社会主义经济本身的建设和扩大是"主体"；私人资本主义通过国家资本主义过渡到社会主义；个体经济通过合作经济过渡到社会主义。毛主席说这是两个"翅膀"，翅膀为了帮助主体前进，同时使它们自己也逐渐变成社会主义经济。过渡时期总的方向就是这样，因此在过渡时期并不是说单纯为社会主义创造条件，创造条件本身还不是社会主义；有一部分是创造条件，主要部分是要发展社会主义经济。要使我们中国目前多种多样的生产方式（五种经济成分），逐渐变成一种生产方式——社会主义的生产方式，要完成这个任务是过渡时期的任务。

三

什么叫社会主义改造？改造基本上就是生产关系的改造，即生产资料所有制的改造。这是最基本的。资本主义的生产关系就是生产资料为私人资本家所占有。劳动者呢，只是把劳动力当做商品卖给资本家。因此，在国家资本主义的过程中，要在不使生产受影响的条件下，逐步地来改造它的生产关系，改变它的生产资料的资本主义所有制。生产关系一般是劳动者和生产资料占有者的关系，他们是对立的关系，这是资本主义基本的生产关系。但这种生产关系表现在物质生产过程中，还不是全部的生产关系。全部的生产关系还包括商品交换关系、分配关系、商品流通关系，这些构成一个总的生产关系。在我们现在的公私合营企业里边，资本家对生产资料所有制就是从完全的变为不完全的。在资本家独立开的工厂里他可以独断独行，有完全处理的权利。到了公私合营就不行了，它对于工厂的处理权利就不完全了，它要和国家商量，有些是国家替他决定的。资本主义所有制从被削弱到不完全。这个就影响到劳动者对生产资料的关系，在公私合营企业中，这是双重生产关系，从国家的这一部分生产资料来说，工人是主人；对资本家来讲，工人也受部分的剥削。这种生产关系已经变质了，既不同于国营企业，也不同于一般私营企业。在加工订货的企业中，国家和它订了合同，只要这个合同是比较长期性的合同，资本家对他的生产资料所有权不管多少，在一定程度上也是不完全的。就是要生产什么产品，生产多少，什么规格，什么时候生产出来，什么价格，什么利润，这些事情，主要的都由国家来决定的。因此，生产品的生产，资本家没有一个绝对的支配权，又如他来决定工资，来决定利润，首先基本上决定于对劳动者的剥削关系。这些剥削关系，在资本主义社会里面，由资本家单独决定的，但现在资本家不能单独决定。这就是改变了它的生产关系。生产品不是拿到自由市场去卖。交换和商品流通，也变质了。原来拿到自由市场去，现在由国家收购。交换的对象，原来由资本家对资本家，现在是资本家和国家发生关系，我让你加工订货，给你加工费，你把产品给我，改变了它的商品流通和商品交换的关系，有一半由国家的社会主义经济控制。分配关系现在确定了：规定多少税，多少公积金，多少工资，多少利润，给他限制，给他规定，分配关系也在变化。原来在资本主义社会里，除工资以外，都是资本家的，税交给他的政府，公积金也是他们资本家集团的，利润当然是他的，就是工资给劳动者，工资多少由资本家决定，资本主义的分配关系就是这样的关系。现在税是国家的，我们拿来建设社会主义。公积金工人有份，是全体的，不是你资本家集团的，是劳动者和资本家全体的。工资当然是工人的。就是利润是资本家的,分配关系也在改变。因此,生产关系在逐渐变化,而这些变化不断向前发展,生产关系的变化影响到生产资料所有制的变化,也就是资本主义生产资料私有制的权利受到限制。新民主主义阶段和资本主义国家有所不同,私有制逐步在变化,逐渐将资本家的生产资料拿来归国家所有。以前资本主义所有制的权利很大,因此资本家的气焰很高,资本家的架子很大,它可以为所欲为,经过这几年来味道不同了,不能像以前那样了,要受工人的气了,政府管得严了,它一面接受改造,一面在逐渐变化。就是在一定程度之内把它的私有制加以变化,当然不是说就这样子,它就是有社会主义的性质,这还只是对私有制在一定程度的限制。

从国家资本主义到社会主义,当然要经过所有制的转移,不经过所有制的转移,可以不可以呢?当然是不可以的。虽然在过渡阶段,经过国家资本主义,把资本家的生产资料私有制,从完全的变成不完全的,在各个方面使它的私有制受到限制,并在一定的程度上,改变它的生产关系。但是它仍旧是生产资料私人所有制,他拿25%的利润,而不拿10%的利润,凭什么呢?就是凭他的私人资本主义所有制。因此从生产资料私人所有制到社会主义所有制还需要转移的。前一阶段的逐渐变化,就是为了在这一过程中更利于社会主义经济的建设和发展。并且为了在必要变革时,能和平转变,为和平转入社会主义而创造条件。现在的资本家经这几年来的国家的领导教育,思想上有一定的改造,他们在国家资本主义经济形式里面,从实践中、思想上要有些转变。有些资本家,告诉他将来要实行社会主义的,将来资本主义要消灭的,他们在思想上还能够接受。但是如果把这口号提到美国去,你看美国资本家接受不接受,那是大不相同的,那还得了,哪有这样的事,他会认为是荒唐,所以美国不能和平转变。我们这里能够和平转变，因为我们创造了转变的条件。

对于农民和手工业者个体经济的改造，基本上也是生产关系的改造，现在最基本的道路是互助合作。从互助合作到半社会主义的生产合作社，从生产合作社到集体农庄。从个体劳动到集体劳动，劳动力的分工说明劳动能力的扩大，到了生产合作社就有集体所有制，虽然最初是很少的一部分，但集体所有的生产资料逐渐扩大，到了集体农庄生产资料就是完全集体所有制。通过这个步骤，生产资料所有制在逐步地改造，当然，生产关系也逐渐在改造了。供销合作社，是生产关系改造的另一种方式，商品的交换关系通过供销合作社和没通过供销合作社是有所不同的。不通过供销合作社那就是和私人资本主义相联系，这种交换关系是个体生产和资本主义生产的相互结合。通过供销合作社，这种交换关系使个体生产和社会主义生产互相结合起来。我们国家通过供销合作社系统，把工业品供给农民，将农民生产品收购给国家。这说明两种经济成分的关系，一个是个体经济和资本主义经济的关系，个体经济和资本主义相结合必然会发展资本主义经济；通过供销合作社，使个体经济和社会主义经济相结合就发展社会主义经济。这也反映出农民小商品生产的两条道路。所以，供销合作社也是改变它的生产关系的。当然这不是主要的，主要是生产过程中生产资料的占有关系。

我们现在粮食计划购销，就是把农民的商品生产主要交换关系由国家掌握起来。农民生产最主要的东西就是粮食，粮食这一部分要是流给了自由市场，则自由市场的作用很大，国家直接掌握了农民的粮食，就防止并切断农民和资本主义的联系，使农民走集体化的道路，这是主要的手段。我们以前搞合作社的时候，农民可以卖可以不卖，也可以卖到自由市场，或者等一等卖，他有他的自由，计划收购就是你有余粮一定要卖给国家，当然国家并不使你吃亏。这样子就切断了他和资本主义的关系，使农民的资本主义意识，不受资本主义市场的诱惑而发展起来。原来是资本主义市场天天在诱惑他，市场价格经常在变动，因此就说："越等越好，越等价钱越高"，来诱惑农民资本主义思想的发展。现在可以切断了农民和资本主义的联系，使农民走集体化道路。所以在过渡阶段，我们也是逐步地改变农民生产资料的个体所有制，逐步地改变它的生产关系。但是它和资本主义不同，它的所有制逐步地集体化，它本身就是社会主义建设，农业逐步的集体化，社会主义经济成分就逐渐滋长，因此就是一步步地变成社会主义，它的生产资料所有制及个体所有制到集体所有制，并不用宣布通过法令或通过决定将生产资料完全变为集体所有制了，生产合作社只要农民愿意入，它的生产就是集体所有制了。资本主义不同，资本家说我把这个工厂给国家吧，我们今天还不需要，而农民每天可以做这个事情，创造他的生产资料的集体所有制。

四

过渡时期的阶级关系的变化。在过渡时期中是四个阶级，以工人阶级领导，工农联盟为基础，叫做人民民主专政。到社会主义建设基本上完成，在这一个阶段里面政权的形式，有些不同的意见；苏联在进行社会主义改造和社会主义工业化的过渡阶段是无产阶级专政，而我们还是人民民主专政。有什么不同？苏联无产阶级专政的主要对象是镇压资产阶级，逐步消灭资产阶级，这是无产阶级专政的任务。镇压资产阶级在苏联是非常必要的，因为资产阶级力量很强大，资产阶级对革命是敌对的，不允许这个阶级存在，当然也不可能允许这个阶级参加政权，因此要镇压他，因为政权从资产阶级手里夺过来。我们的政权从帝国主义、封建地主和官僚资产阶级手里夺过来，那么对这些反动阶级，当然不允许他们参加政权，并且还要对这些反动阶级实行专政。而资产阶级则不同，他们都具备了和平改造的条件，因为它没有和反动阶级站在一起，因此，我们的政权把资产阶级包括在内。东欧的国家开始也是有资产阶级参加，后来资产阶级和帝国主义勾结；像捷克、匈牙利、波兰都是这样，开始资产阶级参加了这个政权，在反对希特勒时，一部分资产阶级一方面是反对希特勒的；但是另一方面它和英美帝国主义勾结。当希特勒打垮以后，东欧人民民主国家内部的资产阶级就反动、搞阴谋，搞政变，搞特务等破坏活动，变成反革命了，这样东欧资产阶级被肃清出去。现在东欧人民民主国家的资本主义还都有部分存在，尤其在东德还有很多资产阶级存在。所以政治变革和社会经济基础的变革，有时候政治变革在前，有时政治变革在后，有时政治先变了，社会经济基础才变，像苏联的十月革命在无产阶级专政的条件下进行社会主义建设和社会主义改造，这是政治变化在前，社会经济基础变化在后。历史上也有的社会经济基础先变，政权后变。如英国资本主义和德国资本主义，它在经济上资本主义已经成长，政权形式逐渐改变，社会经济基础变化在先，政权形式变化在后。也可能有第三种形式，政权的形式和社会经济基础的变革密切结合，互相促进。我们新民主主义革命胜利后，五种经济成分存在，四个阶级联合专政，这个社会经济基础和阶级联盟互相结合起来，大家（各个阶级）都有它的代表参加政权。当然分别主次，有领导的阶级有工农联盟的基础，有被领导的阶级。在我们过渡阶段，社会经济在逐步变革，社会的生产关系在逐步的变革，那么它一定会影响到政治形式，这个影响到底是什么样的情况，影响到什么程度，以后的情况很难判断，要看特殊的情况特殊条件。就国际条件看，可以争取国际上的和平，就国内的资产阶级来讲，它是可以接受和平改造的，因此政权形式的变革和社会经济基础的变革，可以密切配合来进行。人民民主专政的政治形式可以一直到我们过渡时期的终结。但是到社会主义成分越来越大，工人阶级的代表性越来越大，工人阶级在政权里的地位和决定权越来越广泛。资产阶级逐步在转变，资本主义经济在国民经济中的比重逐步在减少，绝对数字虽不会很快的减少，但是它的比重逐渐在减少，比重的减少反映到政权上面，它的发言权地位比重也要减少。现在我们的政治协商会议全国委员会，中央人民政府委员里面资产阶级占多少个人，经过选举以后，工人们的代表增加了，农民的代表也适当的增加了，资产阶级的比重就逐渐减少了，所以按现在情况看可能是政权形式和我们社会经济的变革紧密结合逐渐变化，不是一下子变革。为什么还让资产阶级参加政权呢？有什么作用？资产阶级还有它的作用的，它还有积极性，它的积极性的发挥对我们社会主义建设和社会主义的改造有促进作用的。但同时要改造它，并要使它接受改造，要它的代表人物来领导改造他们，要它领导改造就要它参加这个政权，使它变成自动的。虽然也是被迫的，但强迫可以变成自动的，说资本家都是自动自愿的进行改造，那就不对了。因此说和平改造本质是一种革命，因为是变革他的资本主义生产资料的所有制，那就是革命的基本问题，即改变它的生产资料的所有制，和平改造也是要改变它生产资料所有制。因此在本质上它是一种革命，但不是采取流血方式和发布命令没收的方式。政权形式和社会经济结构的关系，在我们是采取这样一种形式。

阶级关系里面是否还有矛盾？当然是有矛盾。有没有斗争呢？有斗争而且是很激烈的阶级斗争。和平改造并不是说没有阶级斗争，也不能说这个阶级斗争不激烈。在我们四个朋友之间，今后长期还是四个朋友。但阶级关系上基本的阶级矛盾应该是工人阶级和资产阶级的矛盾，这个矛盾在一定程度上带有对抗性的，我们要生产资料社会主义所有制，资本家是要生产资料资本主义所有制，这两个是不同的、对立的。我们工人阶级的国家今天准备了各项条件，使资本主义的经济接受领导接受改造，我们有政权的条件，有经济的条件，有社会的条件。我们的政权是由工人阶级领导的，决定权在我们手里。社会主义经济逐渐强大，我们有力量和资本主义进行斗争，而且能取得胜利。社会上广大群众亦拥护我们走社会主义。同时我们有许许多多的条件要资本主义接受改造，所以在强迫之下，经过斗争，使资产阶级接受改造。在恢复阶段我们进行了几次斗争。在1950年的财经统一，稳定物价，就是一次斗争，在经济上、物价上重重的打击了资本主义。1951—1952年的"三反""五反"也是打击了资本主义。其他细小斗争，是每天每时都在进行。方式不一：有的用协商方式，有的用法令的制裁，有的用经济上的打击，天天在进行阶级斗争，今年在阶级斗争上逐步取得了胜利，使资产阶级认识到就是它只能接受和平改造，上海有一个资本家反映，他说："和平改造就是剃头，要规规矩矩地坐那里剃头，不要动，一动就要流血的。"这个暴露的很好，强迫剃头，不是说资产阶级自动自愿的，而是在剃头和流血中选择下，觉得自己老老实实剃头好。和平改造的实现是在不断斗争中实现的。不只是谈一次话打通思想作个宣传，问题就能解决。而是在过渡阶段中要贯穿着整个阶段，从各方面进行不断的斗争来实现和平改造的。在不断的斗争中，对资产阶级进行利用，进行限制，进行改造。不仅是在城市的工商业我们面对着资本主义进行斗争，而在农村里在广大的小生产者的阶级中，也要对资本主义进行斗争，小生产者它是有自发的资本主义趋向的。由于我们的社会基础小生产占优势，毛主席讲，个体农民像大洋。个体手工业像大海。这个大洋大海，就产生小商品经济的自发资本主义，威胁是很大的。在城市管理几个资本主义粮商、粮食加工店那个是很容易的，而在广大农村里管理农民，是很不容易的事。两个都是资本主义，但农民粮食不卖出来，待高价售粮，是资本主义趋势，城市里粮商不卖囤积粮食也是资本主义，但管理城市的资本主义是容易的，管理农民的资本主义趋势是很困难的，所以小资产阶级的自发资本主义趋势在过渡时期是我们一个主要的一场斗争。列宁在新经济政策前后，一再提到对小资产阶级自发势力斗争，我们前几年体会还不深刻，认为农民小生产是我们可靠的同盟军，长期并肩在一起进行革命，它又分得了土地，积极生产，没有什么问题。等到经济恢复后，逐渐显出来。在1951年我们买不到棉花，去年和今年上半年粮食收购不到，这只是个表面现象，根据这个现象我们下去一查，问题还要严重。我们在武汉市周围调查了一下这个问题，武汉市周围有二十几万农民兼作商人，有了钱买土地不大好买，买了土地变富农也不大好，雇工也有困难，有剩余劳动力作什么呢？做买卖，这是很方便的事情，做买卖也不犯法。农民做什么生意呢？首先做粮食生意，拿自己的粮食卖出去，再由城市买些日用品回来，经济核算起来比合作社要上算的多，这个资本主义趋势发展了资本主义，不利于社会主义。所以我们在过渡时期对资本主义的斗争和警惕性，不能单看成城市的资本主义。城市的资本主义好办，广大农村和手工业的资本主义趋势危害性更大，所以我们和资本主义斗争在过渡阶段阶级斗争上还是个主要的方面。

当然，我们要区别城市资本主义和农民的资本主义趋势，农民的资本主义趋势并不就是资产阶级。它是资本主义的因素在滋长，但它本身还没变成资产阶级，它还没靠剥削来生活。因此，我们对待农民的资本主义趋势和在城市里面带强迫性的使资产阶级接受改造，在斗争的形式上和方法上有所不同。我们和农民的主要方面是工农联盟，这是我们政权的基础，它始终是我们政权的基础，一直到社会主义。到社会主义的农业改造，农民就不是旧的农民了，就是集体农民了。在过渡阶段我们政权始终以工农联盟为基础的，我们不断地巩固工农联盟，巩固工农联盟在各个阶段有各个阶段不同的内容。在我们反帝反封建的阶段，土地改革是我们工农联盟的主要内容。农民取得了土地，认识了工人阶级，和工人阶级结成联盟，推翻旧的统治阶级。但是，取得了土地以后，我们现在不能再说工农联盟是依靠土地改革了，这个事情已过去了，虽然他没有忘记，过去工人阶级给他好处，使他翻了身取得了土地了，他们是感谢毛主席感谢共产党的，但是对他今天的实际的经济生活有多大影响呢，这个影响是逐渐减少了，他今天的经济生活和经济活动，和过去土地改革的影响比较少了，因此，今天的工农联盟应有新的基础，新的内容。昨天《人民日报》上有篇文章，关于目前工农联盟有四个内容：让农民支持社会主义工业化；要使农民反对资本主义和资本主义逐渐切断联系；让农民走生产互助合作的道路；使农民接受我们的粮食计划收购和计划供应的政策，就是这四个内容。

在新的阶段，巩固工农联盟要有新的内容，不能再老提土地改革了，提起来农民也想到一下，工人阶级要领导农民不断地前进，老提土地改革老文章不能前进呀，他忘记了就让他忘记了，这个事情没什么大关系。结合他目前情况，领导他走社会主义道路，到了将来集体化，生产合作化，到了一定程度我们要搞集体化，我们要给他拖拉机，告诉他技术，告诉他组织集体化是巩固工农联盟的新的内容，随着社会的发展，工农联盟有各个阶段的内容。目前我们要巩固工农联盟，因为农民本身是个劳动者，因此是我们可靠的同盟军，这是我们工农两阶级的阶级关系的主要方面。但是另一方面就是农民有它落后的一面，带有反动性的一面，那就是它自发的资本主义趋势，自发的资本主义趋势是农民的落后性、反动性，农民不是完全进步的，它没有工人阶级进步，它搞资本主义，想在农村中滋长一点富农，不作富农则兼作商人，囤积粮食，这是农民的落后性、反动性。我们要和农民的落后性、反动性进行斗争。所以不能说我们和农民，这两个朋友在一起没有问题。但是，这个斗争——我们和农民的斗争，在斗争的方法上面跟资产阶级有所不同，对资产阶级主要是我们创造各种条件让它不得不接受改造，在一定时候一定程度上需要使用力量，如"五反"运动，使资产阶级感觉到动一动剃刀就要把肉割破。对农民不能采取这种办法，要进行耐心地、细致地说服教育，使农民自动自愿，任何鲁莽的手段都是不合适的。列宁再三讲过，斯大林也再三的讲过，毛主席也再三的讲过对农民要进行长期地、耐心地、细致地说服教育。所以在粮食问题上，我们在城市里管理粮商时有犯法的行动即可以给他处分；这样对农民不行的，对农民必须采取长期地耐心地说服教育。为什么呢？我们跟这个阶级重要的方面是朋友，农民依靠工人阶级，我们也依靠农民，这是最广大的同盟军，主要方面我们是个同盟。它的次要方面是有落后性和反动性，因此对他的次要方面我们要采取说服教育，如果我们采取强烈的鲁莽方法则破坏了主要方面，农民就要起反感了。另一方面社会主义需要劳动者自觉自愿的来建立，假如劳动者本身不自觉自愿，那么社会主义就建立不起来。如果农民不认识集体化的好处，合作的好处，社会主义的好处，那么社会主义也是建立不起来的。农民人数很多，没有社会主义倾向的话，社会主义不能建设起来。因此对农民必须说服教育，提高他的文化，提高他对社会主义的认识，使他自觉自愿走社会主义的道路。每一个阶段对农民的教育，我们要结合每个阶段的具体活动来作。如购粮工作，是我们实现社会主义的第一步骤，通过这个步骤对农民进行教育，提高农民对社会主义的认识。因此我们对农业实现社会主义改造的各个步骤，也不能急躁，但是也不能停滞不前。既反对过分急躁，也反对停滞不前。老是那个样子，社会主义就不会实现。要充分认识到劳动者的思想改变和思想提高，是与他的实际和生产活动分不开的，他的生产活动发展到某一地步，他的思想意识才能发展到某种地步。思想意识可以提高一点，但有一定限度。今天农民是否可能充分认识社会主义的好处呢？不可能的。我们给他启发是必要的，让他脑子有个轮廓。但是他还不可能完全认识社会主义。如果要这样要求就过高了。农民需要在逐步集体化的过程里逐步看到集体化的好处，在生产活动中证明越集体化越好，那时他的认识会跟着提高。思想发展，不能脱离它的实际，思想可能比实际前进一些，但不能前进太远，前进太远那就是空洞的了。尤其对于农民是这样。对知识分子的思想和他的实际可以距离很远，距离太远也有毛病，说的事情常常是做不到。农民他跑不远。目前我们党内和党外在思想斗争这一方面是针对资产阶级思想，这是今后斗争的主要方面。思想斗争，是对着资产阶级思想并牵连着资本主义的思想方法和工作方法，这是一方面；另一方面要建设，我们不要说是农民，就是工人阶级社会主义思想是不是完全建立起来了呢？也还没有完全建立起来。比如今年我们工厂里旷工很多，工人的经济主义倾向还是相当浓厚，这些都表现出社会主义思想是不够的；没有认识到工人多作一天工就为社会主义多出一分力，他主要的还是看到多作一天工多拿一天工资，我们教育工人的话，以前也只是说发展生产完成计划，没有和社会主义建设联系起来，说发展一天生产即是建设一天社会主义。在私营工厂就是促进社会主义建设，在国营工厂是直接建设社会主义。在工作方法方面，要建设社会主义的工作方法，这不同于我们过去农村的手工业的工作方法，更不同于城市的资本主义的工作方法。我们细细检查一下，我们今天在我们国家机关里面，手工业的工作方法还是存在的，资本主义的工作方法亦是存在的。进城以后我们工作方法提高一点，我们向资本主义学了很多的东西，有些东西批判的接受是对的；有些东西我们是没有批判的接受了，那就是资本主义工作方法。我们在思想上接受资本主义的工作方法无形中也是很容易的，特别是很多知识分子，受资产阶级的教育。有些社会主义的制度也是逐步建立起来，像我们在国营工厂内推行的一些技术管理制度，技术管理、计划管理、生产责任制、新的工资制度等一套东西，这是社会主义的制度。在其他方面也有社会主义的工作制度，这些制度也是需要逐步的建立起来的。在过渡期间批判了资产阶级的思想，和资产阶级思想作斗争，这是一个前提。但是另一个方面，要从积极方面建立社会主义思想，社会主义工作方法和社会主义的工作制度，如现在解决粮食问题的办法，就是社会主义的制度，是过渡期间带有社会主义性质的分配制度。关于阶级关系，就讲这几点意见。

(原载《内部文件》1953年12月5日)

对于我国过渡时期经济规律问题的意见(提纲)

关于有没有过渡时期的基本经济规律问题

一、过渡时期的社会形态,不同于以某一种生产方式构成社会经济基础的特定的社会形态;它是多种经济形态相互斗争和转变过程中的具有过渡性质特点的社会形态。虽然过去的原始公社制度社会、奴隶制度社会、封建主义社会以至资本主义社会,也不是只有一种生产方式所构成的单纯的经济形态,然而其特定的生产方式却在社会生产中居于全面统治的地位:一方面,这种统治的生产方式本身已在社会经济各部门发展成为完整的经济体系,全社会绝大多数人已网罗在它的生产关系之内;另一方面,它已彻底战胜了其他残余的经济成分(经济形态)驾驭了它们,并利用它们为占统治地位的生产方式的发展提供条件。残余的经济形态与统治的经济形态之间存在着的矛盾,不再是该社会的主要矛盾,主要矛盾乃是统治的生产方式本身所包含的两个对立方面;以上就是历史上特定的社会形态的特征。至于过渡时期,乃是两种主要的生产方式——社会主义生产方式和资本主义生产方式谁战胜谁的时期，是社会主义经济增长和资本主义经济衰退的交替时期，是社会主义经济对私有制经济进行改造的时期；这样一个多种经济成分相互斗争——改造的和被改造的、增长的和衰退的展开激烈斗争的过程，就是过渡时期。它的性质和特点完全不同于特定的社会形态。因此，"社会主义形态不能有几个基本经济规律"的概念也就不能适用于过渡时期，相反的，基于从资本主义过渡到社会主义的一般特点，过渡时期正是以两个具有对抗性的基本经济规律同时起作用，并贯穿全部过程进行激烈斗争为其特点的。

二、在特定的社会形态中，居于统治地位的或者是惟一的生产方式的基本经济规律，体现为该社会形态的基本规律。① 但在过渡时期，既然在多种经济成分中有两种主要的生产方式形成具有对抗性矛盾的两个方面在进行斗争，当然就不只是一种基本经济规律存在和起作用。在过渡时期的全部过程中，社会主义的基本经济规律和资本主义的基本经济规律（即剩余价值规律）都在起作用。社会主义经济形态是国民经济中最先进的并起领导作用的经济形态，是矛盾的主要方面，它将在斗争中逐步生长发展，并扩大它的基本经济规律的作用和影响的范围；相反的，资本主义经济形态将在斗争中逐步衰退，并相应缩小它的基本经济规律的作用和影响的范围。

三、"每一种生产方式都有自己的基本经济规律。基本经济规律决定该生产方式的主要方面和它的本质。"② 因此，某一种基本经济规律是与该种生产方式不可分离的，表现该种生产方式本质的运动规律。离开了一定的生产方式而谈基本经济规律是不

---

① 斯大林：《苏联社会主义经济问题》，第66页。
② 苏联科学院经济研究所编：《政治经济学教科书》导言，第5页。

可设想的，是形而上学的；驾乎一种经济形态和各种经济形态之上的超然的基本经济规律当然也是不存在的。

斯大林在第十四次联共（布）中央大会上概述苏联新经济政策的内容为："新经济政策是在一切经济命脉都操于无产阶级国家手中的条件之下，允许资本主义存在的无产阶级国家的一种特殊政策，这个政策的目标就是：使社会主义成分去与资本主义的成分斗争，发展社会主义成分的作用以排挤资本主义的成分，使社会主义的成分战胜资本主义的成分，彻底消灭阶级，建筑社会主义经济的基础。"苏联过渡时期的新经济政策，不能看作是过渡时期基本规律的表现，政策是依据"经济规律"并结合阶级力量对比等条件而制定的。这里所指的"经济规律"，不是一种超然的"过渡时期基本规律"，乃是各种经济形态所特有的各种经济规律，以及各个社会阶段或几种经济形态所共有的经济规律——例如生产关系一定要适合生产力性质的规律。列宁、斯大林根据苏联过渡时期多种经济形态的各种经济规律的作用和影响，在复杂的矛盾中掌握主要矛盾和矛盾的发展趋势，从而制定和推行新经济政策。政策指导着先进阶级的行动来为先进的经济成分开辟广阔发展的道路。不应该把这种现象错觉地认为有一个超然的基本规律在指导着过渡时期全社会人们的活动，从而能够自流的实现社会主义。

我国过渡时期的总路线和总任务，基本上也是如此。

四、生产关系一定要适合生产力性质的规律，是各种经济成分所共有的规律，也是各种经济成分在发展过程中相互联系和转化的规律。这个规律同样是以客观的经济条件为依据，它与各种经济形态不可分离而不是驾乎它们之上。我们认识了这个规律，就能够掌握运用这个规律而进行这样的工作：（甲）要建立社会主义的生产关系，必须要有高度发展的生产力水平为物质基础，因此，过渡时期的基本任务是：在高度技术基础之上进行社会主义工业化。（乙）对资本主义经济改造为国家资本主义经济，是提高这一部分经济生产力水平的前提；也是为转变成社会主义的生产关系逐步准备条件。（丙）要使个体经济过渡到社会主义经济，就要逐步改造其生产关系使与其逐步发展生产力水平（内因）以及全社会的生产力水平（外因）相适应；互助合作中生产力水平和社会生产力水平的不断提高，也是在个体经济基础上建立和扩展社会主义生产关系的物质条件。生产关系一定要适合生产力性质的规律，在过渡时期有广阔的作用场所，它决定我们建设社会主义经济、改造资本主义经济和个体经济的步骤和方法。① 然而，这个规律是各阶段共有的规律，它没有体现过渡时期的特质和发展前途；也不能从中看出各种经济成分最后转变为社会主义经济的必然性；这个规律既不能体现社会主义生产方式的优越性，也就不能主要依靠这个规律来争取社会主义的前途。能够体现出过渡时期社会主义必然胜利的前途的，并能够据以组织动员千百万劳动群众为实现社会主义而斗争的，只有社会主义基本经济规律。由此可知：生产关系一定要适合生产力性质的规律，虽然能够发生极重要的作用和影响，但它必然要与社会主义的基本经济规律的作用和影响相互结合，并以后者为依据，才能使它的作用和影响有效地促进社会主义的建设和社会主义的改造。因此，它不能称之谓过渡时期的基本经济规律。

关于过渡时期有哪几个基本经济规律问题

五、我国过渡时期有四种主要的生产资料所有制——其中全

---

① 参阅斯大林：《苏联社会主义经济问题》，第5页。

民所有制和劳动人民的集体所有制是社会主义的所有制。在各种生产资料所有制的基础上，形成五种主要的经济形态（经济成分），其中社会主义的、资本主义的和个体经济的这三种是基本的经济形态（各以一种生产方式构成的），国家资本主义经济是社会主义经济与资本主义经济合作或"共居"的经济形态，其中既有社会主义的所有制也有资本主义的所有制；半社会主义的合作社是新生的社会主义经济与残余的个体经济相互结合的经济形态，其中既有社会主义的集体所有制也有劳动人民的个体所有制。无论是国家资本主义经济形态或是半社会主义的合作社经济形态，都是过渡性质的，不断变化的，它们都不是单一的固定的生产方式。

六、国营经济是社会主义的经济形态，虽然它还在成长发展之中，但它既然是建立在社会主义的所有制和社会主义的生产关系的基础之上，社会主义的基本经济规律就是它的基本的运动规律。物质与运动是不可分的，"物质的任何一种具有质的特殊性的运动形式都和物质本身的具有质的特殊性的形态处在不可分割的联系中。"① 物质的运动和发展的规律性，是"表现事物和过程本身由自己的本性所产生的关系。"② 既然社会主义的所有制及社会主义的生产关系已经出现了，则社会主义的基本经济规律也就不可分割的存在着。不能因为社会主义的经济体系还不完整和还不完善而就怀疑或否定它的规律，作为社会主义经济本质的基本经济规律本身也不能加以主观的任何修改或从现象上来低估它的作用；相反的，正是由于社会主义基本经济规律的生气勃勃地施展其作用和影响，才能战胜其他经济成分而为社会主义经济

---

① 阿历山大罗夫主编：《辩证唯物主义》，第304页。
② 同上书，第320—321页。

的广阔发展开辟道路。

社会主义经济的优越性,主要的表现在社会主义生产的目的性,就是因为它的生产目的不是为了一部分人的剥削利益,也不是为了脱离现实的唯心主义的所谓"崇高理想",而恰恰是为了全社会的物质和文化的需要,所以才能发挥劳动人民的无穷的创造性和积极性,才能使生产和消费之间永远不会产生对抗性的矛盾,才能以其不断提高的劳动生产率和空前的发展速度在竞赛中战胜资本主义并限制其活动范围、改造其企业而最后达到消灭资本主义。六年来国营经济较之私人经济的发展远为迅速和优越的事实,主要的不是由于我们的企业领导者有非凡的才能或因为他们具有崇高的目的,而是由于国营经济的生产与分配对于全体劳动人民的长远利益和眼前利益的和谐与一致,能够从整体利益打算领导国民经济作不间断的发展,从而使得千百万劳动人民能为社会主义的建设和发展作不懈的斗争,并自觉的把他们自己作为在各种经济中滋长和扩大社会主义的因素。

七、资本主义经济,虽然它在国民经济中的比重会逐渐缩小,然而它是贯穿存在于整个过渡时期的一种经济成分,并且是与社会主义的经济对立的始终进行斗争的一种经济成分,它与社会主义经济的对抗性矛盾的发展过程成为过渡时期社会经济发展过程的主要特征。因此,资本主义的基本经济规律——剩余价值规律,必然与资本主义经济不可分离地存在着并发生作用和影响;当剩余价值规律不再发生作用和影响的时候,资本主义经济成分乃至国家资本主义经济成分也就不存在了。

有的同志认为:"我国过渡时期的资本主义是受着限制并逐步改造的,剩余价值规律在资本主义经济中已不再符合于基本经济规律的概念了。"这种论断是不切合实际的。不论资本主义的企业被限制和被改造到何种程度,资本家的生产资料所有制及与此不可分离的利润（哪怕是受限制的）始终是资本家要保卫的最后要塞，这个要塞假如保卫不了，他们要就失去其资本家的阶级身份，要就反抗改造，中间状态是不存在的。根据我国的具体条件，国家对资本主义企业采取逐步改造及和平转变的道路，因此，在过渡时期也就要承认资本家的资本所有权并且付给一定的"利润"，"利润"既然与"资本"不可分离的联系着，这种"利润"就是剩余价值的转化，也就是资本主义基本经济规律在起作用。在过渡时期，社会主义经济及其代表者国家，会与资本主义经济及其代表者资本家阶级在各个阶段和各个方面展开极为复杂和细致的合作与斗争，认识到对资本家阶级万变不离其宗的东西，就是资本的所有权和利润。最大限度的利润是每一个资本家主观上所追求的，经过国家的监督和限制，客观上起作用的是合法利润，这种合法利润的利润率即使是最低的，也是资本家在受着政治的和经济的种种限制的环境下接受国家领导和改进经营管理等一切活动的主要目的。因此，国家能够掌握运用这个规律，就能有效地利用、限制和改造资本主义企业。有的同志认为："既然资本主义经济逐步被社会主义经济限制和改造，剩余价值法则就不能决定资本主义生产发展的一切主要方面和一切主要过程，所以剩余价值法则就不能称之为我国资本主义的基本经济法则。"这种看法也是不确实的。我国过渡时期的资本主义（当然它还没有而且不再能够发展到垄断阶段）在本质上并没有什么不同于一般的资本主义，虽然剩余价值规律的作用和影响逐步受到更多的限制，资本主义的经济体系在各个环节各部门逐步受到不同程度的改造，然而这正是资本主义的本质的缺点所招致的结果，剩余价值规律是导致资本主义生产生长发展规律，也是导致资本主义生产没落死亡的规律。事实上不论资本主义经济支离破碎到何种程度，凡有资本主义经济残余的地方，就有剩余价值规律在起作用（内在的支配作用），它仍然是决定资本主义生产发展（包括扩展的过程和没落的过程）的一切主要方面和一切主要过程的。社会主义的外在影响（包括政治的经济的法律的等等）可以限制剩余价值规律的作用和影响的范围，然而只要这种限制还没有发展到消灭资本家所有制的时候，也就不能改变剩余价值规律在资本主义经济内部的支配作用。

八、个体经济（即小商品经济），是自己占有生产资料并以自己的劳动力为主而进行生产的一种生产方式。从历史上看，小商品经济从未成为构成特定社会阶段的经济基础的特定生产方式；在原始公社的末期，私有制和交换的产生促进原始公社的解体并引导奴隶社会的诞生。在奴隶社会里，广大的小农经济的破产成为奴隶制生产方式滋长发展的营养物，代表奴隶主的国家用战争和苛重的捐税的办法来掠夺小商品生产者，使他们破产变成奴隶，他们的生产资料和生产技术也成为发展奴隶经济的物质技术条件，然而小农和手工业者的没落也成为奴隶社会崩溃的主要因素之一。当封建社会形成之初，也就是在奴隶社会崩溃而向封建社会转化的期间，又出现了一批隶属于地主的小生产者、隶农以及独立的小农手工业者，他们的商品率逐渐减少，从他们中间分化出少数的大土地占有者和封建主，从而使大多数小农和小手工业者成为农奴和家奴，形成了封建制的生产方式；再到封建社会的末期，当封建制的生产方式发展到分益制和雇役制的时候，又陆续出现了大量的小商品生产者（即简单商品生产者），由于价值规律所引起的自身的分化以及商人和统治者的剥削，又使他们中间的大多数人逐渐贫困破产，成为资本主义原始积累的物质来源和劳动力来源，残余的小商品生产也逐步的成为资本主义经济的附属物，为资本主义生产服务。由此可知：小商品经济在历史上所起的主要作用，在一定时期是先进的，在一定时期又是落后的，它自发的既促进旧的社会经济体系的解体又促进新的社会经济体系的形成和发展，因此，在不同程度上进行小商品生产的个体经济是具有过渡性质和依附性质特点的生产方式，它的细小简单的生产资料和分散的个体劳动限制它在历史上不能起划时代的提高社会生产力的任务，因而它本身不能发展成一种具有完整的经济体系和社会结构的特定生产方式。它是在各个社会阶段上屡现屡灭的一种不同寻常的生产方式。根据小商品经济的这些特点，要找出小商品经济的基本经济规律，或者只能在某一社会阶段上具体地研究这一时期小商品经济的特性和规律，是值得经济学界继续研究的问题。

价值规律是调节小商品生产的规律，小商品生产者依靠商品交换实现其劳动价值而进行单纯再生产的。因此商品价格对于小商品生产的再生产规模、产品种类就具有重要的决定作用，这种决定作用的大小依小生产者生产的商品化程度为准；对于只有部分商品生产的小农和对于完全商品生产的小手工业者和郊区小农，价值规律的作用范围有显著的不同，因此商品价格对它们的再生产的决定作用也就不同。由此可知，虽然价值规律是我国个体农民和个体手工业者经济中的重要规律——是调节商品生产的规律，然而它还不是惟一的调节个体经济生产的规律，我国个体农民粮食的商品生产率在 1954 年还不到 25%，其余的 3/4 的粮食生产仍然是为使用价值而生产，不是为价值而生产。支配农民自给部分生产的是农民的直接需要（带有自然经济残余的性质），而不是市场需要，自给性生产与商品生产是这一类（包括我国极大部分农民）个体经济中内在矛盾的两个方面，商品生产是主要的方面，是发展的方面，价值规律能调节商品生产并影响自给性的生产。商品价格愈有利就愈能刺激商品生产率的发展，并能够影响自给性生产比率以至缩小自给性生产，例如在有利的价格政策下可以使部分自给的小麦种植者改变为全部商品生产的棉花种植者，在增产不至造成价格下降的条件下农民就会节衣缩食积极增产，就会相对的缩小自给性生产，绝对的扩大商品生产。在另一种情况下，假如商品的增产得不到价值的相应增长或不能实现其价值——得不到充分的交换，或者只得到货币而买不到他所需要的东西（这种情形只能说交换进行了一半），那么，价值规律的作用就会缩小，就会影响增产，农民就会缩小出售部分，扩大自给性部分，就会产生一种经济上的倒退倾向。然而，价值规律对自给性生产部分的影响也有一定限度的，它终不能支配自给性部分的生产，这部分生产基本上仍由农民的需要来决定。并且从整个来说，独立的小手工业者与部分自给的小农是相互依靠的，不可分离的，小农经济根本不可能不进行自给性的生产。因此不能把价值规律作为能够调节或支配个体经济全部生产的规律。

价值规律不能当做小商品经济基本经济规律的另一个理由，是这一规律没有能概括说明小商品经济（包括各种不同商品率的小生产者）的实质及其生产目的。价值规律是各种商品生产所共有的规律，对于各种商品经济都发生调节生产的作用，价值规律既能促进某一种商品经济的发展，也能促成某一种商品经济的消灭，然而它终究不是决定某一种商品经济（包括小商品经济）的全部过程的最本质的规律。

九、不论小商品经济的基本经济规律为何，过渡时期的小商品经济是落后的经济形态，它的特有的规律不能对其他主要的经济形态发生重要影响，相反的，它是受其他经济形态的规律影响的。它不是受社会主义经济领导，就要受资本主义经济领导；它与社会主义经济之间的矛盾不是对抗性的，不是过渡时期的主要矛盾。因此，虽然小商品经济也是一种生产方式，它也应该有其基本经济规律（需要当做经济学上的重大问题来研究），可是由于有比它先进的社会主义经济和资本主义经济的存在，它的特有的规律的作用和影响在社会主义经济领导下只能处于次要的和从属的地位。

关于社会主义基本经济规律在国民经济中的作用和影响问题

十、首先应该分析社会主义基本经济规律的内容及其作用的性质："用在高度技术基础上使社会主义生产不断增长和不断完善的办法，来保证最大限度地满足整个社会经常增长的物质和文化的需要。"① 斯大林分析这一规律时说："保证最大限度地满足整个社会经常增长的物质和文化的需要，就是社会主义生产的目的；在高度技术基础上使社会主义生产不断增长和不断完善，就是达到这一目的的手段。"② 手段和目的是统一的，只有具备了最大限度地满足整个社会需要的生产目的，才能在任何条件下不断更新的使用高度的技术基础，才能使生产不断增长和不断完善；同时也只有使用高度的技术基础使社会主义生产不断增长和不断完善，才能最大限度的满足整个社会经常增长的需要。因此，社会主义的技术基础与资本主义的技术基础不是"高度"与"较高度"的区别，不是量的区别，而是有质的区别；同样一种机器设备，当其与资本主义制度下的劳动者结合的时候，就不能使生产不断增长和不断完善，当其与社会主义制度下的劳动者结合的时候，它们就构成社会主义的生产力性质，而与社会主

---

① 斯大林：《苏联社会主义经济问题》，第35—36页。
② 同上书，第70页。

义的生产关系相适应。只有我们的国营企业才能使用任何非社会主义企业所不能达到的高度技术基础。我们第一个五年计划中的基本建设项目的机器设备都是最新式的，使用它的我国劳动者的生产技术在向苏联专家学习之后也是最优越的，这些新建的大企业较之现有企业会更显著地证明社会主义的生产是不断增长和不断完善的。为什么我们能够具备这种物质的、技术的、经济的和政治的等等条件来使生产不断增长不断完善呢？并不是因为我们的企业领导者较之资本主义的企业家更有本领，而是我们依靠社会主义的生产关系所产生的生产目的，这种目的使得社会主义的生产关系与生产力没有对抗性的矛盾，生产与消费不会脱节，不会产生经济危机；全体劳动人民都能在实践中认识到它的生产目的与他们的自己的利益密切结合，因而衷心地拥护社会主义，以空前的劳动积极性和创造性来发展社会主义生产。

　　在社会主义的经济形态中，社会主义基本经济规律所表现的生产的手段和目的起着支配作用。凡在包含有社会主义成分的经济形态中，社会主义基本经济规律作用的大小由两个对立方面的力量对比和斗争来决定；对于不包含社会主义成分的经济形态，社会主义基本经济规律只能外在的发生影响，影响的大小由社会主义经济本身力量的大小和与它联系经济成分的性质来决定。

　　十一、有的同志认为："我们现在还在过渡时期，正在工业化阶段，要集中主要力量发展重工业，社会主义经济还不完整，不能够或者不应强调最大限度地满足社会的需要。"并从此得出结论："社会主义的基本经济规律还不能发生作用或重大作用。"这种意见是与笼统的夸大"社会主义基本经济规律已在国民经济中起完全的支配作用"是两种极端的偏见。我们是在集中主要力量建设重工业，重工业就是社会主义经济中最基本的生产手段，建设这些生产手段，正是社会主义基本经济规律在起作用，正是为了不断的日益扩大地满足社会的需要。至于目前，是否也可以最大限度地满足社会的需要呢？这个问题应该这样分析：第一，分配与消费是不能离开一定的生产关系和经济条件的。社会主义基本经济规律既不能在非社会主义经济内部建设高度技术基础的重工业，既不能使非社会主义经济的生产也如社会主义生产以同样规模和速度来不断增长和不断完善，从而也就不能保证同等限度的来满足需要。既然各种经济成分的生产性质和生产效率是不同的，那么与生产相适应的分配也是不相等的，这就是为什么国营企业的工资、待遇、福利等要比私营企业高些（平均来说），而工人的收入又比农民的收入要高些。离开了具体的生产关系和经济条件来谈平均主义的分配是小资产阶级的观点。第二，社会的需要既建立在社会的现实生产基础之上，从而又推进社会的生产，需要不能脱离一定的生产基础，规律是客观的，社会的物质文化需要都是以社会的生产条件为客观基础的。既然在集中主要力量建设重工业阶段，既不会大量生产高级消费品，人民也就不会普遍地产生对这些商品的需要；另一方面对某些基本的物质生活条件和文化生活条件需要的增长，如粮食、油类、布和花布、戏剧、电影等，却又是必然的。这些社会需要的增长，在与社会的生产和分配相适应的条件下，在与社会消费资料的生产和文化娱乐事业的发展相适应的条件下，就必然会大大的促进我国工业化，促进重工业建设。社会对物质的文化的需要增长与工业建设和工业生产的扩大（不论是重工业或轻工业）具有内在的不可分割的联系。第三，社会主义工业化，是以国民经济各部门的相应高涨（虽然在各个阶段上有不同的比例关系）为条件的，也是全体劳动人民生活的提高（虽然是有差异的）为条件的，既然社会主义基本经济规律不能在非社会主义经济成分内起作用，国家就根据社会主义基本经济规律的要求，制定政策法令和各种经济措施，影响非社会主义经济成分的生产和分配，改进和提高它们的生产水平和生活水平，并引导它们的生产、分配和消费在一定程度上逐步的符合于社会主义基本经济规律的要求。

社会主义基本经济规律不能在所有经济成分中起支配作用，它只是而且是不折不扣地在社会主义经济成分中起支配作用；对于非社会主义经济成分，它只能通过国家政策法令和各种经济措施来发生影响，实现领导；对于那些包含有社会主义因素或成分的过渡性的经济形态——如国家资本主义经济和半社会主义的合作社经济，社会主义基本经济规律既能在内部起不同程度的作用（由内在的社会主义成分的大小决定），也能从外部对它们发生影响，内因与外因相结合就能实现更有效的主导作用。

十二、在过渡时期，工人阶级领导的国家会充分认识和运用社会主义基本经济规律的实质和要求；由于这个规律的作用在国家建设中所实现的成效，由于这个规律的以全社会利益为利益的目的性，就能使全体劳动人民逐渐具体的认识社会主义，掌握社会主义的经济规律，就会形成建设社会主义的不可摧毁的伟大物质力量。因此，任何部门任何经济单位，在实际工作中依靠和运用社会主义基本经济规律的作用和影响，并以它的实际效果来教育劳动人民，这就是经济领导者的主要任务；既不应该笼统地抽象地过分夸大它的作用，也不应该怕劳动者提出物质要求而故意不提它的作用。

十三、与社会主义基本经济规律相结合，并在国民经济中发生重要作用和影响的，是有计划（按比例）的发展规律。依靠这个规律，使国家能够制定计划，正确的组织社会主义经济的生产、再生产、分配、再分配、商品流通、产品交换以及各种消费。社会主义基本经济规律，也要依靠根据有计划（按比例）发展规律而制定的国家计划，才能顺利的有效的发挥它的作用；离开正确的国家计划，社会主义生产的方法手段和生产目的都会遭受损害，会使国家的经济活动陷于半盲目或部分盲目的状态。另一方面，假如国家计划离开了社会主义基本经济规律的最高指导，计划生产的方法手段和生产目的就会陷于混乱状态，就可能根据各种不同的主观愿望制定各种不同的计划，结果也就必然会违反有计划（按比例）发展规律，使社会主义经济的发展遭受到莫大的损害。

十四、社会主义基本经济规律对私人资本主义经济（不包括各种形式的国家资本主义经济），不能直接的发生作用，只能是通过斗争来施展它的影响。社会主义的生产目的是与资本主义的生产目的相对立的，这种对立的斗争只能是限制和反限制的形式，不能是调和的形式，因为有了资本家的利润，就会影响到社会生产的增长和缩减了满足社会需要的限度。社会主义基本经济规律通过国家法令、政策、市场斗争、工人组织活动等等来达到限制资本主义的活动范围，限制剩余价值规律的作用范围。在另一方面，社会主义经济的发展，是以国民经济各部门的全面发展为条件的，在发展生产这个共同目的上，在一定时期和一定程度内又是可以统一的，因此，在限制剩余价值规律的作用范围的时候又必须考虑利用它来发展或维持生产。

掌握运用价值规律来对资本主义的生产进行调节，也是过渡时期国家经济活动的主要任务之一。应该认清的是：国家不能单纯依靠政策法令来掌握运用价值规律，国家要是没有足够的商品和流通资金等物质基础来调节价格是往往无效的。国营商业部门也是在社会主义基本经济规律的最高指导之下，运用价值规律来调节资本主义的商品生产，使它生产的商品能够符合社会的需要，并不至攫取非法利润。不能错觉地认为这就是社会主义基本经济规律对资本主义商品生产发生作用，仅仅是影响，而且是通过国家的经济活动运用价值规律来实现这种影响的。更不能错觉地认为是资本主义的生产目的在国家领导之下改变了。国家是没有改变资本主义基本经济规律的能力的，仅仅是资本主义所生产的商品在国家调节之下客观上大体能符合社会的需要而已。

十五、社会主义基本经济规律也要通过国家的政策法令和经济措施，对分散的个体经济发生影响；具体表现如兴修水利、改良种子、贷放新式农具和推广丰产经验等等来逐步改进农民的生产技术和生产条件，使他们的生产能不断发展，使他们的产品能在客观上大体符合于社会的需要。国家同样的也运用价值规律来调节各种农产品的生产；但是这种调节非特没有限制农民获得其应得利益的作用，而且国家还对农民进行物质帮助，这就是对于劳动者的个体经济不同于对待资本主义经济的重大区别。由于农民和手工业者都是劳动者，生产资料的个体所有制不是剥削性的所有制，他们的利益与全体劳动人民的利益是可以协调并逐步趋于一致的，因此当社会主义的各种经济规律通过国家的活动，对它们施展影响的时候，不至遭受那种社会衰朽势力的反抗，非对抗性的矛盾可以通过说服、教育和实践中的示范等斗争形式来逐步加以克服。但应该指出的是：当个体经济的内部还缺乏社会主义因素的时候，单纯的外因的影响往往事倍功半，只有外因与内因相结合的时候，效果才能迅速而显著。

十六、社会主义经济在它的基本经济规律支配之下运动，并通过国家的活动，限制不利于自己的各种经济规律的作用和影响的范围，掌握运用有利于自己的各种经济规律的作用和影响；在领导整个国民经济向前发展的进程中，为自己开辟广阔发展的道路。在过渡时期，由无产阶级领导的国家政权，对于社会主义的建设和社会主义的改造起着极为重要的作用。国家依据社会主义的经济规律来指导经济活动，起着保卫和扶植社会主义经济发展的作用，社会主义经济有了这个国家政权的武器，就能限制和消灭社会衰朽力量的反抗，使社会主义经济具有不可克服和不可抑阻的力量。假如国家政权在资产阶级领导之下，社会主义经济就会受到压制、就可能变质，资本主义和垄断资本主义就有可能暂时复辟并发展起来。

社会主义经济规律在国家资本主义经济中的作用及其影响

十七、国家资本主义经济，是社会主义成分与资本主义成分相结合具有过渡性质的经济形态，通过这种结合，工人阶级领导的国家就能够有效的对资本主义经济加以限制并规定它的界限，为将来用全民所有制来代替资本家所有制创造条件。既然它是两种经济成分和两种生产关系相互结合的过渡形态，因此不能把它当做一种特定的生产方式看待，也不能凭空设想会有两种经济成分化合起来的独特的经济规律或基本经济规律，假如错误地认为那种具有对抗性的生产资料所有制和生产关系在一定的条件下相互结合，就失去其对抗性的矛盾，就能够化合而产生新的经济规律指导其和谐前进，那么，就会取消阶级斗争，就会得出错误的结论，承认国家资本主义经济没有内在的对立斗争，并能自发的走向社会主义。实践证明：社会主义与资本主义两种经济成分结合的形式是多种多样的，两种经济成分的物质的和政治的力量的对比规定内在的对立和统一的形势，规定各该种经济规律的相互斗争和相互制约，并规定它们的作用和影响的大小范围。

十八、高级形式的国家资本主义是公私合营。在全部生产过程（包括生产、交换、分配和消费）中，贯穿着与两种对立的生产资料所有制而俱来的对立的经济规律的矛盾和统一，其中既有社会主义基本经济规律的主导作用，也存在着剩余价值规律的对抗性作用；既有有计划（按比例）发展规律在起着调节生产的作用，同时被限制的追求高额利润的生产无政府规律也不断起着反限制的作用（国家计划仅仅是规定主要产品和主要指标）；既有按劳分配的规律在发生作用，也存在着被限制的按资本分红的分配规律在发生对抗作用；既有社会主义积累和扩大再生产规律在发生作用，也存在着被限制的资本主义积累和扩大再生产规律的作用等等；以上种种对抗性的经济规律的限制和反限制形势，社会主义经济规律的主导作用和影响的大小范围，由各个公私合营企业的社会主义成分的物质的和政治力量的大小来决定。一般说来，国家是参加企业经营管理的主要方面，主要生产品是纳入国家计划轨道的，生产过程的各个环节是与国营企业有密切联系的，它已经成为社会主义经济体系中的单位和环节（虽然与社会主义企业尚有质的差别），因此公私合营企业能够逐步具备完善的条件来转变为社会主义企业。高级的国家资本主义企业具有半社会主义的性质，它已经是最后一个阶梯的过渡形式，然而它与社会主义企业仍有质的差别，不论私人资本的比率多少，它既然还存在着资本家所有制和资本剥削，就存在着阶级关系，就存在着对抗性矛盾，就不能称之为社会主义企业，正如当过渡时期的资本主义没有完全消灭以前就不能称为建成社会主义一样。

有的同志看到了社会主义基本经济规律在公私合营企业中起主导作用，因而就忽视了资本主义经济规律的存在及其对抗作用（虽然是被限制的），甚至有的同志说在公私合营企业中资本主义经济规律已经不存在了，利润也不是剥削性质的了，这是不符合实际的。实践中证明：社会主义经济规律在公私合营企业中起主导作用，是需要经过各种不同形式不同程度的对抗性的斗争才能实现的。假如忽视了这种斗争，国家就不能实现领导。我们应该认识清楚：几年来公私合营企业发展得比较迅速，并且一般的都有较好的成绩，这并不是由于社会主义经济的威信使然，更不是资本家的自觉的思想转变使然，而基本上是国家依靠社会主义经济的物质力量和工人阶级的阶级力量不断的进行复杂细致的各种斗争的结果。无视了这种基本特点，就不可能理解国家资本主义经济的实质。

在公私合营企业里可以有条件地采取增产节约、提高劳动生产率等等措施（也是有斗争的），生产力的发展是公私合营企业过渡到社会主义企业的内在动力，并为社会主义的技术改造和计划管理等提供物质条件。社会主义的生产关系需要在不断提高的生产力和不断扩大再生产的基础上才能扩展，同时也需要在不断的斗争中才能扩展。

十九、中级形式的加工、订货，是国家的原料或流动资金与资本家的生产资料相互依赖的形式，也是两种经济成分在全部生产过程中分阶段联结的形式。"加工"形式是国家的原料或半制品和资本家的生产工具、设备相结合，生产品里包含有社会主义成分和资本主义成分的对立矛盾，这个矛盾由国家付给工缴费（包括生产利润）成为完全国家所有而获得解决。加工产品的全部生产过程，购买原料和销售成品是全部的或主要的由国家负责，并把这些产品包括在社会主义的总流通过程之内；至于加工产品的生产过程则由资本家负主要责任，属于资本主义的总生产过程。两种对抗性的经济成分又在全部生产过程中的不同阶段各有其不同的作用范围：在生产过程中剩余价值规律起主要作用，社会主义的有计划（按比例）发展规律，以及由国家掌握运用的价值规律对它发生影响和限制。在流通过程中社会主义的经济规律起着主要作用，但由于商品是资本家生产的，剩余价值规律也还影响着流通中商品的价值和价格。"订货"形式是资本家购备一切生产资料（第一阶段流通过程）并负责生产商品（生产过程）；末一阶段流通过程（销售给消费者）则由国家负责；但是由于国家预付一笔订货款，所以订货契约内的产品是国家和资本家所共有的，这种内在的对抗性矛盾，由国家付清货款（包括生产利润）取得产品而解决。在购买和生产过程中，资本家居于支配的地位，国家居于依契约监督的地位，在销售过程中则国家居于完全的支配地位。在全部生产过程中，两种经济成分的经济规律的作用和影响表现更为复杂的情况：在购买和生产过程中资本主义的剩余价值规律起着主导作用，社会主义的有计划（按比例）发展规律，由国家掌握运用的价值规律通过契约和工人监督给予影响和限制。在销售过程中则社会主义经济规律起着支配作用。至于"统购""包销"，也是国家掌握了购买或销售过程，生产过程由资本家负责，国家依契约监督，并更多的依靠价值规律；社会主义经济规律的影响则较"加工""订货"为小。但不论何种中级形式，国家对于国家资本主义企业生产过程的监督，主要的运用有计划（按比例）发展规律的影响，使它们的生产有利于国民经济的顺利发展。社会主义基本经济规律只在全部或部分的流通过程中发生作用。国家资本主义各种中级形式在企业中进行"新建""扩建"（是资本的扩大再生产性质），进行增产节约，主要的也是有计划（按比例）发展规律的影响，虽然这个规律通过国家计划体现着社会主义基本经济规律的目的性。然而不能错觉地认为资本家的再生产目的中已兼有社会主义生产的目的性。我们在中级形式国家资本主义企业中的工人所以热烈响应增产节约运动,并不是他们不知道这种运动会给资本家多提供一些利润,而是因为更重要的结果是会给社会主义经济的发展提供更多的物质条件,有利于社会主义的发展,可是它本身并不就是社会主义的发展。这表明各种中级形式的国家资本主义企业与高级形式的公私合营企业之间具有质的差异。

二十、在"收购"与"代理"以及商业中的"经销"与"代销"这些低级形式的国家资本主义企业,国家只是依靠价值规律来调节它们的商品生产和商品交换,使它们大体上符合于有计划(按比例)发展规律的要求,并在一定程度上限制了资本主义生产和交换的无政府状态,限制了投机活动,从而限制了剩余价值规律的作用范围。"经销"与"代销"执行着国营商店支店的一部分任务,商品是属于国家的,因此这些经销店和代理店也是一种社会主义的商品生产与资本主义的商品销售机构联结的形式。假如这种经销或代理店还有雇主与店员的剥削关系存在,剩余价值规律还发生作用;假如这里面已经不存在剥削关系(夫妻老婆店),那么它是属于商品流通范围内的个体所有制参与社会主义商品流通体系的一种联结形式。

二一、利用、限制和改造是社会主义经济及国家对于资本主义经济的斗争形式。我国社会主义革命阶段对资本主义所有制不采取暴力剥夺的斗争形式,是由我国社会经济条件决定的:在过渡时期的各个阶段,对于资本主义各个部门以及各个企业,在利用、限制和改造这些斗争形式中选择哪一种为主要方面,也是由当时在各部门各企业中的两种经济成分的对比关系、阶级对比关系以及国民经济发展的需要等等来决定的。社会主义经济及国家,依靠社会主义基本经济规律、有计划(按比例)发展规律、价值规律及生产关系一定要适合生产力性质规律等等来制定政策和措施,来利用、限制和改造资本主义企业。资本家愿意接受国家领导、接受各种合作的形式，并迎合社会的需要进行生产，决不是因为资本主义的生产目的改变了，而是因为资本家在斗争中认识到这样做才能够生存并且不违背剩余价值规律的要求。

对于资本主义企业的改造，表现在使资本主义的生产关系局部的或全面的与社会主义的生产关系相结合。在高级形式的公私合营企业中，同时并存两种所有制和两种生产关系（包括生产、交换、分配、消费）；在中级形式加工、订货的全部生产过程中，它的流通过程主要是社会主义的生产关系，它的生产过程主要是资本主义的生产关系。两种对抗性的生产关系相处是不可能长期不变的，社会主义的生产关系既成为内在的因素，社会主义的经济规律也就内在的发生作用，内在的作用和外在的影响相结合，结果就会逐步的扩大社会主义的生产关系，逐步的缩小资本主义的生产关系。当资本家阶级逐步成为社会的衰朽力量的时候，资本家个人如能接受改造，就得逐步离开他原有的阶级地位，不仅不去阻碍新生的社会主义生产关系的扩展，并且应该便利它的发展。但是资本家个人的接受改造，只有在社会主义建设逐渐强大的前提下，只有在阶级斗争逐渐尖锐的过程中，才能使某些资本家逐渐放弃其阶级利益。仅仅把希望寄托在对资本家的教育与自觉是不现实的。

二二、有计划（按比例）发展规律的作用和生产关系一定要适合生产力性质规律的作用，对于国家资本主义经济有特别重要的意义；资本主义经济的基本矛盾"在于生产的社会性和占有制的私人性之间的矛盾。这个矛盾表现于在各别企业中的生产的有组织性和在全社会中的生产的无组织性之间的矛盾"[①]。为了限制和克服这个矛盾，就得把资本主义企业的生产交换和产品

---

① 《毛泽东选集》第2卷。

分配这些主要环节逐步纳入国家计划之内，限制它的生产无组织性，逐步缩小资本主义经济内在矛盾的范围，同时也就缩小社会主义与资本主义之间的矛盾范围，而有利于国民经济的发展，尤其有利社会主义经济成分的发展。有计划（按比例）发展规律在国民经济中的影响与资本主义生产的无组织性之间的矛盾，在我国恢复时期曾经引起过一系列的激烈斗争（例如市场斗争、生产方向斗争、原材料的分配斗争等等），今后这种斗争也仍会随时发生；社会主义经济在这些斗争中逐步取得胜利，才使资本主义企业逐步纳入国家计划的轨道，从而使以社会主义基本经济规律为依据的有计划（按比例）发展规律扩大其作用和影响的范围。

有的同志认为：惟利是图是资产阶级的本质，因此最主要的任务是限制资本家的惟利是图，不是限制资本主义生产的无组织性。这些同志没有认识到：只有限制资本主义生产的无组织性，才能有效地限制资本家惟利是图的本质所引起的对国民经济的破坏性，本质是不能限制的，只能限制本质所引起的作用。因此现阶段的主要问题，不是在给资本家多少利润的问题，而是要资本家通过什么道路来取得利润的问题，也就是要资本家走国家资本主义的道路逐步纳入国家计划轨道的问题。

生产关系一定要适合生产力性质的规律，规定着我们改造资本主义企业的步骤和发展过程。对于改造对象的统一安排和分别对待，一般的应该从最新技术装备和大规模的企业开始，因为它们的生产力性质是比较适合于将要建立的社会主义生产关系的，或者是适合于高级形式的国家资本主义企业的要求的。较小的较落后的资本主义企业，只有在改进技术设备改善经营管理或者联营合并等等提高生产力和改进生产组织的基础上，逐步进行社会主义的改造。生产关系的改变转移推动生产力的前进，这在各种形式的国家资本主义企业中都已经证明了的，但过分落后的生产力还不能与进步的生产关系相适应的情形下，也会使新建立的生产关系遭受挫折，增加国家政治上经济上的负担。从低级形式到高级形式的发展过程，是社会主义改造从流通到生产、从局部到全面的过程，也是生产关系逐步的辩证的适应生产力性质的过程。

社会主义经济规律在合作社经济中的作用及其影响

二三、合作社经济（不包括社会主义性质的合作社）是个体经济走向社会主义集体所有制经济的过渡性经济形态，它与国家资本主义经济形态一样不能称之为特定的生产方式，它既包含着生产资料的个体所有制也包含有生产资料的集体所有制，两方面所占有的生产资料都是不完全的，相互依靠，又相互制约，在发展过程中一消一长，不断引起质的变化。因此在合作社经济中，不可能存在着以相对固定的经济条件为基础的基本经济规律。我们不必徒劳地为合作社经济形态或半社会主义的合作社经济形态去思索一个基本经济规律，而应根据合作社经济各种形式具体地分析它的内在的经济成分、内在的矛盾和统一、内在的对立的各种经济规律的作用和外在的各种经济规律对它的影响。

二四、在农业生产互助组里，已经有社会主义的萌芽，因为互助组内的劳动关系，主要劳动部分已经采取集体分工互助合作的劳动形式，它是社会主义劳动关系的萌芽状态，集体劳动中的计工清偿制度，说明按劳分配的规律已经开始在一定范围内发生作用。生产技术和生产效率也因社会主义经济和国家的外在帮助并与内在的要求结合之下不断获得改进和提高，开始能够集体的拟订主要作物的生产计划，在一定程度上符合国家计划的要求。所有这些，都是社会主义的萌芽，社会主义的经济规律就以新生的然而仍然是纤弱的社会主义因素为依据，开始在狭隘的范围内施展其作用，引导个体经济向社会主义的生产方向发展。当然，互助组的基本生产关系——生产资料与劳动力的结合关系，依然是个体经济本质的生产关系，土地、农具、种子等主要生产资料是个体所有的，劳动力结账清偿的部分还保留着个体劳动的商品性质，占有较好的土地和牧畜大农具等都能使占有者获得较多的收入，所有这些，都说明个体经济的经济规律仍然占有优势，社会主义经济规律的作用范围是比较狭小的。这种以个体经济实质占优势的一方与社会主义因素的一方的对立形势，构成农业生产互助组内在的矛盾和统一。

社会主义经济和资本主义经济都外在的对于互助组发生影响。资本主义经济的外在影响与个体经济内在的自发趋势相结合，就会引起对互助组的破坏和瓦解作用。但由于社会主义基本经济规律的优越性，能从高级赢利的观点不断在物质上技术上和思想教育上帮助农民，不断扶持萌芽状态的社会主义因素，使它获得茁壮的发展。对于以小农经济为基础的互助组，社会主义经济及国家的外在帮助和影响，在"谁战胜谁"的斗争中具有重要的作用。忽视了或削弱了这种外在的帮助和影响，自发势力就可能占上风，社会主义的内在因素的发展就可能受到愈趋愈大的阻力，例如曾经有些地区因偏重发展农业生产合作社而放松了或放弃了对互助组的帮助和领导，以致许多互助组就陷于瘫痪或瓦解的状态。然而假如外因不通过内因发生作用，不把帮助的力量集中扶助互助组的生产发展和社会主义因素的增长，帮助离开了社会主义基本经济规律和有计划（按比例）发展规律的客观要求，农村工作就会变成无目的的，就会造成混乱和浪费，就会助长自发势力。

二五、半社会主义的农业生产合作社,是生产资料的个体所有制和社会主义的集体所有制相结合的经济形态,社会主义的生产关系已经有生产资料的部分集体所有为其基础,农业生产互助组的社会主义因素已上升到农业生产合作社(指半社会主义性质的,下同)的社会主义成分,社会主义经济规律已成为矛盾发展的主导方面,改变了原来的个体经济成分占优势的实质。因此农业生产合作社就能够比较自觉的执行国家计划,能够把集体利益置于首要地位。这说明内在的社会主义基本经济规律和有计划(按比例)发展规律已开始发生主导作用。然而,由于农业生产合作社的部分的社会主义生产关系和技术基础较低的生产力性质,社会主义经济规律的作用范围不仅受着集体所有制的范围的限制,而且还受着物质基础较落后的限制,它仍然要依靠外在的影响,要依靠国家的帮助,要依靠工农联盟,要依靠与社会主义大工业的结合,要在技术基础与生产力逐步提高的过程中,社会主义基本经济规律和有计划(按比例)发展规律的作用,才能逐步增强和扩展。离开了工农联盟,离开了与社会主义大工业的结合关系,不把社会主义工业化当做是农业社会主义改造的具有决定意义的步骤,错误地认为依靠农业生产合作社内部的力量也可以达到社会主义,那就要掉到农业社会主义的泥坑里去。有些同志给半社会主义的农业生产合作社提供一个基本经济规律,认为它本身就能自发的不需要外在条件就能达到社会主义,客观上就是农业社会主义思想的表现。另一方面,农业生产合作社内部的矛盾仍然是复杂的,是不断有斗争的,社会主义经济成分必须随着生产力性质的逐步提高而逐步限制和排斥它的对立物。

农业生产合作社内部经济成分的矛盾性表现为社员思想要求的复杂性。作为一个一般的个体农民的社员,在拟订生产计划时，他要顾虑到家庭一年的粮食问题（自给的生产使用价值的规律起作用），同时又希望能按自己的选择生产最有利的作物（价值规律起作用），既顾虑接受国家计划会损害个人的利益，又希望按国家计划生产会得到国家支持、得到生产和生活的保证（社会主义基本经济规律和有计划按比例发展规律起作用），这些顾虑和希望往往是矛盾的，虽然接受国家计划服从集体的利益仍是主导的方面，但假如能把个人的希望、要求与国家计划及集体的利益获得统一的时候，生产计划就能完满地进行。作为一个中农或富裕中农的社员，他除同样具备上述矛盾而外，还要计算到土地入股和分红的问题，大农具和牲畜的作价问题。在农业生产合作社的分配中起主导作用的是按劳分配的规律，大部分的农产物是按劳分配的，但是也有一部分的农业产物是按土地股多少分配的，拥有较多较好土地的社员分得较多的一部分红利，就是剩余生产物，（早在互助组内由于在优等地上和次等地上做工的计价是相同的，而土地收获却是有差别的，这种构成级差地租的剩余生产物，也已当做土地所有者农民自己的收入。）① 因此，自互助组到农业生产合作社的发展，仍然是矛盾的发展，但社会主义因素已发展成为主导的社会主义成分，生产关系的主要方面已经是互助合作的关系（这是与国家资本主义有本质区别的地方）。

二六、农业生产合作社的扩大再生产，就包括在国家计划内的主要作物而言，社会主义的扩大再生产规律起着主导作用，因为这部分的生产是在社会主义基本经济规律指导之下，并根据第一部类和第二部类的按比例增长而进行的；扩大再生产的资金是集体的积累并归集体所有，因此再生产的扩大，就是社会主义成

---

① 参考马克思：《资本论》第3卷，第1050—1051页。

分的扩大，是集体所有制的扩大，也就是社会主义经济规律作用范围的扩大。另一方面，生产的无组织性，仍在一定范围内起着作用，凡在国家计划规定以外的生产，可由农业生产合作社视自己的消费需要和市场需要来决定，例如蔬菜、豆类及作为副业的饲畜等等，这些生产一部分受价值规律调节，一部分受农民自己的消费需要调节；这两部分往往会相互转化，价格高的时候会缩减自己的消费，价格低的时候会增加自己的消费。国家主要是运用价值规律通过收购和交换来调节这部分自发性的生产并限制其与资本主义经济的联系。

二七、生产关系一定要适合生产力性质的规律，指导我们对个体经济进行改造时如何确定方法和步骤。个体经济是生产力最落后的经济形态，即使在国家的各种帮助之下，它要过渡到社会主义是需要比较长的过渡和比较多的阶梯的。每一个过渡步骤和阶梯，生产关系一定要适合生产力性质规律都在发生作用，互助组劳动关系和劳动性质（初步的集体劳动和分工）的改变引起生产力的提高，而生产力的提高又巩固了互助组，并把它引向农业生产合作社。半社会主义的农业生产合作社是与其改良的生产工具和简单协作为基础的生产力性质相适应的，只有当它能够逐步提高生产力，能够使劳动日报酬的增长抵消并超过土地分红的差额收入的时候，土地分红才能被消灭，然而这不是现有的农业生产合作社的生产力性质所能办到的，需要经过农业生产技术的全部改造，这就有赖于社会主义的工业化，有赖于机器制造工业、燃料工业、化学工业以及科学技术的大大发展。社会主义的生产关系是以大工业为其物质基础的，我们不可能依靠手工业或半机器工业的物质基础就能在农业部门建成社会主义。因此，半社会主义的和社会主义的农业生产合作社之间，不仅有量的差别而且有质的差别——既表现在生产关系上也表现在生产力性质上。

二八、对于个体农民和手工业者经济的改造比之对于资本主义工商业的改造，虽然同样是采取过渡的经济形式，同样是社会主义经济成分与私有经济成分的结合形式，然而二者有本质的区别。因为资本家是不劳动的单纯依靠剥削为生的，假如不被改造成为一个劳动者，就要成为社会的衰朽力量，就要阻挠社会主义经济规律发生作用，就会形成激烈的阶级斗争。至于农民和手工业者，他们是劳动者，虽然在某些方面他们对于社会主义改造的要求也有矛盾，但这种矛盾是非对抗性的，是可以协调的，从全部过程来说，他们的利益与社会主义的利益是完全一致的；他们会与工人阶级结成联盟而形成克服社会衰朽力量反抗的社会力量，并自觉的在他们自己的生产领域中，为生产关系一定要适合生产力性质的规律和社会主义基本经济规律开辟发生作用的场所。

(原载《经济研究》1955年第4期)

我国过渡时期社会主义经济的发展和经济规律

一、过渡时期社会主义经济基础的特点

1949年中国共产党领导的人民民主革命的胜利，使我国社会经济结构发生了根本的变化。工人阶级领导的国家，没收了国内的官僚资本主义企业和极大部分的外国资本主义企业，转变为全民所有制的社会主义经济成分，并开始在国民经济中发生领导作用。我国的民族资产阶级在人民民主革命阶段是守中立的，有少数的民族资产阶级的代表人物是参加革命的。在过渡时期的初期，民族资本主义经济对于迅速恢复工业生产，促进社会商品流通和广泛的联系，促进小商品经济，又是恢复和适当提高社会生产力的一个方面和因素。它在国民经济中的这种地位和作用，还不可能在较短促的时期内为正在生长中的国营经济和合作社经济所代替。1949年现代工业的产值在工农业总产值中仅占17%。同年在工业总产值中私营工业的产值（不包括个体手工业产值，下同）占63.3%，国营工业产值只占34.2%。1950年在批发总额中国营商业占23.2%，私营商业占76.1%，在零售总额中则私营商业要占到83.5%。1949年手工业、

农业及其副业基本上是个体经济，是在演变中的小商品经济，它们的产值在工农业总产值中要占到 75.8%。这就是我国过渡时期开始时社会经济结构和阶级结构的基本情况。在政治上已经成熟了的中国工人阶级正强有力地领导着这个国家，但社会主义的经济成分还只占有很小的比重。

在三种主要的经济成分中，社会主义经济成分与资本主义经济成分是以两种具有对抗性的生产资料所有制为基础的；两者在恢复和发展社会生产力的客观要求下统一起来。然而在运动过程中，对于社会财富的生产和分配方面，尤其是对于市场的领导和对于小商品生产的发展方向方面，社会主义经济规律的作用和影响以及资本主义经济规律的作用和影响，不可避免的要在国民经济的恢复和发展过程中进行斗争；从资本主义到社会主义的过渡，矛盾的存在和不同生产方式、不同阶级之间的斗争和转变正是过渡时期的主要特点。具有对抗性的矛盾和斗争可能发展到要采取剥夺的形式来加以解决，也可能采取和平改造的途径，采用一系列过渡形式和阶梯的步骤，逐步削弱以至消灭其对抗性来加以解决。中国工人阶级和党面对中国社会经济的具体情况和国内外新的条件，确认采用和平改造的途径更有利于国民经济的恢复与发展，实质上也就是更有利于社会主义经济成分的生长和发展。

我国在过渡时期的总路线和总任务，实质上与苏联过渡时期的新经济政策并没有什么不同，只是在实现这个任务所采取的形式、方法、步骤上有所不同。列宁曾经指出过："至于对变革的形式、方法和手段，马克思既没有束缚自己，也没有束缚社会主义革命将来的活动家……"① 一定的形式、方法和步骤，应取决

---

① 列宁：《论粮食税》，《列宁文选》两卷集，第 2 卷，人民出版社 1955 年版，第 853 页。

于当时当地的种种条件。我国过渡时期的总路线和总任务,正确反映了我国过渡时期社会经济的发展过程以及三种主要经济成分的相互斗争和和平转变的过程。

二、社会主义经济成分的发展

新生的社会主义经济成分的存在和发展是与工人阶级领导的政权不可分的。任何一个统治阶级的基本任务就是为它所代表的新生的经济形态开辟广阔发展的道路。中国共产党谨慎地依据社会经济条件和经济规律,首先制定恢复时期的政策,依靠国家政策积聚力量来发展国营经济和合作社经济;国家依据社会主义经济规律的要求并为社会主义经济的发展提供条件。它从1950年初开始采取一系列的措施如:统一财政经济的领导,统一币制和平衡财政预算,稳定物价和统一国内市场,改革国营企业中的旧的生产管理制度,统一调拨重要的生产资料和消费资料等等。这些重大的有利条件的取得是不能不经过阶级斗争的。实现稳定物价和统一市场管理的过程,实质上是彻底打击市场投机和限制资本主义自由市场的一场斗争。既然资本主义的商品生产和小商品生产是通过市场来实现其价值和剩余价值的,那么,取得市场的领导也就是取得对它们进行生产领导的前提。对国营企业旧生产管理制度的改革,实质上是在国营企业中肃清资本主义管理制度和封建把头制度的一场斗争。这一系列斗争的胜利,才为社会主义经济成分和国家建立起在国民经济中的领导地位,社会主义的经济规律才逐步获得广阔发展的范围。

社会主义经济从1950年开始以极快的速度发展。国营工业产值在工业总产值中的比重,自1949年的34.2%,上升到1952年的52.8%,到1955年则为62.9%;公私合营工业的产值和手工业合作社的产值也有很大的增长。社会主义性质的工业产值（包括国营、公私合营及合作社）在工业总产值中的比重自1949年的36.7%，上升到1952年的61%，到1955年为83.8%。在农业部门，参加互助合作组织的农户，1950年在农户总数中占10.7%，到1952年上升到40%，1954年为60.3%；1956年6月，已有全国总农户的90.4%参加了农业生产合作社，其中61.1%已是完全社会主义性质的高级社。属于纯商业机构的商品流通领域内，1950年社会主义性质的批发额在总批发额中占23.9%，1952年上升到63.7%，1955年为95.6%；社会主义性质的零售额在零售总额中的比重，1950年为16.5%，1952年上升到42.2%，1955年为82.5%。

社会主义经济在国民经济中以其特有的速度向前发展，事实证明了社会主义经济制度的优越性。国家依靠社会主义基本经济规律的作用和影响，逐步的组织工人群众和其他劳动人民以先进的生产技术和方法，为全社会的物质和文化的需要而生产。不论在国民经济恢复时期或第一个五年计划时期，国家都是以最新技术配备来恢复和建设社会主义的大企业。我国原来的技术基础是落后的，由于伟大的苏联和人民民主国家的物质技术援助，使我们能够把外部的条件转变成为内部的条件，提早开始了我国社会主义的物质技术基础建设，从而推动了国民经济的发展，逐步满足和提高了全国人民对于物质和文化的需要。1955年全国各经济部门的职工工资较1950年已增加一倍以上。1956年又在这基础之上提高了14%。农业及副业产值1955年较1949年增长70%，因此农民的收入也得到相应的增长。社会福利事业和文化娱乐事业也同样有迅速的增长。虽然因为多种经济并存，在私有制经济中的劳动人民物质生活状况的改善还受到不同的生产关系的限制，但总的趋势是各种经济成分中的劳动人民的生活都获得了不同程度的改善。他们在物质文化生活方面的差别程度首先决定于生产方式的性质,其次决定于各个单位的以及各个人的劳动生产率;从而使得千百万劳动人民在他们的工作和生活中日益具体体会到社会主义的优越性,日益提高阶级觉悟,日益追求社会主义,于是为社会主义建设和社会主义改造的斗争就逐步成为愈趋愈大的群众性运动。

社会主义基本经济规律的作用和影响是我们一切工作取得胜利的基本保证,它是过渡时期社会改革阶段社会经济结构中矛盾的主导方面和主导力量。然而它是要遇到抵抗的。首先,它要遭受到作为资本主义基本经济规律——剩余价值规律的作用和影响的抵抗。

三、资本主义的经济规律和对资本主义工商业改造的形式、步骤

只要存在资本主义所有制,有资本主义生产和流通的地方,剩余价值规律就会起作用,并对其他经济成分的活动发生影响。资本家的生产目的,归根结底是为了利润,这在中国并不能例外。中国工人阶级和国家既然在一定时期内承认了资本家所有制,也就不能在事实上否定这种目的,因此需要在不同的阶段上用不同的方式和代价进行"赎买"。"赎买"也是阶级斗争的一种形式,并且在私有制发生以后的几个社会形态的交替时期,生产资料的给价转移也曾经被新兴的阶级对没落的阶级较广泛的使用过;不过那些仅是剥削者与剥削者之间的转移,与我们工人阶级对资产阶级的"赎买"性质上有所区别。工人阶级也只有在一定的历史条件下面对一定的对象才进行"赎买";民族资本家阶级也只有在一定的历史条件下才能出卖其生产资料。两者的对

立的统一成为我国过渡时期和平转变中两个阶级联盟的基础。但这并不能适用于所有资本家阶级，例如我们对国家垄断资本主义就没有进行"赎买"，而是采取剥夺的形式的。根据我国的经验：对民族资本家的生产资料的逐渐赎买虽然要支付一定的代价，但它可以避免生产资料所有制突然转变所会遭受的种种损失，并使国民经济能够继续的和比较圆滑的向前发展。这就是和平转变的最大利益。

在赎买的过程中，斗争的重要方面是：必须对剩余价值规律的作用和影响加以限制，必须对资本主义生产和流通的无政府性及其对广大小商品生产的影响加以限制；对这些限制稍一疏忽麻痹，资本主义就要泛滥，工人阶级就要付出更多的代价，资本主义经济规律的作用和影响就要占取优势。这种反击的情势在各个阶段、各个地区都曾经一时的出现过。

利用和限制资本主义经济规律的作用和影响的形式，就是国家资本主义的各种形式。在国民经济恢复时期主要是依靠原料供应、产品收购、信贷和税收等等经济条件，把资本主义企业分别引到国家资本主义的渠道里来；其主要的形式是加工、订货和收购。在这些形式中国家规定了资本主义企业的生产和流通的范围，规定了资本家和工人的经济关系，规定了资本家与国家的经济关系，也就利用和限制了资本主义经济规律的作用和影响，使它既不至于妨害国民经济的全面发展，并转而有利于社会主义经济的发展。

资本家在获得一定利润的前提下，可以由国家规定它的生产方向、产品品种和生产数量；并且当完成的生产品为国家收购和掌握的时候，国家就可以按照社会主义的分配原则把这些产品分配到生产部门和消费部门中去。在这里，社会主义发展生产和满足需要的要求，与资本家获得利润的要求就表现为对立的统一；

这种对立的统一是各种过渡形式的国家资本主义经济的实质。

剩余价值规律仍是我国资本主义经济的基本经济规律,在我国国家资本主义的实践中也可以得到证明:不论采取何种形式,规定资本家一定的利润,乃是组织资本主义商品的生产和流通的中心环节。我们掌握运用了剩余价值规律,也就可以在一定限度内规定商品的使用价值和价值的生产,也就可以掌握运用价值规律在商品生产过程中和流通过程中的作用;并且由于资本家得到一定的利润以后愿意把商品的销售任务出让给国家,资本主义的市场供求规律也就对这些商品失去了支配作用。国家掌握的商品的销售是按照有计划按比例规律的要求进行的。对于资本家利润的规定,必然要同时规定商品的收购价格或工缴费,从而也就必须要规定工资与税收。资本主义的工资规律和价值分配规律在极大的程度上被限制了。

不论如何,国家资本主义经济既然存在着两个对立的阶级,资本家阶级和工人阶级,也就不可能没有阶级斗争;阶级斗争仍然是推动国家资本主义前进的主要动力。由于国家是工人阶级领导的,所以斗争的形式也就与在资本主义国家里的斗争形势完全两样,优势是属于工人阶级,因此斗争的方式和方法也就应该有所不同。国家采取经济措施、和平协商、说服教育和工人们的群众运动等等方式来进行斗争。斗争是不断的、复杂和细致的,是合法的也是革命的;斗争的结果是社会主义经济成分逐渐扩大,资本主义经济成分逐渐缩小,社会主义经济规律逐渐扩大其作用和影响的范围,资本主义经济规律逐渐缩小其作用和影响的范围。1949年私营工业在工业总产值中占63.3%,到1955年就下降为16%,预计到1956年底没有进入公私合营的私营工业在工业总产值中只占0.4%了。

公私合营企业是国家资本主义的高级形式,是全民所有制与资本家所有制相互结合的形式。国家的代表居于企业的领导地位，主要产品的生产和销售完全纳入国家计划，生产过程的各个环节是与国营企业密切联系的，它已经成为社会主义经济体系中的单位和环节。虽然它还不是完全的社会主义企业，还保留着资本家所有制和资本股息制，但是它已是从资本主义到社会主义的最后一个阶梯。在这个阶梯上资本家已经不再保有独立自主的支配资本和支配生产的地位，资本主义经济规律如剩余价值规律、生产无政府规律等等虽然在一定范围内还在发生作用，在性质上仍然是与社会主义的经济规律的作用有对抗性。但这个具有对抗性的矛盾在公私合营企业的再生产和扩大再生产过程中，全民所有制的部分会逐渐扩大，而资本家所有制会相对缩小，国家的积累会逐步扩大，而资本股息会逐渐缩降，国家计划的范围会逐渐扩大，而为自由市场生产的商品比率会逐渐减少。那就是说，资本主义经济规律发生作用的范围就愈趋愈小，终至会与残余的资本家所有制一道退出舞台。这种转变结合对资本家个人的思想改造，使他个人的利益和前途与资本家阶级的利益和前途分离，使剥削者逐步转变为一个劳动者，就可以消除或大大的削弱资本家阶级作为一个社会衰朽力量来进行反抗，就可以使这个阶级逐步消亡，逐渐的失去对抗性。有人认为目前在公私合营企业里已经不存在对抗性的矛盾了。我认为从价值分配、经营管理和思想意识等方面，在一定程度上对抗性还是存在的，但它已不是矛盾的主要方面，因此可以主要依靠说服教育的方法来逐渐削弱以至消灭这种对抗性。

1949年公私合营企业的产值在工业总产值中只占2%，到1954年增长为12.3%，到1955年末，在全国范围内发展为全行业公私合营的高潮。这个高潮不是偶然产生的，它是六年来社会主义经济发展强大、工人阶级力量增长、资本家在和平竞赛中认清了自己没落的前途而接受社会主义改造的结果。全行业公私合营的形式就是社会主义经济占支配地位下的托拉斯形式。这种形式适应了对资本主义工商业进行社会主义改造的高潮并且推进了这个高潮。这一步骤虽然还不是对中国资本主义和平转变为社会主义的最后步骤，但它是具有决定意义的步骤。在资本主义经济的领域内，过去主要是国家利用和限制资本主义经济规律的作用和影响；现在则社会主义的经济规律已经直接居于统治地位，国家将根据社会主义经济规律的要求对企业的生产方法和生产目的重新加以规划和改组。因此，目前公私合营企业的再生产，基本上已经是社会主义的再生产，在规定股息并逐渐下降的前提下，企业的积累就是社会主义的积累，扩大再生产就会扩大社会主义的生产关系。有计划按比例的发展规律，在公私合营企业的生产和销售过程起着主要的调节作用。目前还有一部分产品的生产和销售是受价值规律和市场供求规律调节的。这种现象会长期存在。当国营商业机构和合作社对公私合营企业（甚至于国营企业）的某些产品实行自由推销和自由选购以后，某些商品的市场价格容许在一定幅度内的波动，价值规律和市场供求规律还要相当的扩大其调节生产和流通的作用。然而这并不是资本主义的自由市场的复活，而是在社会主义的有计划按比例发展规律领导之下的一定范围内的自由市场。在这种自由市场之内，价值规律和市场供求规律的作用，使生产单位和流通机构更能有计划的进行生产和流通，更能使计划符合于人民的需要，更能减少生产对消费的盲目性而不是扩大这种盲目性。以前那种认为有计划的生产可以完全克服生产对消费的盲目性是不正确的。有计划的生产只能保证主要产品符合人民的需要，而不能做到一切产品产量完全符合人民的需要。因为消费总是在生产之后，有计划发展规律只能在生产领域内发生支配作用，而在消费品的消费领域内只能发生影响。消费者对消费品的数量、花式、品种的需要在一定限度内是会随时改变的，消费者的自由选择愈能发挥，就愈能指导生产进步，并愈能使生产符合于人民的需要。因此，价值规律与市场供求规律会在一定范围内在社会主义的生产和流通领域内发生调节作用。其结果当然不会像在资本主义制度下那样为实现资本家的剩余价值而服务；恰恰相反，它是为使有计划发展规律的作用更趋完善、为使社会主义的基本经济规律的作用更趋完善而施展其作用的。

四、农业合作化的组织形式和经济规律

我国过渡时期开始时的经济基础是小生产占优势。个体经济是落后的经济形态，工人阶级和国家对它们的基本任务是引导他们走合作化的道路；而这条道路的通过必须依靠千百万农民的自觉，使他们逐步清楚的看到社会主义的前途。因此党和国家首先在个体农民之间发展互助组、组织供销合作社，发展手工业生产小组和手工业合作社。在生产关系逐步合作化的过程中必须使农民逐步看到生产力的提高并增加他们个人的收益。忽视了生产力的提高，新的生产关系是不能巩固的。但是由于农民经济的贫困与落后，单靠小生产内部力量的组织、动员来发展生产仍然是缓慢的，因此国家必须动员社会主义的物质力量对组织起来的农民手工业者加以援助。这种援助主要的是发展水利事业、收购产品、供给原料和肥料、贷放优良品种、农具和生产资金等等。援助的目的就是以发展生产来鼓励农民和手工业者走合作化的道路。这就是社会主义基本经济规律对个体经济施展的影响，其结果是促进个体经济内在的社会主义因素的滋长，并随着生产力的提高而逐步扩大互助合作的生产关系。

我国小商品生产者也无例外的有自发的资本主义趋势。价值规律、市场供求规律等等对农民和手工业者的生产有很大的作用；剩余价值规律也对它们施展影响；凡是社会主义经济规律还不能发生领导作用的地方，资本主义的经济规律就会在那里施展作用和影响。这个广大的农民手工业者个体经济领域，也是过渡时期社会主义经济和资本主义经济展开激烈斗争的广大园地。其斗争的方法和手段不能采取消极的堵塞小生产者与资本主义的联系的办法；积极的办法就是建立社会主义的市场去代替资本主义的市场，建立与社会主义的经济联系去代替与资本主义经济的联系，建立生产合作社的经济形式去战胜富农的经济形式。1952年全国基层供销、消费合作社零售总额为1950年的617％，1955年又为1952年的241.8％。收购总额1952年为1950年的775.1％，1954年又为1952年的204.4％。政府首先对主要原料作物实行统购、统销，接着对粮食实行计划收购、计划供销。在这一系列措施的发展过程中，两种经济成分的斗争是剧烈的，资本家商人曾经在各个角落里与国家、合作社争夺收购产品和销售市场，双方都掌握运用价值规律；在对等基础之上起决定作用的是党在农村中广大有力的群众组织和农民觉悟程度的提高。

半社会主义的农业生产合作社，是我国农业合作化过程中一种重要的阶梯和形式。它既包含有一部分生产资料的集体所有制也包含有一部分生产资料的个体所有制，相互依靠，又相互制约。在扩大再生产的过程中，集体所有制逐步扩大，个体所有制逐步缩小，不断的增大社会主义的经济成分。社会主义的基本经济规律成为内在矛盾发展的主导方面，它要求不断的提高技术基础，不断的扩大生产和改进农民生活。我国农业人口众多，每人平均耕地面积仅三市亩，有较高的集约经营经验，因此采用改良农具，交流精耕细作的经验就有极为重要的现实意义。但在个体经营制度下，先进的生产技术是不愿传授的。在合作化的基础之上，这些丰产经验就被解放出来，加上合理的使用劳动力和分工，就能推动生产力有较大的发展。有计划发展规律也开始内在地发生作用。农业生产合作社成为国家计划的农业基层单位，并在国家的物质和技术支援之下，生产和收入的增加较有预见性，改变了小农盲目生产听天由命的状态。这就大大的提高了农民劳动的积极性和增加了他们对自然斗争的能力。

1955年冬全国农民学习了党中央关于农业合作化的决议和毛泽东同志《关于农业合作化问题》的报告，干部在领导思想上有了转变，农民们根据过去几年看到互助合作的成功经验和对于党所指出的社会主义发展前途的信任，迫切要求参加农业生产合作社的愿望获得了正确的领导，于是全国出现了空前的农业合作化的高潮。目前全国已有90.4%的农户参加了农业生产合作社，61.1%的农户参加了高级社。

社会主义经济成分在农业部门的飞跃发展，是与党和政府正确掌握运用客观经济规律的作用和影响分不开的。社会主义的基本经济规律要求国家愈趋愈大的在生产资料、生活资料和文化教育等方面帮助农民。农民体验到这些帮助和生产的提高，就把他们自己作为社会主义的创造力量，逐步改变个体经济为社会主义经济。

半社会主义的农业生产合作社已能制定和执行粗略的生产计划，主要的农产品是受有计划发展规律调节的。当然，国家同时要考虑到价值规律的作用和影响，以使计划的调节作用更为有效。当合作化运动全面展开以后，有计划发展规律的作用和影响范围就扩大到农业的整个部门，从而才有可能进行全国农业发展的全面规划。农业的全面规划既推进了农业的有计划发展，并推进了社会主义经济各部门的有计划发展。

小农经济既为供自己消费的使用价值而生产，也为向市场出卖的价值而生产。只有在生产力提高的前提下，其商品率——也就是说为价值而生产的部分才能增加。假如我们一方面堵塞小农经济走资本主义的道路，同时又在合作化的道路阻滞不前，农业的商品增长就不能适应工业发展和人民生活提高的需要。飞跃发展中的社会主义大工业与小农经济之间的矛盾将逐步扩大，遇到自然灾害的时候，矛盾就更尖锐起来，结果表现为第一部类与第二部类之间不能保持比例关系，大大的阻碍人民生活的提高，社会主义基本经济规律的作用就要受到限制。因此，党和国家在社会主义工业化的同时，用极大的力量来发展农业合作化，使合作化和农业生产的发展速度能与工业化的速度相适应，并进一步推进工业化的发展。这一伟大的成就，主要是依据社会主义基本经济规律的要求，结合我国当前的社会经济条件和政治条件等等来制定政策，动员全国人民，才使我们从1954年的发生困难的境地转变到今天的国民经济全面高涨的局面。

一切经济规律，必须要通过当时当地具体的经济条件和政治条件才能施展作用；卓越的领导者就在善于发现和组织现有的种种条件，使客观的经济规律能充分的施展其作用和影响。

五、过渡时期的基本经济规律和主要矛盾

生产关系一定要适合生产力性质的规律，在过渡时期有其极重要的作用和影响，党和政府掌握运用这个规律来对资本主义工商业、农业和手工业进行社会主义改造。从一种经济形态到另一种高级的经济形态的过渡，中间需要经过多少过渡阶梯和多长时间，基本上是由生产力发展的性质和速度以及阶级力量的对比关系来决定。列宁说过："如果我们能从这些电站中把电力传导到

每个村庄里去,如果我们弄得到充分数量的电气摩托及其他机器,那时就不需要,或者几乎不需要由宗法制进到社会主义去的中间环节与过渡阶梯。"① 这说明生产关系的改革,必须以社会生产力发展水平为基础;在还没有达到成熟阶段的具备社会主义物质基础的社会里,工人阶级决不是放弃革命,而是在取得政权以后采取一系列的过渡步骤和过渡形式来提高社会的生产力并相应的逐步建立社会主义的生产关系。显然的,旧中国过去也是没有具备这种先进的足够数量的物质生产条件的,因此我们不可避免的需要采取各种过渡阶梯,使生产关系的逐步改变,辩证地适应于生产力的逐步发展。这就是为什么各种形式的国家资本主义、互助组和半社会主义农业生产合作社在我国能成为重要的过渡阶梯的原因。

生产关系一定要适合生产力性质的规律,是各个社会阶段的共有的规律,是社会经济结构发展、停滞和变革的规律。在有阶级的社会里,这个规律往往是通过阶级斗争而发生作用的;然而这个规律并不能提供新兴的生产方式的生产目的,所以也不能体现出新兴的统治阶级的阶级利益。能够指导动员新兴的统治阶级为实现其新的生产方式而斗争的,乃是这一生产方式的基本经济规律。因此,不能过分地认为生产关系一定要适合生产力性质的规律是过渡时期的最重要的规律。正确地说:在过渡时期,生产关系一定要适合生产力性质的规律,只是工人阶级所掌握运用的、为社会主义基本经济规律开辟广阔作用场所的客观依据和斗争的指导原理。而广大人民之所以卷入社会主义建设和社会主义改造的运动,并以空前的热情来实现社会主义,主要是因为他们

---

① 列宁:《论粮食税》,《列宁文选》两卷集,第 2 卷,人民出版社 1955 年版,第 865 页。

在社会主义基本经济规律的支配下,认识到社会主义生产方式的优越性。在人类历史上,劳动人民终于获得了这样一种生产方式:这种生产方式是完全为他们自己的美好生活而产生和发展的。因此,党和国家不断关怀和提高人民生活,就成为社会主义经济制度发展的重要问题。

我国过渡时期大约可以分为两个阶段:第一个阶段主要是多种经济成分相互斗争并逐步转变为单一的社会主义经济的过程。这个阶段大约再经过二三年就要结束。第二个阶段主要是社会主义的技术改造阶段。这两个阶段贯穿着社会主义建设,每一个阶段的主要矛盾与主要任务是与社会主义建设密切联系的。

在第一阶段,多种经济成分之中有两种主要的经济成分——新生的社会主义经济成分和没落的资本主义经济成分,构成这一阶段主要矛盾的两个方面;矛盾的主导方面是社会主义经济成分。既然社会主义的全民所有制和集体所有制已经出现了,社会主义基本经济规律也就不可分离的走上了舞台,并日益扩大其作用和影响;另一方面,既然资本主义经济还大量地存在着,则资本主义的基本经济规律——剩余价值规律,也不可避免的仍要发生作用和影响。社会主义经济成分与资本主义经济成分谁战胜谁的斗争,主要表现为社会主义基本经济规律的作用和影响与资本主义基本经济规律的作用和影响的相互斗争。根据我国具体条件,对资本主义的斗争不表现为暴力剥夺的形式,而是主要表现为利用和被利用、限制和被限制、赎和卖的形式。在对资本主义工商业进行社会主义改造的各种国家资本主义形式中,随着资本主义经济成分的逐步缩小,资本主义经济规律的作用范围也就日趋狭仄;同样,由于农业和手工业的社会主义改造的发展,资本主义经济规律对个体经济所发生的影响也日益缩小范围。当资本家所有制随着社会主义改造的结束而消灭的时候,资本主义的经济规律也就要退出舞台，国民经济中两种对抗性的矛盾也就随之消失。社会主义基本经济规律终于在国民经济中取得日益扩大的统治地位。

在我国过渡时期的第二个阶段，社会主义与资本主义谁战胜谁的问题解决了，这个主要矛盾也就消失了。新的矛盾将是已经建立的社会主义生产关系与其物质技术基础不相适应的矛盾。社会主义的生产力是以各生产部门的大机器生产为基础的。因为只有大机器生产才能保证各生产部门均衡发展的高度生产力，才能保证劳动者在逐渐减轻劳动强度的前提下迅速提高劳动生产率，才能保证在按劳取酬的原则下不断提高人民的物质和文化生活。有些同志认为：我们不用大机器生产，尤其是农业部门不用大机器生产，单靠精耕细作和改良品种也能不断增加生产。这种否定生产工具是社会生产力发展中的决定因素的想法，是没有根据的。事实证明：凡是使用机器耕种的地方，一般的产量都有很大的增加。假如我们的农业机械能根据我国各个地区的土壤、气候、作物和耕作方法等具体条件加以创造发展，大规模的水力资源开发，使农业逐步电气化，精耕细作逐步由手工劳动提高到主要用机械操作，并使用最先进的科学技术方法来提高育种、选种、除虫、施肥等等，我国的农业生产的面貌就要大为改观，我国五亿农民就能进一步在辛苦的体力劳动和自然灾害的威胁下逐渐解放出来，使我国人民真正过现代文明的生活。至于工业和交通运输部门，目前已有的最新式的大机器生产和最先进的动力设备，也是很薄弱的。我们要使工业强大到足以使国民经济各生产部门按最新的标准机械化、自动化的地步，还得在工业建设和技术改造方面进行长期的斗争。毛泽东同志在《关于农业合作化问题》中指出："中国只有在社会经济制度方面彻底地完成社会主义改造，又在技术方面，在一切能够使用机器操作的部门和地方，通通使用机器操作，才能使社会经济面貌全部改观。由于我国的经济条件，技术改革的时间，比较社会改革的时间，会要长些，估计在全国范围内基本上完成农业方面的技术改革，大概需要四个至五个五年计划，即二十年至二十五年的时间。全党必须为了这个伟大任务的实现而奋斗。"在这段文章里，已经正确地说明了我国过渡时期的第二阶段，对于社会主义生产关系与其物质技术基础不相适应的矛盾的解决道路，就是技术改革；技术改革将成为社会改革完成后全党和全体劳动人民、知识分子的中心任务。当然，技术改革的时间要相当长，而且是不断发展的；但我们估计到第三个五年计划末，我国工业、农业、交通运输业等几个主要生产部门，大体上可以建成社会主义的物质生产基础。这样，社会主义生产关系与其物质技术基础之间的矛盾基本上可以被克服了。

我国过渡时期社会主义与资本主义的斗争经过十年多一些的时间而结束。社会主义经济及其规律从第一阶段的矛盾主导方面发展到第二阶段的统治地位。我过去认为社会主义经济与资本主义经济的矛盾贯穿着整个过渡时期的论点是不完全正确的。当然，在资本主义发达的国家里，已经为社会主义准备了成熟的物质技术基础。在这些国家进入到社会主义的过渡时期的主要任务，就是社会改革，就是建立社会主义去战胜和肃清资本主义；资本主义被彻底肃清的时候，也就是过渡时期结束的时候。至于他们的技术改革，只是一个附带的任务，也就不需要作为一个独立的阶段来完成这个任务了。像我国和苏联，由于旧社会的生产比较落后，历史证明：都要经过社会改革和技术改革的两个阶段，才能完成过渡时期的全部任务。

(原载《经济研究》1956年第4期)

论社会主义的基本经济规律

任何一种生产方式，都有它特定的运动规律。生产方式的各种运动规律，我们称之为经济规律。某一种生产方式的经济规律，体现了这种生产方式的本质和它的生命活动。假如经济规律不是与一定的生产方式不可分离的，经济规律就会被理解为形而上学的观念，社会经济结构的发展和社会的经济活动就会变成不可知的了。假如各种生产方式的经济规律都是相同的，也就不可能把这一种生产方式和那一种生产方式在实际经济生活中区别开来了。因此，我们认为：每一种生产方式都有它自己的经济规律，离开了特定的生产关系和生产力的经济规律乃是空中楼阁。虽然有几种经济规律是各种或几种生产方式所共有的，各种生产方式共有的规律如生产关系一定要适合生产力性质的规律，几种生产方式共有的规律如商品交换规律、价值规律等等，然而这些共有的经济规律也不是脱离各该生产方式而独立自存，相反的，它们是表示各种生产方式或几种生产方式的共性，并且体现着从这一种生产方式到另一种生产方式的相互联系。这正如各种动物之间具有共同的生命规律，一种低级动物发展到另一种较高级动物的时候，他们也保留着某些共同的或类似的特征。

每一种生产方式都有一个基本经济规律。基本经济规律表达了这种生产方式生产物质的手段和生产的目的。人们用什么手段来生产物质是由各个社会阶段的社会生产力决定的，人们生产物质的目的，是由与社会生产力相适应的生产关系决定的。因此，基本经济规律也就表达了一种生产方式所赖以构成的生产力和生产关系的两个方面，它表达了某一种生产方式的主要方面和主要过程。

马克思和恩格斯预见到在社会主义制度下有计划组织生产的目的，是满足整个社会及其成员的需要。列宁科学地论证了在社会主义制度下不断增加生产、发展和应用高级技术是增进劳动者福利的途径。列宁从而揭示了社会主义的基本经济规律的要点，斯大林根据这些要点概括社会主义基本经济规律的定义是："用在高度技术基础上，使社会主义生产不断增长和不断完善的办法，来保证最大限度地满足整个社会经常增长的物质和文化的需要。"

在社会主义制度下，所以能在高度的技术基础上，使社会主义生产不断完善，并用来满足整个社会经常增长的物质和文化的需要。其前提条件是生产资料的公有制。自原始公社以后，生产资料曾经被剥削阶级所垄断，在那个时期，社会生产的目的就只能是为了满足剥削阶级的利益和需要，广大劳动人民成为被剥削的对象，这就在社会生产和分配之间造成不可调和的对抗性矛盾。在生产资料公有制的社会主义制度下，社会的生产与需要仍然存在着矛盾，这种矛盾表现在社会生产力的水平还落后于社会全体成员对物质和文化的日益增长的需要。因此，优先发展重工业，不断提高物质技术基础，就成为社会主义制度克服内在矛盾的方法和道路。由于生产资料是公有的，并在按劳取酬的分配原则下，生产与需要之间的矛盾就不具有对抗的性质。假如人们在经济工作中犯有严重错误，这种非对抗性的矛盾也可能转变为对抗性矛盾的形式，但只要人们能及时纠正错误，这种一时的对抗性的矛盾形式也会及时消灭，恢复到原有的非对抗性的轨道上来。社会主义制度下处理这个矛盾的正确办法：就是一方面要坚持优先发展重工业，以保证不断进行扩大再生产，同时也要尽可能地满足整个社会经常增长的物质和文化的需要。

社会主义制度下生产与需要之间的矛盾，是社会主义阶段生产关系与生产力之间的矛盾的转化。这个阶段生产关系与生产力的矛盾表现在生产与需要之间的矛盾上，具体的表现是：一方面，社会主义的生产关系使社会成员对物质和文化的需要不断增长，另一方面，社会的生产力只能在优先发展重工业的前提下，也就是要保持一定比例的社会积累和保持一定程度发展社会物质技术基础的前提下，才能逐步的满足全社会的需要。所以社会主义的生产关系与生产力是统一的，也是矛盾的，这种矛盾表现在社会积累与消费、重工业与轻工业、工业与农业、个人利益与集体利益以及长远利益与眼前利益等重要方面。社会主义生产关系与生产力矛盾的发展过程，首先是生产关系推动生产力发展，生产力不断提高以符合生产关系的要求。但当社会的生产力达到一定的发展阶段，生产关系的发展就显得逐渐落后于生产力发展的要求，原有的生产关系就会发生一定程度的阻碍作用，这就需要对生产关系中的落后部分作比较重大的改变来使生产力获得新的发展动力，这就到达逐步向共产主义过渡的时期。

社会主义阶段生产关系与生产力的矛盾，不论在前一个时期或在后一个时期，都不具有对抗的性质。因为在社会主义的生产关系中不包括利害相反的敌对阶级或社会集团，因此矛盾始终是可以自动调节和克服的。在逐步克服矛盾的过程中使社会的生产不断增长，社会的需要在愈趋愈大的限度内得到满足，从而采取步骤逐步过渡到各尽所能，各取所需的共产主义社会。

社会主义生产关系与生产力之间的矛盾和统一的发展过程，体现在社会主义生产与需要的矛盾和统一的发展过程中。这个具有二重性的矛盾成为社会主义生产方式和社会主义国民经济的发展动力。社会主义基本经济规律，正确表达了社会主义生产方式的最本质的矛盾，也就是表达了构成事物的核心的矛盾统一的规律。

资本主义社会的基本矛盾，是社会化的生产与资本主义占有之间的矛盾。这个矛盾是资本主义的生产关系和生产力的性质所形成的。剩余价值规律以及由它发展而成的现代资本主义基本经济规律，正是反映在资本主义前后两个发展阶段上的资本主义生产方式的最本质的矛盾。然而由于资本主义生产关系是由两个利害冲突的敌对阶级构成的，所以矛盾的发展过程不是矛盾的逐渐消灭和逐渐转变的过程，而是矛盾愈发展阶级斗争愈尖锐化，并终于要采取爆发式的革命才能消灭这个矛盾。

在社会主义的生产方式已经建立的经济领域里，社会主义的基本经济规律即开始发生作用，并对非社会主义的经济成分发生影响。社会主义的基本经济规律，以满足劳动者日益增长的需要为目的，而以在高度技术基础上使社会主义的生产不断增长和不断完善为手段。目的与手段是对立的也是统一的。因为既然要使社会的生产不断增长，就不能不有积累，就不能不优先发展重工业，而要相对的减少消费品的生产。这是对立的一面。另一方面，要使劳动者的需要在日益提高的基础上得到满足，又以生产的不断扩大和发展为前提。因此手段与目的又是统一的。社会主义的国家就是依据这个基本经济规律，继续不断以长期计划和短期计划不断发展生产，并以生产的成果来满足劳动人民对物质和文化的日益提高的需要。违反了这个规律，就要在政治上和经济上犯错误，就要使社会主义的经济发展遭受损害。

在各个社会主义国家里，社会物质技术基础建设的规模、速度和它所能达到的生产水平，是要根据各个国家经济的、政治的、社会的以及国际的种种条件来决定的。规律需要通过具体条件才能施展作用。工人阶级的党及其领导的国家的主要任务，就在于善于认识和组织条件，并不断的创造条件，使社会主义基本经济规律在愈趋愈大的范围内和愈趋愈大的建设规模上施展作用。

社会主义基本经济规律，决定着社会主义生产发展的一切主要方面和一切主要过程。首先，我们从生产、分配、交换和消费这四个主要方面来考察社会主义基本经济规律的决定作用。

在生产方面：为了保证社会主义生产不断增长，就要使生产资料部门的增长较大于消费资料的增长，因此要以进步的技术优先发展重工业尤其是燃料、电力、机器、基本化学等基本性的重工业。同时，也不能片面的、孤立的发展重工业，重工业的建设归根结底还是为轻工业的发展提供条件。社会主义制度下劳动人民对物质和文化需要日益增长，必须在不同的阶段上得到尽可能的满足。因此，为了有效的和健康的保证优先发展重工业，就必须在重工业与轻工业之间、工业与农业之间、经济建设与文化建设之间，保持一定的比例关系，既要保证重工业继续不断的优先发展，又要能不断提高人民生活水平。这就是社会主义基本经济规律在生产领域内所起的作用。

在分配方面：社会生产物的分配，是由生产资料的占有关系和劳动者在生产中所处的地位来决定的。在社会主义生产资料的公有制前提下，由于社会主义的生产水平与劳动者迅速增长的需要之间存在着矛盾，社会主义的分配原则就只能是各尽所能，按劳取酬。在以先进技术优先发展重工业的条件下，保证社会劳动生产率的不断提高，更由于消费资料的相应增长，劳动者的物资利益也就不断的增长。按劳分配的原则是在社会主义阶段的生产水平上与社会主义的生产目的相适应的。

在交换方面：生产资料的交换方式，由生产资料的占有制决定。社会主义制度下的生产资料是公有的，因此除出卖给集体所有制企业的生产资料而外，大都采取内部调拨的交换形式。至于消费资料的交换方式，是由按劳分配的原则决定的。消费品采取商品交换制与按劳取酬的分配原则相适应。在社会主义阶段，生产资料与消费资料采取两种不同的交换方式，既保证了社会扩大再生产的有效进行，又满足了社会成员的消费，也就符合社会主义基本经济规律的要求。

在消费方面：社会主义制度下，生产、分配与消费这三个环节之间不存在对抗性的矛盾。对生产资料的消费力求节约，为了能够生产更多更便宜的生产品。而消费资料的生产目的直接为了供给劳动人民消费。因此，社会主义制度下的消费，将随着社会生产的不断增长，劳动人民所得的消费品的数量会不断增大，质量会不断提高，品种规格会不断增多。但生产与需要之间的矛盾也反映在消费过程里，由于生产落后于需要，人们的消费只能与购买力平衡而不能与需要平衡。也就是说：现实的消费只能满足一部分的需要而不能满足全部需要。

以上是说明社会主义的基本经济规律在社会的生产、分配、交换和消费等几个主要方面所起的决定作用。

社会主义基本经济规律，也决定社会主义经济生长、发展的主要过程。这个过程约略可划分为三个时期：即从资本主义到社会主义的过渡时期、社会主义经济发展时期和向共产主义过渡时期。

从资本主义到社会主义的过渡时期，是社会主义经济的生长时期。任何一种新的生产方式的生长必须与同时代的旧的生产方式发生激烈的斗争，并战胜旧的生产方式，才能把自己确立起来。社会主义的生产方式在过渡时期要与非社会主义的经济成分——尤其要与资本主义经济成分，展开激烈的斗争。社会主义经济最主要的优越性就是它以最先进的生产技术和不断提高生产为手段，而以满足劳动人民日益增长的需要为目的。逐步使劳动人民亲身体会到社会主义生产才真正是为劳动人民自己的利益而生产的。因此就能组织领导全体劳动人民为扩大社会主义经济和改造、消灭非社会主义经济成分而斗争。无产阶级在过渡时期，只有主要依靠和掌握运用社会主义基本经济规律的作用和影响，才能制定正确的方针政策，顺利地完成战胜资本主义和建设社会主义的双重任务。有人认为只要依靠生产关系一定要适合生产力性质这个规律，就能完成资本主义向社会主义过渡的任务。这种认识容易把革命和改造当做劳动人民斗争的目的，把改善劳动人民生活置之不顾或置于不重要的地位，从而他们就不能不日益脱离群众，使社会主义生产的手段与目的不是恰当地结合起来，相反的是脱节甚至对立起来，因此他们在完成过渡时期的任务中就可能要遭受挫折。无疑的，由于社会主义经济还在生长过程中，社会主义基本经济规律发生作用的范围，以及无产阶级掌握运用这个规律的方法、方式，不能不具有过渡时期的特点，也不能不具有因各个国家所处国内外条件不同而产生的特点。

到了社会主义经济的发展时期，社会主义基本经济规律发生作用的特点是：虽然优先发展重工业的原则仍然不变，但因为社会主义的物质技术基础已经建成，在社会扩大再生产中对于消费资料生产的增长，不仅在绝对数量上增长了，而且在与生产资料增长的对比上也逐步扩大了。社会主义生产的飞跃发展和人民生活水平的迅速提高，在较短时期内超过先进的资本主义国家，将是这个时期的主要任务。

　　经过社会主义经济的发展阶段，就逐步为过渡到共产主义准备了条件，满足人民物质和文化需要的产品——首先是生活最必需的产品，可以逐步实行各取所需的原则，按劳取酬的原则逐步被各取所需的原则所代替。社会生产力的飞跃发展会使得原有的生产关系不相适应，于是集体所有制将要逐步改为全民所有制。由此在生产、分配、交换和消费的领域内将引起一系列的改变。社会生产与需要之间的矛盾将在一方面在旧的范围内被克服了，同时又会在新的领域内产生。社会主义的基本经济规律将把自己引向新的高级的发展阶段。

（未发表的手稿）

在社会主义价格理论问题讨论会上的发言

读了余霖同志的三篇文章，得益不少。我同意文章中提出的下列两个基本观点：

（1）价格应以价值为依据。

（2）在一定时期内，物价水平应求其稳定。

因为假如价格不以价值为依据，价格就变成纯意志的，国家计划和价格政策也就失去其客观依据，势必发生混乱。同时，物价水平如不在一定时期内求其相对稳定，也要给各部门的计划工作带来很大困难，对人民生活和工农关系也有不利影响。

但是，文章中有些提法和意见，我认为是值得商榷的。

第一，作者从上述两个基本观点出发，力求每个产品的价格要符合于社会必要劳动量，同时又力求物价的绝对稳定。但是，假如不是辩证的来处理上述两个原则，而是绝对化，就势必陷于自相矛盾之中。因为社会的劳动生产率是不断提高的，每个产品的社会必要劳动量在不断降低，既要求价格尽可能符合于价值，价格就势必随劳动生产率的提高而作相应的下降，物价水平就不能不随之下降。作者知道这个矛盾，于是作出一种解释，认为在劳动生产率提高的情况下仍可以稳定物价，只要使每个货币单位所代表的社会平均劳动量下降。这就是说，货币作为价值尺度，是随着社会必要劳动量的下降而下降的。这类似货币"名目论"的观点。撇开理论不谈，这个解释不仅没有摆脱矛盾，而且更陷于另一个矛盾之中。因为在生产发展的过程中，产品或商品的社会必要劳动量的下降，与使用价值量的增加，并不是同一个系数。例如，原来平均每一小时活劳动生产一个茶杯，价值一元，其中五角是物化劳动。当劳动生产率增加一倍的时候，每一小时生产两个茶杯，每个茶杯的物化劳动仍为五角，而它所消耗的活劳动为半小时，值二角五分。在这种情况下，假如要使价格符合于价值，每个茶杯只能售七角五分；假如要使物价稳定不变，每个茶杯仍要卖一元。二者必居其一，无法调和。每个产品是如此，社会全部产品也是如此。

第二，余霖同志三篇文章的意图，是从价格符合于价值的前提出发，使企业经济核算建立在价值规律的基础之上，并为每个企业制定符合于产品价值的计划赢利。因此他提出工资赢利率的主张。把工资赢利率与成本赢利率、资金赢利率相比较，工资赢利率在理论上较为正确。但创造价值的劳动，是每种产品的社会平均劳动，而不是每个企业的个别劳动。计算每个产品的社会平均劳动是否可能呢？也许到高级的共产主义阶段，复杂劳动与简单劳动的差别缩小了，工农业劳动的差别缩小了，斤斤计较的价值规律不发生作用了，那时计算每个产品的平均劳动消耗量就比较简单了。而现在，由于上述种种重大差别还存在，每个产品既要计算活劳动的消耗量又要计算过去的物化劳动消耗量，既要计算全民所有制的产品劳动消耗量，又要计算集体所有制产品的劳动消耗量，这是一个极为复杂的工作。即使费九牛二虎之力大体上算出来了，各个产品的劳动生产率又变了，又不符合当前情况了。因此成为永远算不完的工作。这条路是走不通的。社会主义社会的产品劳动消耗，所以要采取"价值"的范畴，是由于社会主义社会存在不同所有制和每种所有制内部采取按劳分配的原则所产生。价格是价值的货币形态（一种现象形态）。国家制定价格，既要考虑它的物质基础（社会平均劳动量），又要考虑它所体现的经济关系和阶级关系。这种关系主要有三个方面：（1）工业和农业的经济关系，也就是工人阶级和集体农民的阶级关系；（2）生产与消费的关系，也就是物质生产者和广大消费者的关系；（3）全民所有制内部的交换关系和赢利分配关系。在国家计划中，首先要考虑国营工业有多少产品能与农产品相交换？要向农民取得多少农产品？要考虑全社会能生产多少消费品，国家要提多少积累？消费者的现实购买力有多少？等等战略性问题。其次再考虑全民所有制内部的分配关系和再生产问题等等。工农业之间，生产、消费和积累之间，全民所有制内部的生产与分配之间，都是存在矛盾的。解决矛盾的途径有多种多样，但价格却是国家手中经常的为广大人民所习惯接受的一项解决矛盾的工具和形式。没有价格与价值之背离，也就说不上价格政策，没有价格政策，就要听任价值规律来调节生产。

社会主义既要承认价值规律，又要运用和限制价值规律的作用。什么情况下运用它，什么情况下限制它和背离它，由全社会的经济利益和阶级关系来决定。因而不能由国营企业内部的经济关系单独决定，也不能由社会平均劳动量来机械地决定。

价格既由上述种种因素来决定，则赢利率首先决定于成本与价格之间的关系，而现行价格是不能作全面改变的，所以企业赢利率的制定并不是太复杂的事。至于各个国营企业之间的赢利分配关系，工业与商业之间的赢利分配关系，可依据合理而有利于经济发展的原则来适当调整。全面的计算调整，即使比较合理，也是行不通的和不必要的。至于企业经济核算的考核，不能以赢利的多少作主要标志。许多产品价格高，赢利多，是其他因素所形成，不能归功于企业。企业经济核算有价值核算与使用价值核算两个方面，不可偏废。其成绩多少，主要应与同类条件的先进单位比较，与本企业的前期比较。

第三，从长期看来，社会劳动生产率总是不断提高的，而工业劳动生产率提高的速度要比农业劳动生产率提高得更快些，这是由于工农业的生产对象不同和技术水平不同所致。因此，物价水平应该是不断下降的，工、农产品的价格差距应该逐步缩小的。不论价格政策在不同的时期对不同的产品作这样那样的调整，上述总趋势仍然是价格政策的总方针，因为它与社会主义社会不断缩小工农差别和不断提高人民生活水平的目的是一致的。余霖同志说，不必降低物价水平，可以降低币值（即减少每一货币单位所代表的社会平均劳动量）来达到这个目的。这办法是否行得通呢？因为假如工业劳动生产率的提高快于农业，而工农业物价水平不变，则势必扩大剪刀差。如要缩小剪刀差，就要提高农产品的收购价格。二者必居其一。对职工工资也是一样。假如不降低物价，就要提高工资水平；既不降低物价也不提高工资水平，就要破坏积累和消费之间、工农业之间和两大部类之间的比例关系，既不利于积累的增加，也不利于扩大再生产。随时不断降低币值增加发行量，也有发生通货膨胀的危险。因为货币流通量与流通中的商品总额、货币流通速度有一定的联系（请参考《资本论》一卷第三章），而社会劳动生产率与货币流通量并无必然的联系。社会主义国营企业内部的支付主要采取划账抵消的办法，所以货币发行量要低于社会商品总额的增长比率，更低于使用价值的增长率。当然，物价水平是不能作频繁的调整的，在若干年内，或者一定的计划年度内，物价水平不作较大的调整，是应该的。这有利于计划的制定和执行，也有利于经济核算。至于降低物价采取什么形式，全面降低还是有选择的降低，一次降低还是分批降低，都可根据实际情况来决定。财政工作同志说："降价往往要减少国家财政收入。"这是理所当然的。财政是有收有付，有增有减，才能对国民经济起积极作用。只要生产不断增长，国家财政总收增多减少，收付有余。由降价而产生的损失与其积极效果比较起来，是很小的。可以总结经验，尽可能缩小损失。

余霖同志在第一篇文章中还说，维持物价稳定（实际上是名义上的稳定），便于计划统计上的计算，可以不用两套价格（现价与不变价格）。这是不可能的。现价是计算价值，不变价格是计算使用价值，不同的计算对象和不同用途，如何能混为一谈。至于说，由于工作同志不习惯，两种价格容易混淆视听。这一方面需要养成习惯，一方面可以用不同的单位来表达不同的价格（如现价用"元"，不变价格用"圆"等类方法）。企业经济核算为了要消除价格波动的因素，除用现价计算外，还应用不变价格计算。

（未发表打印稿）

以国际主义来反对殖民主义

一、资本主义和殖民主义是形影不离的

殖民主义不是近代产生的,早在15世纪末叶,那些西欧资本主义的先驱者——海外贸易商人,就带着商品和船舰到非洲、近东以至后来的美洲等地,开拓他们的商品市场。这些贸易也曾经促进了世界各地的相互接触,然而这种接触一开始就是不公道的,军事压迫、政治欺骗和经济掠夺相互结合,把那些经济落后的国家逐步变为殖民地,通过不等价交换、贩卖奴隶、贡赋、战争掠夺等方式把殖民地的财富源源不绝地载运到西欧先进国家,成为资本主义经济发展的原始积累的重要来源,也就是促成英国产业革命的物资条件。自17世纪至19世纪中叶,是工业资本主义的时期,自英国萌芽而由法国的启蒙学者所发扬的自由、民主、平等、博爱的思想,曾经在各国资产阶级、小资产阶级和劳动人民中间产生了狂热的陶醉作用;并且导致了美国独立运动、法国大革命和其他各国的资产阶级革命。然而这种光辉的资产阶级自由思想,却是不允许殖民地人民享受的。从英国流亡出来到达北美的英国人也不能例外。所以这些英国人在愤激之下就起来

反对英国的殖民主义，把自由、民主的思想在北美肆无忌惮地宣传起来，并且拿起枪杆，在华盛顿、杰弗逊等伟大的资产阶级民主主义者的领导之下，同英国人打了7年仗，把自由、平等、生存和幸福的人权概念写在独立宣言中，后来又写在美国的宪法里。现在我们应该说一句公平话，当时美国的独立运动并不是英法的启蒙学者派人去组织掀动起来的，更不能把华盛顿、杰弗逊等伟大人物的行动说成是受外国人指使的；而应该说：这是由于英国贵族地主的殖民统治和美国人民觉醒的自然结果。可惜后来美国、英国、法国这些先进资本主义国家的统治者并不记取他们亲身的教训，他们照样地并且日益加强地推行殖民主义。到了19世纪末叶，他们差不多就把世界分割完了，他们把民主革命时代所提出的激动人心的思想号召日渐变成历史档案，把侵略战争和统治、掠夺殖民地变成为他们国家活动的主要目的。我们也应该说一句公道话：这并不是因为这些国家的当政者缺乏历史知识，也不是他们又回心转意去推崇查理一世、乔治三世、路易十六等类的统治人物，而是因为垄断资本主义的发展，为了垄断资本主义的利益，就要向殖民地和附属国倾销成品、垄断原料和输出资本。为了逃脱定期出现的魔鬼一样的经济危机，他们就要采取各种各样的渗入手段，以至不断掀起再分割殖民地的战争。这些都是资本主义制度的本质决定的，为了资本家和垄断资本集团的利益，就要抛弃他们祖先的崇高思想和惨痛的历史教训了。只是在两次世界大战期间，为了动员人民反对德国军国主义和法西斯主义，美、英、法的领导者才不得已又从档案中抽出"自由民主"的旗帜，并依靠它取得了胜利。然而当他们兴致勃勃地分配从战败国掠夺来的脏物的时候，当他们回头镇压觉醒了的殖民地人民独立运动的时候，又赶快把"自由民主"的旗帜塞进档案里去了。应该说句公道话：这并不是因为希特勒、墨索里尼余党第五纵队又渗入了这些国家的政府，也不是他们不懂得殖民地附属国人民对他们的仇恨是由于殖民主义政策推进的结果，而因为垄断资本集团的利益同殖民地附属国广大人民的利益是不可调和的，帝国主义的本质使他们背信弃义地做着一切罪恶的勾当。他们也懂得：殖民主义一定会激起殖民地人民的反抗，所以国民经济军事化、在反共的借口下在世界各地建立军事基地、驻扎海陆空军以经常保持紧张状态，也就成为保持垄断资本主义制度和进行扩张政策的必然步骤。

二、美国垄断资本主义的特点及其殖民主义

美国资本主义的发展比英法等国要迟，当它进入帝国主义阶段的时候，除南美洲外，世界其余各地的殖民地和势力范围几乎已瓜分完了，因此便在1899年提出"门户开放、机会均等"的要求来再分配殖民地，渐次把南美洲各国变成了附属国，然后转向亚洲。

美国垄断资本主义是在两次世界大战中迅速发展起来的。在第一次大战中美国生产总指数增加1/4，商品输出自1914年的23亿美元增加到1920年的80亿美元，由一个债务国变成债权国，逐渐挤上英国的地位。在第二次世界大战中，美国获得更快更大的发展，1946年的工业生产总指数较之1937年增加50%以上，商品输出自1937年的33亿美元增加到1946年的97亿美元，海外投资自1936年的124亿美元增加到1946年的300亿美元以上。这就造成美国在资本主义世界的独霸局面。由此可知：美国垄断资本集团是依靠牺牲千百万人民生命的世界战争发财致富并攫取世界霸权的；同时从战争中挽救经济危机并通过战争进行扩张，成了美国垄断资本的发展规律。由于在战争中造成的工

业扩张主要是军需工业的扩张，更由于资本主义基本矛盾所造成的生产同人民消费之间距离愈来愈大，眼前的出路就促成更向军需工业的部门扩大投资；因此美国垄断资本就必须经常保持紧张状态，经常想尽各种办法挑起国际间的战争气氛，重新武装军国主义者，在全世界各地建立军事基地，在他国领土内驻扎陆海空军，强迫其他国家缔结军事同盟，兜销军需品等等，一步一步地把它的胁从国家导向新的战争。在全世界爱好和平人民的坚决反对之下即使一时不易或者不能爆发新的世界战争的情况下，美国垄断资本也已经达到了奴役殖民地和附属国的目的，它已经逐步渗入和控制了这些国家的政治、军事和经济。从前英法等国资产阶级几乎经过两个世纪才完成的征服所有殖民地的"事业"，美国垄断资本只在十年左右的时间就从她们手里"友好地"抢去了1/3，现在还继续"友好地"渗入和霸占其余的2/3的地区。由于和平民主国家的强大，美国垄断资本集团的殖民主义是在冷战的掩盖下进行的；是在援外拨款和"技术经济合作"等诱饵下进行的；是在阴谋政变、内乱和建立敌对国际集团等方式下进行的。现在它每年单从对外贸易和海外投资二项中就已能从海外剥削得75亿美元左右的利润。"美援"实际上是推销美国剩余产品的形式，是霸占市场的秘密武器，许多国家由于接受了"美援"而遭到国内经济破产的命运。"技术经济合作"的目的在促进对方殖民地经济形态的发展。"技术援助"的范围仅限于道路、原料的培植和加工、战略资源的勘探等方面，企图使这些国家成为美国垄断资本的原料矿产的供给者和美国商品的推销地。它们严格限制机器设备向落后国家输出，禁止或打击这些国家建设重工业。美国的三等技术员要使被"合作"的国家支付十倍于该国的一等技术人员的薪金。许多设计和施工的浪费是惊人的。假如十六七世纪的殖民主义冒险家是带着老式枪铳向落后地区的人民施行掠夺的话，现在这些美国垄断资本的冒险家则往往带着图样、计算尺向受援国家渗入，成为受援国家政治经济不稳定的重要因素。美国垄断资本家的殖民主义和他们前辈的殖民主义并没有本质上的区别，同样是政治、军事的控制和社会经济的渗入相互结合。它的"民主生活"的特点仅是不在这些附属国设置一个美国总督之类名义的统治者，而宁可由美国大使或特使等人来执行这个任务。

三、殖民地附属国人民的觉醒是不可抑阻的历史趋势

两次世界大战，殖民地及附属国的人民，都曾积极参加反对德国军国主义和反对德、意、日法西斯主义的斗争。他们衷心地为着这种崇高的目的而流血牺牲；因此，当战争胜利结束以后，他们要求自己的独立解放是很自然的，他们必然要反对外国的统治者，反对这种野蛮和自私的殖民主义的压迫和剥削，反对侵略战争的挑拨者和制造者。基于这些正义的要求而发生的言论和行动，也必然会获得国内外一切善良人们的同情和支持。只有那些"宗主国"的垄断资本集团及其代理人，却是回过头来要敌视和镇压人民的反殖民主义的斗争，用尽一切手段来破坏这种民族的独立运动，到处逮捕和屠杀，并且侮蔑这种运动是由"外国渗入"，他们似乎已经把他们自己历史上的民主革命运动和民主独立运动所由产生的条件忘记掉了。事实上，他们是比旧日镇压民主革命的封建统治者要残忍得多。坐在纽约、伦敦和巴黎的大垄断资本家每人每年收入可达数亿美元，而南亚和东南亚各地的极大多数劳动人民每人每年平均收入仅约20美元，这种生活水平的距离既远超过罗马时代的奴隶主和奴隶之间的距离，也远超过

封建时代封建主和农奴之间的距离。奴隶主和封建主对于他们的奴隶或农奴既要剥削他们也要养活他们，而现代的垄断资本家对于殖民地及附属国人民除剥削他们而外，就让他们"自由地"贫困、破产、饿死，否则就发动一次战争来加以大规模的毁灭，现在发明了核子武器，他们想这个工作就更容易做了。

人类的思想是不能用国界和警察来加以规范的，任何一种进步思想都具有茁壮的生命力，它会自然地到处传播不需要任何外力的策动（只有反动的非正义的思想才需要外力策动）。耶稣教义曾经是这样传播的，资产阶级革命的自由民主思想也曾经是这样传播的，那么，现代的民族解放和社会主义思想无疑地也会这样传播。基于人民的自觉而接受一种进步的思想，任何人都没有权利去反对，反对也不会有效果。基于新的社会经济条件而产生的进步的思想学说，是人类社会进步的推动力，任何力量都不能阻止，只有衰朽没落的阶级才会在它面前叫嚷和发抖。

我们一贯主张各国人民有权选择他们自己的政治信念和社会制度，不受任何外来的干涉。我们既不容许他国来侵犯我国的领土主权和干涉我们的政治信念，我们也决不侵犯他国的领土主权和干涉他国的政治信念。美国垄断资本集团及其政府却一贯地不远千里来干涉他国的内政和政治信念，在我国的周围形成了半包围圈，首先遭到它的政治、经济、军事渗入的是被强迫同它联在一起的许多国家。我们同情这些国家的遭遇，我们将坚持"反对殖民主义，争取和保障民族独立，反对侵略战争，维护世界和平"的政策，从道义上来帮助这些国家逐步解脱外国的统治和剥削，从而获得自由幸福。亚洲许多国家同我们过去的遭遇是相同的，社会经济的背景也有许多共同之处，因此这些国家的各方面的人士对新中国的情况感兴趣，希望交流各方面的建设经验，这又是很自然的,正当的。

四、社会主义国家的国际主义

以苏联为首的和平民主阵营,已经建立了消灭剥削的社会主义制度或正在过渡到社会主义制度。苏联建国 37 年来的事实已经充分证明了这个制度的优越性。这个制度是建立在劳动人民平等地、互助合作地进行生产,同时根据按劳取酬的原则进行分配的生产关系的基础之上的。社会主义社会的生产其目的不是为了获取利润,而是为了最大限度地满足整个社会不断增长的物质和文化的需要;因此它既不存在生产同消费之间的不可调和的矛盾,没有过剩的商品和过剩的资金,也不会产生经济危机。它的全部生产主要是为了国内的直接需要,同国外进行平等互利的贸易也是配合本国生产和消费的需要。这同垄断资本主义的生产以获取最大限度利润为目的有本质区别。在这两种社会制度的对比之下,谁要求战争,谁要求和平,是很容易理解的。

东欧各人民民主国家,是在各该国人民经过反法西斯战争的残酷斗争获得胜利,由人民掌握了自己的命运,才建立起过渡到社会主义的人民民主制度的。各该国人民所以选择社会主义制度而不选择资本主义制度,正如美国在独立运动胜利后只选择资本主义的民主制度而不选择封建制度具有一样的道理。这是人民的觉悟和人民的常识,谁也不愿意丢掉甜瓜去拣苦瓜。东欧各人民民主国家的人民以空前高涨的劳动热忱建设他们的国家并衷心热爱他们的社会制度。举几个简单数字来说明:捷克斯洛伐克解放十年来的工业发展将近过去 150 年所达到的水平一倍以上,97%的城市和乡村都已电气化了。民主德国第一个五年计划的头 4 年(1951—1954),工业生产总值增加了 76%,和 1936 年相比,产量提高将近一倍，同时期文化和科学方面的经费也增加将近一倍。匈牙利在解放后的十年中工业生产总量已较战前增加三倍，而战前由外国资本控制的匈牙利在20年间工业总产量仅增加了20%。波兰在解放后的10年中工业生产总值增为战前的四倍，钢的产量已相当于法国。其他各人民民主国家的发展情况也相仿。毫无疑问，苏联对于这些国家的经济发展曾给予巨大的援助，这种援助完全本着无私的国际主义精神，从物质上技术上帮助这些国家建设以重工业为基础的独立的国民经济，不附带任何政治条件。假如把这种情况同美国垄断资本对待中南美洲各国相比，那么什么是殖民主义，什么是国际主义，对于稍有理性和判断能力的人，应该是很容易理解的。

以苏联为首的社会主义阵营的各国对待亚非等落后国家的政策，是充满着道义精神的。苏联曾一再表示愿意根据各国的请求，给予必要的技术经济援助。苏联同已经同它签订贸易协定的亚、非、南美各国的贸易关系，充分说明其主旨是在于帮助这些经济落后的国家建设工业和独立的国民经济。美、英、法等国的垄断资本集团却一贯地要阻止和破坏落后国家建设工业，尤其是重工业，他们严格控制不对这些国家输出机器设备和重工业原料。而苏联和各人民民主国家恰恰相反，除军需品、武器而外，凡有利于各国经济发展的物资都愿意作尽可能的供应。最近帮助印度建立年产100万吨钢的冶金联合工厂的事例，帮助阿富汗建立工业和交通事业的事例，都是国际经济关系中体现了国际主义精神的范例。我国同许多国家所缔结的贸易协定，也充分贯彻了平等互利的精神，虽然我国正在工业化时期，我们仍根据对方的需要供给工业器材和设备，并且以优惠的价格进口一些为垄断资本压价滞销的产品。

在目前的国际关系中间，两种主要的对立趋势是很明显的，那就是由垄断资本主义所产生的殖民主义和由社会主义产生的国际主义。前者的政策是奴役和剥削殖民地和附属国人民的政策，是国际纠纷和国际战争的根源；后者的政策是根据平等互利的原则，帮助落后国家发展其独立的国民经济、提高其人民生活水平的政策，是和平和繁荣的发展因素。一切爱好和平和自由的人们，应该维护和发扬国际主义来反对和消灭殖民主义。

（原载《人民日报》1955年5月30日）

关于《略论殖民主义》中几个问题的讨论

一、15 世纪末海外贸易的性质

整个封建主义的社会阶段对于社会生产力的提高，表现为农业和手工业的发展，从而逐渐扩大商品生产和商业资本，破坏封建的自然经济。商业资本是在商品生产的基础之上产生的，虽然封建社会的商业资本逐渐驾驭商品生产，仍然以商品生产为基础，没有商品交换的商业资本是不可想像的。

不论西欧或中国，国外贸易的开辟都是商品生产和商品交换发展的必然结果。我国在唐代已经与中亚细亚、波斯等国有较频繁的贸易关系，并且由于造船和航海技术的发展，开始与南洋各地进行海外贸易。欧洲中世纪海外贸易的中心在地中海，欧洲最早发展的手工业生产是意大利和德国的一些城市，由于是这些国家与东方接触较早较繁，许多重要城市的手工业很早就是为国外贸易而生产的。例如中国和印度的生丝运到意大利，意大利的丝织品就运销全欧洲。15 世纪中叶土耳其灭亡了东罗马帝国，割断了欧洲与东方的道路，这使得意大利和德国的许多城市衰落下去，另一方面就促成临近大西洋的各国商人要从海道找寻与东方的贸易通道。15世纪末、16世纪初接连不断的地理发现，其社会的物质基础就是欧洲许多国家商品经济的发展，地理发现更迅速的促进了这种发展。从14世纪到15世纪，意大利许多城市已出现了手工业工场，佛兰多与英国的制毛工场手工业，获得了特殊发展，其余如荷兰、西班牙和君士坦丁堡这些为国外市场进行大量生产的城市，也出现了大量的手工业工场。商品生产的发展与商品交易的发展既不可分割，商品市场的扩展更是促进商品生产的条件。地理发现对于西欧资本主义生产正是起了促进作用。"中世纪后半期，生产力的发展更是突飞猛进，出现了无数有重大实际意义的发明和发现：建立了对以后的经济生活有更重大影响的工业部门；出现了鼓风炉，产生了铸造业；改造了航海技术，尤其是发明了指南针；发明了造纸、火药、钟表。""15世纪末，发现美洲和通往印度航路，造成了新的世界市场，结果对欧洲工业品的需求大为增加。小手工业生产不能满足它，于是手工业生产的狭窄基础与日益增大的市场需要之间发生了矛盾。由小的手工业生产过渡到资本主义大生产，过渡到工场手工业的生产，而后又过渡到机器生产的经济必要性就成熟了。"[①]

史道源同志把15、16世纪的西欧海外贸易商人，单纯用掠夺手段去追求金银，把问题简单化了。金银货币需要的扩大，金银能够被社会重视，正是因为商品经济的发展，金银货币成为国际间的一般等价物，从而成为最方便的财富积蓄的手段，因而有重商主义和追求金银的经济思想。然而重商主义的思想毕竟是错误的，西班牙就是为了单纯的追求金银，弄得国内通货膨胀，物价腾贵，终于衰弱下去而没有走上资本主义的发展道路。当时英

---

① 奥斯特罗维强诺夫：《资本主义以前的诸社会经济形态》，第7节。

国与荷兰则依靠海外贸易来刺激国内制造业的发展,因而她们在海外开拓事业中虽迟于西班牙葡萄牙,结果却成为发展最早的资本主义国家。马克思在《资本论》第一卷中对于这一段史实,有如下的全面的逻辑的叙述:"殖民制度,像温室般地使贸易与航海业成长。独占公司是资本积累的强有力的杠杆。殖民地对于当时在萌长中的制造业,提供市场,更依市场的独占,引起加强的积蓄。在欧洲外部直接由劫掠、奴隶化、杀戮等手段所蓄积的财富,都流到母国,转化为资本。"

拙作《以国际主义来反对殖民主义》一文前11行所叙述的内容,并未违背史实。史道源同志认为"开拓他们的商品市场"一语不妥,认为那时还不是资本主义的商品输出时代。但我们称商品市场并非就是商品输出市场,既然贸易是市场的主要目的,既为了输出也为了输入,从输出入中扩展生产和积累资本。

二、关于美帝国主义的侵略史实

世界资本主义在19世纪最后30多年中完成了由垄断前的资本主义到垄断资本主义的过渡,也就是进入帝国主义阶段。列宁指出帝国主义的基本特征是:第一,生产和资本的积累发展到垄断组织;第二,银行资本和工业资本已融而为一了,形成财政寡头;第三,资本输出已具有特别重要的意义;第四,分割世界的资本家国际垄断同盟已经形成;第五,资本主义列强已把世界上的领土瓜分完毕。根据这五个特征:"美国在19世纪的最后十年中开始野蛮地表现出帝国主义的这些特点。"① 因此,列宁把1898年美西战争称为开辟了帝国主义战争时代的第一次帝国主

---

① 福斯特:《美洲政治史纲》,第297页。

义型的战争。也就是殖民地再分割的开始。史道源同志认为美国在鸦片战争时代就开始侵略我国，19世纪中叶又强迫日本签订了不平等条约等等。这是不错的，然而这些都是资本主义前期以商品输出为主要目的的侵略，还不能说是帝国主义时代的殖民地式的侵略。美国具有帝国主义时代特征的殖民地侵略则从1898年美西战争开始，1899年提出"门户开放，机会均等"的原则乃是帝国主义资本输出的要求下的外交辞令，也是企图通过外交道路来进行殖民地再分割的要求。美帝国主义控制拉丁美洲各国的主要经济命脉，也是从19世纪到20世纪的交替时期开始的，1913年美国在拉丁美洲的投资为1.73亿美元，25年后增加到约50亿美元。20世纪30年代末，拉丁美洲大部分矿产归美国资本家所有。① 作为美国垄断资本主义对殖民地和附属国的侵略，对中南美洲要早些，对亚洲则迟些，这是符合于历史事实的。拙著《以国际主义来反对殖民主义》第二节"美国垄断资本的特点及其殖民主义"第一段中的内容，并无不合史实之处，缺点是简单了一些，并没有把1898年的美西战争提出来。

三、关于先进思想在革命中的作用问题

任何一个新的社会阶段在开始前的反映新的生产方式所要求的先进思想，都在社会革命或变革过程中发生伟大的作用。马克思曾说过，革命的理论一旦为人民群众所掌握，它就变成物质的力量。这就是意识形态对社会基础的反作用的辩证原理。没有革命的理论，就没有革命的行动。这也是列宁说过的话，并且是在我国革命中毛泽东同志的思想方法在指导革命实践中所起的伟大

---

① 福斯特：《美洲政治史纲》，第319页。

作用所证实了的。这里不存在唯心主义观点的问题。

当革命的初期，具有共同利益的各个阶级在一种先进的思想认识下团结起来，同时由于先进思想的具体内在启蒙的阶段还不能被一般人认识得很清楚，尤其是对于资产阶级自由民主等思想的黑暗面认识得不清楚，而只陶醉于进步的方面，这也是很自然的，我认为用狂热的陶醉来形容当时的情况，虽不能说是很恰当，但也没有什么原则性的错误。当资产阶级革命胜利以后，资产阶级取得了政权，自由民主的权利就被资产阶级所独占，不允许无产阶级和殖民地人民来分享这些权利，也是事实。移居于美洲中部13州的，后来成为合众国的主要部分的人民，也就是原来的英国人。

第一次世界大战是完全的帝国主义战争，德奥是当时最凶恶的军国主义者，殖民地人民在当时的历史条件下反对德奥军国主义，争取自由与独立的崇高目的，并没有错误，只是他们的觉悟程度还不高，没有都能如俄国无产阶级那样在适当时机转变战争的性质，从反对德奥军国主义战争逐步转变为民族解放战争（有些国家则在资产阶级的领导下取得了民族的独立，如土耳其），但并不能说第一次世界大战中殖民地人民参战的目的就是为了帮助一个帝国主义阵营来打倒另一个阵营的帝国主义。

（未发表的手稿）

当前农业生产力性质及经济关系

一、农业生产力的自然性质

我国农业合作化经过互助组、初级社、高级社和人民公社的四个阶段,到1959年为止,生产力逐步发展。集体经济逐步扩大。在每一阶段上部分的增进了劳动生产力。所以说是部分的,因为原有个体经济生产力的基本特征:人畜力劳动、手工工具和生产过程的个体性,在十年合作化过程中还只有部分的改变。生产力的社会化性质和生产过程的个体性质形成矛盾的统一。在生产继续增长的年份或地区,生产力的社会化就比较顺利地扩大,集体经济也相应巩固和发展。但在生产下降的年份或地区,再生产规模就要缩小,产品的自给部分就增大。生产过程的个体性,又相对的增强了。生产过程的个体性是生产力带有自然经济性质的表现。原始公社是完全自然经济的公社。奴隶社会和封建社会是由自然经济发展到半自然经济的社会。它们都是以生产资料的自然性质和生活资料的自给自足(或半自给)为特征。这个特征,还在不同地区以不同程度表现我国农业生产力的性质。它与集体经济的形式是矛盾的。不进行技术改革,不彻底改造农业生产过程中的个体性,集体生产关系是不能巩固的。

人的体力、畜力是自然力,雨水、人畜粪尿也都是自然性质的劳动资料。我们当前农业中基本动力是人、畜力。大部分耕地面积全靠雨水灌溉。大约有一半左右的播种面积不施肥或施肥很少,要依靠土地的自然肥力;肥料中极大部分也还是农家肥料。① 手工工具和人畜力局限着与自然斗争的能力和范围。以上种种,都是我国农业生产力具有自然性质的物质基础。因此,农业生产在很大程度上要听自然摆布,改造自然的能力还很小。在不少年份中只能进行简单再生产。长期中扩大再生产的速度很慢。一切自然生产力的作用或再生产,都需要同量的物质能力去补偿。在自然经济中,它们的物质转换完全是自然形成的。例如,人、畜劳动消耗以消费同等热量的食物去补偿。生命的消耗依靠人、畜自然繁殖来补偿。天雨灌溉的地区,年景主要决定于天时。人畜粪尿既受人畜数量的限制,也受既有食物的限制。凡此种种,都是扩大再生产速度缓慢的因素。有时连续几年天灾,就要退到简单再生产甚至缩小再生产。所以历史上即使在生产关系适应的时期,简单再生产也很少能将剩余产品转化为社会积累。因为有限的剩余产品要留作抵抗自然灾害的储备。奴隶制、封建制的社会积累是以农业劳动生产力的损耗为代价的。结果引起自然力的破坏,二者

---

① 对我国农业的自然肥料作下列的概算(1961):

肥料性质	平均每单位施肥亩数	总　数	施肥总亩数
大牲畜粪尿	每头施 3 亩	5000 万头	1.5 亿
小牲畜粪尿	每头施 1 亩	20000 万头	2 亿
人粪尿	每 4 人施 1 亩	50000 万人	1.5 亿
绿肥	每亩绿肥施 2 亩	5500 万亩	1.1 亿
杂肥			3 亿
共　计			9.1 亿

[附注]:全国人粪尿能施入耕地中的以 5 亿人计。杂肥中包括秸秆、草木灰、青草、垃圾等。其中秸秆是主要的,估计全部秸秆有 1/3 数量还入田地,每 3 亩的秸秆满足 1 亩地的需肥量,则秸秆能施肥 2 亿亩左右。再加其他来源,化肥共计能满足 3 亿亩的施肥量。

形成恶性循环。资产阶级用强制办法大规模驱逐农民,用竞争消灭个体劳动者,以机械力代替人畜力,从而大大减低农产品的自给性,为城市工业资本主义的发展创造条件。所以资本主义的农业技术革命,是以牺牲农民为代价的。

社会主义制度下的农业技术改造,是在既有利于集体农民也有利于城市工人的前提下进行的。然而要贯彻这个原则,实践的过程是艰巨的。要是不能进行扩大再生产,工、农的利益都无从谈起。要是扩大再生产的速度缓慢,则农业为工业提供积累的数量就小,工业为农业技术改革提供的物质条件也要少。这种互为因果的循环。是首先发展工业来突破呢？还是首先发展农业来突破呢？在工业有一定基础的前提下,应发展农业来突破。"农业为基础"的原理,在我国当前情况下特别清楚。

因为连续几年遭受自然灾害,并由于工作中的错误缺点,农业生产力遭到破坏,需要相当时期的恢复过程。1961年主要农作物产量中,粮食只相当于1952年水平,棉花只相当于1950年水平。可是生产力的性质终究比那个时期前进了。社会化的生产资料比那时增长很多,如水利工程、机械化、半机械化农具、化肥、农药和改良品种等等。农业技术也有一定程度的提高。虽然自然生产力的恢复是缓慢的,人畜的繁殖都有其自然增长速度,土壤自然肥力的恢复需要较长的过程,森林和水土流失的恢复防治需要时间更长。但我们已经具备了新的条件,能够加速农业的恢复过程,主要依靠三方面的措施:一是在总结过去经验的基础上,掌握农作物生长的自然规律,提高农业生产技术。这是当前提高农业劳动生产力,发挥经济效益的主要环节。二是扩大供应农业以现代化社会化生产资料,进行技术改革,从根本上改造农业生产力的自然性质。这是加速恢复和发展农业生产,巩固集体经济,建成社会主义农业的根本措施。三是彻底纠正错误的不适宜的经济关系,贯彻社会主义原则,依据各时期各地区农业生产力的性质建立新的经济关系。

二、恢复农业生产力的一些问题

要驾驭自然和改造自然,首先要认识自然的性质及其运动规律。农业是自然的产物,动植物的属性能供人食用,是自然生产力。当人们认识和掌握它的运动规律,就能栽培和饲养,将自然的生产力转变为社会的生产力。人们认识和掌握运用自然规律的能力愈大,社会生产力也就愈发展。认识和运用自然力为人类谋福利的领域是无止境的。学习农业技术也是无止境的。曲耀离的植棉基本经验,叫做"看苗控制生长"、"看苗浇水、看苗施肥、看苗中耕"。其控制的主要目的是"蹲苗",以利于"伏前桃结得多,伏中桃结得好"[①]。他的经验是认识自然和驾驭自然的良好榜样。不经过长期的观察、研究、试验,采取能助长其生育发展的措施,自然是不能慷慨解囊的。马克思把社会发展规律当做自然的历史发展规律的一部分。人类社会本身也是自然的一部分。农业与人的关系,反映着自然与社会的关系。社会生产力以自然生产力为基础,社会的发展以农业的发展为基础。生产关系的革命依靠阶级斗争,这里夸大自然的作用是错误的。生产力的革命以自然为对象,这里不认真研究自然也是错误的。曲耀离研究了棉苗生长的规律,通过浇水、施肥、中耕等一系列技术措施,使它能多结棉桃。自然的生产潜力得到较充分的利用。在生产关系基本适合的情况下,社会生产力就得到较快的发展。

农业生产中的基本劳动资料,是水、肥料、土壤和工具。水、

---

① 参见1962年7月2日《人民日报》,《科学工作者系统研究曲耀离植棉经验》一则。

肥、土三者是统一的有机体。没有水肥的土壤不能形成农业土壤；不同成分的水分与肥料，形成不同性质的土壤结构，适应不同品种的农作物。大部分土地都可能改造成为优良的农业土壤，不论采取何种措施改造，水肥总是首要的物质条件。据北京市国营农场的长期试验：一般是一斤小麦要一千斤水。千斤肥料百斤粮。视不同数量的水、肥采取相应的合理密植，每亩小麦能分别达到300斤，400斤，500斤。所以，只要准备必要的水、肥、种子等物质条件。根据当地具体情况灵活运用各地的丰富经验，我国农业的单位面积产量和耕地面积都有成倍增长的可能性。①

修建大、小水利工程，修建电力灌溉网，是发展农业生产的基本措施。工程质量的好坏，决定于科学技术原理的掌握和运用，缺乏科学依据的经验是危险的。近十年来国家和集体在水利方面所做的工作极大多数是成功的，也有一些是失败的，或者效益不著。失败的原因主要是工程技术违背科学原理。这类缺点错误比较容易纠正。效益的问题是个比较复杂的问题。水利工程的经济效益决定于投资、淹没损失、使用年限、灌溉面积、渠道布局、灌溉方法和综合利用等方面的全面核算。水利工程和灌溉系统，是农业生产力社会化的重要因素，有些地区甚至是决定性因素。虽然大、中水利工程和大规模灌溉网更有利于集体生产，但在当前调整恢复时期以至农业技术改革初期，应该首先考虑的是近期

---

① 浙江海宁县许村人民公社永福大队，1956年以前是两熟制，亩产300—400斤。高级社成立后部分田改三熟制，1958年三熟制亩产1170斤，1960年亩产1255.6斤，三熟田面积占全部田66%。基本经验是充分利用水源，肥料增加一倍，每亩用工从28个劳动日增加到43个。

1957年，荷兰化肥施用量平均每亩251.8斤，小麦平均亩产530斤。比利时为195.5市斤，小麦平均亩产484斤。英国平均亩施化肥76斤，小麦平均亩产425斤。法国平均亩施化肥45斤，小麦平均亩产318斤。产量与化肥量的关系是很明显的。

据估计，我国可供开垦的宜农地有9亿亩左右。不宜农作物的山区坡地但可供种植木本粮食、木本油料和含淀粉植物的土地则达十余亿亩。主要的物质条件是蓄水与施肥。

效益和投资回收速度问题。例如,同样的投资,是在崇山峻岭中修建大水库的效益快呢?还是在大江巨川沿岸修建电力排灌系统的效益快呢?是远距离引水灌溉的效益快呢?还是在当地打电井、修塘渠的效益快呢?一定的劳动力和劳动资料,用于什么劳动对象,是一个科学技术问题,同时又是一个经济学问题。经济发展速度,既决定于主观能动作用,又决定于是否掌握客观经济规律。符合客观规律的主观能动性能够事半功倍,违反客观规律的积极性也会事倍功半。探索水利建设投资的经济规律,是当前如何支援农业的一件重大任务。

在农业生产建设中的平均主义观点,不利于农业生产力的恢复与发展,也违背社会主义全面核算的经济原则。例如:山西河津三峪灌区是老灌区。为了扩大灌溉面积,近年又辟一个新灌区。由于水源有限,不能同时满足两灌区的需要。前两年采取平均使用水量的办法,老灌区因水量减少较前减产49万斤,新灌区因得水增产13.7万斤。两区增减相抵,共减产小麦25.3万斤左右。这个例子说明:因为不进行社会主义的全面核算,采取平均主义使用水量的结果,虽然灌区扩大了,粮食却减产了。有限的水源,灌在什么地区,灌什么作物,才能达到最大的经济效果,存在着客观经济规律。在私有制的时代,发现了也不能实现。社会主义的优越性恰恰是在能够进行全面核算,能够实现全社会的最大经济效果。平均主义的观点同样也存在于其他重要劳动资料的分配方面:有不少化肥分配不当,在不缺磷的地区推销磷肥。[①] 在薄土层地区推广深耕犁。在有自流灌溉的地方推销抽水

[①] 磷肥对油菜、甜菜、萝卜、西瓜、黄瓜、番茄以及多年生的某些木本作物,肥效较好;对禾本科粮食作物的肥效则较差,对小麦、大麦的肥效却较其他粮食作物又高一些。在缺磷的土壤中施用肥效较好,在多磷的土壤中如不同时施用氮肥,则反而有害。四川缺磷土壤3800万亩,1961年豆科播种面积2200万亩。需要磷肥数量超过本省产量的数倍。但因为平均分配的办法,不缺磷的地区和不需磷的水稻区同样分配到许多磷肥,造成大部分地区农民对化肥不欢迎。

机。在水稻阡陌地区推广双轮、四轮车等等，都是显著的例子。社会主义生产资料的有计划分配，是依据自然规律和经济规律的合理分配，平均主义的分配既不符合自然规律也不符合经济规律，它恰恰否定了社会主义的优越性。

残余的自然经济性质，自给性生产的扩大，助长农业种植计划的平均主义倾向。也不利于社会主义生产力和生产关系的巩固发展。广西玉林专区南部宜于种粮食，北部宜于种花生。但因粮油统销困难，于是各县、各社、各队都得既种粮食也种花生。① 阳朔、平乐有两个农场原来种苎麻，很有成绩。近年因口粮不足，麻的收购价格又低，既亏本又挨饿，今年就放弃苎麻改种粮食了。这类例子不少。不适当的削弱商品关系，过分压缩统销数量，机械地执行"以粮为纲"政策，加强了农业生产的自然经济倾向。农业的自然条件和生产技术条件都有地区特点，因地制宜才能充分发挥自然的和社会的生产力。因地制宜要求地区分工分业，是农业生产力社会化的重要方向。将来商品关系是要消灭的，农业地区的分工分业还是要发展的。假如认为分工分业会增加社会交换与分配的社会劳动，应该知道：分工分业本身恰恰会节约所需的社会劳动而有余。假如认为扩大自给生产能节约交换与分配的社会劳动，则违反自然规律和经济发展规律的自给生产（一定条件、一定限度下的自给当然是必要的），恰恰浪费了所节约的社会劳动而有过之。

---

① 山东是花生单位面积产量较高的地区，一般年份亩产在200斤以上。近年因机械地执行以粮为纲的粮食自给的政策，花生播种面积大加压缩改种粮食。粮食的平均亩产仅100—150斤。地力也越种越薄。而在有些省区，不宜种花生却硬要种花生以自给。这种情况在全国、在各省区、在一个区县之内都能举出不少例子。明代朱元璋曾经下令每个农户要种一亩桑麻，那时自然经济还占统治地位，每户占有的土地面积比现在多得多。但后来这个敕令还是失败了。为什么现在竟有人把这种办法当做社会主义的先进措施呢？

需要依据农业的自然条件和生产条件，进行区域规划。从目前看来，似乎这种规划的必要性不大，规划起来也相当模糊。这是当前残余的自然经济状态所使然。经济区域隶属于行政区域，结果产生地域经济的倾向：生产与消费都从一定地域的平衡出发。例如：广西玉林区产竹木农具，1962年上半年产量超过了本地需要，不得不部分的停工减产。但就在隔邻的广东西江一带奇缺。由于地域的生产计划、商品流转计划、银行信贷计划等重重牵制，脱销与积压成为经常的不可避免的现象。地区的自给平衡扼杀了地区的分工发展。地域经济与社会主义的区域平衡是不相干的。前者是自然经济观点的地域自给平衡，后者是社会主义地区分工基础上的全面综合平衡。地尽其力、物尽其用，是社会主义地区分工的原则。

以上种种，说明在现阶段农业生产力恢复与发展过程中还存在一些问题。这些问题有的反映主观认识与客观存在之间的矛盾，有的反映地区之间的矛盾，也有的是反映生产力与生产关系之间的矛盾。对于这种种矛盾，只有以恢复和发展社会主义生产力为主要指导思想，才能逐步得到克服。

三、农业技术改革的经济任务

十年来我国农业集体化的经验证明：农业集体所有制比起单干的个体经济显示了巨大的优越性，不进行农业集体化，社会主义工业化就不可能，农业现代化也不可能。但到目前为止，我国农业生产力的性质还是比较落后的，它仍以个体劳动、手工工具和简单协作为主要特征。因此，集体的规模不能过大。劳动资料的性质决定改造劳动对象的深度和广度，二者的辩证统一决定生产规模。是生产规模决定劳动组织，而不是劳动组织决定生产规模。生产力的革命要由劳动力的革命开始，不打破劳动者的单干形式，就不能为生产资料的革命开辟道路。但是，没有生产资料的革命继之而起，则劳动力的革命既不能彻底也不能巩固。只要生产过程的个体性没有得到彻底改造，单干倾向就如幽灵一样会在集体经济中不时作祟。

农业生产资料的革命，是农业技术改革的基本任务。农业八字宪法已概括了改革的范围。改良土壤增施肥料、发展水利、工具改革等都属于农业劳动资料的改革。推广良种、合理密植是劳动对象的改革。劳动资料与劳动对象的改革，势必要有劳动技术（植物保护、田间管理等）的改革与之相适应。

在农业中，要以现代化、社会化的劳动资料代替或补充落后的、自然性质的劳动资料，要以科学的分工协作代替个体劳动和简单协作，比在工业部门要复杂困难得多。工业生产是人与无机物质之间的关系。劳动对象是无生命的、不变的。农业生产，人介乎自然和生物有机体之间，既要适应天时的变化，又要掌握生物生命过程的运动规律。在工业中，体力劳动和脑力劳动可以分工，在农业中，体力劳动与脑力劳动必须结合。愈是精耕细作，愈需要精细观察力和系统的思维力。千百年来农民文化技术的落后，脑力劳动者与农业生产的隔离，是农业落后于工业的主要原因之一。

有人认为：既然集体经济的优点是分工协作，那么就推行细密的劳动分工和大协作吧。这种孤立地看待分工协作的观点是错误的。机械的劳动比较容易进行人工协作。农业中也有这一类的劳动，例如犁地、翻土、收割、运输、脱粒、水利工程建设和一些农田基本建设等等。这类劳动比较容易为机械作业所代替，依据机械的性能进行分工协作。但农业中最基本的劳动是培植饲养生物有机体的劳动。依据自然的性质，这类劳动需要有持续的专人负责，既不宜把劳动过程割裂，也不宜频频调动劳动者。这种劳动的要求专责与机械性劳动要求统一调度，常常发生矛盾。在劳动力缺乏的情况下，矛盾会比较尖锐。矛盾的解决不是谁克服谁，而是根据具体情况权衡得失予以不断调整。两种劳动的协调统一，在专责基础上进行必要的统一调度，是农业劳动组织的特征。

过去各国农业技术革命都是从机械性劳动部分着手，资本主义国家农业技术革命的主要成就也在这一部分。它从节约劳动力方面提高了劳动生产率。但任凭机械化发展到何种程度，它不能代替植物栽培学和动物饲养学。这里需要的不仅是机械力或众多的人力，更重要的是实践和科学知识相结合的农艺技能，以及为发挥其生产技能所必需的物质条件。现代农业在这方面虽也有不少成就，但与其在机械化节约劳动力方面的成就比较起来，就大有逊色了。[①] 发展的不平衡，在资本主义制度下反映了生产关系的对抗性。在苏联则反映了工农业发展的不平衡性，以及农业生产力各因素间发展的不平衡性。所以，除进一步提高农业机械化外，从生物、生化[②]等方面大大提高农作物的单位面积产量（也是饲畜业发展的前提），乃是社会主义农业的历史任务。不完成这个任务，要进入高级的共产主义阶段是困难的。

我国合作化以来，仅就各地先进生产者所已掌握的农艺技

---

① 据1958—1959年的统计，每个农业劳动力平均负担的耕地面积，加拿大为785亩，美国为483亩，苏联为99亩。比起我国（平均7亩左右）劳动生产率要高达11倍到110倍。平均每亩小麦的生产量：加拿大是177斤，美国211斤，欧洲（不包括苏联）平均240斤，苏联135斤。我国1957年是114.4斤。欧洲、美国与我相差也只一倍左右。

② 现代化的农业，是工业装备的农业，是自然科学与政治经济科学相结合的农业。自然科学中生物学的落后，与农业的落后相互影响。工业发展的速度迟缓，即使在社会主义制度下，也与农业的停滞不可分割。农业生产周期远较工业为长，有其自然的原因，也有生物、化学落后的原因。

能，如能为之提供必要的物质条件（主要是水、肥、种子和工具），在一般气候条件下，双季水稻亩产千斤，一季中稻亩产500—700斤，玉米亩产500—600斤，小麦亩产200—300斤，皮棉亩产100斤，是不难达到的。假如全国有一半耕地能分别达到这个水平，就可以丰衣足食了。要实现这个水平，关键问题有三：一是农业劳动者的知识技能及其主观能动性，二是现代化的、半现代化的物质技术条件，三是适合生产力性质的生产关系。总路线、大跃进和人民公社是不断解决上述三个问题的正确方向和组织形式。几年来所以产生不少缺点和错误，原因固然很多。主要原因之一，是许多干部把自然斗争和阶级斗争混同起来，将用于对敌斗争的经验用之于斗争自然，将有些人民内部矛盾扩大为敌我矛盾。其结果，既在自然规律的面前碰了壁，也在社会经济规律的面前碰了壁。生产力后退了，生产关系也不能不相应调整。

农业生产力中人的作用，比在工业中还要重要，培养掌握先进知识技能的农业劳动者，是技术改革的首要任务。必须加紧在农业中培养一支庞大的科学技术队伍。如将现有的中等学校的1/3或更多一点学习农业，并不嫌多。现在普通中学的课程主要是为升大学和专科学校而设，而大专学校的容量总是有限的，在社会主义阶段，大部分高、初中毕业生必须从事农业和工业。当前学用之间的矛盾需要积极设法解决。1960年日本有农业试验场1500多处，每处平均管辖4000家农户。如按这个很低的标准，我国（包括示范农场、农业技术推广站、种子站等等）也应有三万个以上，约百余万人。如果每一个生产队有两个中等农校的毕业生，也需要一千数百万人。要过渡到共产主义，每个成年农民都应有中等农校的程度。这样庞大的技术队伍如何培养？单靠正规学校是困难的。首先，可以把精简和下放到农村的知识青年技术工人等力量组织起来。以他们的文化知识技能与广大农民的实践经验结合起来，积极而踏实地学习和推广先进生产经验。过去向先进地区参观、学习、交流经验等形式是有效的，是促进农业生产力社会化的重要方法。但也产生一些死搬硬套的弊病，主要是总结、学习经验，缺少科学分析，未能根据当地具体条件正确运用别处经验。自然规律也与社会经济规律一样，它的表现形式会因各地的自然特点而多样化。自然因素与经济因素相互作用，就更为错综复杂。所以现代化的农业既需要极为丰富的自然科学知识，也需要一定的社会科学知识。

　　社会主义工业化，准备了改造农业的先进的物质条件。它能突破农业生产力自然性质的局限性，促进农业扩大再生产。农业扩大再生产的物质条件来源有二：一是农业，二是工业。农业的技术改革，既需要农业本身的积累，也需要工业的积累。在恢复阶段，农业本身的积累是主要的。随着农业的逐步恢复和发展，需要工业积累的支援会逐步增大起来。过去十余年中，国家把一部分农业本身的积累用于工业建设，这是必要的。最近几年征购超过了农业生产水平的负担能力，使农业再生产受到影响，结果损害了农业生产力。现阶段农牧业再生产的生产资料，主要部分还是农牧业自己创造的。例如牧畜、肥料、种子、部分农具等等。因此，当前不能不把农业积累的主要部分留在农业生产单位，使它有能力繁殖牲畜，增加肥料，留足种子，添置农具和兴办一些农田基本建设等等。只有这些基本需要适当满足以后，才有余力支援城市、购买工业品。后者的扩大，必须依靠农业生产的恢复和发展，剩余农业品的逐步增多。然而它们又是互为因果的：工业支援农业的力量愈大，农业生产恢复和发展的速度就愈快。这个矛盾的解决，首先还是要依靠农业本身发挥潜力，使农业本身的力量加上一定的工业支援，从简单再生产缩小再生产过渡到比较稳定的扩大再生产，然后工、农业之间的恶性循环就能转变为良性循环，为进一步的技术改革开辟道路。这也是十中全会通过的《人民公社工作条例修正草案》的主要目的。国民经济的恢复发展以农业的恢复发展为基础。当前生产关系的调整和生产力的发展措施，以农业增产为出发点。

现阶段的农业技术改革，应以恢复和提高单位面积产量为主要目的。苏联和美国过去农业技术革命的主要目的是节约劳动力。单位面积产量提高的幅度不大。① 最初当农业劳动力节约后，农业人口减少，单位面积产量不变，也给城市增加供应一定量的商品粮食。然而城市人口增加与商品粮增加的供应的比例是不相适应的。工人的粮食消费量要比农村大，质量要求也高。除粮食外还需要愈来愈多的工业原料。于是矛盾逐步扩大，才被迫重视改进农艺技术，提高单位面积产量。近十年来世界化肥产量的猛增（从 1949—1950 年的 1000 万公吨左右增至 1958—1959 年的 11000 余万公吨），是其显著的标志。

我国农业的技术改革，也许要把程序倒过来：或提高单位面积产量与节约劳动力同时并进，而在不同时期不同地区有所偏重。总的来说，现阶段以提高单位面积产量为主要目的，有其内在的必然性。当前城市还不感到劳动力缺乏。② 在农业生产水平

---

① 苏联在 1924—1934 年之间，小麦每公顷的产量徘徊在 7.4—10.8 公担之间，即每亩 100—140 斤之间。1956—1959 年，每亩产量在 124—153 斤之间。所增甚微。农村人口却从占全部人口的 82%（1926）降至 51%（1960）。美国 1910—1914 年间平均每英亩小麦产 14.4 蒲式耳，1945—1949 年平均为 16.9 蒲式耳，1950—1953 年平均为 17.1 蒲式耳，也所增不多。但同期每英亩所需工时却从 15.2 小时陡降为 4.4 小时。农业人口从占全部人口 72%（1880）陡降至 12%（1958）。

② 我国在农业技术改造过程中也必须同时发展工业。所需劳动力主要应从提高现有工人的劳动生产率来满足。其次，每年城市人口的自然增殖能提供一百余万。如再有不足之处，才需要从农村调拨。

还比较低的情况下，提高单位面积产量所追加的劳动力和生产资料一般比开荒扩种要经济些，收效也快些。为此，改进水利设施，繁殖猪、羊等家畜以增加肥料，推广优良品种和进一步精耕细作等等措施，对于提高产量有普遍的直接的意义。在工业支援农业方面，增产化肥、农药比增产农业机械更为迫切，增产排灌、钻井、加工机械比增产耕作机械更为迫切。当然，农业耕作机械的重要性是不能否认的。精耕细作要增加劳动力，耕作机械能大量节约人力、畜力，对提高劳动生产率和减轻农业劳动强度起直接作用。它在促进多种经营和开荒扩种的意义上，也能起增产作用。从长期来看，农业机械（包括运输加工工具）在促进劳动过程社会化的任务中居于骨干地位。当前有许多地区已经迫切要求农业耕作机械。从全国来看，耕作机械的发展速度，除技术因素而外，将视单位面积产量提高的幅度而定。在当前生产队经济还相当困难的情况下，任何不能增产的新工具，或成本的增加高于增产效果的新工具，都不易为农民所接受。但成本低、增产效果高的耕作农具，不是短时期内能创造和大量生产的。世界各国的经验，耕作机械的推行都需要国家巨额投资或补贴。它的经济效果需要全面核算。不论苏联或美国，由于农业机械化、化学化而引起农产品成本的增高，是共同的趋势。要扭转这个趋势，必须增产的效益（主要是单位面积产量的提高），超过现代化农业生产资料的耗费。目前化肥已能符合这个要求，耕作机械则还不能达到，也不能在短期内完全达到。所以国家对农业技术改革要进行长期的巨量投资是不可避免的。这一巨额投资从何而来？在工业中主要靠增产节约，降低产品成本，提高劳动生产率。在农业中则主要依靠单位面积产量的提高。因为只有单产提高才能降低单位成本，才能增加剩余产品和纯收益。纯收益的增多是集体经济不断进行技术改革的前提。在单产不变的情况下，扩大多收只能扩大简单再生产的规模，不能增进扩大再生产。

我国农业技术改革的全部过程，是生物措施、化学措施、水利工程措施以及工具机械化措施等方面相互交织、相互促进的过程。其第一阶段，主要目的是提高单位面积产量，可以生物、化学、水利等措施将占主导地位。我国山多、平原少，山区蕴藏着无限的自然生产力（尤其是淮河秦岭以南），大规模的山区开发需要巨额的投资，周转期要三五年时间。垦殖事业在最近几年来只能居于从属地位，以试办和创造经验为主，但可以设想：当农业生产水平提高到一定水平时。例如全国各地分别达到或接近400斤、500斤、800斤的水平时，除非在生物、化学等方面有革命性的创造，单位面积产量提高的速度会迟缓下来。我国农业技术改革势将进入一个新的阶段。大规模开发山区将成为一个主要方向。就现在所望达到的农业较高生产水平而论，全国按人口平均也不能少于三亩地（两亩地粮食平均1000斤左右，一亩地技术作物及其他），否则就很难完成社会主义建设。到1990年左右，我国人口将达十亿左右。按上述标准须有30亿亩耕地。这一任务是异常艰巨的。①

四、适应技术改革任务的经济关系

巩固和发展集体经济，要从发展生产力和调整生产关系两方面努力。在实际工作中，二者总是相互结合相互影响的。确定以生产队为核算单位，既调整了人民公社内部的生产关系，也改变了生产力的结构及其活动形式。在最近若干年内，农业生产中基

---

① 我国耕地面积1957年为167744.7万亩，1961年播种面积下降为177732.98万亩，下降原因有工业及水利建设占用地、灾害、丢荒等，丢荒可能是主要原因。

本的生产力，是生产队的生产力。在生产过程的个体性尚未彻底改变以前，生产队生产力主要依靠劳动者的技能及其积极性。在大机器工业中，劳动者的技能服从于劳动资料，人是机器的助手。在农业中，尤其在以个体劳动手工工具为基础的农业中，人是劳动资料的主宰；人是农业劳动生产力中的决定因素。现代化机器的发展趋势，有使劳动者的各种劳动一律平等或平均主义化的趋势。而在手工劳动中，尤其在手工劳动的农业中，从来就是以劳动技术差别的扩大，劳动者活力的增强为生产力发展的特征。因此，现阶段巩固集体经济，不论着眼于生产关系或生产力，都得从培养人的工作开始。

社会主义制度消灭了生产资料私有制，使生产与分配发生直接的因果关系，相互促进。劳动者重视分配，是社会主义生产以满足需要为目的的自然表现。在现代化的国营企业中，生产资料是全民的，劳动是分工协作的，劳动者个人能创造多少财富，不容易直接计算出来（手工劳动又容易些）。这种种条件培养劳动者的全局观点。个人利益建筑在全社会利益的基础之上，现代工人比较容易懂得。至于集体农民，情况就有所不同。因为劳动资料是集体所有，屈指可数，劳动形式主要是简单协作和个体劳动，个人生产技术的差别也很清楚，个人能生产多少财富，也容易计算出来。这些条件容易产生朴素的分配观点：个人生产的都应归个人所有。这当然是错误的，必须进行社会主义教育，逐步提高集体农民的全局观点。然而平均主义的分配观点决不能纠正这种错误，因为它不符合生产力的性质，抹煞劳动生产力的差别，麻痹劳动者的活力，对社会主义经济建设极为有害。

目前有些生产队贯彻按劳分配、多劳多得的原则还存在一些障碍。有的生产队，公社由于生产水平低，口粮如不比较平均地分配，不能维持全体社员的生存。这是可以理解的，也是可以在相当时期内设法改变的。还有的地方仍把平均分配当做方向，当做解决分配工作中困难的进步办法，这是错误的。愈是实行平均分配的地区，生产也愈不容易上升，困难也愈不容易克服。共产主义的前途，不是平均分配的前途。社会分工愈发展，社会劳动生产力愈高，产品的多样性和人们需要的差别性成比例地扩大。① 在共产主义阶段，社会保证满足各个人需要这一点是平等的，但各个人的需要因其工作和生理的差别而有所不同，是不平均的。例如：运动员的口粮比常人高很多，寒带地区的人比热带的人要多吃脂肪、穿毛皮服，地质钻探工作者需要望远镜、半导体收音机等等，都是显著的例子。这种种需要的差别，既有利于个人的发展，也有利社会生产力的提高。因此，向集体农民正确贯彻党的政策和灌输科学共产主义思想，是巩固和发展集体经济的重大问题。

实行按劳分配，要同时批判"全部产品归个人"的小资产阶级观点。社会主义制度下的产品，都是国家、集体和个人三方面共同创造的财富。虽然因所有制的不同而有劳动社会化程度的不同，从而各方面参与劳动的份额不同。但在任何情况下，离开集体和国家的协作，都是不能进行生产的。所以一切产品的分配，必须兼顾国家、集体和个人。这三者的比例关系，由生产的社会化程度及生产水平决定。生产社会化程度愈先进，劳动生产

---

① 这里需要严格区别阶级社会的差别性和共产主义的差别性。阶级社会由阶级地位和阶级剥削形成阶级差别。共产主义彻底消灭了阶级差别，但由于不同的社会分工，不同的劳动形式和不同的生理需要而产生不同的消费差别。三大差别的消失是指其社会性质差别（阶级社会残余）的消失，而不是指其自然性质差别的消失。例如：每个人对脑力劳动或体力劳动会有所偏重。脑力劳动与体力劳动的生理活动形式的差别总是存在的，消灭的是阶级性的体脑分工和不同的社会地位。工业与农业的自然差别也始终会存在的，消灭的是它们不同的生产力水平和不平等的社会关系。共产主义时代也还有城市，甚至有更多的城市，消灭的是城乡之间经济文化发展的不平等及乡村对城市的隶属关系。而城乡间、地区间人民消费需要的自然差别仍然存在。

力愈大，生产水平愈高，在每一个产品中所包含的物化劳动愈多，则分配给国家和集体的比例就愈大，分配给个人的比例就相对的要小。① 反之，个人分配的比重就要大些。产品分配的比例反映在消费与积累的关系上。生产水平愈低，消费部分的比重就要愈大，积累就愈小。积累与扩大再生产相互促进。扩大再生产既要提高积累，也要增加个人收入。目前还不能保证每年、每个生产队都能扩大再生产。在不增产或减产的情况下，积累和消费的比例就需要全体社员民主讨论决定。虽然农民会把眼前利益看得重些，要求个人分配多些，只要群众的劳动积极性有所提高，即使再生产资金不增，也有可能进行扩大再生产。反之，例如群众因分配而损害了生产情绪，即使再生产资金增加，也难保证扩大再生产。这是当前农业生产力的特点。矛盾的根本解决，依靠不断的扩大再生产。

技术改革的过程，是从物质和技术方面保证扩大再生产的进程。不过，不能指望技术改革的每一步都能带来生产的扩大。经常有试验性的措施，要经过一定时期才有成果。有些措施要在若干年后才能增产。② 新品种在一定时期增产，以后也会退化。还有些措施不能增产，但能节约劳动力减少劳动强度等等。最后，还有很不稳定的自然因素扰乱再生产的进程。所以，农业的技术改革虽能保证扩大再生产，但年度间的不稳定性和地区间的不平衡性，将来仍然不易避免。这就需要国家在年度间、地区间进行调

---

① 随着生产的逐步发展，这个规律将逐步导致资产阶级法权的消灭。归根结底，法权是一定社会生产力的产物，也会在一定社会生产力发展过程中消亡。

② 据中国农业科学院土壤肥料研究所在山西南部调查，连种 5 年的苜蓿地翻耕后种植棉花，从第 6 年到第 9 年的产量，比连作 9 年棉花的土地增产 14.6% 到 82.9%，第 12 年到第 15 年的棉花产量也还增产 12% 到 54.7%。以 15 年为一个总生产周期来计算，其总产量高于连作 15 年棉花的土地。

节。过去几年中国家对农业作了不少物质技术的支援，有些是分配得恰当，有些分配得不很恰当。生活资料的分配，首先决定于生产资料的分配。例如过去消费品的分配存在着平均主义，生产资料的分配也在不同程度上存在着平均主义。不少生产资料未能充分发挥其效用，或需要的没有，有的不需要。平均分配不能起到国家的调节作用，反会造成社会浪费。生产资料的分配只能有一个原则，就是有利于扩大再生产（眼前的或长远的）。国家如何支援农业，生产哪些品种规格的生产资料，如何分配到有最大经济效果的生产单位，这是比之国营企业内部扩大再生产更为复杂的问题。需要不断的试验、创造和总结经验。总的来说，国家生产、供应的品种规格愈多，使用单位选择、比较、试用的机会愈大，愈会分配得比较合理，愈能发挥其经济效果。以货易货的办法，不是很合理的办法。它不依据生产决定流通的原则，而形成流通脱离生产，具有极大的盲目性。① 为此，国家工厂、农业试验站（或农业机械站）、公社生产队，应该建立三位一体的联系。这种联系，可以使为农业服务的工厂，对于产品品种规格和供应地区进行合理的分工，长期固定，有利于技术改革的推进。一般的、已习用如常的生产资料，可以由商业的机构销售。大型农具、新产品等，由商业机构销售容易使生产与使用脱节，感觉迟钝，不利于技术改革的推进。由商业机构销售的生产资料，目前还得部分采取换购、议购的形式（派购以逐步取消或缩小为好）。将来仍然以议购合同和商品、货币的形式较为合适。大型农具、各种机

---

① 从形式上看，"以货易货"更能有计划的完成产品流转。然而，一切商品（或产品）的交换都是以满足生产或生活的消费为目的。假如换到的货品不适用或不完全适用，势必造成积压浪费。假如再进行一次交换（如处理清仓物资一样），就更增加流通中的社会浪费。因此，商品（或产品）流通过程中的简单化（决不是什么计划化），往往是给生产过程中带来盲目性和脱离实际的根源。

器、化学制品、液体燃料等等，生产和使用单位直接订立合同，是比较适合的供销形式。政治经济学上产品与商品性质的差异，主要由于所有制性质的不同，表现为产品是直接分配给使用单位（社会主义阶段要通过货币关系），而商品则要通过流通环节（商品—货币　货币—商品）。因此前者计划性大，后者有一定的盲目性。但"产品交换"不等于"以货易货"。将来共产主义的产品分配虽不需要通过货币关系，但那时产品的品种规格将更为繁多，使用单位将有更大的选择机会。没有选择就没有创造，就不能有生产力的无限发展。把共产主义的分配理解为平均供给和物物交换，是朴素的自然经济观点。

过去有一些行政的、经济的措施，从有利于城市、工业建设方面考虑得多。这在重工业建设阶段是不可避免的。但无论如何，农业生产和农民生活必不可少的物质条件，是必须维护的。工农联盟在不同的发展阶段上有不同的内容。但长远利益与眼前利益的结合，工业与农业的结合，在任何阶段上都是不变的。假如过去两个五年计划着重于建设工业，那今后就要用工业所积蓄的主要力量来支援农业。这是技术改革阶段工农联盟的特征，也不能不在全民所有制和集体所有制相互间的各种经济关系上反映出来。

当前公社、生产队的生产关系，是与现有的生产力性质相适合的。关于以生产队为基本核算单位、发展农村家庭副业等等，有长期固定不变的规定。但不能就此认为，人民公社的诸生产关系就从此不变了。这是不符合经济发展规律的。技术改革的过程是生产力不断革新的过程，是生产力从量变到质变的过程，这个过程大约为20—25年的时间。在这过程中，生产关系势必有一些变化。例如，大、中型水利工程和电力灌溉网的设立，大面积水土保持的实施，农业机械站、技术推广站，农牧业试验场，农作物加工厂，山区垦殖场，兴建道路等等，都不是现有的生产队力所能及的。有的要由几个生产队联合举办,有的要由公社举办,也有的要由国家举办或国家与公社合办。在生产队所有制不变的前提下,集体与集体的联合形式,大集体与小集体的联合形式,国家与集体的联合形式,是经营方式不断发展和过渡的主要经济形式。马克思说:"社会经营方式的革命——那是生产资料变化的必然结果——是在种种过渡形态的一个混合物中完成的。"① 在流通过程中的工农联盟,两种所有制要相互尊重对方的经济独立性,实行等价交换。在生产过程中的工农联盟,要求两种所有制在生产中相互结合和相互渗透(并不否定各生产单位的独立核算)。

所有制的改变,对旧的所有制的否定,是生产力改革的最后结果。是生产力与旧的生产关系全面冲突的结果。不能因为生产力的量的增长,生产力与局部生产关系的矛盾,就要提出所有制的变革。生产水平的提高,不一定反映生产力性质的改变。例如现有生产队的生产力性质基本不变的情况下,亩产可以100斤、200斤、400斤甚至更多一些。二次世界大战后美国农业单位面积产量有较大幅度的增长,其生产力性质变动不大。相反,当生产力性质有巨大变革时,也不一定立即出现生产水平的增长。苏联在第一个"五年计划"期间农业生产力性质(机械化)与生产关系都有划时代的变革,其单位面积产量仍徘徊于1913年的水平。② 生产水平的提高为生产力性质的变革创造条件。反映生

---

① 马克思:《资本论》第1卷,第577页。
② 苏联在1913年粮食作物单位面积产量为每公顷8.5普特。以后下跌,直到1930年才达到8.5普特的水平。1931年、1932年又下落,1933年上升到8.8普特。1934年又回到8.5普特。所以20年内生产水平没有上升。1928—1932年第一个五年计划内也没有上升。美国1878年每英亩小麦已达到15蒲式耳,经长时期微升微跌,到1950—1953年每英亩才平均微升到17.5蒲式耳。但以上两个时期分别是苏美生产力性质和生产关系有巨大变革的时期。

产力性质变革的因素，是劳动者（劳动技能、劳动组织和思想意识）和主要生产资料的质变。二者相互作用，缺一不可。劳动者和主要生产资料的变革，首先引起人与人之间生产关系的量变，而后引起人与生产资料之间生产关系的质变。从而发展到生产方式的变革。从封建主义到资本主义，生产方式的变革经过好几百年。从资本主义到社会主义、共产主义，苏联已经过了40余年，尚未完成。我国最快也得三四十年甚至更多一些。

随着农业技术改革的发展，生产队经济的性质势必要发生变化。例如，在现有生产力性质的基础上，轮作倒茬，多品种间种套种，是多方面培养和利用土地自然肥力，在现有条件下增产的有效办法。然而这种耕作制度，与农业机械化、电气化、化学化所要求的作物专业化相抵触。[①] 矛盾的解决需要在不影响生产力发展的前提下，使生产资料与耕作制度相互适应。劳动资料的变化一定要引起劳动对象的变化，二者有辩证统一的关系。要实现综合经营与专业化相结合的耕作制度，有赖于技术改革的推进（尤其是水利、化肥和品种的发展），有赖于单位面积产量的提高。土地对作物的适应性，在很大程度上决定于水、肥和品种的情况。农业的机械化、电气化、化学化、作物专业化和水利排灌的统一调度等因素，将在不同的发展阶段上，以不同程度改变生产队所有制的性质。

（未发表的手稿）1962年

---

① 据江苏滨海农场的反映：自实行生产队为基本核算单位以后，作物的播种因差开茬口，品种增多，每品种的播种面积缩小，且翻耕时间不一致。以致拖拉机利用率降低，耗油率增大，空机往返时间增多，成本提高。

当前农业技改的方向和工农关系

一、探索农业的自然法则

根据数年来各地贯彻八字宪法的经验,对农作物增产有直接影响的因素,是水、肥、土、种。农民说"肥是粮食、水是血",这个譬喻对农作物是正确的。水、肥要通过土壤的组合才能被作物吸收,各种土壤对各种作物的适应性各有不同,不同的作物需要水、肥的质与量也相差很大。在土壤与作物相互适应的情况下,作物合理密植的程度,相对地决定于水、肥的质量与数量。同一种农作物,由于品种的不同,其需要水、肥的质、量和土壤的性能也略有差异。由此可知:以水、肥、土的劳动资料为一方,农作物为另一方,形成辩证的统一。这个对立的统一,乃是种植业物质变换法则的基本内容。农业劳动工具、田间管理以及植物保护等等,都必须与水、肥、土、种相适应。

正确计算水、肥、土与作物之间的质、量比例关系,是计划农业生产的出发点。各地农民和试验农场,都依据各地的具体条件摸到一些比较科学的比例关系。例如:一亩水稻(一季)约需500公方的水量。平均每生产一斤小麦需 1000 斤水。① 千斤厩肥百斤粮。一万麦穗约产 10 斤小麦,麦田密植一般不能超过 30 斤种子等等。这些数量关系各地因具体条件不同并不完全相同,但上下的幅度也不太大。对这些方面的比例关系进行研究,能帮助了解水、肥、土、种的内在联系,能逐步掌握农业生产发展的基本的自然规律。

社会主义制度的优越性在于:劳动者成为生产资料的主人,能够依据自然规律来选择最有利的途径发展生产。但是仅仅具备了社会主义的生产关系,不等于就能掌握运用自然规律,还需要劳动者具备科学知识、技能和实践经验。这是当前发展农业生产关键性的任务。农业的劳动生产力,与工业不同之处,在于农业的生产资料和生产过程,在相当大的程度上要受自然规律的影响。因此一个社会主义的农民较之专业的工人需要更丰富更广泛的科学知识技能。实践证明:任何瘠薄的土壤都能逐步改造成为肥沃的农业土壤,② 任何低产作物都能变成高产作物。③ 关键在

---

① 根据北京市郊区国营农场小麦丰产经验。
② "没有不能改造的土壤"是近代土壤学家的结论。这里略举几例:江西金溪县琉璃公社曾泗生产队,原有土壤为各种类型的酸性土,其中有堨火田、鳝泥田、黄泥田、沙夹田等,缺乏有机质,氮磷钾含量不足。过去每亩水稻只收 200 斤左右。1959 年开始在宋喜明的领导下,采取种植绿肥、增施草木灰,合理灌溉和深耕活土、石灰沤田等措施,产量逐步上升,1962 年一季水稻平均亩产已达 532.5 斤。井冈山垦殖场上井大队,因山高水冷,土温、水温很低,解放前亩产只 200 斤左右。经逐年增施有机肥与石灰相结合,改活水灌溉为死水灌溉,适时浸种和加强田间管理等措施,1962 年平均亩产已达 414 斤。江西省红壤研究所实验农场,位于红壤丘陵区,历年来水稻亩产仅 200 斤左右。该场采取以"水、肥、种"为中心措施改造低产田,经两年的努力,1961 年亩产达 457 斤,1962 年增至 571.6 斤,并有 1.6 亩丰产试验田一季达亩产 1000 斤。
③ 目前所称低产作物,主要是小麦、小米、高粱等。据京郊国营农场的试验,只要有足够的水、肥,优良品种和精心管理,小麦平均亩产 300—500 斤是不难达到的。江西乐平县蒋金山生产队,1962 年种植小米 27.45 亩,平均亩产达 724 斤。1962 年东北许多生产队的高粱亩产达 500—600 斤。

于具备足够的科学知识经验,摸清病情,对症下药。

能不能说资本主义也能利用农业的自然法则呢?资本主义能够部分的利用自然法则。因为资本主义培养了不少农业科技人员,某些资本主义国家的农业生产水平也相当高。但资本主义利用自然法则要受剩余价值规律支配,它一方面利用,一方面违反。垄断资本主义愈向高度发展,它能利用自然法则的范围就愈狭,农业资本家与农业工人的对抗性矛盾,不断破坏着农业的自然基础。社会主义制度为充分利用自然法则敞开了道路,为全体农业劳动者掌握科学技术创造条件,因而能在不断扩大的范围内利用自然法则。

苏联教科书第四版认为"劳动资料和经过加工的劳动对象(原料和辅助材料)构成生产资料"。按照这个定义,自然界原有的物质财富,就不是劳动对象了。这不能说是完全的马克思主义学说。① 假如上述定义是正确的,则采集野生果实、捕鱼、狩猎等生产活动,只好没有劳动对象了。然而人类社会却是从这些生产劳动中发展来的。农业土壤的重要性能如水、肥、气、热,很大程度上是自然界未加工的;如原始森林、天然次生林、自流灌溉、空气、阳光等等,人们并未加工这类自然物质,而只是利用它们,作为农林牧渔等不可缺少的劳动资料和劳动对象。在广阔的沙漠中、在冰山上,不仅不能进行农业生产,劳动者也无法生存。马克思认为:"这类竟把惟一使其具有意义的那些条件隐

---

① 马克思在《哥达纲领批判》一文的开端即说:"劳动不是一切财富的源泉。自然界也如劳动一样是使用价值(而物质财富正是由各种使用价值所构成)的源泉,劳动本身不过是一种自然力的表现,即人的劳动力的表现。"在《资本论》一卷三篇第五章中说:"在采掘产业上,劳动对象是自然已经有的。采矿业、狩猎业、渔业等等,就是这样。农业在最初开垦处女地时也是这样。"同页,在表述生产资料的定义时,在其注解中说:"举个例,把未曾捕到的鱼,叫做渔业的生产资料好像是一种奇论。但在水里没有鱼的地方,捕鱼的技术是不会发现的。"

默不提的说法，是资产阶级的说法。"① 因为这种说法可以为资产阶级窃占自然财富进行辩解。

社会主义的革命使劳动者占有一切自然财富和重要的生产资料，这是社会主义生产方式赖以建立的物质基础。正是废除了私有制，劳动者与自然财富之间的社会障碍撤除了。从而为利用自然与改造自然开辟了广阔的道路。这就是社会主义生产方式较之一切私有制生产方式的优越性。在一定时期内优先发展重工业，以现代工业的生产资料来装备农业，这当然是农业生产力赖以发展的前提。然而这些条件资本主义也是能够办到的（虽然发展是缓慢的、曲折的），而资本主义不能办到的，乃是使广大劳动者都掌握先进的科学知识技能，熟悉自然法则，充分利用自然的生产力来不断提高社会生产力。

二、从农业人口众多的条件出发

我国指导社会主义农业现代化的方针，是"四化"与精耕细作相结合。我国农民有长期的精耕细作传统，数千百年来他们探索到许多农业的自然法则。数百年前不少地区的粮食单位面积产量就很高了，经济作物也有较快的发展。但封建的剥削关系不断破坏着生产力，往往长时期停滞不前。

所谓精耕细作，就是掌握农作物及其自然条件的性能和发展法则，对它进行细致的耕作、培育和保护管理。这与农业经济学上集约经营，并非同义语。所谓集约经营，是资本主义制度下在同一块土地上因增加投资而增加收益的说法，是受剩余价值支配的。精耕细作仅指农业耕作技术的发展状况而言。它与投资、机械化

---

① 见《哥达纲领批判》第1节。

没有必然的联系。虽然美国的农业高度机械化电气化,单位面积的投资也很高,但一般的耕作技术仍然是比较粗放的,这是资本主义制度所造成的结果。① 当前我国许多农业先进单位,虽然他们主要还是利用畜力、手工工具和农家肥料,固定资金微不足道,由于他们精耕细作和采用先进的耕作制度,因而单位面积产量在全世界也算是很高的。例如:彭泽县棉船公社光明大队,1962年种植4020亩棉花,平均亩产皮棉130斤。这个产量比1962年美国棉花平均单产高一倍,而每亩施用化肥量还低于美国每亩施用的平均数。有人说:"这样高的产量只能在小面积上取得,全国范围就不可能。"这种意见是不对的。在私有制经济下,对抗性的矛盾不可能使先进的耕作方法全面推广,也不可能使农业生产力无限制的发展,美国就是一个例子。但在社会主义制度下,社会障碍已不具对抗的性质,生产的目的要求不断提高农业生产力,不断为农业划时代的全面高涨创造条件。虽然自然条件各地有优劣的区别,劳动者的知识技能有高低之分。但劣等的自然条件和经济条件是可以逐步改造的,劳动者的知识技能也能逐步提高的。目前有比较多的生产单位所达到的高产指标,如水稻亩产千斤以上(双季),玉米亩产600—800斤,皮棉亩产百余斤等等,是可以在

---

① "大工业和依照工业方式经营的大农业结合起来发生作用。如果它们原来是由前者更滥用并破坏劳动力,即人类的自然力,后者则直接地更滥用并破坏土地的自然力这样一个事实来相互区别,后来在进行中,二者会拉起手来,因为农村的产业制度也破坏劳动者,工业和商业则为农业供给各种手段来使土地枯竭。"——《资本论》第三卷,第1062页。

"但在农业上面(和在采矿上面一样),我们不仅要考察劳动的社会生产率,并且要考察劳动的自然生产率,即依存于劳动自然条件的生产率。在农业上面,社会生产力的增加不过赔补自然力的减少,甚至连这种赔补也不够的情形是可能的,——这种赔补常常只能在一个时间以内发生作用——以致在这里,尽管技术发展了,生产物还是不会变得更便宜,而不过使生产物不至于还涨得更贵。"——《资本论》第三卷,第1000页。

全国范围内逐步实现的。因为上述先进单位的生产经验,他们所有的种种生产条件,主要是依靠集体的人力、物力和智慧而创造起来的,将来经验交流愈来愈多,科学实践的成果愈来愈大,工业对农业的支援愈来愈增加,则其他单位也能在不太长的时间内达到目前先进单位的水平。①

农业的扩大再生产,一般说,也如工业的扩大再生产一样,需要在再生产时具备更多的生产资料生活资料和劳动力。据苏联和美国的经验,农业机械化电气化在开始阶段节约整劳力不甚显著,到一定程度时劳动人数即逐步减少。但机械化电气化的发展,美、苏两国是不同的社会制度。在资本主义制度下,要是使用机器比使用劳力更便宜,能攫取更多的超额利润,农业企业家才会以机器来代替人力。在苏联社会主义建设时期,为了要在农村建立社会主义的大农业,为了要适应工业化对劳力、粮食、原料的需要,国家才大规模实行农业机械化。

我国目前农村人口的自然增长每年为一千余万人。城市则每年增长 250 万人以上。这样多的劳动力我们如何使用呢？1949—1956 年期间,全国职工人数自 800 万人增到 2400 万人,其中浮增 1300 万人,7 年平均每年约增长 186 万人。到 1962 年末,全国职工人数约为 3250 万人,六年间增加 750 万人,每年平均增 125 万人。后六年的工业建设规模虽远远大于前 7 年,但平均每年所增职工人数下降了。其中有一部分原因是自然灾害所造成。但总的看来,现代化工业生产的建设,由于技术进步和机械化、

---

① 据浙江省农业科学院总结 1962 年省内亩产达到 800 斤以上的先进单位的经验。总结中有下列几条:(1)复种指数在 200% 以上;(2)每亩水稻(双季)用水在 700 立方公尺以上;(3)每亩(两季至三季)施肥量达 60 市担以上标准肥(人粪尿、猪牛栏厩肥、绿肥等一担抵一担标准肥);(4)每个劳动力的负担不超过 5 亩。以上这些条件,在长江以南水稻区大都可以争取达到的。

自动化的发展，每单位投资所需的劳动力在逐步减少，这是经济发展规律。由此看来，在一定时期内，城市每年人口的自然增长已足够工业建设的需要了，要吸收农村多余的劳力是困难的。农村每年需要从两个方面解决问题：一方面它要解决每年净增约 1000 余万人的生活和生产劳动问题，另一方面，它要解决由农业机械化电气化而节约出来的剩余劳动力问题。

解决农村庞大的劳动后备队的问题，主要有下列几个途径：(1) 农、林、牧、副、渔全面发展，上山、下海和开发边疆；(2) 精耕细作、提高复种指数；(3) 在农区、林区、渔区、牧区建立修配工业以及科学文化教育事业。

我国城乡人口既如此众多，国家既要满足不断增长的人口需要，又要不断提高人民的生活水平。从而就突出了生活资料的问题。生活资料有农业生产的，也有工业生产的，但最基本的生活资料是农业生产的。假如生活资料的增产不能满足上述两方面的要求，社会主义建设是不能顺利进行的。因此就给我国农业技术改革提出的首要任务是增产。提高农业劳动生产率的两条途径：每个劳动者生产的使用价值的增加和每个产品所费劳动的减少，二者有辩证的关系。但在我国，首先应采取措施使农产品的总产量有很大的增长。在这个前提下，力求各种方法节约农业劳动力。美、苏两国已往提高农业劳动生产率的经验，对我国没有很大的参考价值。美国每一农业劳动力的动力和机器装备指数，以 1870 年为 100，则 1946 年为 387；但在 1870—1960 年期间，农业（包括畜牧业）平均每年增长率不过 1.7%，同期间人口的年平均增长率为 1.5%，按人口平等每人占有农产品量所增微不足道；但 1920—1958 年期间农业劳动力却减少一半。① 苏联也有类似的情况。在资本主义制度下，从农业中节约出的劳力成为城市产业后备军，有利于资本家阶级对工人阶级的剥削。

我国农业技术改革的目的有二：一是要巩固和发展社会主义的现代化农业，把农业置于现代化的物质技术基础之上；二是使农产品总产量有巨大增长。二者是相互促进的。但归根到底，增加按全国人口平均对农畜产品的占有量，是建成社会主义的主要物质指标。

精耕细作需要较多的劳动力。我国农村在技术改革的过程中需要多少劳动力呢？这一方面决定于广义农业的发展范围，另一方面决定于精耕细作的发展程度和技术装备。就南方种植业来说，浙江萧山在实行新老三熟制的地区，亩产达 800 斤粮食以上，机电灌溉和畜力、手工工具相结合，每个劳动力平均负担五亩左右；如按这个标准计算，平均一亩稻田可容纳一个人。在一年两熟制的水稻区，在没有机电灌溉的情况下每个劳动力平均约负担 10 亩左右，有机电灌溉则为 7—8 亩；如按这个标准计算，每 1.5—2 亩稻田容纳一个人。这里存在着对立的趋势，在不断创造和增加生产条件的情况下，一熟制可改二熟制，二熟制可改三熟制，粗放耕作可逐步精耕细作，精耕细作的还能向高标准发展，一定土地上可以容纳更多的人口。另一方面，"四化"的发展和劳动者科学知识技能的提高，又不断减少每亩土地上所需的劳动力。当前一种趋势的速度超过后一种趋势速度的时候，农村就需要每年自然增长的人口来补充（暂将种植业以外的生产因

---

① 美国按全国人口平均的粮食产量 1890 年为 2130 斤，1919 年为 2480 斤，1949 年为 2028 斤，1958 年为 2191 斤。1920 年全国农业劳动力为 1140 万人，到 1958 年已降到 580 万人。临时工不计在内。

素撇开）；当后一种趋势的速度超过前一种趋势速度的时候，农村就会有过剩的劳动力，就要求向农业的广度发展。在不断增产的要求下，两种对立的趋势又是相互促进的。重要的问题是掌握人口、技术改革、多种经营和精耕细作这几个方面的平衡。

在社会主义制度下，人口既是社会消费的基本因素，也是社会生产力的基本因素。我国人口众多这个特点，使我们有条件进行广义农业的全面发展和种植业的精耕细作。这是一项伟大的历史任务。完成了这个任务，就解决了社会主义建设阶段最艰巨的任务，并为过渡到共产主义创造了最必要的物质条件。同时，我们完成了这个任务，也给全世界劳动人民指出：只有在社会主义、共产主义制度下，才能彻底解决被资产阶级反动派视作劳动者宿命论的人口问题。

三、社会主义大农业和精耕细作

农业的技术改革，一般被单纯理解为用现代工业技术去装备农业。这样的看法是不完全的。固然，对于我国主要还是依靠手工工具和手工劳动的农业生产，没有现代化的工业装备是不能把它改造为社会主义的大农业的。然而我们不是为大农业而大农业。有资本主义的大农业，也有社会主义的大农业，有发展速度相当慢的社会主义大农业，也应有发展速度相当快的社会主义大农业。一切生产资料，都是为发展生产服务的。用怎样的生产资料（包括工业装备）才能迅速而有效的进行农业扩大再生产，才是农业技术改革的根本问题。

农业扩大再生产的生产资料，一部分来自城市工业，一部分来自农业自身。前者包括现代工业和手工业产品。手工业产品将逐步为现代工业产品所代替。今后会逐步增加更多更好的现代化农业生产资料。农业自身所创造的生产资料（如土壤、种子、牲畜、有机肥料、燃料等等），有一部分也能为现代化的工业品所代替，如役畜、燃料的一部分等等。但有很大一部分是不能为工业品所代替的。因此，工业与农业两大生产部门的相互分立和相互结合的关系，将永远存在下去。虽然工业将在愈来愈大的程度上促进农业的发展，但农业自身创造生产资料的能力，并不因现代工业装备而有削弱，相反，它是与"四化"并行发展的。

工业支援农业有两个方面，一是直接参加农业生产过程的，如排灌机械、化肥、耕作机械、机电动力等等。另一种支援只创造农业生产的有利条件，或者说为农业创造必要的社会化生产条件，如治山、治水、修建道路等所需的工业设备以及建设为农业服务的工矿企业等等。后一种支援是工业生产社会化的结果，同时又是社会化农业生产的前提。

过去农业的精耕细作地区，大都在人口密集而自然条件又较好的地区，如泾河流域、漳、卫河地区、四川盆地、长江两岸、珠江三角洲等地。从地域上看，耕作技术的发展是不平衡的。并由于封建的、半封建的剥削制度，在一个地区之内，发展也是不平衡的。一般而言，只有地主富农才能占有自然条件最好的土地，并投下较多的生产资料和劳动力。我国现在大部分地区耕作还是比较粗放。这种旧时代的痕迹，还在改造过程中。

旧时的精耕细作是小农经济的产物，无论在技术上经济上都具有局限性。但是数千百年来他们发现并掌握了农业的一些自然规律，我们既要继承已往的成就，也要创造新的成就。

我国旧时农民的精耕细作，掌握了如下一些主要生产条件和生产方法：

农牧结合在我国有悠久的历史。并早在殷周两代就在黄河中下游建设水利灌溉系统。这两项很重要，因为水、肥是精耕细作的主要物质条件。有此条件，土壤就能愈耕愈肥而不至愈耕愈瘠；厩肥会加厚土层，可以逐渐深耕。有水利灌溉的地方，不仅增加单产，也有可能增加复种指数。由于历代的剥削制度，战争、农民起义和自然灾害等不断发生，社会生产力不时遭到重大摧残；但只要有数年的休养生息，农业生产迅即恢复发展了。这样强大的生命力，是与我国农民的勤劳和水利灌溉、农牧结合的生产方法不可分的。从历史上看，农业从畜牧业分离出来，是社会第一次大分工，但分离的过程有各种复杂形态。有些地区，最初以畜牧为主、农业为副，往后逐渐以农业为主、畜牧为副，形成像我国大部分地区农牧结合的形态。这种形态就为农业的精耕细作提供了重要的条件：如耕畜、厩肥和肉食等。农业能精耕细作，促进了手工业商品生产的发展及其技术进步，从而反过来又促进了农业（尤其是经济作物和农业工具）的发展。

农牧结合的形式，水利灌溉系统的布局和规模，是由生产方式决定的。我国目前的家畜虽还以社员私养为主，性质上已不同于小农经济时代的了。家畜出售和厩肥使用有很大部分通过集体渠道，起着发展集体经济的作用。未来发展的方向是加强集体的、国营的畜牧业。我国有广阔的山区，有北部，西北更广大的草原，可以集体的、国营的形式发展为专业化的牧区，或以牧为主的农牧结合区，[①] 将大大有利于农业区的发展，因为它能大规模的提供役畜、种畜和商品肥料（如骨粉等）。我国社会主义阶段农牧结合的多种形式，既能充分利用自然生产力，又符合社会化不同程度的社会生产力。

---

① 我们能够用于畜牧的草原估计有 30 亿—40 亿亩，主要在北部和西北。这些地区的草原已有部分被用为牧场，而且历史悠久。但直至解放初期，还未清除其自然经济的性质。现在已基本上集体化了。它将逐步成为全国社会主义大农业的一个有机构成部分。

当前水利工程及灌溉系统的布局，它们的规模以及对于农业的作用，已远远超出小农经济时代的局限范围。假如古代的水利工程还能有助于我国民族的统一和权力的集中，则现在和今后的水利事业将更能巩固和扩大社会主义所有制，促进工农业生产——尤其是农业生产。广大农民数千年来治水、蓄水、用水的经验是宝贵的，还需要我们进行系统的科学总结；但惟有社会主义的制度才能充分掌握运用水利的自然规律，因时、因地制宜地建设社会化的各种水利工程和灌溉体系。

解放以来，各地为发展工农业需要，做了规模宏大的治山治水工作。每一省区都建设了数以万计的大、中、小水利工程。对全国主要的大、中河流做了流域规划，并开始在西北、内蒙等地进行草原牧区的水利工程建设。这些宏伟的工程，已在我国社会主义的工农业生产发展中产生巨大的作用。最近两年来农业生产恢复的迅速，水利建设是重要的因素之一。

过去我们进行的流域规划，一般以发电为主，以供工业用电为主。在以农业为基础、工业为主导的方针指导下，有些工程需要重新研究。北方的河流，除黄河上游外，也许应以发展广义农业为主，为发展农、林、牧、渔进行规划设计。北方多煤，可以火电为主；南方比较缺煤，河流建设水电站的自然条件也较好，可分别情况，采取发电、灌溉并重的方针。

我国平原耕地少，山区丘陵草原占全国土地面积2/3以上。年降雨量500公厘以下地区占全国土地面积半数以上。要在全国耕地上推行精耕细作，除农牧结合和水利工程建设外，还应当利用广阔的宜林地普遍植树造林。森林是农业自然生产力的重要物质泉源，它能增加雨量，调节径流，调节空气的温度，增加灌溉土壤的有机质。所以哪里有森林，哪里就会有"青山不老，绿水长流"，就会在其附近和中、下游发展兴盛的农牧业。森林本身，在很大的程度上也是种植业，它能提供工业原料、木本粮食和木本油料，繁殖野生动物。人类一开始就是利用森林的自然生产力而生产生活的。数千年的剥削制度，把全国的原始森林和天然次生林破坏殆尽，这是建设我国社会主义大农业的不利条件。过去在私有制的生产方式下，要在全国范围内绿化山林，是绝对不可能的。社会主义的生产方式提供了可能。全国有20亿—30亿亩的宜林地可以分批、分期绿化。山林的绿化将以空前的规模恢复和扩大农业和工业的生产力。在这里，自然生产力和社会生产力相互转化，是十分清楚的。

社会主义大农业的精耕细作，应以农、林、牧、水利的四结合为条件，也就是要以广义农业的发展为基础。举例来说，为了要在黄河流域发展社会主义的农牧业，关键的措施是根治黄河。三门峡水利工程枢纽及有关各项工程的主要目的，应该是防洪蓄水（附带发电）以发展流域范围内的农、牧业。但为了达到这个目的，同时必须在中、上游植树、造林、种牧草，防止水土冲刷、调节径流。这不仅为了延长三门峡水库的寿命，更重要的是彻底改变黄河流域的自然面貌和农牧业的自然条件，为全流域林牧的发展和农业的精耕细作创造前提。没有这个前提，即使有更多的电力、化肥和拖拉机，也很难改变黄河中下游的自然面貌，很难实现全流域农业的精耕细作，从而也不能给工业发展创造条件。

农、林、牧三者之间的结合形式，农、林、牧与水利的结合形式，要依据不同的自然条件，社会经济条件和所有制性质，建立各种不同规模不同内容的多种形式。平原与山区、牧区与农区、生产队和公社、集体和国家，都应在不同条件不同范围内创造农、林、牧、水利的结合形式。它们有的应以农为主，有的应以林为主，有的则应以牧为主。

农林牧和水利结合，既是自然生产力的相互结合，也是经济效益的相互结合。在创造具体的结合形式时，必须双方兼顾。农牧结合的收效是迅速的，一般一二年就能见效。大、中水利工程和造林则需要较多的投资，见效期也比较远些。这需要对短期投资和长期投资确定适当的比例，也需要小集体、大集体和国家之间进行适当的分工。

农林牧渔的全面发展，是社会主义大农业的基本生产项目。在我国耕地较少，人口较多的条件下，尤其不能单纯依靠种植业的发展。在林牧渔发展的条件下，也为种植的精耕细作和扩大再生产提供物质的和经济的前提。种植业的发展，反过来又能以更多的劳力饲料发展畜牧，以更多的劳力、物资投向植树造林和兴建水利工程。

农林牧与水利之间相互依存相互促进的规律，是广义农业的重要自然规律，在社会主义制度下，也是重要的经济规律。只有社会主义、共产主义制度，才能充分利用这个规律建立广义农业的生产结构。建立了这样的生产结构，就能充分发挥"农业为基础"的作用，为工业的发展提供必需的生活资料和重要的生产资料。任何一个缺乏这种农业生产结构的社会主义国家，虽有较大的工业体系，它的基础是不完整的，事实上是不能取得经济上的独立自主的。

四、农业技改的几个方面

仅仅具备了农业精耕细作的生产条件，还不等于精耕细作就能实现。掌握运用有利的生产条件栽培作物，是农艺学的范围。关于农艺学的专门研究，不是本文的任务。但是，要研究如何进行以"四化"为中心的农业技术改革问题，又是与我国集体农民当前采取的农艺技术不可分的,这就是"四化"如何与精耕细作相结合的问题。

农业"四化",以现代工业装备农业,是巩固与发展社会主义集体经济必须采取的步骤。但这任务是极为繁重和复杂的。苏联在四十余年的过程中,虽然做了不少工作,但不能认为这个任务完成了。她既没有根除资本主义在农业中的阶级关系和经济关系,也还没有达到美国那样并不算高的农业生产水平,离彻底建成社会主义仍是相当远的。

社会主义农业的技术改革,始终具有阶级斗争和生产斗争的双重任务。二者互为条件,缺一不可。不能把技术改革视作单纯的技术任务。那种认为有了足够的黄油面包,有较高的生活水平就自然能战胜资本主义的说法是荒谬的,是社会民主主义者的陈词滥调。马克思列宁主义者认为:解放了的人民物质生产能力的增进,既为提高人民生活,也为具备充足的物质、精神力量对资本主义进行斗争、冲击,以彻底消灭剥削制度和改造剥削阶级分子。在世界范围内消灭大垄断资本主义,是社会主义各国过渡到共产主义的社会前提。社会主义阶段的阶级斗争和生产斗争息息相关地联系着。

农业的机械化、电气化,能提供社会主义大农业作为骨骼的生产工具,借以彻底改造农业小生产的经营方式及其思想意识形态。在这个任务上,对于农业也如对于工业一样。只是由于工业生产过程是物理的,化学的采掘加工过程,而农业生产过程是生物的采集、培育和饲养过程,机械对于农业的适应性能,要比对工业复杂困难得多。工业的机械化电气化,不仅以无与伦比的能力代替和节约劳动力,而且机器能提供比人的双手更精密、准确以及非人力所能及的工艺过程。因此,虽然资本主义和社会主义工业化的过程在社会关系方面有天壤之别,就技术而言,以现代化工业代替手工业的过程都是比较顺利的。农业就有所不同。农业机械现有的技术性能，主要还只是提供能力，在提高劳动生产率和减轻劳动强度方面有其巨大的作用。但农业机械当前所具备的工艺，它的动作对不同自然条件和不同作物的适应性能，大部分还比不上耕畜的能动性和老农的经验技术。一方面是由于农业机械的发展水平落后，另一方面也由于农业对象是生物这个特点，生产过程的许多环节不是力学和机械所能奏效。对于有精耕细作传统的我国农业来说，农业机械化的任务将更为困难些。

低估农业机械化电气化的作用是错误的。目前在水稻区电力灌溉所产生的效果已非常显著。它使农民心悦诚服地接受这个技术改革，深深感到工人阶级对农民的伟大支援。但不能就此以为农业的机械化电气化也会像在工业部门那样顺利。机械的决定作用，只是在农业生产过程的某些场合和某些环节；在其他许多重要环节上，如育种、育苗、育秧、间种套作、栽插、田间管理等等，在精耕细作的要求下，大型的机器是无法施用的。当前可能的是在现有各种改良农具的基础之上，创造出各种灵巧的中小型器械，仍作为人畜动力所主宰的机具来使用。半机械化的各种农具，至少在当前阶段以至不太短的将来，还是适用的。[①]

在机器不能起决定作用的环节上，应该依靠其他有关的科学成就。用于农业的科学部门要比工业广泛得多。例如生物学、动物饲养学、植树育种、栽培学、土壤学、昆虫学、生物化学、生理物理、植物保护。气象等学科，以及有机肥料、灌溉、

[①] 现有各种型号的拖拉机，在旱地平原能充分发挥其性能，在水稻区则大部分地区不能适用，还有待于创造。一般而言，如翻耕、收割、加工这些环节上，机器能比较容易代替人畜劳动；在育种、育秧、育苗、栽插、田间管理等方面，在精耕细作的条件下，只能使用中、小型的器械，它仍然要依靠人的心灵手巧操纵使用，而不是人作为"一种有知觉的机件"，如在现代化大工业的情况那样。

除虫等等专门知识技能，都是农业所特有的或应用较多的学科。精耕细作的理论和实践主要应该建立在上述各项学科的基础上。

我国农民在长期的生产实践中，对农业自然条件的作用，对作物的生长规律，对水、肥、土壤、种子的有机关系，对农、林、牧的相互关系等等，积累了丰富的经验和知识。对这些经验知识进行科学的研究总结，就会大大丰富与农业有关的自然科学内容，并为今后发展农业生产指出方向。这项工作，已经在许多方面取得了成绩。例如，中国科学院土壤研究所在湖南祁阳改造鸭屎泥低产田，江西科学院改良红壤，以及浙江省有关方面改造低产田等等，都是在总结群众经验的基础上，采取施用磷肥、种植绿肥的办法，形成一项改造低产田的科学措施。许多先进单位和先进生产者的植棉经验、植稻经验等，经过科学总结，已在全国许多棉区稻区推广中。近年来关于合理密植的经验，轮作倒茬以田养田经验，改变耕作制度的经验，改造盐碱地的经验以及各种优良品种的培育等等，也正在分别总结推广。这种种科学实验研究，既大大丰富了农业精耕细作的内容，也丰富了科学。

农业机械化的工作，能不能无视科学实验在精耕细作方面的种种成就呢？当然不能采取机械主义的态度，要求生物的生长发育适应劳动工具。一切工具只有适应劳动对象的要求才能发生作用。在农业地区自然条件的差异，作物、牲畜的品种差异，以及耕作饲养的方法差异等等非常复杂的情况下，农业机械化的工作，内容就极为复杂，而且将不断变化和不断新陈代谢。那种认为一种或几种型号的农业机器，几种有代表性的技术措施，就可以一劳永逸地解决问题，是不切实际的。假如某一种类型的农业机具，能够在几个县的范围内适用，或在全国数百万亩、千余万亩的耕地上能适用，就是一项了不起的成就。只有万能的人没有万能的工具。① 可以这样说：机械的型号愈多，性能愈多种多样，适用范围和适用对象愈专业化，也就愈有利于农业的精耕细作。同样的原理，也适用于水利灌溉工程、化肥、农药等等。这个要求，是与机械制造、工程技术和设计方案的标准化，似乎是矛盾的。实际不然，我国疆域大，农作物复杂，标准化也应该是多种多样的。工业产品的多样化与标准化之间的矛盾对立趋势，是永远存在和发展的趋势。

能不能使劳动对象或次要的劳动资料，反转来适应主要劳动工具的革新呢？在一定条件下，反作用是可能的。假如这种反作用不至引起减产，不至减少生产者的纯收入，不至形成社会过多的负担，就可以进行相互的适应。以水稻区的田块适应机耕为例。旧社会的田埂是私有制的标志，一般与耕作条件无关。合作化以来经过几次改革，大部分地区经过平整。但按机耕的要求来说，大田块比较更有利。假如田块的合并不至引起耕作困难，不至引起减产（在二三亩以上的稻田，耖耥就发生困难），同时又不需要过多的投工，田块就可以适当扩大。没有这些前提条件，拖拉机是不能任意扩大田块的。类似的争论，如平作与垄作的争论，要不要消灭间种套作的争论等等，所以长期得不到结论，因为问题的性质不是绝对的，应根据具体条件具体分析。那种不顾生产效果，不顾成本收益，一切惟机器是从的看法，是错误的。

我国农民主要依靠手工工具和手工劳动的精耕细作技能，将逐渐应用机器、器械和现代科学在生物、化学、物理等等科学方

---

① 以双轮双铧犁为例，在不少地区被称为很好的耕作犁，也在不少地区被称为挂犁。它几次受到打击，又几次被恢复名誉。而现在用的地方还在用，挂的地方还是挂着。这不是它本身的过错。我们希望它能超出它能适应的范围之外去使用，乃是我们的过错。目前的拖拉机，也产生了类似的情况。

面的成就。化学肥料的成效已较普遍地为农民所接受，为了避免土壤板结和增加每亩施用化肥的数量，需要向生产尿素的方向发展。农药的品种还要大大增加，质量还要提高；并要结合生物措施来根除虫害。除莠剂的应用目前还是小面积的，它的品种也在增加，北京已经制成除稻田稗子的药剂，是一项重大的创造，将来可能逐步推广使用。氯化镁能使植物的叶子早落，可以应用于棉花、绿肥等作物。应用高频电场培育新品种，超声波处理种子加快其发育过程，用辐射处理仓库粮食达到干燥杀虫的目的，利用光能来促进植物的光合作用等等，也在小范围内应用了。用生物措施来改良土壤，如种植豆科绿肥增加土壤的氮、磷、钾和有机质，盐碱地种植水稻或其他耐盐、耐碱性植物，沙地种植花生、葛麻等等，有很大的扩展前途。以上种种，说明利用现代科学的成就来进行精耕细作的前景，是无限广阔的。这种种措施既能增加产量，又能节约劳动力；它们在提高农业劳动生产率中所发挥的作用，在一定范围内比之机器有过之而无不及。当然，凡是应用现代科学成就，也必然要借助于现代化的物质技术条件，工业将在很大程度上发挥其主导作用。所以农业现代化的过程，始终与现代工业密切结合。工人与农民两个阶级由联盟而到融合，也与农业技术改革的进程密切地联系着。

用不同规模不同形式的农、林、牧结合，用社会化的水利灌溉，用各种现代科学的成就等等，来促进农业的精耕细作，就完全不同于旧时小农经济的精耕细作。它将代表崭新的农业生产力，在与农村资产阶级残余势力的斗争中，在改造小农经济思想意识的过程中，将发挥决定性的作用。因为上述种种的生产条件，它的增产幅度，它所展示的更为辉煌的远景，都远非资本主义和小农经济所能达到的。

有人会说：这样的技术改革所形成的精耕细作，还不能完全使用大、中型的机械操作，就不能摆脱繁重的体力劳动和大幅度提高劳动生产率，如何能过渡到共产主义呢？不！这个农业技术改革的道路是能够摆脱繁重体力劳动和大大提高农业劳动生产率的，依照毛主席的指示："凡是能够使用机器的地方统统使用上机器。"在不宜使用机器的地方，分别用化学的、生物的和物理的其他科学措施来节约劳力和增加产量。依据农业的本性，走向共产主义的具体道路只能是这样而且必然是这样。

五、现阶段的工农关系

上面概略地讨论了几个农业技术改革的方向性问题。这些问题虽来自现实，还是需要在今后的实践中验证和修正的。许多自然规律和经济规律我们还没有摸清楚。通过实践也惟有实践才能给我们引进丰富多彩的境地并照亮前进的道路。

但是，即使方向基本正确，也不等于就能顺利前进。在社会主义阶段，工人与农民之间的关系，是兄弟阶级关系，也是基本的经济关系。有时政治关系要依靠经济关系来巩固和发展，有时又反过来，它们相互依存和相互促进。社会主义阶段工农间的经济关系，是极为复杂的，各个阶段有其特点也有共同点。总的来说，工农间在经济上必须相互支援；在一定阶段，农业支援工业要多些，另一阶段则倒过来。每一阶段表现为一定的联盟形式。在"二五"计划以前，工农间的经济联系，主要采取商品交换的形式。"二五"以来，因国家工业基础的加强，工业装备农业的任务逐渐增加，工农业之间产生了新经济关系。城市工业不仅供给农村以轻工业品，而且有较多的重工业品。农业与工业之间建立了两条经济道路：一条是继续通过商品交换，以农产品换取城市的轻工业品，这是为维持和不断提高广大农民的生活所必需的。另一条道路是以农产品交换，或以接受支援的形式得到城市的劳动资料（主要是机器、化肥、农药以及手工工具）。虽然过去也交换这类产品，但现在重工业产品逐渐增加了，愈来愈普遍了。农村不仅要由城市输入机器之类的重工业产品，同时还要由城市输入与之有关的文化、科学、技术，需要大量有知识的劳动者、技工和科学家等等。这一具有新内容新阶段的城乡关系，是工农联盟新的社会关系和经济关系。"农业为基础、工业为主导"的方针，更明确地建立和促进工、农之间这种新的关系，为国民经济的全面发展开辟道路。

过去，集体农民只要生产足够交换生活必需品和一些手工业生产资料的农产品就可以了。现在除这一部分以外，还要生产交换重工业产品的农产品。重工业产品中如机器设备之类，价值是很高的。这要求公社、生产队生产更多的粮食、原料和副业产品。农业生产愈发展，以之交换城市工业品的能力也就愈大。因此，首先要求工业能生产那些在较短时期内促进农业增产的产品。有些产品虽能节约劳动力但不能增产或增产甚微，则在劳力、耕畜不缺的地区，就不能创造城乡经济周转的对等基础，势必增加国家投资和财政负担。但是目前能立即增加农产品产量的工业品，数量还是有限的。工业的扩大再生产既有其自身的规律，又与农业的扩大再生产互为条件。例如，化肥对农业增产有显著作用。化肥厂的建设需要一定的时间和一定的技术设备，有赖重工业其他部门的扩大再生产；化肥厂又需要较多的投资，这笔投资既来自工业也来自农业。如农业不能相应的扩大再生产，则既不能为国家积累资金又不能增加对化肥的购买力。工农业的扩大再生产既相互促进又相互制约，这个道理是很简单的。要加速它们的发展，出路有两条：一条是加速工业劳动生产率的提高，一条是发掘农业内部潜力来扩大再生产。在我国农业劳动力比较充裕的条件下，并具有精耕细作的技术基础，农业的内部潜力是很大的。目前我国极大部分地区，以发掘农业内部潜力扩大再生产，看来还是主要的道路。

马克思在关于第一部类和第二部类扩大再生产的公式中，说明两个部类是按一定比例发展的，指出国民经济两大部类之间的有机联系，同时也指出，第一部类所需要的生产资料，也是在内部生产和内部消费的；第二部类所需要的生活资料，也是在内部生产和消费的。它们相互间既有按一定比例的有机联系，又各自有内部的物质代谢过程。工业与农业的关系，比之第一部类与第二部类的关系，有类同之处也有不同之处。就我国目前的情况来说，工业生产的主要部分是生产资料，农业生产的主要部分是生活资料，在这个范围内，关于再生产的一般理论（舍掉有关特定生产方式的部分），也是可以适用的。但农业还生产原料，工业也生产消费品，在这个范围内，它们的相互关系又倒过来了。生产原料的农业是第一部类，生产消费品的工业是第二部类，从形式上看来，工业与农业，它们各自既是第一部类也是第二部类，它们也各自有在内部交流的产品。然而，它们却有所不同：在农业部门，必须在总产品中先扣除全体农民的生活必需的粮食油料等和生产资料（如种子、饲料、制造工具的原料等），有余，才能以之与城市工业品相交换。至于工业部门，它们生产的生产资料和消费品，有多少能在内部使用和消费，最终要决定于工业品与农产品交流的规模。也就是说，工业部门首先要计算能从农业部门取得多少粮食和原料，才能决定轻工业生产的规模和重工业生产的规模（将对外贸易的因素撇开），才能决定有多少重、轻工业产品能在工业内部使用。① 由于这个特点，说明农业部门在一定限度内，是能够独立进行再生产。农业生产这个特点，是否会因生产社会化的发展而有所改变呢？例如，在自然经济时代，农业的再生产几乎完全依靠本部门的条件来进行的，到资本主义社会和社会主义社会，就愈来愈多的生产资料要依靠工业。这一趋势是很显然的。不过不论发展到何种社会化程度，农业部门在一定范围内再生产其必需的劳动力和生产资料——如粮食、饲料、牲畜、种子、有机肥料等等，却始终不变的。农业始终有独立扩大再生产的能力。

适于发挥农业生产内部潜力的生产关系，在当前人民公社的组织形式下，在60条的方针政策指导下，已经具备了。这两年农业生产恢复的速度，超出工业支援的预计成效，主要是因为在党的一系列方针政策指导下，发挥了社员的积极性，发掘了农业内部的潜力。这种内部潜力发挥得愈多，愈能增进农业发展的速度，愈能促进工业的发展，从而愈会加速农业技术改革的过程。

当前农业生产潜力的进一步发展，主要有三个方面：第一是劳动力的合理安排：现在有些地区的生产队感到劳动力过多了，有些地区的生产队还感到不足；在劳力过多的地区，如采取精耕细作，农、林、牧、副、渔全面发展，多余的就会感到不足。在水稻区比较粗放的情况下，每个劳动力可以耕作10—20亩，在

---

① 有人说：这种现象是否必然的呢？资本主义的农业不是也首先要出售其产品，才能决定其再生产规模吗？从个别的资本主义农场来看，情况确是如此。假如它的全部产品不能得到价值实现，它是要倒闭的。但从整个农业部门来看，不论如何，农业首先要进行自己的再生产，农业能节约多少劳动力，能提供多少剩余产品，仍然是工业再生产的物质前提。有些资本主义国家，以殖民地附属国为她们的农业生产基地，还有些国家则从资本主义世界市场取得剩余农产品。但这样的国家经济上始终是不稳定的。资本主义的拜物教给人一种错觉，好像只要有货币、资本，就能买得任何东西，创办任何企业。商品货币关系掩盖和损害了农业的独立机能。

精耕细作的地区，每个劳动力只能耕作 5 亩左右。劳动力的充裕，正是改粗放经营为精耕细作的主要条件。许多农田的基本建设工作，不是做完了，而是要做的还多得很，如山塘、水库、渠道、水井、改良土壤、平整土地、造林植树、水土保持等等，可以吸收无限的劳动力，只是这类劳力投资收效期比较长，每年应视各个生产单位的具体情况，掌握一定的比率，使长期投资（主要是劳力投资）与短期投资相互适应。在农业生产发展的基础上，还要逐步增加农村的文化、教育、科学研究、卫生和住宅道路建设等等工作。所以，在社会主义制度下，劳动力的问题，主是劳动力的教育训练和生产组织问题（但这不等于说：人口越多越好，这个问题当另行讨论）。

第二，增进农业自己创造生产资料的能力：建设中小型水利工程、土壤改良、水土保持、良种的培育与推广、有机肥料的积集与种植、家畜、耕畜繁殖和先进耕作技术的学习推广等等，在很大程度上可以依靠农业自己的力量向广度和深度发展。自农村进行"四化"宣传教育后，少数公社、生产队有坐待国家工业支援的思想，这当然是误解。工业支援，必须在农业自力更生的基础上才能取之不尽、用之不竭。以化肥为例，在 10 年、20 年之内我们一定能生产全国农田足够数量的化肥，但目前我们年产仅数百万吨，平均每亩只有数斤。但假定全国猪能发展到四亿头，大牲畜能繁殖到五千万头，再加上羊和小牲畜等等，这些牲畜厩肥的含氮量，就等于 2500 万—3000 万吨的硫酸铵。再假定每年种一亿亩绿肥、三亿亩大豆、蚕豆等豆科作物，即能使土壤中增加 300 余万吨氮素，相当于 1500 万吨的硫酸铵。① 以上这些指标，可以在比较短的时间内达到，也不需要国家很多的投资。

---

① 参考《科学大众》1963 年第五期：赵熙著《我国农业前景无限好》。

只此就可以看出农业内部潜力的雄厚。再以耕畜来说，将来当然要逐渐用机耕代替畜耕，用汽车运输代替畜力运输。但从美国和苏联的情况看来，即使农业机械化，都还保留一定数量的役畜；① 与此同时，肉畜与奶牛的数量增长与役畜的减少有平行的趋势，② 从役畜减少而节省的饲料和粮食作物单位面积产量的提高，不断为发展畜牧业创造条件。因畜牧业的发展，有机肥料不至因农业机械化而减少。我国由于地形复杂，作物种类繁多以及精耕细作等原因，农业耕作运输机械化的过程要比较长一点，在相当长的时间内耕畜还是主要动力。即使在耕畜被拖拉机汽车代替的地方，也要大力发展畜牧业。所以牲畜、家禽的繁殖饲养，应该是仅次于种植业的重要发展方向。应该逐步采用科学的方法发展集体饲养业；使种植业与畜牧业相互促进。化肥与有机肥相互结合，才能不断改良土壤。那种认为因农业机械化就可以不重视耕畜繁殖饲养的思想，是错误的。将来牧畜作为消费资料的用途固然要大为增高，它作为农业生产资料的用途（有机肥料、皮革和山区耕作运输等），也不至有很大的减少。

第三，发展集体的多种经营：充分利用各种自然条件，农、林、牧、副、渔以一业为主，综合经营，是我国社会主义农业生产发展的基本方针。这既与资本主义国家的生产单一化有区别，也与苏联农业生产专业化有所不同。当前大部分的公社和生产队，

---

① 1960年美国农业中骡马为310万匹。苏联同年为470万匹马力（折成机械动力）。

② 美国1920年有拖拉机24.6万台，骡马为2574万匹；1960年有拖拉机477万台，马骡减为310万匹。1910年畜牧业产值占农业总产值36.8%，1956年提高到54%。苏联的情况也类似，随着农业机械化的发展，耕畜逐渐减少，但畜牧业却有显著的发展；肉类屠宰量以1928年为100%，1958年为157.1%。牛奶为1928年的189.7%。

都有依靠自己的力量展开多种经营的可能。[①] 生产队经济的巩固与发展，也在很大程度上依靠多种经营的开展。关于如何开展多种经营的问题，不在本文讨论。目前农村的副业，多半还是社员家庭经营的，据浙江1962年在吴兴、海宁等9个县的调查，社员家庭副业的纯收入平均每人达54.97元，其生产项目是种植、畜牧饲养和手工业。由于我国人多地少的特点，耕地的极大部分要种粮食。农村人口多，粮食的商品率很低，集体生产单位的现金收入少，这对于农业的技术改革是很不利的，农、林、牧、副、渔多种经营，不仅会增加公社、生产队的集体收入，为技术改造积累资金，而且要为城市工业提供取用不尽的原料。经济作物在现有耕地上的扩展终究是有限的，应积极充分利用山岭、水面、海洋的自然生产力，为轻重工业提供无穷的原料后备。

以上概略指出发掘农业内部潜力的几个主要方面。其中说明农业依靠自己的生产能力来进行扩大再生产这个论点，目的有二：一不要把农业发展的可能性完全指靠工业，工业虽然要愈益扩大支援农业，但因此而放弃或减弱农业本身的努力，是不对的；二是以"四化"为中心的农业技术改革，只有在农业生产全面发展的基础上才有可能。工农业之间还是要进行劳动和产品交换的，只有首先充分发掘农业内部的潜力，工农业之间的交换才能日益扩大，国民经济才能加速发展，农业的技术改革才具备必要的经济基础。

（未发表的打印稿）1963年8月

[①] 1963年8月8日人民日报登载了三篇关于展开多种经营的报导：（1）吉林农委县合隆公社杨家店生产队发展集体副业的事例；（2）偃师城关公社发展多种经营的事例；（3）山东五莲县长年坚持多种经营的事例。这些例子都说明各种类型的生产队，都能发掘内部潜力展开多种经营扩大生产，增加收入。

对苏联科学院政治经济学教科书的批判

自从斯大林发表《苏联社会主义经济问题》一书以来,已11年了。这本书虽然篇幅不大,对苏联三十余年的社会主义建设若干重要经济问题作了理论总结。这无疑是社会主义政治经济学方面具有开创性的重要著作。苏联科学院经济研究所根据这本书的基本论点,编著了政治经济学教科书(以下简称苏联教科书)。至今出了四版,每版都有所修改。但遗憾的是:在许多重要方面,不是愈改愈好,而是愈改愈坏。这主要不是奥斯特洛维强诺夫院士等的个人学术能力有所变化,而是不能不迁就自苏共二十大以来的政治情况,把修正主义的理论输入政治经济学的领域里来。因此,在国际马克思主义者看来,这本书已失去它作为马克思列宁主义理论著作的地位,成为替赫鲁晓夫的修正主义观点辩护的并具有很大民族狭隘性的出版物。

政治经济学是具有阶级性党性的科学。代表某个阶级的政党的路线政策自然会反映到政治经济学的领域里来。但马克思列宁主义的政治经济学,不能把任何政治行情都吸收到它的领域里来,它所依据的是经过历史检验的并经过理论概括和批判的历史资料。现实的进程总是有迂回曲折的,政治经济学应该舍弃这些假象,研究各种经济现象的内在联系及其必然趋势。尤其是社会主义阶段,各种非马克思主义和反马克思主义的思想会通过各种道路来糟蹋马克思主义主要武器之一的政治经济学。保卫马克思主义政治经济学的纯洁性,保卫政治经济学的马克思列宁主义基本原理,是阶级性党性的最基本的要求。背弃了这一立场,把某个党的修正主义决议连篇累牍的引进著作,不仅违背了党性和阶级性,而且是反对无产阶级的和损害各国共产党根本利益的。

斯大林虽然领导苏联社会主义革命和社会主义建设达三十余年之久,虽然他的领导是基本正确的,他并没有要求把党的决议来代替政治经济学。在《苏联社会主义经济问题》一书中,他的方法态度是科学的和谦虚的。他批判了上层建筑是"无所不能"的主观主义态度,认为马克思列宁主义者的任务是"有系统地重复所谓众所周知的真理"。他还对政治经济学和经济政策的研究对象作了科学的区别并指出二者的联系。

苏联政治经济学教科书第三版、第四版,特别显著的是把苏共二十一、二十二次代表大会的决议当做政治经济学的结论。撇开方法上的错误不谈,在理论体系中出现了对抗的矛盾:一方面还肯定马克思关于过渡时期的学说和十月革命的道路,另一方面却又背弃十月革命的道路,宣扬经过议会斗争来实现和平过渡;一方面,教科书中有些比较有价值的论点还是在斯大林时代的革命实践和他的著作中承袭来的,另一方面,却又完全否定了斯大林的一切理论贡献(尤其在第四版),而充满了赫鲁晓夫的修正主义观点。全书中上述的不能相容的矛盾是显著的。思想体系中的矛盾,是作家自身思想矛盾的反映,是苏联当前社会矛盾的反映,也是两种对抗的社会思潮的反映。关于如何批判该书中的错误论点容在下文展开,这里先指出这点,以便于对该书有一总的认识。

由于苏联政治经济学教科书硬要为赫鲁晓夫的政治服务，它也就离开了科学地研究社会主义生产方式及其生产关系的马克思主义政治经济学，而变成具有民族狭隘性的国民经济学。政治经济学的研究对象决不能局限于一个民族国家的范围。斯大林在社会主义经济问题上冠以"苏联"二字，是科学的态度。当然，政治经济学不妨以某一发展成熟的国家情况为主要依据，如《资本论》主要以英国为依据。在世界社会主义阵营还未诞生以前，研究社会主义生产方式只能以苏联为依据，是可以理解的。但就在那个时候，也应该探讨哪些经验是基本的，哪些是由苏联的特殊条件产生的，而不是教条主义式地把一切都当做客观规律，可放之四海而皆准。这不是马克思列宁主义者的态度。当社会主义阵营诞生以后，其他社会主义国家的革命和建设经验愈来愈丰富，这本来应为研究社会主义政治经济学提供了空前的有利条件。然而苏联教科书非但没有利用这种条件，而且立意排斥这种条件。随着版本的增加，吸收社会主义各国的国际经验愈来愈少，而苏共的错误政治路线和决议的成分愈来愈多。在第四版里，只是蜻蜓点水似地谈到了中华人民共和国的革命建设经验，比第三版有很大删节，而且包含不少错误。其余各社会主义国家的经验就更少提及，甚至加以曲解。从学术观点来看，并不是其他社会主义国家革命建设经验的重要性减少了，而是教科书的修正主义观点和民族狭隘性增加了，它不再能用科学的态度来研究社会主义政治经济学，而成了一本具有修正主义观点的苏联国民经济学。

中国共产党和毛泽东同志对于社会主义政治经济学有划时代的贡献。中国革命是十月革命的继续和发展，是 20 世纪中叶最伟大的革命成就，不仅因为中国是具有全世界 1/4 人口的大国，而且因其社会性质和革命的战略策略具有普遍意义。中国社会主义革命和社会主义建设的丰富经验，必然要在创立社会主义政治经济学方面作出伟大的贡献。在中国革命胜利以前，政治经济学的研究只能以苏联为依据。现在不同了，伟大的中华人民共和国和社会主义阵营的建立，已有可能在社会主义政治经济学方面作出某些结论。毛泽东同志是当代最杰出、最伟大的马克思主义者，他对社会主义政治经济学的一些贡献，划时代的发展了马克思主义政治经济学，他的影响不仅纠正了被现代修正主义者所篡改的关于社会主义的马克思主义理论，尤其重要的是杰出地补充和发展了关于从资本主义到共产主义的学说。正确的理论从实践中来并回到实践中去。马克思主义的新的发展，也意味着国际无产阶级革命的发展和社会主义经济建设的发展。

我们希望全世界的马克思主义经济学者，共同来反对现代修正主义，共同来研究和建立当代马克思主义的——毛泽东思想的社会主义政治经济学。

一、关于各种政权性质的国家资本主义

关于在无产阶级专政下的国家资本主义、关于在帝国主义国家的国家垄断资本主义，以及帝国主义国家的企业国有化，苏联教科书采取了奇特的立场和混乱的解释。

在无产阶级专政下的国家资本主义，列宁指出是过渡时期的一种重要经济成分，是由资本主义的前期关系过渡到社会主义的中间阶梯。在苏联新经济政策时期，租让制的国家资本主义形式因当时的国际条件而没有获得发展，但其他各种形式，如合作制，代买代卖、租借合同等等是比较普遍的。过渡时期的这一经济形式在中国获得更为成熟的发展。这不是偶然的。中国民主革

命的对象是帝国主义、封建主义和官僚资本主义，民族资本主义在国民经济中所占的比重较小，民族资产阶级在民主革命的阶段具有两面性，最终还是参加了中国共产党所领导的新民主主义革命行列。这就在经济上政治上确定在社会主义革命阶段，对民族资本主义（一般为中小规模的资本主义），有通过各种国家资本主义形式进行赎买的可能性。中国所采取的国家资本主义形式——也就是对中小资本主义工商业进行社会主义改造的形式，有初级形式的代购代销和供给原料，中级形式的加工订货和统购统销，高级形式的公私合营和全行业合营。采取这些形式来利用、限制和改造私人资本主义，可以加速国民经济恢复速度，尽量减少在生产方式变革过程中的阻力和损失，并有利于改造资本主义企业的人员而为社会主义革命和建设服务。这种变革形式的阶级关系的特点，是无产阶级专政和殖民地半殖民地民族资产阶级的两面性。国家资本主义作为一种重要的过渡形式，就其经济形态的变革过程来说，是和平的赎买；就无产阶级与资产阶级的政治关系来说，仍然是充满了激烈和复杂的阶级斗争的过程。这种阶级斗争所以不至于发展到武装冲突的地步，是由于无产阶级力量的绝对优势和党的政策措施的正确性。苏联教科书认为中国对资本主义的改造是"通过和平的道路消灭资本主义的剥削"（第三版第96页），第四版则改为"通过比较和平的道路消灭资本主义的剥削"，都是不确切而有意含混的提法。过渡时期国家资本主义的意义和作用，并不单纯为了用"和平"的道路来消灭剥削，它是在一定的政治条件和社会经济基础上才能形成的经济形态，不是无产阶级专政下对任何资本主义都要采取的过渡形式。中国革命对官僚资本主义采取了没收的办法。无产阶级对待所有反动的资产阶级和垄断资本主义都应该采取剥夺的办法，对它们无须采取也不能采取赎买的形式。苏联教科书在这里称之为

"和平道路消灭资本主义剥削",就有意无意间为在资产阶级专政下的"和平过渡"寻找注脚。有些修正主义者已公然指出中国的对资本主义工商业改造就是他们所说的"和平过渡"。这是栽赃。苏联教科书虽然还没有这样直截了当的提法,但有意蒙混却是很显然的。

苏联教科书第四版在第258—259页中认为:"国际垄断资本主义的发展把资本主义生产引导到全面社会化,用列宁的话来说,建立起拥有高度技术设备的社会管理机构……国家垄断资本主义所建立的社会管理机构,工人阶级在推翻垄断组织的政权之后可以全面加以利用,为社会主义经济建设服务。但是争取这一机构的斗争,在资本主义制度下已经开始。工人阶级为经济的非军事化、为关键性的工业部门的民主国有化、为对国家财产和对投资与财政的分配实行社会监督,而进行着斗争。他们用自己的、符合于大多数人民利益的民主干涉经济的方法来同国家垄断的调节相对立。当这种斗争成功时,在存在着依靠工人群众运动的、在议会中有广泛的代表性并对议会活动的方向有着重大影响的、强大的无产阶级政党时,企业国有化就可以被工人阶级和广大劳动人民利用来反对垄断资本的无限权力。在具有无产阶级通过议会道路夺取政权的条件的国家中,尤其是如此。"这段文字很奇妙,所以不嫌其冗长而引在这里。

资本主义国家的企业国有化是什么性质?是垄断资本主义的一种形式呢?还是社会主义的或具有社会主义性质的经济形式呢?苏联教科书没有给我们回答。南斯拉夫修正主义者认为具有社会主义的性质,第二国际的社会民主党人认为就是社会主义性质。苏联教科书作者似乎还不敢与他们公然同调,所以唱出一种怪调,认为只要议会外依靠工人群众运动、议会内有广泛代表性的强大的无产阶级政党时,企业国有化就变成劳动人民利用来反对垄断资本的无限权力。具体地说吧，就像意大利、法国那样的情况，共产党是强大的，在议会里有不少议席，议会外也有广泛的群众运动，那么，法、意等国的企业国有化就变成或即将变成反对垄断资本的无限权力了！什么叫做"无限权力"呢？苏联教科书没有给我们说清楚。中世纪的封建帝王是拥有无限权力的；法西斯统治是拥有无限权力的；至于无产阶级专政，权力却还是有限的，因为它不能对最广大的劳动人民实行专政。资本主义国家的国有化企业，或者说资产阶级专政下的国家资本主义经济，却会将工人阶级及劳动人民拥上具有无限权力的宝座，真是做梦也想不到的。

资本主义统治下国有化企业，根据苏联教科书的说法，它是与垄断资本相对立的。这也是奇谈。所谓"国有化企业"的国家，是资产阶级专政的国家呢？还是无产阶级专政的国家呢？二者必居其一，不管其形式如何复杂。除非出现两个政权，决不会既是资产阶级专政又是无产阶级专政的国家。这是一般的常识。在许多帝国主义的国家里，部分企业国有化是垄断资本发展的产物，它不是为了反对垄断资本集团而产生的。恰恰相反，正是为了替垄断资本集团服务而产生的。自第二次世界大战以来，西欧几个主要资本主义国家建立了不少国有化企业，英国工党政府在这方面是很出名的。各国垄断资本集团的激烈斗争，愈来愈要求国家机器在某些具有共同利害关系的部门（如银行、铁路、邮电、钢铁、燃料等）担负社会经济的调节作用。这正是各垄断集团激烈竞争的产物，又是使各垄断集团展开更激烈竞争的前提。哪一个或几个集团掌握政权，就能利用它来为自己牟利。其形式是多种多样的。英国阿得利时代的钢铁、煤、铁道等企业的国有化，并不是英国工人阶级的要求，恰恰是迎合这些部门的大垄断资产阶级的需要。因为这些部门陈旧的设备已成为英国工业停滞的一项重要技术经济因素。工党政府用工人的纳税向这些资本家用高价赎买，同时又用工人的纳税为这种部门更新设备。真正为英国垄断资产阶级做了一件大好事。当这种任务完成后，工党政府就被撵下台了。保守党再把某些经过设备更新的国有企业廉价归还给垄断资本集团。这是一种形式。西欧六国共同体中各种联营组织以及所谓"共同体计划"，是国际垄断资本向更高阶段发展的另一种形式，同时它又是国际垄断资本集团内部竞争——尤其是西欧垄断资本和英国垄断资本，共同市场与以英国为首的小自由贸易区的垄断资本相互杀伐的斗争形式。至于美国垄断资本主义，她在国内采取更多样化的做法：第二次世界大战期间发展起来的国有企业和物资储备，战后以廉价即等于奉送的方式给大垄断资本集团瓜分了。此后他们通过国家预算，由政府采取军事订货，国家储备和补贴等等方式，每年给大垄断集团瓜分数百亿美元。哪几个垄断集团的代表进入白宫，他们就多瓜分些。所有这些，都是现代垄断资本发展的组织形式，不管叫什么名称，国有化、联营、政府订货等等，目标只有一个，利用国家机器来为大垄断资本服务，以空前的垄断利润率榨取国内外工人阶级和其他劳动人民。

　　历来的修正主义者，都是社会主义生产方式的自发论者。他们认为既然历史的发展是由生产力的性质决定的，那么，只要生产力有高度的发展，人民群众自然会选择社会主义，自然会过渡到社会主义。因此，第二国际的社会民主党人主张合法斗争，主要是经济斗争。历史证明，他们并没有创造出社会主义来。叛徒铁托认为国家垄断资本主义具有社会主义因素，所以只要发展国家垄断资本主义，就当然不需要社会主义革命了。陶里亚蒂则认为在国有化的基础上逐步实现结构改革，就能循序渐进地和平地进入社会主义，并认为这是当代工人运动和共产主义运动的世界战略。这就是说，依靠这个战略，社会主义革命就会在世界范围内取消了。苏联教科书接受了这个思想体系，但文字用得暗涩一些，结论则一样。认为国有化企业是和平过渡的关键，是和平战胜垄断资本的关键。这个国有化的国家，正如考茨基的超帝国主义论一样，能够起消除资本主义内在矛盾的作用。现代修正主义者企图在各方面修正列宁关于国家的学说，认为列宁关于国家是统治阶级进行专政的暴力机器的说法，已经过时了。苏联教科书就在这个方面作了政治经济学的论证。它有意无意之间指出，不论是无产阶级专政下的国家资本主义，或者是资本主义国家的国家资本主义（即国有化企业），都是过渡到社会主义的必经阶段，都是为实现社会主义准备物质技术条件。假如前者是"和平过渡"的经济形式，后者当然也能通过议会斗争成为和平过渡的关键。这里修正列宁的学说是很大胆的。列宁认为：在无产阶级专政下的国家资本主义，是"使资本主义前期关系过渡到社会主义的一个步骤和方法。"而国家垄断资本主义，只有在革命民主的国家里，"即是用那采取革命手段来破坏一切特权，不害怕以革命手段实现最完备民主制度的国家去代替容克资本家的国家，代替地主资本家的国家……那你就会看见，国家垄断资本主义在真正革命民主国家中，就会必然是走向社会主义的一个步骤以至一些步骤。"[①] 现在苏联教科书认为，西欧这些高度发达的垄断资本主义国家，企业国有化却是和平过渡的一个关键。看来苏联教科书的作者把英国保守党政府、法国戴高乐政府、西德阿登纳政府和意大利的天主教民主党政府都看做是革命民主政府哩！或者说：当这些国家的共产党一旦在议会取得多数，组织了政府，就会实现革命民主，就会实现和平过渡。政治经济学不是

---

① 《列宁选集》第3卷，人民出版社1972年版，第162页。

幻想学。假如这些国家的垄断资产阶级只要共产党一旦取得议会多数，就会拱手出让一切，那才是奇迹哩！1935年希特勒屠杀德国共产党的历史。1936年西班牙佛朗哥对付人民阵线的历史。看来他们完全忘记了！

在垄断资本统治下的国有化企业，惟其因为关系到全体垄断资本集团的共同利益，所以决不能为真正劳动人民的代表所掌握。在竞争的激流中，国有化企业也可以一时被利用来反对或抑制某一个或某几个垄断资本集团，过一些时候又会被利用来反对另一个或另几个垄断资本集团，但它决不可能被利用来反对整个垄断资本主义、反对全体垄断资本集团。即使在社会党执政时期（如英国工党政府和法国社会党政府），仍然没有摆脱这个规律的支配。历史证明，国有化企业从没有发挥其"反对垄断资本的无限权力"的作用，倒一向发挥着收买工人阶级上层分子的作用，高额的薪水、垄断利润的分红、阔绰的业务费用等等，使他们以代表无产阶级政党的名义来听从垄断资本代理人的指挥，因此他们为国有化企业大吹法螺。

马克思列宁主义者认为：国家垄断资本主义为无产阶级革命提供了完备的物质技术前提。在革命民主政权下，从国家垄断资本主义到社会主义不再需要任何中间环节，不再需要采取任何民主改革的步骤和任何过渡形式。但决不是说，在垄断资本统治下，有了国家资本主义企业，革命就不需要了。垄断资本主义愈向高度发展，垄断资产阶级与无产阶级和被压迫民族的阶级对抗就愈尖锐。列宁在这个问题上批评考茨基道："用改良主义方法改变帝国主义基础究竟是否可能做到呢？究竟是要向前进去使帝国主义所产生的种种矛盾继续加深起来呢，还是要往后退而使其减弱下去呢？——这便是批评帝国主义时所应注意的根本问题。……考茨基以及广大国际考茨基主义思潮与马克思主义决裂的表现，就在于考茨基不仅没有设法，没有实行去与这个经济上根本反动的小资产阶级改良主义反对派思想对立起来，反而在实践上与它打成一片了。"① 现代修正主义者关于帝国主义的理论，不仅与小资产阶级改良派打成一片，而且与最反动的垄断资本代言人打成一片，与帝国主义者在消灭阶级斗争和阶级战争的策略上取得完全的一致。这就是马克思主义的政治经济学所应该作出的结论。

当代的国家垄断资本主义的经济形式，或国有化企业，不仅存在于帝国主义国家里，也还见之于许多不久前获得独立的国家里。对于这些国家的国有化企业，需要根据这个国家的政权性质及其全部的政策作具体分析。有些国家的政权掌握在资产阶级左派手里，或掌握在小资产阶级和无产阶级的联盟手里，他们都在不同的程度上实行比较彻底的民主改革，他们没收了帝国主义及其代理人的一些企业，新建一些企业，采取国有的形式。这种在资本主义前期关系基础上的国家资本主义经济，可能成为向社会主义前进的一个步骤。但它目前还不就是社会主义经济，虽然有些好心人或不了解社会主义实质的人称它为"社会主义经济"。但另有一些国家，他们的政权掌握在资产阶级反动派手里（如印度的尼赫鲁政府），它大量的输入帝国主义资本，创办了一些企业，冒称"社会主义"经济，实质上它是国家资本主义经济和外国垄断资本主义的混合物，为国内外资产阶级的利益服务，尤其是为外国垄断资本服务。所以尼赫鲁的"社会主义"愈发展，国内贫富阶级的两极分化就愈厉害，向帝国主义的贡献也愈大。这种国有化企业是极端反动的，它不仅用垄断的办法、用超经济的办法来为国内外资产阶级服务，而且僭用"社会主义"

---

① 《列宁选集》第 2 卷，人民出版社 1972 年版，第 828 页。

的招牌来麻痹国内劳动人民。现代修正主义者恰恰对于这种反动的"社会主义"予以撑腰吹捧，批准它们也是社会主义经济。这是理所当然的，因为现代修正主义者早已把无产阶级专政的概念"过渡"掉了，一切国家垄断资本主义都是他们惊叹不止的"社会主义"。如是说来，现在全世界各个国家，尤其是垄断资本高度发达的国家，都在顺利地向"社会主义"过渡哩！

二、关于社会主义工业化问题

1. 关于优先发展重工业问题

苏联、中国以及其他许多社会主义国家，在革命前工业发展水平都是比较低。社会主义的生产方式应建立在高度社会化的工农业生产基础之上。而农业的技术改造，又有赖于现代工业的发展。因此，列宁所制定的社会主义工业化的道路，就成为大多数社会主义国家所必经的道路。

马克思所提出的关于生产资料优先发展的原理，适用于一切社会形态的扩大再生产。社会主义社会要求不断进行扩大再生产，所以生产资料的优先发展是经常的无例外的。但这是从社会再生产的总周期而言，从各个年度来说，也并不是每年都要优先发展生产资料。当消费资料生产的比例与生产资料的生产脱节的时候，就要加速前者而放慢后者；当农业遇到自然灾害的年份，下年度也要放慢工业的发展速度；这些情况都要在年度之内进行调节。但从长远看来，消费资料的增长归根结底决定于生产资料的增长。

苏联在一定时期，根据优先发展生产资料的原理，又提出优先发展重工业的原理。最后又把优先发展生产资料与优先发展重工业等同起来。当然，在工业化的时期，在农业技术改造时期，优先发展重工业是必需的。没有重工业就没有现代工业，现代农业和现代国防，这是为实践所证明了的。但优先发展重工业的方针，只能看做一定的国家在一定时期所必须采取的方针。例如在革命前重工业的基础比较雄厚的国家，在没有足够的自然资源来全面发展重工业的国家，或者重工业的建设已达到一定水平的国家，工业化的方针就会有所变更。一般都只注意工业促进农业的作用，注意重工业促进轻工业的作用，这是无可非议的。从社会主义建设过程来看，这是基本的主要的一面。但另一方面，农业也有促进工业的作用，轻工业也有促进重工业的作用。资本主义工业化的过程，有许多国家是从农业生产的专业化、商品化开始，或从轻工业的发展开始。可见相互促进的作用都是存在的。像蒙古人民共和国这样的国家，不可能也不必要一开始就采取优先发展重工业的方针。就像在苏联和中国这样的国家，也不能机械地贯彻优先发展重工业的方针。重工业需要大量的投资，建设时间和资金回收期又比较长，假如连续不断并且日益扩大的对重工业进行过大的投资，势必削弱轻工业和农业的发展，势必使轻工业和农业无法消化重工业的产品，并影响人民生活的提高和工农联盟。苏联共产党在十五次代表大会的决议中指出：“在轻重工业发展比重上，同样必须求取二者最完满的结合。将重点放在生产工具的生产上这是正确的，但同时必须估计到将国家资金过多的投到大建设上的危险性，因为这类建设，需要经过许多年才能在市场上实现其价值；另一方面必须注意：轻工业（生产头等必需品的工业）的周转迅速，可以让我们在轻工业发展的条件下，利用其资金从事重工业方面的建设。”又指出：“在生产与消费间的对比方面，必须注意，既不能同时追求二者都达到最大数字（如反对派现在所要求者），因为这是不能解决的任务；也不能于现阶段片面追求资金积累（如托洛茨基所要求者。他于1923年曾提出厉行集聚资本和加紧压榨工人的口号）或片面追求消费。一方面要看到，这两方面的相对矛盾及其相互作用与联系，同时，自长期发展的观点看来，在总的方面，二者又是利害一致的，必须使两方面达到最完满的结合。"无疑的，这个决议是正确的，它指出工业化时期重工业与轻工业之间、积累与消费之间的相互关系和规律性。虽然如此，苏联共产党在这次决议和以后第一、第二个"五年计划"的各项决议中，对于农业在国民经济中地位的认识，却不是完善的。虽然也一再提到不能过多地动用农业资金以从事工业建设，不能破坏工农业的平衡和损害工农联盟；但对于农业是国民经济基础的认识，还是模糊的。毛泽东同志在抗日战争时期，在社会主义工业化时期，一再指出农业在国民经济中的重要作用。他指出："我国是一个大农业国，农村人口占全国人口的80%以上，发展工业必须和发展农业同时并举，工业才有原料和市场，才有可能为建立强大的重工业积累较多的资金。大家知道，轻工业和农业有极密切的关系。没有农业，就没有轻工业。重工业要以农业为重要市场这一点，目前还没有使人们看得清楚。但是随着农业的技术改革逐步发展，农业的日益现代化，为农业服务的机械、肥料、水利建设、电力建设、运输建设、民用燃料、民用建筑材料等等将日益增多，重工业以农业为重要市场的情况，将会易于为人们所理解。在第二个五年计划和第三个五年计划期间，如果我们的农业能够有更大的发展，使轻工业相应地有更大的发展，这对于整个国民经济会有好处。农业和轻工业发展了，重工业有了市场，有了资金，它就会更快地发展。这样，看起来工业化的速度似乎慢一些，但是实际上不会慢，或者反而可能快一些。"① 这是毛泽东

---

① 《毛泽东选集》第5卷，人民出版社1977年版，第400页。

同志关于农业是国民经济基础理论的扼要叙述。这一理论是关于社会主义工业化理论的重要补充,是总结了苏联和我国社会主义经济建设经验的重大理论创造。不仅中国目前是一个大农业国,苏联现在也还有一半左右的人口从事农业,假如不把农业生产发展置于重要地位,不在农业生产发展的基础上相应地发展重工业和轻工业,则重工业与轻工业之间的比例关系,工业与农业之间的比例关系,消费与积累之间的比例关系,势必要失去平衡。社会主义工业化的道路也一定要遭到阻碍。苏联当前农业的严重危机是发人深思的。关于苏联农业生产关系的问题留待下文再论外,这里只提出一点:苏联社会主义建设了四十余年,并被赫鲁晓夫吹嘘为即将向共产主义过渡的今天,她经受不起一年的农业减产20%(据塔斯社公布的减产率),她缺乏最低限度的后备,因此不能不用黄金向帝国主义大量购买粮食。不能不用社会主义的积累来缓和资本主义的经济危机。国民经济这样容易波动的原因何在?这是与机械地孤立地强调优先发展重工业不可分的。当苏联七年计划公布之初,我国经济学界就认为农业的指标是缺乏根据的,既然农业计划难望完成,则国民经济的其他指标也势必落空。现在是可以对七年计划作出初步结论的时候了。

苏联教科书把优先发展重工业作为社会主义建设的一般规律。强调重工业是国民经济基础的基础。作者没有说明什么是国民经济的基础,想来是指工业。因为重工业是工业的基础。他们不承认农业是国民经济基础的理论。马克思说:"如果人一般在一劳动日内,不能超出他自身再生产所需,生产更多的生活资料(所以在最狭义上,就是生产更多的农业生产物),如果他全部劳动力每日的支出,只够再生产他个人的需要所不可缺少的生活资料，一般说来，就说不上剩余生产物，也说不上剩余价值。"①苏联经济学家竟不能或不愿体会这个容易理解的马克思主义的真理。

由于苏联经济学界一向主观片面地强调优先发展重工业的规律，东欧的某几个社会主义国家曾经在发展国民经济的过程中出现过困难。直到目前为止，农业的落后仍是这些国家经济发展道路上的绊脚石。只有僵硬的官僚主义者和教条主义者才会在长期的现实生活中不吸取教训。然而，苏联教科书在谈到社会主义兄弟国家的工业化问题时，却表现出明显的理论矛盾。说什么既然有了苏联这个强大的重工业国家，其他兄弟国家就可以不再建设自己的重工业了。对于这个问题教科书没有作必要的理论分析，仅仅是为"国际分工"的论点，开辟道路。我们留待下文再进行讨论。这里发现一个奥妙，原来经济规律也是以苏联为中心的！因为对于受苏联领导的社会主义国家，优先发展重工业的规律，这个被称为国民经济基础的规律，就不发生作用了。

2. 工业化与阶级斗争

苏联教科书在"从资本主义到社会主义的过渡时期的基本特点"的一章中，指出过渡时期经济的基本矛盾是社会主义和资本主义之间的矛盾。这是正确的。可惜在社会经济过程的分析中并没有具体体现这个基本矛盾。尤其是"社会主义工业化"的一章，全章没有提到阶级斗争的问题。在谈到苏联工业化时期的国际环境和内部条件时，一、二版时还引用了列宁斯大林关于在最短的历史时期内冲破帝国主义包围的论点，关于在小农经济的国家内还没有解决谁战胜谁的问题。三版以后，斯大林的话删

---

① 《马克思恩格斯全集》第26卷Ⅰ，人民出版社1972年版，第22页。

掉了，只引用了列宁的一段话。列宁的指导思想当然是完全正确的。然而作为历史的见证人，作为执行社会主义工业化的联共党的总结，列宁的话就不够了。政治经济学的任务正是要在大量的历史资料中对马克思列宁主义的理论作具体的分析概括。在列宁逝世后的30年中，在苏联整个工业化时期，斯大林保卫了无产阶级专政和阶级斗争的学说，保卫了过渡时期谁战胜谁的学说。虽然他对阶级斗争贯彻始终的认识是不彻底的，然而教科书删去了斯大林的论点，却并不是因为他讲阶级斗争讲得太少，而是因为他讲得太多。所以在三、四版中关于社会主义工业化问题就没有贯穿两条道路和阶级斗争的理论。

苏联、中国和其他社会主义国家的历史都证明：国内外的资产阶级和小资产阶级必然要与无产阶级的工业化道路作激烈的斗争。这种斗争还必然反映到党内来。

托洛茨基最初以他的"不断革命论"来反对一国建设社会主义，后来托洛茨基分子又主张用使农民破产的办法，用破坏工农联盟的办法，来进行工业化。这是资本主义工业化的道路。布哈林则从右的方面来主张放慢社会主义工业化的速度。有名的沙赫特事件，代表着一部分资产阶级知识分子对社会主义工业化的阶级对抗。所有这些，不过是大量的每时每刻都在进行的阶级斗争的显著表现。

帝国主义决不会坐视社会主义国家完成工业化。经济封锁和破坏活动是经常的，过去如此，现在还是如此。不仅如此，帝国主义用战争和蜕化的办法来消灭社会主义国家的企图，四十余年来也没有丝毫变更。斯大林在1931年说过："我们比先进国家落后了五十以至一百年。我们应当在十年以内跑完这个距离。或者是我们能做到这一点，或者就是我们会被人打倒。"仅仅距离斯大林说话后八年的1939年，希特勒就向苏联进攻了。历史证实了社会主义工业化问题是尖锐的头等重要的阶级斗争问题。

不论苏联或中国，在过渡时期的最初阶段都存在着多种经济成分：既有领导的但还是比重不大的社会主义经济，也有相当数量的资本主义经济，而最大量的是城乡小商品经济。社会主义经济与资本主义经济必然要展开激烈的斗争，这种斗争多方面的表现在市场竞争、原料争夺、偷税漏税、偷窃经济情报、窃盗国家财富、腐蚀工农干部、篡夺领导权以及各种破坏活动等等。这种社会主义对资本主义利用、限制改造与反限制反改造的斗争，社会主义计划经济与自发势力的斗争，无产阶级对资产阶级分子进行教育改造与抗拒改造的斗争，是两条道路斗争在政治上、经济上、思想上主要的形式。这种斗争，也必然要表现在社会主义工业化问题上。

资产阶级总是希望多种经济成分能长期存在下去，希望能够在自由竞争的基础上战胜社会主义，将社会主义经济蜕化为资产阶级领导下的国家资本主义；希望保留广大的农村个体经济，以城乡小商品经济作为资本主义发展的广阔园地。因此，资产阶级既要反对社会主义工业化，也要反对农业集体化。而无产阶级所以要坚定不移地、高速地进行社会主义工业化和农业集体化，正是为了要迅速击溃资本主义的进攻，彻底消灭城乡资本主义经济和改造小商品经济，逐步过渡到单一的社会主义经济。

社会主义工业化，在改造私有经济的过程中起了决定性的作用。社会主义国营工业的迅速扩大，使国家掌握愈来愈多的重要生产资料，逐步控制社会商品的流通过程，使城乡资本主义经济不能不接受社会主义经济的领导，不能不走向无产阶级领导下的国家资本主义渠道里去。社会上广大的失业队伍、知识分子、农民和中、小资产阶级分子，迅速的加入到日益扩大的工农阶级队伍里来。国民经济结构中的各种成分的急剧变化，与各个阶级力量对比的变化相适应。这正是历史上生产方式递变的最深刻的革命过程，也是阶级斗争最激烈最广泛的发展过程。当然，在经济建设时期和在武装革命斗争时期相比，阶级斗争的形式变化了，阶级地位变化了，然而决不能说阶级斗争削弱了。在这个时期，社会主义工业化正是阶级斗争的主要形式。

在苏联共产党十七次代表大会的决议中写道："第一个五年计划的社会主义建设的最重要的总结，是彻底摧毁了乡村中的资本主义根子，决定了资本主义分子和阶级的必然完全消灭。在苏联之建成社会主义的基础，说明列宁所指出的谁战胜谁的问题，在城乡均以有利于社会主义而不利于资本主义地获得完全确定的解决。""第二个五年计划的基本政治任务是：最终消灭资本主义成分和消灭阶级，完全消灭产生阶级差别和剥削的原因，克服经济中和人们意识中的资本主义残余，把我们全体劳动者变成无阶级的社会主义社会的积极自觉的建设者。"

虽然这个决议的政治任务拟定得过于乐观了，事实证明消灭阶级这个任务不是5年10年之内所能完成的。但是这个决议正确地估价了第一个五年计划阶级斗争成就（虽然过高地估计了这个成就），并拟定了第二个五年计划阶级斗争的任务。因此它不失为从资本主义到社会主义过渡阶段中的有价值文献。但苏联教科书却无视党的文献（因为党的文献常常与斯大林的名字联系在一起），故意冲淡工业化时期阶级斗争的历史任务。

3. 工业化的结构和速度

社会主义应建立在现代化的大工业基础之上，这是正确的。尤其在革命前工业基础比较薄弱的国家，开始阶段建立一批在国民经济中具有决定意义的大工业，是战略性的任务。如矿山、冶金、机械、基本化学、燃料、电力、交通运输、建筑业以及基本生活资料工业等等。但这些工业以多大的规模和多快的速度进行建设，仍要看各该国家的国内条件和国际条件而定。在苏联一国建设社会主义时是一种情况，在有了社会主义阵营时是一种情况，在社会主义阵营中出现了修正主义时又是一种情况。在大国是一种情况，在小国又是一种情况。在资本主义比较和平发展时是一种情况，在它发生经济危机时又是一种情况。总之，不能机械地搬用任何国家的建设经验，一切视时间、地点、主观、客观条件为转移。规律是具有普遍性的，但运用规律的具体过程和形式，却没有一个国家是一模一样的。每一个国家都应该建立其独立的国民经济体系，但这个体系的具体内容，会因各个国家的条件不同而有所不同。在大工业的问题上也是如此。例如在一个煤矿资源丰富的国家当然要建立自己的煤矿采掘业和相应的化学工业、森林的培植和采伐等等；在一个没有煤矿资源的国家，它就只能从友好国家输入；为了输入而必须输出，所以它要多多发展可供输出的其他工业产品或农业产品。当然，自己生产比之国外输入，总要经济些（从全社会核算）和可靠些。在阶级斗争激烈的时代，可靠性是极端重要的。

但现代大工业不是孤立的，一个专业生产的大工厂、大矿山，往往要与几十个、几百个其他企业建立生产、技术的协作关系。为此也需要有一批中小规模的企业为大企业服务。所以大、中、小不同规模的企业，往往是生产专业化的有机结构。地方工业是就地取材、就地销售或就地加工，是工业体系中不可缺少的部分，它的规模也不能太大，应视原料和市场而定。

在工业化阶段，与现代工业相结合的还有手工业的社会主义改造。在工业化水平原来较低的国家，手工业往往占有重要的地位。手工业产品中，大都是农业生产资料和城乡人民的生活用品；小部分是手工艺品和大工业的配件包装等等。在建设重工时期，还不能以大量的现代工业装备农业，还不能以现代轻工业品充分满足城乡人民的需要。因此与工业化的同时，改造个体手工业为手工业合作社，发展手工业生产，就有必要。手工业合作社有其自己的管理系统和经营方法，但必须受国家的计划领导，防止它的自发活动。国家要帮助手工业合作社逐步进行技术改造，逐步的过渡到手工业工厂，逐步的由集体所有制过渡到全民所有制。但这个过程不宜匆忙，需要与手工业合作社的劳动生产率和社员的思想觉悟程度相适应。

工业化采取大中小并举，现代工业与手工业并举的方针（当然，这里发展的主体是现代工业和大型工业），是加快工业化发展速度的有效办法。

工业化的速度，是国内外阶级斗争的决定因素之一。社会主义经济必须以高速度向前迈进。加快工业化速度的办法有二：一是适当推迟其他经济文化部门的投资，首先重点的、集中的发展工业。二是充分运用社会主义的优越性，提高全部国民经济的社会积累，在此基础上适当地增加工业的投资。第一种办法只能是短时期的，这在工业化初期只能如此。尤其是在重工业建设时期，没有可能来平均地对轻工业和农业进行投资。投资上的平均主义是错误的。然而这不等于说，在这个时期不要发展农业和轻工业的生产。恰恰相反，在这个时期必须充分发掘农业轻工业的内部潜力，这种具有自觉性的内部潜力，是社会主义所特有的。农业和轻工业的生产愈发展，就愈能增加重工业的投资，愈能加快工业化的速度。当然，这种克服矛盾的办法，总是有一定限度的。第二种办法，在国民经济各部门比较平衡发展的前提下，充分发扬劳动者的积极性和创造性，从而加快工业化的速度，是持久的、基本的道路。

三、关于国际分工

苏联建设社会主义的过程，主要是依靠自己的力量，自己的积累和内部市场来实行工业化的。列宁和斯大林对托洛茨基、季诺维也夫等否定能在一国建成社会主义的论点进行了不调和斗争。事实证明：列宁、斯大林是正确的，这就给其他后起的社会主义国家提供了榜样。近几年的历史发展更充分证明：不仅像苏联这样一个大国可以一国建成社会主义，即使像阿尔巴尼亚、古巴这样的国家，也能主要依靠自己的力量建成社会主义。现在苏联经济学界有这样一种论调：似乎离开了苏联的技术经济援助，其他国家就不可能建设社会主义。这些人又唱起了托洛茨基和季诺维也夫的老调。因为正是托洛茨基认为一个国家的无产阶级专政抵挡不住资本主义国家的包围，正是季诺维也夫认为技术落后的国家没有可能建成社会主义。技术因素不是建成社会主义的决定性因素，列宁指出，建成社会主义所必需的条件是："国家支配着一切大生产资料，无产阶级执掌着国家政权，无产阶级与千百万小农及最小农结成联盟，无产阶级有对农民实行领导的保证等等。"[①] 技术因素当然是重要的，但只要有了上述的基本条件，技术落后的困难是能够被千百万劳动人民的智慧和能力克服的。

在有了社会主义阵营的今天，各国建设社会主义的条件当然较当年的苏联要优越得多。因为社会主义各国之间可能进行兄弟般的无私援助，相互支援和相互促进，加快社会主义建设的过程。先进的社会主义国家对后进的社会主义国家进行政治的、军事的和经济技术的援助，本来是应尽的国际主义义务。假如不是

---

① 《列宁选集》第4卷，人民出版社1972年版，第681、682、687页。

全心全意地执行这种国际主义义务，就不是一个马克思列宁主义者，就不能称之为社会主义的国家，这也是最初步的马克思主义原理。在另一方面，后进的社会主义国家，也不能因为有其他社会主义国家的援助就放松了自己的努力，就不去努力创造自己能够创造的一切，也就是说不再在自力更生的基础上去运用国际援助。假如不以自力更生为基础，势必要增加其他社会主义国家劳动人民的额外负担，就要抑制本国人民的创造性和积极性，更危险的就是不再动员本国的无产阶级竭尽全力去进行阶级斗争和消灭阶级的努力。这样的领导者也不是一个马克思列宁主义者，这样的社会主义制度必然会丧失它内在的生命力。所以，自力更生与国际援助是一个事件的两个方面，自力更生是主导的方面。因为各国无产阶级的彻底解放，首先是各国无产阶级自己的事业。

在出现了社会主义阵营以后，各社会主义国家在自力更生的基础上进行适当的分工，这也是社会主义经济发展的必然趋势。各国根据其自然资源（苏联教科书在生产力的定义中否定自然资源的地位，而在谈到国际分工时却大谈自然资源）、经济技术以及相互间的需要而决定它们的生产特点，这无疑是必要的，有利于各国经济发展的。然而，既然帝国主义还存在，各社会主义国家还保有国家形式，该国共产党和工人党还是以建设本国的社会主义为首要任务，则各国国民经济的独立自主性就必然要保持，各个社会主义国家必然要在可能范围内生产其必需的生产资料和生活资料。经济上的独立与政治上的独立不可分割，政治上、经济上的独立是各国兄弟党相互尊重相互合作的前提，是现阶段反对帝国主义和进行国内革命建设的惟一有效的正确的形式。苏联领导集团目前所鼓吹的国际分工却离开了这条马克思列宁主义的轨道。他们在社会主义苏联和其他社会主义国家之间，企图搬用资产阶级的分工原则，利用所谓经济效益的原则来反对兄弟国家建立其工业体系，以便苏联能继续保持经济上的优势，从而使其他兄弟国家在政治上经济上始终处于从属地位。所谓经济效益的原则，并不是某种产品在某个国家是永远不变的。旧中国是缺乏石油的国家，从探测资源到开采都需要巨额的投资。苏联是石油工业具备雄厚基础的国家。假如依照那些浅薄的经济学家的意见，中国就应该放弃自己的石油工业建设，而依赖苏联的石油供应。假如我们这样做了，我们今天的飞机、汽车和使用内燃机的一切工业设备，就只能不开动了。除非我们接受了赫鲁晓夫的"和平共处"政策，接受苏共二十大纲领。这就是所谓"国际分工"所要实现的要求。幸尔我们没有接受这种资产阶级的分工理论。我们在反对现代修正主义的斗争中没有以原则作交易。我们已生产了足够的石油产品，我们现在石油的成本远低于苏联远道运来的。难道我们不应该这样做吗？难道所有社会主义国家都不应该这样做吗？有些社会主义国家在"国际分工"的指挥棒下，放松了他们对农业的社会主义革命和社会主义建设，认为他们可以依赖苏联的谷仓。现在当苏联在错误领导下发生农业危机的时候，反过来命令他们自力更生了。自力更生不是一朝一夕的事情。在困难的时刻正是民族利己主义形态毕露的时刻，也就是所谓国际分工理论的破产。

在社会主义革命和社会主义建设时期，国际分工的原则必须有利于国内外的阶级斗争。迄今为止，所有社会主义国家都是原来工业不发达的国家，今天苏联和捷克等虽称得上是工业发达的国家，但他们国内外的阶级斗争任务还远没有完成。资本主义复辟的可能性明显地还存在。任何一个社会主义国家都不能完全指靠别国的经济、国防力量来巩固自己的无产阶级专政。基本的决定因素是在国内而不是国外。只有彻底完成社会主义工业化、农业集体化，建立独立的社会主义国民经济体系，彻底消灭国内资本主义复辟的可能性,才算基本上完成过渡时期的任务。不能认为土地人口较小的国家不能单独完成这个任务,朝鲜、越南、阿尔巴尼亚、古巴都是前进中的光辉榜样。这种做法,丝毫也没有低估国际援助的伟大作用,不能偷偷地把所谓国际分工来代替国际援助。本来二者不是互相排斥的。但是目前正在出现这样的情况:他们以资本主义的原则来与兄弟国家做买卖、讲条件,在所谓统一经济计划的幌子下实行利己主义的分工,把国际主义的援助撤回去了,把别的兄弟国家当做经济的附属机体。这就是所谓"创造性的马克思主义"。

在各个社会主义国家建立独立自主的经济基础上,国际主义的国际分工是要逐步发展的。那时的国际分工,不是首先计算是否对自己有利,而是首先考虑国际无产阶级和社会主义世界体系的集体利益。只有这种性质的国际分工,才具有无穷的生命力,才能过渡到共产主义。

四、关于农业的社会主义改造

1. 合作化的道路

迄今社会主义阵营各国的农业社会主义改造,是遵循着恩格斯列宁关于在无产阶级专政下小农经济集体化的道路进行的。实践证明:在社会主义革命前资本主义大农业不发达的国家,以中小农经济为基础的国家,合作化是农民经济过渡到社会主义的惟一的或者是最主要的形式。

当代还有一些资本主义大农业极为发达的国家,例如美国、英国这样以资本主义的大中农场占绝对优势的国家,一旦实现无产阶级专政,合作化就不是这些国家农业的主要组织形式。对于资本主义、帝国主义国家的大、中农场,由于存在着内在的阶级对抗，由于它们生产的高度社会化，就应该而且只能以对资本家剥夺的方式直接转变为全民所有的社会主义大农业。

农民经济合作化的道路，自十月革命以来的四十余年中，各个社会主义国家的革命出现了极为复杂的情况和多种多样的组织形式。大体说来，有这样几种情况：（一）在无产阶级革命和无产阶级专政的条件下，农村中经过充分的阶级斗争和彻底的或比较彻底的土地改革。在这基础之上，逐步实现农业的集体化。苏联、中国、越南民主共和国和朝鲜民主主义人民共和国等属于这一类型。就农村阶级斗争和土地改革的彻底性，合作化过程及其形式的完整性而言，中国超过苏联。因为苏联是创始者，中国是总结了苏联经验的基础上进行的。（二）东欧各人民民主主义国家的革命，属于另一种类型。这些国家是随着各该国人民反法西斯战争的胜利和苏联军队的进驻而获得解放的。这些国家的共产党和工人党在与资产阶级政党进行曲折复杂的斗争中，在联合政府的形式下进行土地改革。没收的对象一般只限于外国地主、住在城市的大地主以及法西斯叛逆和反动教会的土地。因此只有一部分农民分得土地。对于资本主义的富农和中小地主，一般的没有触动。并由于土地改革是由上而下进行的，农村中的阶级斗争发动得不够深透，群众所受的阶级教育不够广泛深入，这就会对往后的合作化过程带来相当大的困难。（三）当代有一批新近独立的国家，它们在独立后的政权掌握在资产阶级左翼或进步阶级的中左翼手里，其中有些国家在试走土地改革和农业合作化道路。他们敢于触犯帝国主义和地主买办的利益。这种土地改革能使部分或大部分劳动农民获得土地，并有可能试办一些低级的合作组织。这样的土地改革，无产阶级是应该支持的。同时必须指出：如不把革命进行到底，这些改革的结果，还是要被资产阶级右翼所夺取的。资产阶级在发展资本主义的道路上必然要逐步向右转，必然要逐渐与帝国主义勾结起来反对本国劳动人民。劳动农民在民主改革的道路上要获得彻底的永久的解放，必须与无产阶级结成联盟，从资产阶级专政逐步过渡到无产阶级领导的人民民主专政。这一过渡，只有国内各革命阶级结成坚决反对帝国主义及其代理人的统一战线，充分发动群众，进行彻底的民主改革，以马克思列宁主义来指导革命和教育群众，才有可能通过古巴式的道路走向社会主义。（四）当代还有一些新独立或独立不久的国家，它们的政权已落到资产阶级右翼手里。他们在攫得政权以后就与国内劳动人民的利益处于对抗的状态。他们迟早还是要与帝国主义及国内反动派勾结起来，不可能进行稍许彻底的民主改革。他们有些人也在口头上喊出"土地改革""合作化"甚至"社会主义"等口号，不过这只是为了麻痹欺骗群众，从来也不准备真正付诸实施。实际上所做的一切措施，是剥夺群众的革命果实，与国内大地主、大买办结成联盟，在接受新殖民主义的形式下继续出卖民族利益。如印度的国大党政府就是这类典型。这种政权决不是中间性的，而是反动的。无产阶级政党必须发动群众戳穿它、反对它、推翻它，别的道路是没有的。现代修正主义者竟集中力量在这个问题上大肆糟蹋马克思列宁主义。在赫鲁晓夫的"和平共处"法宝下，不仅资产阶级左翼和右翼的差别消失了，即资产阶级专政和无产阶级专政的差别也消失了。一切形式的土地改革，任何种类的合作社，他们都是支持的，统统叫做"社会主义"。因为尼赫鲁吹捧赫鲁晓夫的"和平共处"和"反华政策"，故而深受赫鲁晓夫的尊敬，于是印共丹吉集团就无条件支持尼赫鲁的一切国内外政策，吹捧尼赫鲁的反动政策为"进步政策"，把"国家垄断资本主义"叫做"社会主义"。这也有他们理论根据的。苏联波斯别洛夫主编的《列宁传》第662页上说："国家社会主义工业化、优先和迅速发展重工业、农民合作化和农业机械化、文化革命——这就是列宁所指出的建成完全的社会主义社会的基本道路。"在这里，偏偏没有提到这一系列政策的最基本的前提——无产阶级专政。他们认为只要采取上述措施，任何阶级专政都能建成完全的社会主义。这样的谬论妄称为列宁的理论，全世界的无产者必须惩罚这种下作的骗子手！

在封建的、半封建的和殖民地性质的许多国家里，实行彻底的土地改革，是农业合作化的前提。但有资本主义的合作社，有社会主义的合作社，也有为帝国主义服务的合作社。合作社是小生产者的联合组织，它的性质不仅决定于合作社内部的生产关系，而且要决定于居于领导地位的经济性质和对它的经济关系。只有在社会主义经济领导下的，在内部消灭任何性质剥削的合作社，才能称之为社会主义的合作社。而离开了无产阶级专政，就谈不上真正的社会主义。上述四种类型，第（一）（二）两种类型是在无产阶级领导或参加领导下实现的土地改革，当这些国家通过民主改革而实现各种形式的无产阶级专政的情况下，就有条件走上农业社会主义改造的道路。土地改革愈彻底，就愈能为无产阶级专政开辟道路。第（三）类型是具有进步性的土地改革，无产阶级应该参加和支持它，尽可能的发动群众，尽可能的使改革彻底。假如在土地改革基础上进行合作化，无产阶级也是应该支持的。不过应该让群众知道，这并不就是社会主义。只有农民与工人阶级结成联盟，由资产阶级专政转变为无产阶级专政或人民民主专政的情况下，才能为农业的社会主义改造创造前提。第（四）类型，是资产阶级右翼的欺骗性口号，它不可能真正实行，即使稍许实行也只是为地主资产阶级的利益而进行的。农民要是对他抱有任何幻想，那就是中了反动派的诡计。历史证明：土地改革是激烈的阶级斗争，没有农民群众的自下而上的斗争，没有农民群众自发的分地运动，农民是决不能在地主的土地上获得解放的。在合作化的问题上，亦复如此。

社会主义政治经济学在农业社会主义改造问题上，首先要比较分析研究上述各种类型土地改革和合作化的历史发展道路，从而区别正确的道路和不正确的道路，进步的道路和反动的道路，完整的成功经验和不完整的成功经验，为各国工人、农民进行斗争的参考。

在上述成功的经验中，苏联、中国、朝鲜和越南各社会主义国家上地改革合作化的经验，是比较完整的。中国和越南的情况基本是相同的。中国的土地改革和合作化又是在苏联经验的基础上发展的，所以更具有彻底性和代表性。

2. 农业合作社的形式

苏联与中国的经验都证明：小农经济的社会主义改造，一般的只能采取集体所有制的形式。要农民接受集体所有制，主要不能依靠自上而下的命令，而是要依靠农民的自觉自愿，要依靠农村中先进分子的组织示范，在实践中显示集体所有制的优越性。工人无产阶级在农村中主要的支柱是农村无产阶级的雇农和半无产阶级的贫农。下中农是可靠的同盟者，上中农则无论在土地改革运动或集体化运动中都有些动摇。但无论如何，中农是团结对象，争取中农的成就决定着阶级力量的对比。在土地改革之前，有些国家的农村中，中农是数量最多的阶级，有些国家中农虽不是数量最多的但有举足轻重之势。而在土地改革执行得比较彻底的情况下，例如我国在采取按人口平分土地和其他主要生产资料之后，农村中极大部分是新老中农，原先的贫雇农都上升为新的中农了，贫雇农虽然在土地改革后上升为新中农，但他们一般的仍是工人阶级在农村中的主要支柱，他们的阶级觉悟比较高，他们与城市无产者从来就有血缘关系，他们不会满足于小农经济的现状。在无产阶级的先锋队——共产党和工人党的领导下，他们最容易接受集体化的道路。

土地国有化，并不是农业合作化的必要前提。虽然土地国有是最彻底的民主改革，但在农民的大多数并不赞同土地国有的情况下，也就不需要采取土地国有的政策。不管土地国有或集体所有，在合作化的阶段土地总是交给农民永久使用的。

农业合作化，第一阶段采取合作社的形式。由农民自愿入股，国家支援。地主、富农则一般不能吸收为社员，要等到合作社巩固，地主富农经过劳动改造和思想改造，证明确实拥护社会主义的情况下，才能分别情况容许参加合作社。合作社的领导权必须始终牢牢掌握在可靠的社员手里，必须紧紧依靠党的领导。合作社既是社会主义在农村中的基层经济组织，也是社会主义、共产主义的学校。农民要通过合作社才能认识到社会主义的优越性，才能逐步走上社会主义、共产主义的道路。

农村合作社就其职能划分，主要的有生产合作社、供销合作社和信用合作社。有些地方还有运输合作社、手工业合作社等等。农业生产合作社是农业集体化的主体，决定最基本的生产关系。但是在合作化的初期，在广大的小商品生产者的基础上，供销合作社和信用合作社往往容易举办，而且有必要首先举办。

小商品经济每时每刻在分泌出资本主义来。城乡资本主义首先会在供销环节和信贷上俘虏小商品经济。考虑到土地改革后许多贫雇农虽然取得了土地，但他们的生产资金不足，农产品的销售和生产资料的购买最初不能不依赖自由市场，从而资本主义就很容易的剥削他们。过不了几年他们就会贫困破产。而自然灾害往往加速他们的破产过程。所以小土地所有制和小商品经济决不是农民的天堂，在资产阶级的政权下，小商品经济及其小土地所有制是资本主义发展的肥沃土地。无产阶级及其政党必须紧接着土地改革之后就要与资本主义展开斗争。斗争是多方面的，首先要在大中城市控制和管理自由市场，要把市场的领导权掌握在国营经济手里。但自由市场的主要支柱是小商品生产者，所以在农村里广泛建立供销合作社，使与国营经济建立直接联系，消灭中间商人的剥削，就可以大大削弱资本主义经济，有利于社会主义经济的发展。这一步骤，往往成为农村中两条道路斗争的前哨战。在初期阶段，由于国营经济和合作社的力量还是有限的，不能在短时期内从各方面排除和代替自由市场的作用。在限制与管理的同时，还要适当的利用自由市场。因为小商品生产在缺乏供销渠道的情况下是要窒息的，这也不利于社会主义发展。

信用合作社能集合农民的闲散资金，在农民内部发挥调剂有无的作用。当然，国家资金对信用合作社的支援是必要的。依靠信用合作社，就能与商业资本和高利贷资本作斗争。这是堵塞城乡资本主义道路的另一重要措施。在初期阶段，对农民相互间的借贷关系，应该规定其合理的条件和利息率，防止高利贷的滋生。同时又要鼓励农民间兄弟般的互助合作关系。

供销信贷和运输等等环节上的合作化，对于原料产区，对于商品化程度较高的地区，就更为重要。这些地区往往是资本主义主要的根据地。社会主义有必要首先在这些地区限制和战胜资本主义。

农业社会主义改造的决定性环节是生产合作。农业生产合作的低级形式，在苏联称共耕社，在中国称互助组（分常年互助和临时的或季节的互助两种），在波兰称生产小组。各个国家的名称可以不同，其性质基本一致，主要是劳力合作的性质。这种初级合作组织没有改变个体经济的所有制，但互助合作的生产关系已经开始滋长，常年互助组里开始部分的分工，有小量的积累和公共财产,并有简单的生产计划。在这种合作组织中必须贯彻互助互利和等价清偿的原则。要防止富农和富裕中农利用这种形式来进行变相的雇工。雇工和剥削是绝对不允许的。劳动合作的组织人数不宜过多,经过相当时期办有成效后,应该不失时机在此基础上建立农业生产合作社。在土地改革不彻底的国家,农村中有为数不少的富农和富裕中农,他们一般的宁愿走资本主义的道路而不愿走社会主义的道路。苏联在合作化的初期即采取消灭富农的政策。中国在1949—1952年国民经济恢复时期,为了迅速恢复和发展农业生产,对于在土地改革中已被大大削弱的富农经济还是允许存在的,然而决不允许雇工、放高利贷和投机买卖等非法活动。而在农业生产合作化的高潮中允许他们加入合作社,从而也消灭了富农经济。农业合作化的全部过程,必须贯彻阶级路线。任凭富农和富裕中农在同等的地位上与一般农民,尤其是与原先的贫雇农民进行和平竞赛是错误的。因为前者拥有较好的土地、牲畜(甚至机器)和其他生产资料。党和国家必须在政治上、经济上扶持那些觉悟较高的农民群众,使他们创造性地组织合作社,做出成绩,取得经验,然后就能争取一般中农以至富裕中农参加合作社。与此同时要适当限制富农。

农业生产合作的中级形式是初级农业生产合作社。这种形式已经是一种半社会主义性质的集体经营组织。它将个体经济集合成合作社。社员的土地(在土地为农民所有的情况下)入股,主要生产资料如牲畜、农具等折价入社。社员都得参加集体劳动。生产成果除按劳分配外,由于土地仍当做股份,年终要以一定数量的收入按股分配。在按劳分配的同时还存在按土地分配,所以只能说它是半社会主义性质的农业生产合作社。它比互助组已经大大跃进了一步。因为个体经济已经融合在集体经济中,共同生产与共同分配的生产组织已经形成。初级的农业生产合作社是私有制和集体所有制共居的形式，是社会主义经济组织中还包含有私有经济残余的形式。由于每个社员都有一定数量的土地，土地改革愈是采取平均分配的国家，农民保有土地的差距就越小，从而也愈容易组织农业生产合作社，也愈容易过渡到高级的农业生产合作社。在初级合作社里，不宜容许生产资料入股和按股分配，因为生产资料在各社员之间的差距比较大，容易扩大按股金分配的部分和增加富裕社员的不劳而获。合作社的领导权同样必须掌握在贫雇农和先进社员的手里。对富农和富裕中农要保持警惕。既然合作社内还有两种所有制，两种经济因素，阶级斗争还是不可避免的。剥削思想和自发势力也不是一旦组织了合作社就能消灭的。然而这种斗争可以按照人民内部的矛盾来处理。从团结的愿望出发，经过斗争教育而达到新的团结的规律，也是农业生产合作社一般的处理内部矛盾的规律。但这并不排除合作社内部会出现敌我矛盾。

初级农业生产合作社较之个体经济和互助组有显著的优越性。个体经济是分散的简单再生产的经济，它妨碍农业生产力的上升，因而阻碍国家社会主义工业化，破坏国民经济的计划化，从而也要破坏工农联盟。互助组虽然因实行劳动力的互助合作，在一定程度上发挥了集体生产的优点，然而它还不能解决共同劳动与分散经营的矛盾，更没有解决全民所有制的工业与个体所有制农业之间的矛盾。由于这两种矛盾的存在，就不能不断的发展农业生产以满足城市对粮食和工业原料的日益增长的需要，就不能保证国民经济的计划化。所以从互助组到初级农业生产合作社，是上述矛盾发展的必然结果。初级农业生产合作社由于实行土地的统一经营，能够因地制宜的种植，能够比互助组实行更合理的劳动分工，统一使用劳动力和熟练的先进的生产技术，开展多种经营。因而较之个体经济和互助组能大大提高劳动生产率，发展生产，增加社员收入。社会主义的经济规律，只有在初级农业生产合作社才能开始发挥其作用。

农业的社会主义改造，决不能长时期的停留在初级社的阶段。初级社不过是一种过渡形态。它还不是完全的社会主义所有制。它的内在矛盾：土地私有权和社会主义所有制的矛盾，按劳分配和按土地股分配的矛盾，经常妨碍社员的内部团结，妨碍土地和资金的合理利用，不愿作长期的或较多的农田基本建设。尤其是水利灌溉系统的设施往往因土地私有权的阻碍而不能顺利进行。所以，初级农业生产合作社在得到一定程度的生产发展以后，它本身的矛盾就限制其继续发展了。要解决这一系列矛盾，必须消灭土地分红制，变土地的个体所有制为集体所有制。从半社会主义的初级社过渡到完全社会主义的高级农业生产合作社。在中国称为高级农业生产合作社，在苏联就是集体农庄。并不是所有高级社都是由初级社过渡来的。在条件具备的地方，互助组可以直接过渡到高级社，个别单干户直接参加高级社的情况也不在少数。这种转变，必须集体所有制的合作社在生产实践中证明其优越性，广大农民的社会主义觉悟有一定程度的提高，资本主义道路已被群众批判的情况下，才能形成农业社会主义改造运动的高潮。

高级农业生产合作社的土地、牲畜、大、中农具和其他重要的生产资料都归集体所有。统一生产计划，集体生产劳动，社员按劳动日的多少分配收入。苏联集体农庄的规模较大，原因是耕作机械化、耕作技术粗放和作物比较单一。每个国家都应该根据她的具体情况决定生产合作社的名称、规模和经营管理制度，这是与各国的社会经济条件、自然条件和农民的习惯等分不开的。但不论上述方面有多大差别，主要生产资料的集体所有制，按国家计划要求根据自己的具体情况决定生产计划；每年扣除下年度的生产费和公积金、公益金外，按社员劳动日的多少进行分配。这些是共同的特点。一般来说，高级农业生产合作社（或集体农庄）的规模要比初级社大些，较大的社要下设生产队或作业组，进行合理分工。分工必须在统一计划的指挥之下进行。它是一种社会主义的农业企业，由于农业与工业的劳动对象和生产条件不同，在工业企业里适用的一套管理方法不能完全适用于农业。资本主义农场的经营管理方法也不能适用于社会主义的农业企业。领导社会主义的企业有两个方面：一是阶级斗争的方面，一是与自然斗争的方面。农业的社会主义改造的过程，就生产关系方面而言，是一系列的阶级斗争过程，不在组织上、生产上和思想意识上不断清除资本主义的和小私有者的倾向和影响，农业的社会主义道路就不可能前进。斗争是很激烈的，既有阶段性的政治斗争，也有日常工作中的斗争。在斗争中必须遵照毛泽东同志的理论，严格区别敌我矛盾和人民内部矛盾，区别采取对这两类矛盾的解决方法。在任何阶段上要团结极大多数的农民群众共同前进。既不能脱离群众也不能做落后群众的尾巴。另一方面的斗争是对自然斗争。对自然斗争必须掌握自然的规律，正如阶级斗争要掌握社会发展规律一样。社会主义的农业已有可能在充分掌握运用自然规律的基础上划时代的提高农业生产力。它能够运用一切现代科学的成就并展开群众性的创造活动。农民的生产实践经验是非常宝贵的，应该把农民的成功经验给予科学总结，然后根据具体条件推广这些经验。一切科学措施必须经过试验，在小面积上试验成功，作出示范，然后根据具体条件推广这些试验。农业的自然条件和作物品种很复杂，不问具体条件而进行一般化的号召推广是错误的，要失败的。而自命为农业专家的赫鲁晓夫却以失败自诩，一系列的瞎指挥加深了苏联的农业生产危机。

对于农业的社会主义的改造，阶级斗争与对自然的斗争不可偏废，前者是为了建立新的生产关系，后者是为了发展生产力。没有新的生产关系不可能为新的生产力开辟道路，如不发展新的生产力也不能巩固新的生产关系。但在改造的过程中，阶级斗争往往居首要地位。即使在社会主义生产关系的建立基本完成后，人们思想意识中的私有制残余还会保存很久，旧的地主资本家还要竭尽一切办法来图谋复辟，还具备在新的一代中产生新的资本主义分子的客观条件。所以在整个社会主义阶段，当政治上、经济上的社会主义改造完成以后，阶级斗争还是低一阵高一阵的，有时是很激烈的。过早的宣布阶级斗争结束当然是错误的。

3. 人民公社

高级社或集体农庄，并不是社会主义集体所有制的最高阶段的最完善形式。因为：（一）这种形式把政权工作与经济工作分开，而事实上二者很难分离；（二）各地区、各农庄的经济发展程度各有不同，自然条件在大的国家里也差别很大。用一种所有制，一种规模和管理办法来统一规范农业企业，就不易适应不同的生产力性质及其发展程度；（三）即使在同一地区、经济条件相同的情况下，某些生产活动需要较大的集体才能举办（如水利工程及灌溉系统、农产品加工工业、大面积的防旱、防涝、防虫等等），有些生产活动则只需小集体就能进行（如田间管理、播种、收割等等），用固定的生产规模去适应大小不等的需要，往往会发生困难；（四）由于生产关系的凝固性和单一性，在适应生产关系的新的发展和转变时，例如某些合作社要发展为大集体所有制，某些合作社已具备向全民所有制转化的条件时，就要改革生产合作社或集体农庄的基本体制，而基本体制既不宜经常变动也不宜为了少数而变动的。根据以上种种缺点，中国农业生产合作社的广大社员，在1958年前后要求将高级农业生产合作社联合为人民公社的组织形式。

中国的农村人民公社是政、社合一的组织，是社会主义社会在农村中的基层单位，也是社会主义政权在基层组织中的单位。它是应生产发展的需要，在高级农业生产合作社的基础上联合组成的。农村人民公社将在很长的一个历史时期内，是社会主义的互助、互利的集体经济组织，实行各尽所能、按劳分配、多劳多得、不劳动者不得食的原则。现阶段人民公社的基本核算单位是生产队。根据各地方不同的情况，公社的组织可以是三级，即公社、生产大队和生产队；也可是两级，即公社和生产队。目前生产队的集体所有制是基本的，土地、劳力、耕畜和一些主要生产工具都固定为生产队占用使用；公社和生产大队的所有制还是部分的，只有一些非一个生产队的力量能举办的农村工业，一些中型的水利设施（大型水利工程是国家举办的），以及森林、草原、农业机械（动力机械、电力灌溉设备等），才归公社或生产大队所有。无疑的，将来随着农业生产的发展和技术改革的发展，公社和生产大队所有的生产资料会逐渐扩大起来。刘少奇同志指出："这种社会组织形式具有很大的灵活性，可以容纳社会主义社会和共产主义社会中的不同程度的生产力和与之相适应的不同水平的生产关系。"

实践证明，农村人民公社具有无限的生命力。它较之高级农业生产合作社优越之处，在于它能灵活组织更大的人力、物力来战胜自然灾害、兴办中、小型水利工程、进行大面积的水土保持和农田基本建设，实行农、林、牧、副、渔等多种经营，创办为农业服务的社办工业，以及便于学习推广先进的农业科学技术等等。同时它又能根据不同的生产力状况来确定它的不同生产规模。

苏联教科书说:"在苏维埃政权的初期,在苏联的一些地区曾经成立过农业公社,在公社中不仅一切生产资料公有化,而且社员的个人经济也公有化了。这些公社表现出没有生命力,这些公社对消费品实行平均分配。后来根据农民自己的决定,公社改变为农业劳动组合。"不错,这是苏联的历史事实。但这并不意味着,一听到公社这个名词,就要与苏联上述的经验等同起来。中国共产党所领导的农村人民公社,正是在吸取了苏联的经验教训而创造性地发展形成的。有人说,公社必须是共产主义的。假如这里的共产主义包括低级和高级两个社会阶段,当然是对的。假如说只有高级阶段的共产主义才能占用"公社"这个名词,马克思、恩格斯、列宁都没有这样说过。列宁曾说,苏维埃政权就是一种公社的形式。苏维埃政权过去和现在都不是高级的共产主义社会的政权。

农业的社会主义改造有三个方面:一是生产关系的改造,二是技术改造,三是农民的思想改造。农业的合作化、公社化,标志着小私有制的农业已改造成为社会主义集体所有制的大农业。在有些社会主义国家,农业生产关系的改造与技术改造是相互结合进行的。但这不是必然的规律。中国的农业合作化先于技术改造。因为在工业基础比较薄弱的国家,要建立起农业技术改造所需要的一切装备和产品,需要相当长的一段时间。假如我们等待技术装备齐全后再去进行农业合作化,就要坐失时机,就要让资本主义有充分的时间去腐蚀和俘虏小农经济,这对于社会主义建设和工农联盟都是不利的。南斯拉夫修正主义者认为没有机械化就不能合作化,这不仅是一种机械唯物论,而且是农村资本主义富农的代言人。农业的合作化,在初期阶段主要不是依靠机器的生产力,而是依靠劳动力和现有生产资料的集体生产力。稍有历史知识的人都知道，资本主义生产方式的第一阶段并没有依靠机器的生产力，资本主义的技术革命是资本主义生产方式的产物，而不是倒过来。社会主义农业的技术改造，一般而言是社会主义生产方式的产物。没有工业和农业中的社会主义生产关系作为前提，农业的技术改革只能有利于资本主义的发展，不能有利于社会主义的发展。有些可怜的自命为马克思主义者，死啃着一句教条，认为社会主义的大农业是建立在现代化的物质技术基础之上的。不错，谁要否认这一点，谁就不是一个马克思主义者。但马克思认为：生产方式的变革是由生产关系与生产力的冲突，在阶级社会里表现为阶级与阶级的冲突而引起的。也就是说，主要是由事物的内部矛盾而引起的，而不是外界的物质所引起的。谁要是不懂得这一点，他压根儿就不是一个马克思主义者。

农业的技术改革，需要社会主义工业化作为物质前提。而社会主义的工业化，也必须以农业的技术改革作为其主要目的之一。社会主义国家的工业化，不能如资本主义国家那样，以输出工业品和输入农产品为国民经济平衡的基本方式。社会主义、共产主义要彻底解放劳动者，要逐渐消灭城乡间和工农间的本质差别。要是不能把农业的生产水平和劳动生产率提高到与工业的同等水平，就不能认为已彻底建成社会主义。苏联农业机械化的水平目前虽已达到较高的水平，但她的农业生产水平和劳动生产率还不高，与工业的差距还相当大。农业技术改革还没有基本完成。可见农业技术改革的内容也不能以农业机器为主要指标。毛泽东同志指出：农业生产发展的主要方面有：水利、肥料、土地、种子、合理密植、工具、植物保护、田间管理等八项。这八个方面都是农业技术改革的主要对象。能不能把农业技术改革的主要内容以机械化、电气化来概括呢？在粗放经营的条件下，单纯为了节约劳动力而不是为了提高单位面积产量，来提高劳动生产率，如美国和苏联早期那样，机械化电气化当然是主要的措施。但如要求农业进一步发展，在人口日多、土地有限，必须提高单位面积产量的情况下，就是要实现马克思所指出的合理农业应该是集合经营与精耕细作相结合的要求，则必须依照毛泽东同志所指出的上述各个方面进行技术改革。而这些方面的改革，在社会主义的制度下是能够分别情况有重点的同时进行的。只要农业集体组织不被修正主义所腐蚀，社会主义一定能够克服资本主义所造成的工农业发展不平衡的状态，能够把农业生产水平提高到现有水平的一倍、二倍甚至数倍的程度。

但要做到农业集体组织不被修正主义所腐蚀，不被资本主义的自发势力所破坏，必须在生产关系的改造和技术改造的同时，对农民进行思想改造。建立了社会主义经济制度，发展了生产，提高了农民的生活，农民的思想觉悟并不就此提高了。经济基础不过是思想意识形态的物质基础。要使新的意识形态来适应新的经济基础的需要，要经过更长时期的思想革命工作。实践证明，在社会主义社会里，集体农民思想意识中的旧的残余，不是短时期内所能清除的。尤其是农民小私有者的思想，目前也还有它的经济基础，稍一放松，小私有者和资本主义的自发势力就在旧的思想意识支配下危害社会主义。所以那种认为只要经济基础改造好了思想问题就自然解决的论点，是新、老修正主义者的共同论点。在这方面，他们给资本主义的意识形态保留了不受侵犯的乐园。现代修正主义正在与帝国主义者勾结起来，从意识形态方面来挖掘社会主义的基础。

4. 国营农场

农业的社会主义改造，除了集体所有制的合作社形式外，还有全民所有制的国营农场。国营农场产生于两种途径：一是由革命前的资本主义大农场转变而来。在资本主义农业较发达的国家，这条途径产生的国营农场会占重要部分，甚至是农业中的主要部分。另一途径是革命后国家陆续创办的。创办国营农场需在国有的土地上进行，其目的是为集体所有制的合作社作出榜样、指出方向。国营农场的规模较大，具有较先进的技术装备，在国家计划的直接领导下进行生产。它比较容易接受一切先进的科学技术措施，因此劳动生产率较合作社高，商品率也比较高。国营农场的工人采用工资制（计时或计件，或两者结合），与工厂的工人一样。然而农场的经营对象主要是农业，与工业有所不同，所以不能把工厂的经营管理制度完全套用到农场里来。国营农场既是全民所有制的企业，也就不能把适用于合作社的经营管理制度完全套用于国营农场。国营农场的工人应该具有较高的阶级觉悟水平，应该以他们的先进思想、先进作风和先进技术作出示范，帮助附近的合作社。国营农场与合作社的关系，体现了农业内部工农联盟的关系，也体现国家与集体农民的关系。国营农场既负有如此重大的政治、经济任务，所以必须重视政治思想工作，厉行增产节约，进行严格的经济核算，以先进的生产指标、较高的劳动生产率、较低的生产成本、超额完成国家计划等行动来引导集体所有制的农业企业前进。

社会主义农业的主体就是国营农场和合作社（或公社）的两种组织形式。会不会有两种所有制相结合的形式呢？既然事物会不断从低级发展到高级，两种所有制相结合的过渡形式当然是会存在的。但这不是社会主义建设阶段出现的形式。需要经过一定的发展阶段，根据各国的具体条件，创造出各种切合实际的过渡形式。在我国，人民公社的组织形式就为这种过渡开辟了有利的道路。

5. 社会主义农业的不断改造

农业的集体所有制,是社会主义农业一定发展阶段上的产物。在革命前农业生产落后的国家,集体所有制会在社会主义的初期阶段是主要形式,并要存在相当长的时期。

在集体所有制时期,对农业的技术改革、文化革命和对农民的思想改造,是长期的繁重任务。但不论是哪一项工作,都会盖上阶级斗争的烙印。集体所有制本身,还不是成熟的社会主义生产方式,它在生产条件和分配方式等方面保留了较多的资产阶级法权残余。假如不与技术改革的同时,在生产关系和思想意识形态方面进行相应的改造,则农业技术装备愈先进,生产愈发展,资产阶级法权也会愈扩大,旧的思想意识也会愈扩大,旧的思想意识也会更复活起来。反之,如没有技术改造与生产关系、思想意识的改造相互适应,后者也是不能巩固的,两条道路的斗争也不能得到根本的解决。

不仅集体所有制本身还具有上述的缺点,各社会主义国家到目前为止,集体农民还保有一定数量的自留地,作为社员的家庭经济,以补充集体经济。社员的家庭经济之所以在一定时期还要存在,是因为刚建立的集体经济只能掌握运用主要部分的生产资料和劳动力,并由于农业具有季节性,以及社员生活需要的多样性等等原因,保留一定程度的社员家庭经济,能够充分发挥社员的一切生产潜力,满足社员生活上某些需要,对初期的集体经济是有利的。但是,决不能给社员的自留地过多,过多的自留地(例如苏联和某些东欧国家每户达半公顷至一公顷甚至更多),就会鼓励小生产者的自发势力,削弱集体经济。更由于自留地往往与集市贸易(在苏联称集体农庄市场)不可分割地联系在一起,价值法则和市场法则的作用虽然被限制，仍然会在一定程度上支配社员家庭经济的活动，而与集体经济的计划生产相对抗。

对社员家庭经济和集市贸易的放弃领导，同对集体经济的领导采用资本主义的物质刺激原则（苏联教科书认为它是集体经济的主要动力），必然会在社会主义的农业中滋长自发势力，鼓励小商品经济和资本主义分子，使旧的地主、富农、懒汉以及反革命分子获得新的经济基础。这种情势泛滥起来，就可能逐步走向资本主义复辟，断送社会主义的集体经济。不幸的是：我们今天在苏联的农村正看到这种趋势！

在农业的社会主义改造过程中，两条道路的斗争始终贯穿全部过程。不能认为农业集体化一经完成，两条道路的斗争就消灭了，这是右倾机会主义的观点。生产资料的集体化只是经济基础改造的初步完成。集体经济还须在与小生产者自发势力的斗争中，在与小资产阶级的习惯势力的斗争中，在与旧的地主、富农、懒汉等反动势力的斗争中，在与新社会中一切资产阶级残余势力的斗争中，逐步的发展壮大起来。不能认为这种种斗争都是一帆风顺的，新生产方式在其成长过程中会经过不少迂回曲折。领导者会犯不可避免的错误和可以避免的错误，有时甚至是方向性的错误。这种种波折都会助长反动势力，都会给予机会使资本主义残余势力在各方面反攻社会主义阵地。苏联的集体农庄已建立三十余年了，它目前正处于严重的方向性危机之中。假如还不认识到这一点，仍旧用资本主义的一套方法来欺骗迷惑群众，则更大危机还在后面。

农业的社会主义改造，不是实现了全面集体化就已结束。它还必须从集体所有制过渡到全民所有制。农业中实现全民所有制后的第一发展阶段，还是社会主义性质的。所以现在社会主义阵营各国的农业社会主义改造，至多也只走了一半途程，许多国家即便合作化还没有全部完成。

金日成同志在《关于我国社会主义农村问题提纲》中指出："我们必须不断提高全民所有制对集体所有制的领导作用，让两种所有制有机地结合起来，以巩固和发展社会主义农村经济制度，使集体所有制更加接近于全民所有制。因此，要创造现实条件和可能性，使集体所有制转变为全民所有制。"他的正确理论体现了不断革命论的马克思主义思想，也体现了毛泽东同志关于农业社会主义改造的思想。

五、关于社会主义经济中的矛盾

当社会主义还存在着阶级，存在着三大差别，存在着多种性质的经济关系，则势必还有阶级矛盾和阶级斗争。在大量非对抗的矛盾中也会出现对抗的矛盾。事物是相互转化的，经济关系政治关系也会相互转化的。当无产阶级的政党坚持马克思列宁主义的原则，坚持无产阶级专政并把革命进行到底，一些对抗性的矛盾也可能逐步转化为非对抗性矛盾，非对抗性矛盾就会逐步解决而泯灭下去，（当然，新的非对抗性矛盾还是会产生的，矛盾是不可灭的。）反之，假如修正主义篡夺了马克思列宁主义的领导，非对抗性的矛盾也会逐步转化为对抗性的矛盾，局部的、个别的对抗性矛盾会转化为全面的、整体的对抗性矛盾。社会主义就会倒退向资本主义。

苏联教科书把现阶段的社会主义经济关系，当做定形的、完全胜利的经济关系来叙述。当然，在一定的发展阶段，有一定的经济关系。但同时，它又是不断发展和不断变化的。读者没有看到教科书中有关不同经济关系和阶级矛盾的叙述。因为教科书始终怕具体分析社会主义社会中的阶级关系和阶级矛盾（虽然一般的承认有非对抗性矛盾），而片面强调它们的和谐一致。既然和谐一致了，也就是凝固了，静止了。矛盾和运动也就没有了。苏联教科书强调个人物质利益是社会主义的强大动力。把物质刺激当做社会主义主要的分配原则来看待。这里暂且不讨论物质刺激的本身问题。马克思主义政治经济学与小资产阶级社会主义政治经济学的主要区别，是前者从生产出发，而后者从分配出发。苏联教科书除指出物质利益是社会主义生产发展的强大动力外，又指出意识形态中的批评和自我批评"是社会主义社会发展的动力"，此外还说："公有制和社会主义经济的统治地位，是社会主义社会精神上政治上的一致，各族人民友谊，社会爱国主义等强大的社会发展动力在苏联和人民民主国家发挥作用的经济基础。这些动力反过来对经济也发生影响，使之发展更快些。"这许多分析得不清不楚的动力中哪一个是基本的，哪些是从属的或派生的，苏联教科书没有直接答复。但全书中宣扬个人的物质利益原则是强大动力的论断较多，可能作者认为这是最主要的，但还有些羞涩。假如把个人的物质利益强调为社会主义社会的强大动力，那与资本主义社会又有什么区别呢？社会主义的生产资料公有制，难道不是首先为全体劳动人民的长远利益和眼前利益而生产，而是首先为个人的物质利益而生产吗？这恰恰是铁托集团的理论基础。当然，社会主义不否认个人的物质利益，但社会主义首先要保卫和斗争的是阶级利益和集体利益。个人利益只有在阶级利益和集体利益得到保卫和发展的前提下才能实现，这是最初步的道理。也是马克思反对拉萨尔的小资产阶级社会主义的道理。即使说，苏联教科书所强调的个人物质利益是建立在集体利益基础之上的，是贯彻按劳分配原则的。然而把它当做社会主义社会发展的强大动力，也是错误的。马克思说："把所谓分配看做是事物的本质并把重点放在它上面,那也是根本错误的。"①

表现生产方式本质的不是消费品的分配,而是生产条件的分配,主要是生产资料的所有制。中国共产党在《关于无产阶级专政的历史经验》。一文中写道:"各个社会的矛盾性质不同,解决矛盾的方式不同,但是社会的发展总是在不断的矛盾中进行的。社会主义社会的发展也是在生产力和生产关系的矛盾中进行着的。"社会主义社会的发展动力仍然是生产力和生产关系的矛盾这个原理,也写在1957年外国共产党和工人党的莫斯科宣言中。政治经济学的任务,是要根据这个马克思主义的基本原理来进行具体的经济分析。

在社会主义革命时期,党根据生产关系一定要适合生产力性质的规律,辩证地运用这个规律,来战胜资本主义,发展国营经济,改造小商品经济。在这个时期,社会生产力与生产关系的矛盾,表现为社会主义与资本主义、个体经济之间的矛盾,总的表现为两条道路的斗争。其中,社会主义与资本主义的矛盾是对抗的,在一定条件下,部分的可以按照人民内部矛盾来处理。中国共产党对改造资本主义工商业的政策,就是如此。社会主义与个体经济之间的矛盾,是劳动人民内部的矛盾,应该按照人民内部矛盾处理,在改造过程中集体利益和个体利益双方兼顾。但因为个体经济是一种私有制,是小商品经济,所以它有动摇性,在一定场合下有自发的资本主义趋势。如处理得不好,在一定时期一定地区,也有可能转变为对抗性矛盾,如匈牙利在1955年所发生过的情况。

到社会主义改造基本完成以后,社会发展的基本矛盾也还是生产力和生产关系。但它的表现形式是否仍然是社会主义和资本

---

① 《马克思恩格斯选集》第3卷,人民出版社1972年版,第13页。

主义，即两条道路的斗争呢？这是一个正在争论中的重大问题。苏联教科书认为："谁战胜谁"的问题已经结束了。代之而起的社会主要矛盾是什么？苏联教科书指出是社会生产力与社会主义生产关系的非对抗性矛盾，可以通过不断调节生产关系来适应生产力的发展。当然，基本矛盾总是生产力和生产关系。但社会主义阶段社会生产力的性质难道是单一的吗？生产关系的性质难道也是单一的吗？就社会主义的两种所有制都是公有制，同属于社会主义经济体系而言，它们的基本性质是相同的；这是社会主义经济性质的一个方面。另一方面，社会主义的两种所有制之间，既存在着生产力的重大差别也存在着生产关系的重大差别。这种差别，是社会主义经济体系内部一切矛盾的基础。毛泽东同志在《关于正确处理人民内部矛盾的问题》中指出："在我国现在的条件下，所谓人民内部矛盾，包括工人阶级内部的矛盾，农民阶级内部的矛盾，知识分子内部的矛盾，工农两个阶级之间的矛盾，工人、农民同知识分子之间的矛盾，工人阶级和其他劳动人民同民族资产阶级之间的矛盾，民族资产阶级内部的矛盾等等。"以上种种矛盾，是由于生产力和生产关系发展不平衡而保留下来的社会主义的阶级矛盾。这种种阶级矛盾在国民经济中的表现，就成为工业内部的矛盾、农业内部的矛盾、工业与农业之间的矛盾、城市与农村之间的矛盾、生产与分配的矛盾、消费与积累的矛盾、国家、集体与个人之间的矛盾、生产与基本建设之间的矛盾等等。国民经济中所有这些矛盾，在每一发展阶段都有它的具体表现形式。例如苏联当前工业与农业之间的矛盾（包含着上层建筑与基础之间的矛盾），发展为农业危机。脑力劳动者与体力劳动者的矛盾，表现为高薪阶层与广大低薪阶层的矛盾等等。在每一发展阶段上都有比较突出的矛盾或主要矛盾，这是由各国国内外的具体情况决定的。以上种种矛盾，都是社会主义经济体系内部的矛盾，一般是非对抗性的。它的社会根源，就是社会主义社会生产力发展的不平衡——主要是工、农、城乡、体力劳动和脑力劳动之间的重大差别。生产关系发展的不平衡——主要是两种公有制之间的重大差别，以及生产力和生产关系的先进与落后之间的差别。正是这些阶级矛盾和经济关系的矛盾支配着社会主义经济的内部运动。矛盾的发展，逐步导致矛盾的克服。旧的克服了，新的矛盾又会接踵而至。

社会主义生产方式的基本经济规律，体现了生产的目的和达到这个目的的物质手段。但这个基本经济规律并不是先验地无所凭借地发生作用的，它是通过上述种种矛盾的运动过程而发生作用的。资本主义社会的剩余价值规律也要通过对抗的阶级斗争而发生作用。所以社会主义经济内部的发展动力不是什么"物质刺激"，而是在生产力与生产关系矛盾基础上产生的阶级矛盾和经济关系的矛盾。某种分配方法和分配形式，不过是解决生产与分配之间矛盾的一种手段罢了。

社会主义经济体系中的矛盾，所以有可能转化为对抗性的矛盾，因为还有许多内在的和外在的条件在发生作用。在社会主义经济体系内，由于刚刚从旧的经济形态中蜕变出来，它还继承着旧社会的一些经济条件及其残缺的经济关系。这些经济残余已经不成其为资本主义的经济成分了，它们已失去资本主义所有制的凭依，并为社会主义经济关系所驾御。新生的社会主义经济还不能在短时期内完全改变和代替这些旧的经济残余，因而在一定时期内形成新旧结合的形式。二者既有对立的一面，也有互为补充的一面。这是过渡性经济形态的一种特征。现阶段表现这个特征的矛盾有：（一）集体经济与社员家庭经济之间的矛盾；（二）计划生产与计划外生产的矛盾；（三）产品分配与商品交换之间的矛盾；（四）国营贸易与集市贸易之间的矛盾；（五）劳动力的计划调配与劳动力自发流动之间的矛盾；（六）各尽所能与分配中资产阶级法权残余之间的矛盾…等等。

党和国家如清楚认识上述矛盾的性质，按照事物的发展规律正确处理这些矛盾，则消极因素可以化为积极因素，使它们在一定时期内有利于社会主义经济的发展。假如不是这样，只看到它们有利的一面而看不到消极的不利的一面，用错误的方针政策来鼓励它们的消极作用，助长旧社会的习惯势力，复苏资本主义的经济关系，这些旧的经济残余就会浸润滋长形成社会主义经济的对立物，从非对抗性的矛盾转化为对抗性的矛盾，逐步从小商品经济的自发势力形成资本主义经济的复辟。于是经济战线上的两条道路斗争，由已经是分散的、潜伏状态重新形成集结的公开状态。

旧社会的经济残余转化为资本主义经济的复辟，还要依靠一种社会力量。这种社会力量是千百万人的习惯势力，已被打败的但尚未消灭的旧剥削阶级分子以及由他们影响培育的新的一代中的新的资产阶级分子。

能否说，在社会主义经济体系初步建立以后，如领导正确，两条道路的斗争就可以避免了呢？不能！矛盾是客观存在的，既有它的社会条件也有经济条件。在正确的领导下，可以在一定程度上防患于未然或及时扑灭，但斗争总是不可避免的。社会主义阵营各国的历史经验也证明是不可避免的。

以上说明社会主义经济内部的矛盾，有转化为资本主义复辟的可能性。这也是过去的各种新生产方式当其未成熟巩固时期所共有的现象。至于社会主义经济体系之外，还存在许多与社会主义社会经济公然对抗的经济成分和敌对势力，生产资料的私有制还没有彻底消灭，个体经济还未绝迹，资本主义的世界体系还存在，无时无刻不用公开的秘密的种种方式侵蚀破坏社会主义社会。社会主义国家内还潜伏着一些封建的、资本主义的和帝国主义派遣的反动派等等。内在的条件往往会与外在的条件勾结起来。毛泽东同志指出:"社会主义国家内部的反动派同帝国主义者相互勾结,利用人民内部的矛盾,挑拨离间,兴风作浪,企图实现他们的阴谋。匈牙利事件的这种教训,值得大家注意。"

根据以上分析,可见社会主义经济体系初步建立以后,两条道路的斗争并没有结束。敌我矛盾与人民内部矛盾同时存在。与前一时期相较,两条道路的斗争不再始终采取全面高涨的形势,而是高一阵低一阵,在一定情况下又会激化。只有到了阶级被彻底消灭的阶段,这个对抗性矛盾才能消失。

社会主义社会的过渡性,就是因为它始终贯穿着对抗的和非对抗的阶级斗争,始终存在着两条道路的斗争。随着生产力的发展,必须对它的生产关系和上层建筑不断进行调整,不断缩小直至清除三大差别。这就是说,要在生产力和生产关系方面、在经济基础和上层建筑方面,进行不断革命,直到实现高级的共产主义,才能结束从资本主义到共产主义的过渡时期。

现代修正主义者和一些机械唯物论者反对采取这种马克思主义的态度来看待社会主义。他们在经济战线上的社会主义革命初步完成时就宣布过渡时期结束,宣布谁战胜谁的斗争已经结束,把社会主义的生产关系凝固化,取消无产阶级专政,听凭资产阶级和小资产阶级的腐蚀力量卷土重来,从而达到它们出卖无产阶级根本利益的目的。这正是国际帝国主义所要求的"和平演变",这种和平演变,被赫鲁晓夫自诩为"创造性的发展"。

六、关于按劳分配

苏联科学院经济研究所编著的政治经济学教科书,对政治经济学所下的定义是正确的，也是为斯大林所同意的。然而，作为生产与分配的矛盾统一，在教科书的内容上是贫弱的。社会主义的基本经济规律，表明生产的目的在满足社会全体成员的需要。如何满足全体成员的需要呢？教科书只提出一个按劳分配的规律来解答一切。当然，按劳分配是社会主义阶段的主要分配原则。还有没有其他分配原则呢？一切社会公共福利设施是按什么原则归人民享受呢？遭受了自然灾害和社会损害的社会主义公民，有没有要求生活保障的权利呢？资产阶级把他们的伪善叫做福利施舍，赫鲁晓夫也拾起资产阶级的牙慧叫做"福利"，把自己置于施舍者的地位。因为在他看来这不是社会主义的一种分配原则。把社会主义阶段按需分配的因素用资产阶级的遮羞布把它掩盖起来。

假如按劳分配是根据马克思关于劳动数量和质量的学说，简单劳动与复杂劳动的差别，依据复杂劳动的学习时间来折算为简单劳动，二者的差别不至悬殊太大。但假如按劳动的成果来衡量，则高低悬殊会很大，有些科学研究的成果，其贡献会无法以物质报酬加以衡量。按劳分配按照哪一种标准，在社会主义阶段具有重大的理论意义和实践意义。假如按前一标准，可认为资产阶级法权的残余，因随着劳动者受教育和学习机会的逐渐普遍，人的能力逐渐全面发展，简单劳动和复杂劳动的社会差别会逐渐缩小。但假如是按照后一标准，人们的收入会有极大的等级差距，势必产生一批高薪、高奖金和高版税收入者，作为社会主义的天之骄子，凌驾于人民之上，他们所依靠的不再是资产阶级法权的残余，而是迷恋于资产阶级法权的巩固与扩大，他们要从马克思的著作中找到理论根据，说他们的汽车、别墅、珍宝古玩和各种高级消费品，到了共产主义社会还是属于他们的。我们不是空想社会主义者，在一定的阶段，劳动者不可能完全不考虑他的劳动报酬与其劳动成果联系起来，但是社会主义的劳动者不是也不应该是十足的利己主义者。假如我们不打算退回到资本主义，而要过渡到共产主义，则主导的政治思想应该是集体主义和共产主义，而不是夏洛克的利己主义，应该限制按劳分配的原则所必然产生的那些消极影响，随着物质生产的发展，在思想意识形态和经济措施方面逐渐为共产主义的分配原则开辟道路。苏联建设社会主义已将近半个世纪，政治经济学教科书非特没有对按劳分配采取辩证的态度，且把它从"原则"上升为"规律"，是铁的规律。这个规律实现了杜林先生的理想："社会如果表彰高等工作，而给以适度的消费品增添，那么社会只是尊敬着自己。"①

马克思主义者不是粗野的平均主义者，承认历史所遗留的社会差别不是依靠平均分配所能消灭的。但马克思主义者必须在承认差别的同时，随着社会生产的发展和人们思想觉悟的提高，逐步缩小这种差别，而不是要扩大或维持这种差别。必须防止资本主义的残余在新社会的旧痕迹上借尸还魂。数千年的私有制在人们的思想意识中根深蒂固，虽然旧社会经济形态的残余不占重要地位，但二者结合起来，就会与社会主义进行顽强的斗争，这种斗争要持续整整的一个历史时代，这个时代要多长，现在还不能作出结论。从历史发展来看，奴隶主对封建主的复辟，封建主对资本统治的复辟，是屡见不鲜的。这种斗争在一定的条件下也会改变新生产方式的发展道路。例如，德意志的资本主义与普鲁士容克的融合，日本的资本主义与天皇封建主的融合，使这两个国家的劳动人民长期的处于半农奴的状态。社会主义、共产主义是

---

① 见《反杜林论》，《马克思恩格斯选集》第3卷，人民出版社1972年版，第339页。该文是："当社会通过适当地增添消费来表彰比较好的工作时，社会只是表示对自己的尊敬。"

历史必然的发展道路，没有哪个国家或民族可以避开这条道路，然而，在其发展过程中，斗争的反复是不可避免的，各种没落的剥削阶级及其思想意识会在社会主义的招贴下蒙混挣扎，也是不足为奇的。南斯拉夫是个鲜明的例证。苏联过去四十余年的历史也能使人理解这一规律，目前的情况尤其证明了两条道路的斗争还是尖锐的。

政治经济学要是撇开现实生活中的矛盾、差别和斗争，好像一切都会有计划地顺利前进，这是对苏联历史的歪曲，也是对马克思主义的歪曲。没有阶级斗争的社会主义建设是经济自发论者。虽然阶级斗争是要退出历史舞台的，但是它决不能不经过反反复复的斗争而退出历史舞台。不仅在一个资本主义高度发达的国家进行社会主义革命和社会主义建设两条道路的斗争会很激烈，即在一个比较不发达的国家进行社会主义革命和社会主义建设，同样会很激烈，并且会更持久。

社会主义阶段的阶级斗争既表现在生产方面，也表现在分配方面。我们不是分配论者，生活资料的分配首先决定于生产资料的分配。在社会主义国家，基本生产资料是全民所有和集体所有的，这是否已经闭塞一切资本主义复活的可能性呢？苏联的过去和现在都证明没有消除这种可能性。首先，集体农庄的社员家庭经济是小商品生产，有广阔的自由市场与其相适应。小商品生产每时每刻都有自发的资本主义趋势。当然，自发趋势是要受到一定限制的，而限制就是斗争的形式。集体农民作为社员是社会主义的劳动者，作为小商品生产者他是个体农民，这双重身份导致了集体所有制内部长期而复杂的阶级斗争过程。基于苏联农业生产力发展的迟缓，集体农民的家庭经济还不可能在短期内废除。然而，从苏联二十大以来的情况看来，是集体生产愈来愈排挤社员的小商品生产呢？还是社员的家庭经济愈来愈在家庭收入中占据更重要的地位呢？是社员集体主义的思想愈来愈克服小私有思想意识呢？还是小私有思想意识反而有所增长呢？我们不想在这个问题上替苏联的经济结构下结论，但根据《真理报》、《经济生活报》等报刊杂志的公开材料，千真万确的事实是两条道路的阶级斗争还在苏联进行着，并且是广泛而激烈的。在城市里，在全民所有制的经济里，工人的小私有经济虽然比较少一些，由于政治思想教育的放任，由于外国资本主义思想的侵入受到赫鲁晓夫集团的鼓励，工人、知识分子尤其是不知阶级斗争为何物的部分青年，资产阶级的思想意识在有些人们中死灰复燃，在新的一代中迅速受到感染，从而窃盗国家财产，投机舞弊，开设地下工厂、经营家庭副业、贩卖私货、利用公家的名义和生产资料为私人牟利等等事实，在苏联报张、杂志、小说、电影、诗歌中愈来愈多的反映出来。而某些经济学家，当社会主义经济由于错误领导而遭受困难时，他们就向资本主义求教，向修正主义的南斯拉夫求教，向苏联人民意识中残余的利己主义求援，他们企图用煤油来扑灭愈益炽烈的火灾，用刑法来压制敌对的思想意识。但马克思列宁主义告诉我们，利己主义与共产主义是水火不相容的，阶级斗争主要不能依靠法官来解决。我们现在还不愿为苏联同志作出判断：资本主义的毒炎在苏联的经济生活和思想意识中蔓延到何种地步（许多访问苏联的外国朋友是非常吃惊的，许多中国同志曾在莫斯科掉泪），但有一个理论结论却愈益为苏联的事实所证实：经历了将近半个世纪的社会主义苏联，阶级斗争还是继续着，并且由于二十大以来错误的领导，尤其是二十二大以后阶级斗争更炽烈了。

（未发表手稿）

作者著译书目

《通俗政治经济学讲话》 新知书店 1936 年出版。

《经济学讲座》 《教育短波》1937 年。

《经济学讲座》 《文化月刊》1939 年第 2 期。

《苏联的道德》（译作）《中山文化教育馆译丛》1937 年。

《论游资》 重庆《新华月报》1941 年。

《原子能与资本主义经济体系》 《自由世界》1946 年 5 月。

《经济的全面剧变将临》 上海《文汇报》1947 年。

《蒋朝危机与经济勘乱》 香港《华商报》1947 年 9 月。

《1947 年中国经济年鉴》 香港太平洋经济研究社 1948 年。

《1948 年中国经济年鉴》 香港太平洋经济研究社 1949 年。

《中国土地问题讲话》 1948 年 5 月生活书店。

《战后中国农民问题》 1948 年 5 月南海出版社。

《生产力与生产关系》 香港生活书店 1948 年出版。

《政治经济学讲话》 三联书店 1951 年出版。

《上海工业的性质及其前途》 《人民日报》1949 年 6 月 2 日。

《论城乡交换》 《人民日报》1949 年 7 月 2 日。

《新民主主义的合作经济》 《学习》1949 年第 1 卷第 3 期。

《过渡时期的个体经济》 《学习》1949 年第 1 卷第 4 期。

《当前的财经政策与人民胜利公债》 《学习》1950年第1卷第5期。

《过渡时期各种利润的性质及其法则》（上、下） 《学习》1950年第3卷第2—3期。

《中苏贷款协定的伟大意义》 《人民日报》1950年3月2日。

《一年来的中国经济情况》 《新建设》1950年第1卷第10期。

《国家资本主义的性质、形式及其作用》 《学习》1951年第4卷第4期。

《关于统计工作的报告》 《中央合作通讯》1951年第3期。

《三年来财经工作成就与国家工业化》 《中国青年》1952年第14期。

《我国过渡时期的国家资本主义》 《学习》1954年第2期。

《列宁关于社会主义工业化理论对于我国实践的指导作用》 《人民日报》1955年4月23日。

《以国际主义来反对殖民主义》 《人民日报》1955年5月30日。

《对于我国过渡时期经济规律问题的意见》 《经济研究》1955年第4期。

《我国过渡时期社会主义经济的发展和经济规律》 《经济研究》1956年第4期。

作者年表

1910年4月7日生于江苏省溧阳县。

1930年考入南京中央大学政治系。

1931年11月加入中国共产党。

1932年2月任中共溧阳县特别支部书记。同年3月被捕入狱。

1934年7月经营救出狱。

1935—1936年在无锡、南京从事救亡运动。

1937年任沈钧儒创办的《抗敌周刊》主编。

1938年任安徽省抗敌动员委员会宣传部长。

1939—1940年在重庆从事文化宣传和统一战线工作。

1941—1943年任中共桂林文委书记。

1944年派往李济深处搞统战工作。

1945—1948年任中共香港工作委员会学习小组组长、香港达德学院教授、《中国经济年鉴》主编。

1949—1952年任中央财政经济部统计处处长、中央财政经济委员会统计处处长、兼任北京大学经济系教授。

1953年任国家统计局综合处处长。

1954—1958年任中国科学院经济研究所代理所长、中国科学院哲学社会科学部委员、第一届全国人民代表大会代表。

1958—1977年中国科学院经济研究所研究员。

1977年11月7日因心肌梗塞逝世。